(Fortsetzung siehe dritte Seite des Umschlages.)

Guttentag'sche Sammlung
Nr. 2. Deutscher Reichsgesetze. Nr. 2.
Text-Ausgaben mit Anmerkungen.

Strafgesetzbuch

für das Deutsche Reich.

Nebst den gebräuchlichsten Reichs-Strafgesetzen:
(Post, Impfen, Presse, Personenstand, Nahrungsmittel, Kranken-, Unfall-, Alters-, Invaliditätsversicherung und Gewerbeordnung u. s. w.).

Text-Ausgabe mit Anmerkungen
von

Dr. Hans Rüdorff.

Siebzehnte Auflage
von

Dr. H. Appelius.

Berlin.
J. Guttentag, Verlagsbuchhandlung.
1894.

Vorwort.

Bei ihrem ersten Erscheinen (1870) sollte diese mit der — seitdem vielfach gebrauchten — Bezeichnung „Textausgabe mit Anmerkungen" versehene Ausgabe des Strafgesetzbuchs lediglich als Begleiterin des von ihrem Begründer bearbeiteten Kommentars dienen und neben einem korrekten Gesetzestext nur die nothwendigsten — namentlich den Zusammenhang des allgemeinen und des besonderen Theils verdeutlichende — Beigaben nebst Register enthalten.

Die große Verbreitung des Werkchens veranlaßte einige Erweiterung desselben. Den Verfasser leitete dabei der Gedanke: daß kein Gesetzbuch so sehr, wie das Strafgesetzbuch Anspruch auf allgemeine Kenntniß und allgemeines Verständniß erhebt, — und der Wunsch: die Erfüllung dieses Anspruchs für den erstgeborenen Kodex des neuen Deutschen Reichs nach Kräften zu fördern und auf dem Strafrechtsgebiet das gemeinsame Rechtsbewußtsein lebendig zu erhalten, welches, besonders in einem staatsrechtlichen Gebilde, wie das Reich es ist, das Ferment der Gesetzgebung bleiben muß. Diesen Zwecken dient die sorgfältig erwogene innere und äußere Einrichtung des Büchleins. Dasselbe will ein stets parates Hülfsmittel für den Juristen und Laien, wie namentlich für den Studirenden darbieten und zur Verbreitung solider strafrechtlicher Kenntnisse in bescheidenen Grenzen mitwirken. Die neue (17.) Auflage ist entsprechend dem Gange der Gesetzgebung und Rechtsprechung vermehrt; insbesondere sind die vom Reichsgericht ausgesprochenen Rechtsgrundsätze in größerem Umfang, wie seither, aufgenommen.

Celle, im März 1894.

Zur gefälligen Beachtung.

Die Zuständigkeit der Gerichte (erster Instanz) nach den Vorschriften des Deutschen Gerichtsverfassungsgesetzes (S. XIX ff.) ist bei den einzelnen §§ des Strafgesetzbuchs durch lateinische Buchstaben angedeutet, und zwar

A. = Amts- oder Schöffengericht.
L. = Landgericht (Strafkammer).
Sw. = Schwurgericht.
Rg. = Reichsgericht.
L. bez. A. — bezeichnet die Fälle, in denen nach § 75 des Gerichtsverfassungsgesetzes die Ueberweisung vom Landgericht an das Schöffengericht zulässig ist. —

Die Citate von §§ (Zahlen) ohne Zusatz beziehen sich stets auf das Strafgesetzbuch. — Im Uebrigen wird auf die unten Seite VII abgedruckte nähere Bezeichnung der „Abkürzungen" besonders hingewiesen. —

Inhalt.

Abkürzungen in den Noten und Zusätzen.

A. = Absatz.
A. = Amtsgericht (Schöffengericht).
Bay. = Bayerisch.
C.Bl. = Centralblatt für das Deutsche Reich.
C.P.O. = Deutsche Civilprozeßordnung.
E. = Entscheidungen des Reichsgerichts in Strafsachen (röm. Zahlen = Band, arab. = Seite).
E.G. = Einführungsgesetz zum St.G.B. vom 31./5. 70.
G. = Gesetz (Reichsgesetz).
Gew.O. = Reichsgewerbeordnung in der Fassung nach dem Gesetz v. 1./6. 91.
G.B. = Deutsches Gerichtsverfassungsgesetz.
Hand.G.B. = Deutsches Handelsgesetzbuch.
J.M.Bl. = Preuß. Justizministerialblatt.

J.M.V. = Justizministerial-Verfügung.
K.O. = Deutsche Konkursordnung.
L. = Landgericht (Strafkammer).
Liszt = Zeitschrift für die gesamte Strafrechtswissenschaft von v. Liszt, v. Lilienthal und Bennecke.
Löwe = Löwe, Kommentar zur Strafprozeßordnung.
M.B. = Deutsches Militär-Strafgesetzbuch vom 20./6. 72.
M.G. = Deutsches Militärgesetz vom 2./5. 74 in der Fassung des Gesetzes vom 6./5. 80.
Olsh. = Olshausen, Kommentar z. Strafgesb. 3. Aufl.
Opp. = Oppenhoff, Rechtsprechung des Preuß. Obertribunals (röm. Zahlen = Band, arab. = Seite).
Postg. = Gesetz über das Postwesen des Deutschen Reichs v. 28./10. 71.
P. = Preußen, Preußisch.
Preßg. = Reichspreßgesetz vom 7./5. 74.
R. = Rechtsprechung des Reichsgerichts in Strafsachen (röm. Zahlen = Band, arab. = Seite).
R.G. = Reichsgesetz.
Rg. = Reichsgericht.
R.G.Bl. = Reichsgesetzblatt.
R.V. = Verfassung des Deutschen Reichs.
Seem.O. = Deutsche Seemannsordnung vom 27./12. 72.
St.G.B. = Deutsches Strafgesetzbuch.
St.P.O. = Deutsche Strafprozeßordnung.
St. = Stenglein, Zeitschrift für Gerichtspraxis in Deutschland.
St.B. = Stenographische Berichte des Deutschen Reichstags.
Sw. = Schwurgericht.
S.Z. = Allg. Gerichtszeitung für Sachsen von v. Schwarze.
V.M.Bl. = Preuß. Ministerial-Blatt für die innere Verwaltung.
Vzollg. = Vereinszollgesetz vom 1./7. 69.
W.O. = Deutsche Wehrordnung vom 28./9. 75. (C.Bl. S. 535 ff.) und Ergänzung vom 31./8. 80. (C.Bl. S. 578.)
Z. = Zuchthausstrafe.
Die Namen der Bundesstaaten, z. B. Bayern, Sachsen — nebst der Bezeichnung Art. oder § beziehen sich auf das von dem betr. Staat erlassene Einführungsgesetz zum Deutsch. St.G.B.

Notizen zum Reichs-Strafgesetzbuch.

1. Geschichte.

Auf Grund des in die R.V. übergangenen Art. 4 Nr. 13 des Nordd. B.V.

„Der Beaufsichtigung Seitens des Bundes und der Gesetzgebung desselben unterliegen die nachstehenden Angelegenheiten:
13) die gemeinsame Gesetzgebung über das ... Strafrecht .. und das gerichtliche Verfahren."

stellten die Abgeordneten Wagner (Altenburg) und Planck in der Sitzung des Reichstags v. 30. März 1868 den Antrag:

„den Bundeskanzler aufzufordern, Entwürfe eines gemeinsamen Strafrechts und eines gemeinsamen Strafprozesses, sowie der dadurch bedingten Vorschriften der Gerichtsorganisation baldthunlichst vorbereiten und dem Reichstage vorlegen zu lassen."
(St.B. S. 27, 28, Drucks. Nr. 24.)

Der Antrag wurde in Schlußberathung — Ref. v. Bernuth, Corref. Becker (Oldenburg) — am 18. April 1868 mit großer Majorität angenommen. (St.B. S. 124—129.)

Der Bundesrath schloß sich am 5. Juli dem Antrage an, und der Bundeskanzler ersuchte durch Schreiben vom 17. Juni den Preuß. Justizminister Dr. Leonhardt um Ausarbeitung des Entwurfs eines Strafgesetzbuchs. Der Justizminister beauftragte den Geh. O.-J.-R. (später Justizminister) Dr. Friedberg mit dieser Ausarbeitung.

Mittels Schreibens des Justizministers vom 31. Juli 1869 wurde der „Entwurf eines Strafgesetzbuchs für den Nordd. Bund" (enth. 356 Paragraphen) nebst dem Entwurf eines Einf.-Ges. mit Motiven und 4 Anlagen (Zusammenstellung strafrechtl. Bestimmungen, Todesstrafe, gerichtl.-mediz. Fragen, Zuchthausstrafe) dem Bundeskanzler überreicht und gleichzeitig veröffentlicht. (Berlin bei Decker. 6 Bände in Fol.)

Bereits am 3. Juli 1869 hatte der Bundesrath zur Begutachtung und Vorbereitung des Entwurfs eine aus 7 Mitgliedern bestehende Kommission erwählt. Diese Kommission: Justizm. Dr. Leonhardt (Vors.), Gen.-St.-Anw. Dr. v. Schwarze (stellv. Vors.), G.-O.-J.-R. Dr. Friedberg (Ref.), App.-G.-R. Bürgers, Justizrath Dorn, O.-App.-G.-R. Dr. Budde, Senator Dr. Donandt, — Schriftführer: Ger.-Ass. Dr. Rubo und Kreisrichter Rüdorff — trat am 1. Oktober 1869 im Bundeskanzleramt zu Berlin zusammen.

Die Berathung erfolgte unter dem ständigen Vorsitze des Justizministers in 3 Lesungen, welche — außer den Redaktionssitzungen — 43 Sitzungen in Anspruch nahmen, und wurde am 31. Dezbr. 1869 beendet. Am selbigen Tage wurde der gedruckte Entwurf (enth. 366 Paragr.) nebst Einf.-Ges. dem Bundeskanzler überreicht. Der Entwurf ist zwar nicht veröffentlicht, jedoch allen denjenigen, welche ihr Interesse durch Einreichung von Gutachten bethätigt hatten, vom Bundeskanzler zugesandt.

Der Bundesrath nahm in den Sitzungen vom 4. und 11. Februar 1870 den Kommissionsentwurf mit wenigen Abänderungen (vgl. §§ 31, 209 jenes Entwurfes und §§ 31, 209 der Vorlage) an. Nur das Einf.-Ges. erlitt insofern eine wesentliche Abänderung, als die ausdrückliche Aufhebung aller Landesstrafgesetzbücher beseitigt und statt dessen der jetzige § 2 des Einf.-Ges. aufgenommen wurde.

Dem Reichstage ging der Entwurf bereits an seinem Eröffnungstag, dem 14. Febr. 1870 zu. Dem Entwurfe waren Motive, sowie die 4 Anlagen des Entwurfs vom Juli 1869 beigegeben. (Druckſ. Nr. 5 des Reichstags nebst Anlagen.) Die Motive sind im Wesentlichen eine Wiederholung der zu dem ersten Entwurfe ausgearbeiteten Motive und enthalten nur insoweit Modifikationen, als die in der Bundeskommission und im Bundesrathe beschlossenen Abänderungen des Entwurfs solche erheischten. Diese Umarbeitung wurde im Januar 1870 durch den Präsidenten Dr. Friedberg und den Generalstaatsanwalt Dr. v. Schwarze, unter Zuziehung der Schriftführer der Bundeskommission, bewirkt.

Bei den Berathungen des Reichstages wurde der Entwurf durch den Justizminister Dr. Leonhardt als Bevollmächtigten vom Bundesrathe und durch den Präsidenten Dr. Friedberg als besonders bestellten Bundeskommissar vertreten.

Die erste s. g. Lesung fand Statt am 22. Febr. Es wurde beschlossen, den Ersten Theil und Abschn. 1—7 des Zweiten Theils durch Plenarberathung zu erledigen, die übrigen Abschnitte 8—29 einer Kommission von 21 Mitgliedern zu überweisen. (St.B. S. 41—54.) Zu Mitgliedern dieser Kommission wurden erwählt: Dr. v. Schwarze (Vors.), v. Bernuth (stellv. Vors.), Hosius (Schriftf.), Graf Kleist (stellv. Schriftf.), Dr. Aegidi, Graf Bassewitz, v. Brauchitsch (Genthin), v. Einsiedel, Dr. Endemann, Evelt, Eysoldt, Genast, Frhr. v. Hoverbeck, v. Kirchmann, Koch, v. Levetzow, v. Luck, zur Megede, Dr. Meyer (Thorn), Tobias, Dr. Wagner (Altenburg). Den Sitzungen der Kommission wohnten außerdem ständig der Präsident des Reichstages Dr. Simson und der Präsident Dr. Friedberg als Vertreter des Bundesraths bei. Die Kommission hat einen schriftlichen Bericht nicht erstattet; die von derselben beschlossenen Abänderungsvorschläge vgl. in den Drucks. Nr. 85, 92, 105. —

Die zweite Lesung fand Statt in den Sitzungen vom Februar: 28. (St.B. S. 95); März: 1. (Abschaffung der Todesstrafe mit 118 gegen 81 St. beschlossen. — St.B. S. 136), 2., 4., 5., 8., 9., 10., 15, 16., 17., 18., 19., 21., 23.; April: 2., 4., 5., 7., 8.; — zusammen 20 Sitzungen.

Nach erfolgter Zusammenstellung der in der zweiten Lesung gefaßten Beschlüsse (Drucks. Nr. 132) erklärte sich in der Sitzung vom 21. Mai (St.B. S. 1091) der Justizminister Dr. Leonhardt Namens des Bundesraths über die Annehmbarkeit derselben, wobei namentlich die Beibehaltung der Todesstrafe im Strafensystem als Bedingung der Annahme des Entwurfs aufgestellt wurde.

Die dritte Lesung fand Statt in den Sitzungen vom Mai: 23. (Antrag v. Luck, betreffend Wiederaufnahme der Todesstrafe mit 127 gegen 119 Stimmen angenommen, — St.B. S. 1140), 24. und 25. Mai, an welchem letzteren Tage das Gesetz (Drucks. Nr. 212) ohne namentliche Abstimmung mit „sehr großer Majorität" angenommen wurde. (St.B. S. 1187.)

Der aus der dritten Lesung hervorgegangene Entwurf wurde vom Bundesrath in der Sitzung vom 25. Mai 1870 mit Einstimmigkeit genehmigt. Das St.G.B. und das E.G., beide dd. Schloß Babelsberg den 31. Mai 1870, wurden in der am 8. Juni zu Berlin ausgegebenen Nr. 16 des B.G.Bl. (vgl. S. 195—273) publizirt und der Geltungstermin auf den 1. Januar 1871 bestimmt.

Nach Art. 80 der zunächst in Baden und Hessen unterm 15. November 1870 vereinbarten **Deutschen** Bundesverfassung trat das Bundesstrafgesetzbuch nebst Einf.-Ges. mit dem 1. Januar 1872 in Baden in Geltung. In Hessen südlich des Mains ist es nach demselben Art. bereits am 1. Januar 1871 in Kraft getreten. (B.G.Bl. 1870 S. 647 ff.)

Für Württemberg ist nach dem Vertrage vom 25. November 1870 (B.G.Bl. 1870 S. 654 ff.) der Art. 80 bezüglich des B.St.G.B. unverändert und trat es somit nebst dem E.G. am 1. Januar 1872 in Kraft.

Für Bayern wurde zwar durch den zwischen den sämmtlichen betheiligten deutschen Staaten geschlossenen Vertrag vom 23. Novbr. 1870 III § 8 die Geltung des Art. 80 vorläufig außer Anwendung gesetzt (B.G.B. 1871 S. 21), jedoch bereits durch das Gesetz vom 22. April 1871 (B.G.Bl. S. 89) die Einführung des St.G.B. nebst E.G. zum 1. Januar 1872, nur mit einer Modifikation zu § 4 des E.G. auch für Bayern festgesetzt.

Durch das Gesetz betr. die Verfassung des Deutschen Reichs vom 16. April 1871 (R.G.B. S. 63) war, außer andern Gesetzen, das St.G.B. nebst dem E.G. ausdrücklich zum Reichsgesetz erhoben, indem § 2 A. 2

dieses am 4. Mai 1871 in Geltung getretenen Gesetzes bestimmt:

„Die bezeichneten Gesetze sind Reichsgesetze. Wo in denselben von dem Norddeutschen Bunde, dessen Verfassung, Gebiet, Mitgliedern oder Staaten, Indigenat, verfassungsmäßigen Organen, Angehörigen, Beamten, Flagge u. s. w. die Rede ist, sind das Deutsche Reich und dessen entsprechende Beziehungen zu verstehen."

Die in Folge dessen erforderlichen redaktionellen Aenderungen wurden für das St.G.B. (nicht für das E.G.) von der Reichsgesetzgebung bestimmt. Das Reichsgesetz vom 15. Mai 1871 — betr. die Redaktion des St.G.B. f. d. Nordd. B. als St.G.B. für das Deutsche Reich — lautet:

Einziger Paragraph.

„Das Strafgesetzbuch für den Norddeutschen Bund vom 31. Mai 1870 erhält unter der Bezeichnung als „Strafgesetzbuch für das Deutsche Reich" vom 1. Januar 1872 an die beiliegende Fassung."

Vgl. R.G.Bl. S. 127 ff. Drucksachen des Reichstages Nr. 89 und St.B. S. 556, 571, 599. Außerdem s. Anm. zum E.G. § 1.

In Elsaß-Lothringen wurde das St.G.B. mittels besonderen Gesetzes vom 30. August 1871, welches jedoch im Allgemeinen von denselben Grundsätzen wie das E.G. vom 31. Mai 1870 ausgeht, mit dem 1. Okt. 1871 eingeführt. (G.Bl. für E.L. Nr. 14 S. 255.)*)

Einen Zusatz erhielt das St.G.B. durch das R.G. vom 10. Dezember 1871, welches einen neuen § 130a einschaltete. (Vgl. Anm. zu § 130a.)

Eine umfassendere — wenn auch nicht vollständige Revision des St.G.B. bezweckte die vom Reichstage in der Wintersession 1875/76 gemachte Vorlage (Drucks. des Reichstages Nr. 54, vgl. Drucks. des Bundesraths Nr. 73, 93, 103 und Prot. vom 17. November 1875). Die erste Berathung dieser Vorlage fand Statt am 3. Dezbr. 1875

*) Vgl. Strafgesetzbuch für das Deutsche Reich. Amtliche Ausgabe mit französischer Uebersetzung. (Code Pénal de l'Empire d'Allemagne.) 2. Ausg. Straßburg 1878. (Schneider.)

(St.B. S. 385), dieselbe wurde zum Theil einer Kommission, zum Theil der Plenarberathung überwiesen. Die Beschlüsse der Kommission (Dr. Simson, Vors., Dr. v. Schwarze, Berichterst., Grosmann, Banks, Erhard, Wagner, Becker, Baer, Hauck, v. Forcade de Biaix, Reichensperger, Haarmann, Stenglein, v. Brauchitsch) vgl. in Nr. 145 der Drucks. Die Plenarberathungen (2. Berathung) fanden Statt am 14. Dezember 1875 (St.B. S. 621), am 20., 21., 22., 24., 27., 28., 29. Januar 1876 (St.B. S. 781 ff.), und wurde die Vorlage erheblich verändert und verkürzt angenommen (Drucks. Nr. 181). In der am 9. und 10. Februar 1876 stattgehabten dritten Lesung (St.B. S. 1301 ff.) wurden wieder einzelne Aenderungen und Ergänzungen vorgenommen und die so hergestellten Reichstagsbeschlüsse (Drucks. Nr. 238) demnächst nach erfolgter Genehmigung des Bundesraths unter dem 26. Februar 1876 vom Kaiser vollzogen und in der am 6. März 1876 zu Berlin ausgegebenen Nr. 6 des R.G.Bl. publizirt (R.G.Bl. S. 25). Die wichtigsten Aenderungen betreffen die im Auslande begangenen Verbrechen (§ 4), die erfolglose Aufforderung und das Anerbieten zu Verbrechen (§ 49a, Duchesne), die Antragsverbrechen (§ 64) und Vergehen von Beamten des auswärt. Amts (§ 353a, v. Arnim).

Auf Grund der im Art. V des Gesetzes ertheilten Ermächtigung ist der neue Text des St.G.B. mittels Erlasses des Reichskanzlers vom 26. Februar 1876 im Reichsgesetzblatt abgedruckt (R.G.Bl. S. 39).

Einen weiteren Zusatz erhielt das St.G.B. in den §§ 302a—d bezw. § 360 12 durch das Gesetz vom 24. Mai 1880 betreffend den Wucher (R.G.Bl. S. 109), worüber unten zu §§ 302a ff. zu vergleichen ist.

Ferner ist Absatz 2 des § 184 durch Art. IV. des G. v. 5. April 1888 (R.G.Bl. S. 133) betr. die unter Ausschluß der Oeffentlichkeit stattfindenden Gerichtsverhandlungen aufgenommen.

Durch das Gesetz vom 13. Mai 1891, betreffend die Abänderung von Bestimmungen des Strafgesetzbuchs (R.G.Bl. S. 107; ausgegeben Berlin den 22. Mai 1891) erhielten §§ 276 und 364 einen zweiten Absatz, hinter § 318 wurde § 318a, hinter § 367 Nr. 5 wurde Nr. 5a eingeschoben. Die §§ 317, 318 und 360 Nr. 4 erhielten eine veränderte Fassung. (Vgl. die betr. §§ im Text.) (Materialien zur Strafgesetznovelle v. 13./5. 1891 in Goltd.-Arch. XXXIX S. 29.)

Durch Kaiserliche Verordnung vom 22. März 1891 (R.G.Bl. S. 21) wurde das Strafgesetzbuch auch für die neuerworbene Insel Helgoland eingeführt. (In Kraft getreten am 1. April 1891.)

Durch Reichsges. v. 26./3. 1893 (ausgegeben Berlin 29./3. 93) erhielt der § 69 eine abgeänderte Fassung; durch Reichsges. v. 19./6. 93 (ausgeg. Berlin 24./6. 93) wurden die §§ 302a u. 302d abgeändert und hinter § 302d der § 302e neu eingefügt und in § 367 eine Nr. 16 eingestellt; endlich wurden durch Reichsges. v. 3./7. 93 (ausgeg. Berlin 14./7. 93) gegen den Verrath militärischer Geheimnisse § 11 die §§ 89 u. 90 des St.G.B. abgeändert.

---

2. Literatur.

a. Ausgaben und Kommentare.

Dr. Binding. Die gem. deutsch. St.-G.-Bücher. Akadem. Handausg. Einltg. 2. Aufl. Lpz. 1877. M. 2. (Leider unvollendet.)

Dr. Daude. Mit Entscheidgen. 6. Aufl. Berlin 1894. M. 2,20. (Praktisch.)

Hecker, Div.-Auditeur. — Mit dem Text des Mil. St.G.B. Berlin 1878.

Dr. Olshausen. Komment. 4. Aufl. Berlin 1892.

— — Textausg. mit Anm. 4. Aufl. Berlin 1893. M. 1.

Dr. Oppenhoff, — Erläut. 14. Aufl. Berlin 1893. M. 15.
Dr. Rubo, Prof. — Mit Anm. 3. Aufl. Berlin 1880. M. 1,50.
— — Komment. 2. Ausg. Berlin 1879.
Dr. Rüdorff jetzt: Stenglein, Reichsgerichtsrath. — Komment. 4. Aufl. Berlin 1892.
Dr. v. Schwarze. Handausg. 2. Aufl. Lpz. 1876.
— — Komment. 5. Aufl. Lpz. 1884.
v. Mangold, Textausgabe m. Anmerk., Lpzg. 1889.

b. Lehr- und Handbücher.

Dr. v. Bar, Prof. — Band I. 1882.
Dr. Berner, Prof. — Lehrb. 18. Aufl. Lpz. 1891. M. 9.
Dr. Binding. — Handbuch. Bd. I. Lpz. 1886.
Dr. Hälschner. — Preuß. Strafrecht. 3 Bde. Bonn 1855/68. (Leider unvollendet, als wissenschaftl. Darstellung des die Grundlage des St.G.B. bildenden Preuß. Rechts besonders zu beachten.)
Dr. Hälschner. — Gemeines deutsch. Strafr. I. u. II. Bd. Bonn 1881/87.
Dr. v. Holtzendorff (von versch. Verfassern). — Handb. 4 Bde. Berlin 1871—1877. M. 36,50.
Dr. v. Liszt. Deutsches Strafrecht. 6. Aufl. Berlin 1894. M. 10.
Dr. A. Merkel. Lehrb. des deutsch. Strafr. Stuttgart 1889. M. 9.
Dr. H. Meyer, Prof. — Lehrb. 4. Aufl. Erlangen 1888. M. 10,80.
Dr. Schütze, Prof. — Lehrb. 2. Aufl. Lpz. 1874. M. 9.
Grundrisse von Geyer, v. Binding u. v. Löning.

Ferner zu erwähnen als hervorragende Schrift von allgemeinem Charakter:

Dr. Binding, Prof. — Die Normen und ihre Uebertretung. 2 Bde. Leipzig 1872/77. M. 14. 2. Aufl. Bd. I. Leipzig 1890.

c. Spruchsammlungen.

Entscheidungen des Reichsgerichts in Strafsachen (von den Mitgliedern des Reichsgerichts). Lpz. Veit & Co.
Rechtsprechung des deutschen Reichsgerichts in Strafsachen (von den Mitgliedern der Reichsanwaltschaft). München und Leipzig. (Oldenbourg.)

Die Sammlungen sind im Ganzen chronologisch geordnet und bringen die Entscheidungen von Errichtung des Reichsgerichts an. (1./10. 1879.)

Die Entscheidgen. des früheren Reichsoberhandelsger. finden sich in: „Entscheidgen. des R.O.H.G." Stuttgart. u. Erlangen (Enke), die des früheren Obertrib. in Berlin in: Oppenhoff, Rechtsprchg. des Obertrib. 1861—1879. Berlin. (Reimer) und Goltdammer's Archiv.

Stenglein. Zeitschrift für Gerichtspraxis in Deutschland (bis 79). München. (Auswahl der Entscheidgen. sämmtlicher früheren höchsten Gerichtshöfe in chronologischer Ordnung enthaltend.)

Außerdem: Zimmerle (früher Pezold), deutsche Strafrechtspraxis. Uebersichtl. Zusammenstellg. der Entsch. der höchst. deutschen Gerichte. 2 Bde. 1877—1880.

d. Strafrechtsfälle.

v. Bar. 1875; Dochow (jetzt v. Liszt). 4. Aufl. 1892, auch Harburger.

e. Zeitschriften.

Zeitschrift für die gesamte Strafrechtswissenschaft von v. Liszt und v. Lilienthal. Berlin (Guttentag seit 1881). Jährl. 1 Bd. à 6 Hefte. Bd. I—IV à 7 M. 50 Pf., Bd. V—VIII à 15 M., Bd. IX ff. à 20 M.

Gerichtssaal von M. Stenglein, Stuttgart (Enke). 12 M.

Archiv f. Gem. d. u. preuß. Strafrecht (früher Goltdammer, jetzt Meves u. A.). Berlin. 6 Hefte 9 M.

f. Landesstrafgesetze.*)

Preußen: Die neben dem St.G.B. f. d. Deutsche Reich in Preußen geltenden St.G. u. s. w. vgl. bei Hellweg u. Arndt. 2. Ausg. m. Nachtr. Berlin 1886 u. Hartmann 1873.

Bayern: Staudinger, Das St.G.B. f. d. Deutsche Reich mit den E.G. u. s. w. Nördlingen. 2. Aufl. 1876. — Eine vollständ. Textausg. der Strafgesetzgebung für Bayern. Bamberg, zuerst 1873.

Sachsen: Ausgaben von Richter, Dr. v. Schwarze (1874), Siebdrat (2. Aufl. Dresden 1875).

Württemberg: Fecht, Ges., betr. die Aenderung des Landesstrafrechts in W. Stuttg. 1872. — v. Kübel, Württ. Gerichtsbl. V, 70 ff. — Neue Justizgesetzgebung für das Königr. Württemberg. Bd. IV, 2 ff.

Baden: Bingner u. Eisenlohr, Badisches Strafrecht u. s. w. Heidelberg 1872.

Elsaß-Lothringen s. unten S. 175.

---

*) Die neben dem St.G.B. geltenden Reichsstrafgesetze vgl. unten im Anhang und in dem die ganze deutsche (und preußische) Strafgesetzgebung umfassenden Werke v. Hellweg und Arndt. Berlin 1883 mit Nachtrag von 1886. Nr. 10 und Stenglein-Appelius-Kleinfeller, strafrechtl. Nebengesetze, Berlin 1892.

Zuständigkeit der Gerichte in Strafsachen nach dem Deutschen Gerichtsverfassungsgesetz vom 27. Januar 1877.

(R.G.Bl. S. 41.)

In dem weiter folgenden Text dieses Werkchens ist die Zuständigkeit der Gerichte I. Instanz angedeutet:

A. = Amts- oder Schöffengericht. — L. = Landgericht (Strafkammer). — Sw. = Schwurgericht. — Rg. = Reichsgericht.

1. Amtsgerichte (Schöffengerichte).*)

Verfahren ohne Schöffen nach § 3 A. 3 des E.G. zur St.P.O. zulässig: bei Forst- und Feldrügesachen (Preuß. Forstdiebst.-Ges. vom 15./4. 78 § 19) und nach § 211 St.P.O. bei Uebertretungen, wenn der vorgeführte Beschuldigte gesteht. Außerdem kann nach § 447 St.P.O. in den zur Zuständigkeit der Schöffengerichte gehörigen Sachen (mit Ausnahme der Nr. 3—8 § 27 G.V.) auf Antrag des Staatsanwalts vom Amtsrichter ein Strafbefehl erlassen werden (mit Strafen bis höchstens 150 M. Geld oder 6 Wochen Freiheitsstrafe).

---

*) **85.** Die Berufung zum Amte eines Schöffen (bez. eines Geschworenen. § 85) dürfen ablehnen:

1. Mitglieder einer deutschen gesetzgebenden Versammlung;
2. Personen, welche im letzten Geschäftsjahre die Verpflichtung eines Geschworenen, oder an wenigstens fünf Sitzungstagen die Verpflichtung eines Schöffen erfüllt haben;
3. Aerzte;
4. Apotheker, welche keine Gehülfen haben;
5. Personen, welche das fünfundsechzigste Lebensjahr zur Zeit der Aufstellung der Urliste vollendet haben oder dasselbe bis zum Ablaufe des Geschäftsjahres vollenden würden;
6. Personen, welche glaubhaft machen, daß sie den mit der Ausübung des Amts verbundenen Aufwand zu tragen nicht vermögen.

27. Die Schöffengerichte sind zuständig:

1. für alle Uebertretungen;

   Vgl. St.G.B. §§ 1 A. 3 u. 360—370 u. St.P.O. § 447 (Strafbefehl).

2. für diejenigen Vergehen, welche nur mit Gefängniß von höchstens drei Monaten oder Geldstrafe von höchstens sechshundert Mark, allein oder neben Haft oder in Verbindung mit einander oder in Verbindung mit Einziehung bedroht sind, mit Ausnahme der im § 320 des Strafgesetzbuchs und der im § 74 dieses Gesetzes bezeichneten Vergehen;

   Vgl. St.G.B. §§ 121 A. 2, 123 A. 1, 138, 148, 276, 292, 299 u. St.P.O. § 447 (Strafbefehl).

3. für die nur auf Antrag zu verfolgenden Beleidigungen und Körperverletzungen, wenn die Verfolgung im Wege der Privatklage geschieht;

   Vgl. St.G.B. §§ 185—187, 189, 194, 223, 230, 232, St.P.O. §§ 414, 416 u. E.G. zur St.P.O. § 11.

4. für das Vergehen des Diebstahls im Falle des § 242 des Strafgesetzbuchs, wenn der Werth des Gestohlenen fünfundzwanzig Mark nicht übersteigt;

5. für das Vergehen der Unterschlagung im Falle des § 246 des Strafgesetzbuchs, wenn der Werth des Unterschlagenen fünfundzwanzig Mark nicht übersteigt;

6. für das Vergehen des Betruges im Falle des § 263 des Strafgesetzbuchs, wenn der Schaden fünfundzwanzig Mark nicht übersteigt;

7. für das Vergehen der Sachbeschädigung im Falle des § 303 des Strafgesetzbuchs, wenn der Schaden fünfundzwanzig Mark nicht übersteigt;

8. für das Vergehen der Begünstigung und für das Vergehen der Hehlerei in den Fällen des § 258 Nr. 1 und des § 259 des Strafgesetzbuchs, wenn die Handlung, auf welche sich die Begünstigung oder die Hehlerei bezieht, zur Zuständigkeit der Schöffengerichte gehört.

28. Ist die Zuständigkeit des Schöffengerichts durch den Werth einer Sache oder den Betrag eines Schadens bedingt und stellt sich in der Hauptverhandlung heraus, daß der Werth oder Schaden mehr als fünfundzwanzig Mark beträgt, so hat das Gericht seine Unzuständigkeit nur dann auszusprechen, wenn aus anderen Gründen die Aussetzung der Verhandlung geboten erscheint.

29. Vor die Schöffengerichte gehören auch diejenigen Strafsachen, deren Verhandlung und Entscheidung ihnen nach den Bestimmungen des fünften Titels von den Strafkammern der Landgerichte überwiesen wird.

2. Landgerichte (Strafkammern).

72. Die Strafkammern sind zuständig für diejenigen die Voruntersuchung und deren Ergebnisse betreffenden Entscheidungen, welche nach den Vorschriften der Strafprozeßordnung von dem Gerichte zu erlassen sind; sie entscheiden über Beschwerden gegen Verfügungen des Untersuchungsrichters und des Amtsrichters, sowie gegen Entscheidungen der Schöffengerichte. Die Bestimmungen über die Zuständigkeit des Reichsgerichts werden hierdurch nicht berührt.

Vgl. St.P.O. §§ 121, 124, 178, 195, 196, 199—202, 204, 205, 208.

Die Strafkammern erledigen außerdem die in der

Strafprozeßordnung den Landgerichten zugewiesenen Geschäfte.

Vgl. St.P.O. § 27, 183, 197, 207.

73. Die Strafkammern sind als erkennende Gerichte zuständig:

1. für die Vergehen, welche nicht zur Zuständigkeit der Schöffengerichte gehören;
2. für diejenigen Verbrechen, welche mit Zuchthaus von höchstens fünf Jahren, allein oder in Verbindung mit anderen Strafen bedroht sind. Diese Bestimmung findet nicht Anwendung in den Fällen der §§ 86, 100 und 106 des Strafgesetzbuchs;

   Vgl. St.G.B. §§ 159, 171, 173, 174, 179, 181, 218, 224, 227 A. 2, 254, 258 2, 268 1, 321, 332, 336, 338, 343, 346, 347, 356.

3. für die Verbrechen der Personen, welche zur Zeit der That das achtzehnte Lebensjahr noch nicht vollendet hatten;

   Vgl. St.G.B. §§ 56, 57. Vorbehaltlich der Kompetenz des Reichsgerichts in den Fällen des § 136 1.

4. für das Verbrechen der Unzucht im Falle des § 176 Nr. 3 des Strafgesetzbuchs;
5. für die Verbrechen des Diebstahls in den Fällen der §§ 243 und 244 des Strafgesetzbuchs;
6. für das Verbrechen der Hehlerei in den Fällen der §§ 260 und 261 des Strafgesetzbuchs;
7. für das Verbrechen des Betruges im Falle des § 264 des Strafgesetzbuchs.

74. Die Strafkammern sind als erkennende Gerichte ausschließlich zuständig:

1. für Zuwiderhandlungen gegen das Gesetz vom

25. Oktober 1867, betreffend die Nationalität der Kauffahrteischiffe rc.;

2*. für die nach Artikel 206, 249 und 249a des Gesetzes vom 11. Juni 1870, betreffend die Kommanditgesellschaften auf Aktien und die Aktiengesellschaften, strafbaren Handlungen;

3. für Zuwiderhandlungen gegen die Bestimmungen der §§ 1, 2 und 3 des Gesetzes vom 8. Juni 1871, betreffend die Inhaberpapiere mit Prämien;

4. für die nach § 67 und § 69 des Gesetzes vom 6. Februar 1875, betreffend die Beurkundung des Personenstandes rc., strafbaren Handlungen;

5. für die nach § 59 des Bankgesetzes vom 14. März 1875 strafbaren Handlungen.

75. Die Strafkammer kann bei Eröffnung des Hauptverfahrens wegen der Vergehen**):

1. des Widerstandes gegen die Staatsgewalt in den Fällen der §§ 113, 114, 117 Abs. 1 und des § 120 des Strafgesetzbuchs;
2. wider die öffentliche Ordnung in den Fällen des § 123 Abs. 3 und des § 137 des Strafgesetzbuchs;
3. wider die Sittlichkeit im Falle des § 183 des Strafgesetzbuchs;
4. der Beleidigung und der Körperverletzung in den Fällen der nur auf Antrag eintretenden Verfolgung;

Vgl. für den Fall der Privatklage oben § 27 3 und St.G.B. §§ 185—187, 189, 194, 223, 230, 232.

---

*) Jetzt kommen die §§ 249 bis 249f d. Rchs.Ges. v. 18./7. 1884 in Betracht.

**) Die Fälle des § 75 sind im Text des St.G.B. mit L. bez. A. bezeichnet.

5. der Körperverletzung im Falle des § 223a des Strafgesetzbuchs;
6. des Diebstahls im Falle des § 242 des Strafgesetzbuchs;
7. der Unterschlagung im Falle des § 246 des Strafgesetzbuchs;
8. der Begünstigung;

   Vgl. oben § 27₈ und St.G.B. § 257.

9. der Hehlerei in den Fällen des § 258 Nr. 1 und des § 259 des Strafgesetzbuchs;
10. des Betruges im Falle des § 263 des Strafgesetzbuchs;
11. des strafbaren Eigennutzes in den Fällen der §§ 288 und 298 des Strafgesetzbuchs;
12. der Sachbeschädigung in den Fällen der §§ 303 und 304 des Strafgesetzbuchs

und

13. wegen der gemeingefährlichen Vergehen in den Fällen des § 327 Abs. 1 und des § 328 Abs. 1 des Strafgesetzbuchs;

ferner

14. wegen derjenigen Vergehen, welche nur mit Gefängnißstrafe von höchstens sechs Monaten oder Geldstrafe von höchstens eintausendfünfhundert Mark, allein oder in Verbindung mit einander oder in Verbindung mit Einziehung bedroht sind, mit Ausnahme der in den §§ 128, 271, 296a, 301, 331 und 347 des Strafgesetzbuchs und der im § 74 dieses Gesetzes bezeichneten Vergehen;

   Vgl. St.G.B. §§ 116, 134, 136, 145, 160, 172, 184, 241, 285, 293, 296, 300, 320.

sowie

15. wegen solcher Zuwiderhandlungen gegen die Vorschriften über die Erhebung öffentlicher Abgaben und Gefälle, deren Strafe in dem mehrfachen Betrage einer hinterzogenen Abgabe oder einer anderen Leistung besteht;

auf Antrag der Staatsanwaltschaft die Verhandlung und Entscheidung dem Schöffengerichte, soweit dieses nicht schon zuständig ist, überweisen, wenn nach den Umständen des Falles anzunehmen ist, daß wegen des Vergehens auf keine andere und höhere Strafe, als auf die im § 27 Nr. 2 bezeichnete und auf keine höhere Buße als sechshundert Mark zu erkennen sein werde.

Das Schöffengericht kann in sämmtlichen Fällen einer Ueberweisung abweichend von der Ansicht der Strafkammer eine höhere Strafe als 3 Monat Gefängniß oder 600 Mark erkennen.

Beschwerde findet nicht statt.

Hat im Falle der Nr. 15 die Verwaltungsbehörde die öffentliche Klage erhoben, so steht ihr der Antrag auf Ueberweisung an das Schöffengericht in gleicher Weise wie der Staatsanwaltschaft zu.

76. Die Strafkammern sind als erkennende Gerichte ferner zuständig für die Verhandlung und Entscheidung über das Rechtsmittel der Berufung gegen die Urtheile der Schöffengerichte.

3. Schwurgerichte.

80. Die Schwurgerichte sind zuständig für die Verbrechen, welche nicht zur Zuständigkeit der Strafkammern oder des Reichsgerichts gehören.

§ 73 (Strafkammern); § 136₁ (Reichsgericht). — Außerdem sind die Schwurgerichte — in Gemäßheit älterer Landesgesetze — zuständig nach § 6 des E.G. zum G.V.G. für Preßvergehen, in **Bayern**, **Württemberg**, **Baden** vgl. unten S. 192.

4. Oberlandesgerichte.

123. Die Oberlandesgerichte sind zuständig für die Verhandlung und Entscheidung über die Rechtsmittel:*)

Vgl. G.V. §§ 117, 160, 183 u. St.P.O. § 170.

2. der Revision gegen Urtheile der Strafkammern in der Berufungsinstanz;

   Vgl. St.P.O. §§ 354, 374, 380.

3. der Revision gegen Urtheile der Strafkammern in erster Instanz, sofern die Revision ausschließlich auf die Verletzung einer in den Landesgesetzen enthaltenen Rechtsnorm gestützt wird;

   Vgl. § 136 Nr. 2 u. St.P.O. § 384; — „**ausschließlich**" also ist nach § 136 Nr. 2 des Reichsgerichts zuständig, wenn einer der §§ des St.G.B. mit verletzt ist.

5. der Beschwerde gegen strafrichterliche Entscheidungen erster Instanz, soweit nicht die Zuständigkeit der Strafkammer begründet ist, und gegen Entscheidungen

---

*) Auf Grund des § 9 des E.G. zum G.V. verordnet für Preußen das G. vom 24./4. 78. (G.S. S. 230):

§ 50. „Das Oberlandesgericht in Berlin ist ausschließlich zuständig für die Verhandlung und Entscheidung:

1) über die nicht zur Zuständigkeit des Reichsgerichts gehörenden Revisionen gegen Urtheile der Strafkammern in erster Instanz;

2) über die Revisionen gegen Urtheile der Strafkammern in der Berufungsinstanz und über alle Beschwerden gegen Entscheidungen der Strafkammern, sofern eine nach Landesrecht strafbare Handlung den Gegenstand der Untersuchung bildet.

— — —"

der Strafkammern in der Beschwerdeinstanz und Berufungsinstanz.

Vgl. §§ 72, 76, 183 u. St.P.O. §§ 346, 347, 352, 354.

5. Reichsgericht.

136. In Strafsachen ist das Reichsgericht zuständig:

1. für die Untersuchung und Entscheidung in erster und letzter Instanz in den Fällen des Hochverraths und des Landesverraths, insofern diese Verbrechen gegen den Kaiser oder das Reich gerichtet sind;

   Vgl. St.G.B. §§ 80—93 (im Text mit „Rg." bezeichnet) u. St.P.O. § 484. — G.V. § 73 8 (Strafunmünd.) gilt für § 136 nicht.

2. für die Verhandlung und Entscheidung über die Rechtsmittel der Revision gegen Urtheile der Strafkammern in erster Instanz, insoweit nicht die Zuständigkeit der Oberlandesgerichte begründet ist, und gegen Urtheile der Schwurgerichte.

   Vgl. § 123 Nr. 3, E.G. § 9 u. St.P.O. § 374.

In Strafsachen wegen Zuwiderhandlungen gegen die Vorschriften über die Erhebung öffentlicher in die Reichskasse fließender Abgaben und Gefälle ist das Reichsgericht auch für die Verhandlung und Entscheidung über das Rechtsmittel der Revision gegen Urtheile der Strafkammern in der Berufungsinstanz zuständig, sofern die Entscheidung des Reichsgerichts von der Staatsanwaltschaft bei der Einsendung der Akten an das Revisionsgericht beantragt wird.

Vgl. § 387 A. 2 St.P.O.

Einführungs-Gesetz
vom 31. Mai 1870.

Gesetzeskraft im Nordd. Bundesgebiet einschl. Süd-Hessen mit dem 1. Januar 1871, in Elf.-Lothr. mit 1. Oktober 1871, — im ganzen Reiche mit dem 1. Januar 1872.

---

1. Das Strafgesetzbuch für den Norddeutschen Bund (das Deutsche Reich) tritt im ganzen Umfange des Bundesgebietes mit dem 1. Januar 1871 (1872) in Kraft.

Durch R.G. v. 15./5. 71 sind die in Folge der Erhebg. des St.G.B.'s f. d. Nordd. Bund z. Reichsgesetz erforderlichen Fassgs.-Aendergen. ausdrücklich festgesetzt. Für das Einführgs.-G. sind diese Aendergen. nach Maßgabe des § 2 A. 2 des G. v. 16./4. 71 in dem Text ergänzt*).

2. Mit diesem Tage tritt das Bundes-(Reichs-) und Landesstrafrecht, insoweit dasselbe Materien betrifft, welche Gegenstand des Strafgesetzbuchs für den Norddeutschen Bund (das Deutsche Reich) sind, außer Kraft.

In Kraft bleiben die besonderen Vorschriften des Bundes-(Reichs-) und Landesstrafrechts, namentlich über strafbare Verletzungen der Preßpolizei-, Post-, Steuer-, Zoll-, Fischerei-, Jagd-, Forst- und Feldpolizei-Gesetze,

*) Die Aenderungen sind in Klammern angedeutet.

über Mißbrauch des Vereins- und Versammlungsrechts und über den Holz- (Forst-)Diebstahl.

(Bis zum Erlasse eines Bundesgesetzes (Reichsgesetzes) über den Konkurs bleiben ferner diejenigen Strafvorschriften in Kraft, welche rücksichtlich des Konkurses in Landesgesetzen enthalten sind, insoweit dieselben sich auf Handlungen beziehen, über welche das Strafgesetzbuch für den Norddeutschen Bund (das Deutsche Reich) nichts bestimmt.)

A. 1 enthält nichts Neues; er gibt den Grundsatz: daß das neue Gesetz das ältere aufhebt, für das Reichs- und Landesstrafrecht wieder und überläßt das Weitere der Landesgesetzgebung. Weder das Pr. St.G.B. noch ein anderes wird durch das St.G.B. formell beseitigt. Auch aus dem Pr. St.G.B. sind Vorschriften in Kraft geblieben, z. B. § 270 (Abhalten vom Bieten bei Versteigerungen u. s. w.), vgl. R.G. E. XVII. 203, X, 220; R. VI. 227. (E. in Civ.-Sach. XVIII, 220.) Strafvorschrift gegen Ueberversicherung (§ 20 d. pr. Ges. v. 8./5. 1837) E. XIX, 13, u. Art. 412 Code pén., vgl. E. G. für Elſ.-Lothr. Art. II. — Auch landesgesetzl. Vorschriften über Bestrafung ungebührlicher Aeußerungen und Eingaben an öffentl. Behörden (vgl. z. B. § 72 d. Hannov. Pol. Strf.G.B. v. 25./5. 1847) sind in Kraft geblieben. R. X, 490.

A. 2 schränkt den A. 1 nicht ein, sondern gibt nur Beispiele der nicht behandelten Materien. Soweit das St.G.B. abweichende Vorschriften enthält, sind auch die besond. Ges. aufgehoben, z. B. § 23 des Wechs.-Stemp.-Ges. v. 10./6. 69 durch die §§ 275, 276.

A. 3 — in Folge der Einführung der Reichskonkursordnung vom 10./2. 77 aufgehoben. Vgl. unten Bemerkungen zu Abschn. 24 des St.G.B.

3. Wenn in Landesgesetzen auf strafrechtliche Vorschriften, welche durch das Strafgesetzbuch für den Norddeutschen Bund (das Deutsche Reich) außer Kraft gesetzt sind, verwiesen wird, so treten die entsprechenden Vorschriften des letzteren an die Stelle der ersteren.

4. Bis zum Erlasse der in den Artikeln 61 und 68 der Verfassung des Norddeutschen Bundes (Deutschen

Reichs) vorbehaltenen Bundes=(Reichs=)gesetze sind die in den §§ 81, 88, 90, 307, 311, 312, 315, 322, 323 und 324 des Strafgesetzbuchs für den Norddeutschen Bund (das Deutsche Reich) mit lebenslänglichem Zuchthaus bedrohten Verbrechen mit dem Tode zu bestrafen, wenn sie in einem Theile des Bundesgebietes, welchen der Bundesfeldherr (Kaiser) in Kriegszustand (Art. 68 der Verfassung) erklärt hat, oder während eines gegen den Norddeutschen Bund (das Deutsche Reich) ausgebrochenen Krieges auf dem Kriegsschauplatze begangen werden.

R.V. Art. 61 A. 2: „Nach gleichmäßiger Durchführung der Kriegsorganisation des Deutschen Heeres wird ein umfassendes Reichs=Militärgesetz dem Reichstage und dem Bundesrathe zur verfassungsmäßigen Beschlußfassung vorgelegt werden." — Art. 68: „Der Kaiser kann, wenn die öffentliche Sicherheit in dem Bundesgebiete bedroht ist, einen jeden Theil desselben in Kriegszustand erklären. Bis zum Erlaß eines die Voraussetzungen, die Form der Verkündigung und die Wirkungen einer solchen Erklärung regelnden Reichsgesetzes gelten dafür die Vorschriften des Preuß. Ges. v. 4./6. 1851." (Pr. G.S. für 1851 S. 451 ff.) Für Bayern bestimmt das R.G. v. 22./4. 71 § 7 A. 2 abweichend: „An Stelle der Vorschriften des § 4 des gedachten Einführungsgesetzes hat es für Bayern bis auf Weiteres bei den einschlägigen Bestimmungen des Militärstrafrechts, sowie bei den sonstigen gesetzlichen Vorschriften über das Standrecht sein Bewenden." Vgl. Bay. Ges. v. 18./8. 79 Art. 312.

Inzwischen ist nur das in Art. 61 vorbehaltene Reichs=Militärgesetz am 2./5. 74 ergangen, das in Art. 68 vorbehaltene Gesetz steht noch aus, so daß obiger § 4 noch gilt.

Vgl. M.V. (§§ 92, 57—59, 160, 161) u. M.G.

5. In landesgesetzlichen Vorschriften über Materien, welche nicht Gegenstand des Strafgesetzbuchs für den Norddeutschen Bund (das Deutsche Reich) sind, darf nur

Gefängniß bis zu zwei Jahren, Haft, Geldstrafe, Einziehung einzelner Gegenstände und die Entziehung öffentlicher Aemter angedroht werden.

§ 5 bezieht sich nur auf künftige Landesgesetze. Die bestehenden bleiben nach Maßg. des § 6 in Geltung, selbst wenn sie höhere Strafandrohungen enthalten, z. B. der (erst durch § 91 der Seem.-O. v. 27./12. 72 beseitigte) § 8 des Pr. Ges. v. 31./3. 41 betr. die Mannszucht auf Seeschiffen, sowie die noch geltende V.O. v. 8./7. 44 wegen Bestrafung des Handels mit Negersklaven (Pr. G.S. S. 399).

6. Vom 1. Januar 1871 (1872) ab darf nur auf die im Strafgesetzbuche für den Norddeutschen Bund (das Deutsche Reich) enthaltenen Strafarten erkannt werden.

St.G.B. §§ 13—42, 57, 361.

Wenn in Landesgesetzen anstatt der Gefängniß- oder Geldstrafe Forst- oder Gemeinde-Arbeit angedroht oder nachgelassen ist, so behält es hierbei sein Bewenden.

Wo in preuß. Gesetzen Freiheitsstrafe bis zur Dauer von sechs Wochen angedroht ist, ist jetzt auf Haft zu erkennen. E. XIII. 93; R. VII. 704.

7. Vom 1. Januar 1871 (1872) ab verjähren Zuwiderhandlungen gegen die Vorschriften über die Entrichtung der Branntweinsteuer, der Biersteuer und der Postgefälle in drei Jahren.

Vgl. die Bundes- bez. Reichsgesetze v. 4. u. 8. Juli 68 § 37 bez. 68 u. v. 19./7. 79 § 4 (Branntweinsteuer); v. 31./5. 72 § 40 (Brausteuer); außerdem R. V. Art. 35, 38, 49 u. die Reichsgesetze v. 10./6. 69 § 17 (Wechselstempel); v. 1./7. 69 § 164 (Ver. Zoll-Ges.); v. 1./7. 69 Art. 12 (Hamb. Gebietstheile); v. 3./7. 78 (Spielkarten); v. 16./7. 79 (Taback), sowie Pr. Ges. v. 22./5. 52 Art. V und Pr. Verordn. v. 25./6. 67 Art. XI.

8. Der Landesgesetzgebung bleibt vorbehalten, Uebergangsbestimmungen zu treffen, um die in Kraft bleibenden Landesstrafgesetze mit den Vorschriften des Straf-

gesetzbuchs für den Norddeutschen Bund (das Deutsche Reich) in Uebereinstimmung zu bringen.

Solche Uebergangsgesetze sind in sämmtlichen Bundesstaaten — allerdings in sehr verschiedenem Umfange — erlassen, mit Ausnahme von Preußen nebst Lauenburg und Waldeck. Eine Uebersicht s. bei Rüdorff u. Stenglein, Komm. 2. Aufl. S. 63 ff. und in v. Holtzendorff, Handb. Bd. 4 S. 5 ff. — Besonders beachtenswerth ist das Bayerische Gesetz über „den Vollzug der Einführung des Strafgesetzbuches für das Deutsche Reich in Bayern" v. 26./12. 71.

Gesetz,†)

betreffend die Abänderung von Bestimmungen des Strafgesetzbuchs für das Deutsche Reich vom 15. Mai 1871 und die Ergänzung desselben. Vom 26. Februar 1876.

Ausgegeben Berlin den 6. März 1876. — Gesetzeskraft mit dem 20. März 1876. — R.G.Bl. Nr. 6 S. 25.

Art. I. Die §§ 4, 55, 64, 70 Nr. 2 und 3, 88, 95, 102, 103, 104, 113, 114, 117, 130a, 135, 140, 144, 145, 176, 177, 178, 183, 194, 200, 208, 223, 228, 232, 240, 241, 247, 263, 275, Nr. 2, 292, 296, 303, 319, 321, 360 Nr. 3, 4, 7 und 12, 361 Nr. 6, 363, 366 Nr. 3, 8, 9 und 10, 367 Nr. 5, 8 und 10, 369 und 370 des Strafgesetzbuchs in der durch die Gesetze vom

†) Ueber die Entstehungsgeschichte der Novelle vgl. oben S. XIII ff. und Meves, Die Strafgesetz-Novelle v. 26./2. 76. Erlangen 1876 (Palm & Enke).

15. Mai 1871 und 10. Dezember 1871 festgestellten Fassung werden durch nachstehende, den bisherigen Zifferzahlen entsprechende Bestimmungen ersetzt:

(Die abgeänderten §§ sind in der neuen Fassung an betr. Stelle im St.G.B. eingeschaltet und mit einem Stern (*) bezeichnet.)

II. Hinter die §§ 49, 103, 223, 296, 353 und 366 des Strafgesetzbuchs werden die folgenden neuen §§ 49a, 103a, 223a, 296a, 353a und 366a, hinter die Nr. 8 des § 361 wird die neue Nr. 9 eingestellt.

(Die neuen §§ sind an betr. Stelle im St.G.B. eingeschaltet und mit einem Stern (*) bezeichnet.)

III. Bei den Handlungen, welche vor dem Inkrafttreten dieses Gesetzes begangen sind, wird das Erforderniß des Antrages auf Verfolgung, sowie die Zulässigkeit der Zurücknahme nach den bisherigen Gesetzen beurtheilt.

IV. Wo in dem Strafgesetzbuche der Betrag einer Geldstrafe oder einer Buße in der Thalerwährung ausgedrückt ist, tritt der entsprechende Betrag in Reichswährung an die Stelle.

Dieser Artikel versteht sich nach Art. 14 § 4 des Reichsmünzgesetzes v. 9./7. 73, und nachdem inzwischen die Reichswährung eingeführt ist, für die richterliche Anwendung von selbst.

V. Der Reichskanzler wird ermächtigt, den Text des Strafgesetzbuchs, wie er sich aus den in den Artikeln I, II und IV festgestellten Aenderungen der Fassung ergibt, unter Weglassung der §§ 287 und 337 durch das Reichs-Gesetzblatt bekannt zu machen*).

---

*) Die Bekanntm. des neuen Textes ist erfolgt mittels Erlasses des Reichskanzlers v. 26. Febr. 1876. (R.G.Bl. S. 39 ff.)

Strafgesetzbuch für das Deutsche Reich

vom 15. Mai 1871.*)

(Gesetzeskraft im ganzen Reiche mit dem 1. Januar 1872.**)

Einleitende Bestimmungen.

1. Eine mit dem Tode, mit Zuchthaus, oder mit Festungshaft von mehr als fünf Jahren bedrohte Handlung ist ein Verbrechen.

Auch rechtswidriges Unterlassen.

Eine mit Festungshaft bis zu fünf Jahren, mit Gefängniß oder mit Geldstrafe von mehr als einhundertfunfzig Mark bedrohte Handlung ist ein Vergehen.

Eine mit Haft oder mit Geldstrafe bis zu einhundertfunfzig Mark bedrohte Handlung ist eine Uebertretung.

Für die Qualificirung einer strafbaren Handlung ist im Einzelnen die schwerste Art (bei Festungshaft und Geldstrafe das höchste Maß) der angedrohten Strafe maßgebend. — Individuelle Strafmilderungsgründe sind dabei ohne Einfluß. E. III. 52; R. II. 547.

Zu A. 3 vgl. Bayern Art. 5.

2. Eine Handlung kann nur dann mit einer Strafe belegt werden, wenn diese Strafe gesetzlich bestimmt war, bevor die Handlung begangen wurde.

---

*) Das Datum des St.G.B. beruht auf dem Gesetz von diesem Tage.

**) Die durch das Ges. v. 26./2. 76 abgeänderten bez. neu aufgenommenen §§ gelten v. 20./3. 76 an (s. vorstehend S. 5).

Bei Verschiedenheit der Gesetze von der Zeit der begangenen Handlung bis zu deren Aburtheilung ist das mildeste Gesetz anzuwenden.

3.†) Die Strafgesetze des Deutschen Reichs finden Anwendung auf alle im Gebiete desselben begangenen strafbaren Handlungen, auch wenn der Thäter ein Ausländer ist.

Deutsche Konsulargerichtsbezirke gelten als deutsches Gebiet im Sinne des § 3; R.G. v. 10./7. 79 § 4 u. Rchs.Ob.HandelsGer. XXII, 398. — Schiffe auf hoher See (auch Handelsmarine) gelten hinsichtlich der Jurisdiktion als im Inland befindlich, als Theil des Heimathlandes. E. XXIII, 267; anders Handelsschiffe im fremden Hoheitsgebiet (Hafen). — Im deutsch. Reich begangen, auch wenn nur ein Theil des einheitl. Begehungsaktes innerhalb d. Grenzen des Rchs. (auch durch Mittelspersonen) in die äußere Erscheinung getreten ist. E. XIII, 337; R. VIII, 113. — Begehungsort: Ort, an welchem der Thäter die zum Thatbestand erforderliche körperliche Thätigkeit entwickelt hat; aber auch jeder Ort, an welchem die That zur Ausführung gelangt E. XXIII, 156; das gilt auch für Preßdelicte. (cf. v. Lilienthal, Ort d. begang. Handlung, Marburg 1890, b. Elwert.) — „Beihülfe" zu einer im Ausland begang. That nach inländ. Gesetz strafbar. E. IX, 10; R. V, 434 (cf. E. XI, 20; R. VI, 473), ebenso im Ausland begangene Beihülfe zu einer im Inland verübten That. E. XIX, 147. (Olsh. § 3 Nr. 9c) — aber nicht b. Defrauden geg. ausl. Zollgesetze E. XIV, 124; R. VIII, 281. — Wegen Mittheilung der Erkenntnisse gegen Ausländer an d. betr. Regierung vgl. die Auslief.-Verträge (unten zu § 9 und Pr. J.M.V. v. 25./8. 79. Nr. 17, u. ferner J.M.Bl. 1883 S. 127; 1888 S. 167; 1889 S. 268).

***4.** Wegen der im Auslande begangenen Verbrechen und Vergehen findet in der Regel keine Verfolgung statt.

* **§ 4** G. v. 26./2. 76, vgl. oben S. 5.

---

†) Vgl. Harburger: Der strafrechtl. Begriff „Inland" u. s. w. Nördlingen 1882. (Derselbe: v. Holtzendorff, Jahrb. 1878 S. 251.)

Ausland? vgl. § 8 und **Ausnahmen**: in §§ 102, 298, Seem.-O. v. 27./12. 72 § 100 u. M.B. § 161, wegen Militärpersonen allgemein in M.B. § 7, sowie in den G. v. 11./6. 70 §§ 22, 25 (Nachdruck); v. 9., 10., 11./1. 76 § 16 bez. 9 bez. 14 (Plastik, Muster), Sprengstoff-G. § 12. Beihülfe im Inland vgl. § 3, im Ausland E. XI, 20; R. VI, 473. Wegen des **Gerichtsstandes** St.P.O. § 9 ff.

Jedoch kann nach den Strafgesetzen des Deutschen Reichs verfolgt werden:

1) ein Deutscher oder ein Ausländer, welcher im Auslande eine hochverrätherische Handlung gegen das Deutsche Reich oder einen Bundesstaat, oder ein Münzverbrechen, oder als Beamter des Deutschen Reichs oder eines Bundesstaats eine Handlung begangen hat, die nach den Gesetzen des Deutschen Reichs als Verbrechen oder Vergehen im Amte anzusehen ist;

   Vgl. §§ 80—86, 146, 147, 149, 331 ff., Sprengstoff-G. § 12. — Daß das **Münzverbrechen** gegen das Reich oder einen Bundesstaat begangen wird, ist nicht erforderlich. Motive S. 19.

2) ein Deutscher, welcher im Auslande eine landesverrätherische Handlung gegen das Deutsche Reich oder einen Bundesstaat, oder eine Beleidigung gegen einen Bundesfürsten begangen hat;

   Vgl. §§ 87—92, 94, 95, 98, 99.

3) ein Deutscher, welcher im Auslande eine Handlung begangen hat, die nach den Gesetzen des Deutschen Reichs als Verbrechen oder Vergehen anzusehen und durch die Gesetze des Orts, an welchem sie begangen wurde, mit Strafe bedroht ist.

Die Verfolgung ist auch zulässig, wenn der Thäter bei Begehung der Handlung noch nicht Deutscher war. In diesem Falle bedarf es jedoch eines Antrages der zuständigen Behörde des Landes, in welchem die strafbare Handlung begangen worden, und das ausländische Strafgesetz ist anzuwenden, soweit dieses milder ist.

Zu 1—3. Für die Eigenschaft als „Deutscher" ist (abgesehen von Nr. 3 A. 2) die Zeit der Begehung der That maßgebend. Opp. XVIII, 577. — Nr. 3 A. 1. „Mit Strafe bedroht": wenn auch unter einem anderen rechtlichen Gesichtspunkt. E. V. 424; Nr. 3 A. 2. „Handlung" E. XV, 221; R. IX, 52. „Zuständige Behörde" das völkerrechtl. berufene (gesandtschaftl.) Organ, E. XVI, 216; R. IX, 481. Der Antrag ist an die Frist des § 61 nicht gebunden.

5. Im Falle des § 4 Nr. 3 bleibt die Verfolgung ausgeschlossen, wenn

1) von den Gerichten des Auslandes über die Handlung rechtskräftig erkannt und entweder eine Freisprechung erfolgt oder die ausgesprochene Strafe vollzogen,

Vgl. § 37.

2) die Strafverfolgung oder die Strafvollstreckung nach den Gesetzen des Auslandes verjährt oder die Strafe erlassen, oder

3) der nach den Gesetzen des Auslandes zur Verfolgbarkeit der Handlung erforderliche Antrag des Verletzten nicht gestellt worden ist.

Nr. 1. vollzogen: d. h. ganz zur Vollstreckung gelangt. Bei theilweiser Vollziehung s. § 7. E. XVI, 319. R. IX, 608; — Nr. 2. Ausländ. Verjährungsfrist wird durch Beginn der Strafverfolgung im Inland unterbrochen. E. XXII, 341.

Die Voraussetzungen der §§ 4 u. 5 s. im schwurger. Verfahren durch die Geschworenen zu entscheiden. E. XIII, 229; R. VIII, 51.

6. Im Auslande begangene Uebertretungen sind nur dann zu bestrafen, wenn dies durch besondere Gesetze oder durch Verträge angeordnet ist.

7. Eine im Auslande vollzogene Strafe ist, wenn wegen derselben Handlung im Gebiete des Deutschen Reichs abermals eine Verurtheilung erfolgt, auf die zu erkennende Strafe in Anrechnung zu bringen.

Vgl. §§ 3, 4 Nr. 1, 2 und 3, 5 Nr. 1.

8. Ausland im Sinne dieses Strafgesetzes ist jedes nicht zum Deutschen Reich gehörige Gebiet.

Ueber deutsche Schiffe s. § 3 Anm. u. bezügl. d. Gerichtsstandes § 10 d. R.Str.Pr.O.

9. Ein Deutscher darf einer ausländischen Regierung zur Verfolgung oder Bestrafung nicht überliefert werden.

Auslieferungsverträge seitens des Deutschen Reichs bestehen mit: Amerika v. 16/6. 52 bez. 22./2. 68 (B.G.Bl. 68 S. 231); Italien v. 31./10. 71 (R.G.Bl. S. 446), u. dazu: Abkommen zw. Deutschl. u. Italien mit d. Schweiz v. 25./7. 73 (C.Bl. S. 271 u. Pr. J.M.Bl. v. 15./1. 78); Großbritannien v. 14./5. 72 (R.G.Bl. S. 229); Schweiz v. 24./1. 74 (R.G.Bl. S. 113); Belgien v. 24./12. 74 u. Bek. v. 29./12. 78 (R.G.Bl. v. 75 S. 73 u. v. 79 S. 2); Luxemburg v. 9./3. 76 (R.G.Bl. S. 223); Brasilien v. 17./9. 77 (R.G.Bl. v. 78 S. 293); Schweden u. Norwegen v. 19./1. 78 (R.G.Bl. S. 110); Spanien v. 2./5. 78 (R.G.Bl. S. 213); Uruguay v. 12./2. 80 (R.G.Bl. v. 83 S. 287). — Für Elsaß-Lothr. mit Frankr. v. 11./12. 71 (R.G.Bl. v. 72 S. 7). Außerdem die sonst noch von einem Einzelstaat geschlossenen Ausl.-Vertr. — Hetzer, Deutsche Ausl.-Verträge. Berlin 1883.

10. Auf deutsche Militärpersonen finden die allgemeinen Strafgesetze des Reichs insoweit Anwendung, als nicht die Militärgesetze ein Anderes bestimmen.

Für Militärpersonen gilt im ganzen Reich jetzt das Militär-Strafgesetzbuch v. 20./6. 72 (R.G.Bl. S. 173 ff.). — Ueber den Begriff „Militärpersonen" vgl. M.B. § 4 u. das dem M.B. beigegebene Verzeichniß (R.G.Bl. 1872 S. 204, jetzt auch v. 1880 S. 169) u. M.G. § 56. — Wegen der von den Staats-Anwälten über die Einleit. von Untersf. gegen Militärpflichtige u. s. w. zu machenden Mittheil. vgl. Pr. J.M.Erlaß v. 25./8. 79, J.M.Bl. S. 252; 12./7. 81, J.M.Bl. S. 159; vgl. auch J.M.Bl. 1886 S. 201.

11. Kein Mitglied eines Landtags oder einer Kammer eines zum Reich gehörigen Staats darf außerhalb der Versammlung, zu welcher das Mitglied gehört, wegen seiner Abstimmung oder wegen der in Ausübung seines Berufes gethanen Aeußerung zur Verantwortung gezogen werden.

Vgl. R.V. Art. 30. — Die v. einem Abgeordn. in Ausüb. des Berufes verübte Beleidig. kann nicht gegen die als Entgegn. verübte Beleidig. einer Privatperson aufgerechnet werden, E. IV, 15; R. III, 107, wohl aber kann § 193 Anwendung finden, R. IV, 183, Wiederholung außerhalb strafbar, E. II, 365.

12. Wahrheitsgetreue Berichte über Verhandlungen eines Landtags oder einer Kammer eines zum Reich gehörigen Staats bleiben von jeder Verantwortlichkeit frei.

Vgl. R.V. Art. 22. Wahrheitsgetreu ist weiter als wortgetreu. (Begriff wesentlich thatsächlich.) — Bericht: erzählende Darstellung des historischen Vorgangs ohne eigene Betrachtungen des Berichterstatters. — Verhandlungen: gesammte Debatte einschließlich der Abstimmung. E. XVIII, 207; R. X, 627. — Besprechungen von Reden nicht straflos. E. XV, 32; R. VIII, 676.

Erster Theil.

Von der Bestrafung der Verbrechen, Vergehen und Uebertretungen im Allgemeinen.

Erster Abschnitt.

Strafen.

13. Die Todesstrafe ist durch Enthauptung zu vollstrecken.

Todesstr. nur: § 80 (Mordversuch gegen Kaiser oder Landesherrn), § 211 (Mord); E.G. § 4; Sprengstoff=G. § 4 A. 3. Vgl. §§ 32 ff. (Ehrenstr.), § 44 A. 2 (Versuch), § 49 A. 2 (Gehülfe), § 57₁ (Jugend). — Vollstreckung: St.P.O. §§ 485, 486 u. M.B. § 14. — In Kamerun, Togo u. Neu=Guinea: Erschießen oder Erhängen. V. v. 2./7. u. 13./7. 88 § 15 bez. § 9.

14. Die Zuchthausstrafe ist eine lebenslängliche oder eine zeitige.

Der Höchstbetrag der zeitigen Zuchthausstrafe ist funfzehn Jahre, ihr Mindestbetrag Ein Jahr.

Wo das Gesetz die Zuchthausstrafe nicht ausdrücklich als eine lebenslängliche androht, ist dieselbe eine zeitige.

Vgl. §§ 32 ff. (Ehrenstr.), 44 A. 2. 4 (Versuch), 49 A. 2 Gehülfe), 57₁ u. ₃ (Jugend), 74 A. 3 (Realkonkurrenz). Wegen Abmessung (Dauer) der Z. vgl. §§ 19 (Monate u. weniger), 21 (Verhältniß der Strafarten. 79 (über 15 Jahre, wenn mehrere Strafthaten zu bestrafen sind, für welche die Erfordernisse der Gesammtstrafe (§§ 74 ff.) nicht vorliegen. E. IV, 53; R. III, 196). — Lebenslänglich: §§ 81, 87, 88, 90, 94, 178, 214, 215, 220, 229, 251, 307, 312, 315, 322—324; Nahrungsmittel=G. § 13; Sprengstoff=G. § 5 A. 2; vgl. §§ 44 A. 2, 57₂.

15. Die zur Zuchthausstrafe Verurtheilten sind in der Strafanstalt zu den eingeführten Arbeiten anzuhalten.

Sie können auch zu Arbeiten außerhalb der Anstalt, insbesondere zu öffentlichen oder von einer Staatsbehörde beaufsichtigten Arbeiten verwendet werden. Diese Art der Beschäftigung ist nur dann zulässig, wenn die Gefangenen dabei von anderen freien Arbeitern getrennt gehalten werden.

Zu A. 2 vgl. Pr. G. v. 11./4. 54. (Pr. G.S. S. 143.)

16. Der Höchstbetrag der Gefängnißstrafe ist fünf Jahre, ihr Mindestbetrag Ein Tag.

Die zur Gefängnißstrafe Verurtheilten können in einer Gefangenanstalt auf eine ihren Fähigkeiten und Verhältnissen angemessene Weise beschäftigt werden; auf ihr Verlangen sind sie in dieser Weise zu beschäftigen.

Eine Beschäftigung außerhalb der Anstalt (§ 15) ist nur mit ihrer Zustimmung zulässig.

A. 1 — Höchstbetrag in: §§ 57_1 (Jugend) 15 Jahre, 74 A. 3 (Realkonkurrenz) 10 Jahre. (Vgl. aber § 79 u. E. IV, 53; R. III, 196; Anm. zu § 14). § 21 (Verhältniß zu Z. und Festungshaft); §§ 32 ff. (Ehrenstr.) — A. 2. Vgl. f. **Preußen:** Allg. V. des Min. d. J. u. des Just.-Min. betr. d. Untersuchungshaft u. d. Vollzug der Gefängnißstr. u. Haft v. 19./2. 76 (J.M.Bl. S. 38; V.M.Bl. S. 30); J.M.V. v. 14./8. 79. Reglement f. Gefangene der Justizverwaltung v. 16./3. 81.

17. Die Festungshaft ist eine lebenslängliche oder eine zeitige.†)

Der Höchstbetrag der zeitigen Festungshaft ist funfzehn Jahre, ihr Mindestbetrag Ein Tag.

Wo das Gesetz die Festungshaft nicht ausdrücklich als eine lebenslängliche androht, ist dieselbe eine zeitige.

---

†) Vgl. Dr. Sontag, Die Festungshaft. Lpz. u. Heidelb. 1872.

Die Strafe der Festungshaft besteht in Freiheitsentziehung mit Beaufsichtigung der Beschäftigung und Lebensweise der Gefangenen; sie wird in Festungen oder in anderen dazu bestimmten Räumen vollzogen.

Festungshaft als Singularstrafe (custodia honesta) nur: in Th. II Abschn. 1—5 (politisch), 7 (§ 130a, Kanzel-§), 14 (§§ 201 ff., Zweikampf) u. 28 (§ 345 A. 2); vgl. §§ 21 (Verhältniß z. Z. und Gef.), 74 A. 3 u. 75 (Realkonkurrenz). — Lebenslänglich — wahlweise mit lebensl. Z. §§ 81, 88, 94; vgl. §§ 44 A. 3 (Versuch), 57 2 (Jugend).

18. Der Höchstbetrag der Haft ist sechs Wochen, ihr Mindestbetrag Ein Tag.

Die Strafe der Haft besteht in einfacher Freiheitsentziehung.

„Haft": bei Uebertretungen §§ 360—370 und den Vergehen §§ 140 2 (M.G. § 60 2), 185, 186. Vgl. auch § 147 Gew.Ordg. u. A. — Bei Realkonkurrenz Höchstbetrag 3 Monate (§§ 77 A. 2, 78 A. 2, 79). Umwandlung v. Geldstr. in Haft §§ 28 A. 2, 29, 78 A. 2. —

19. Bei Freiheitsstrafen wird der Tag zu vierundzwanzig Stunden, die Woche zu sieben Tagen, der Monat und das Jahr nach der Kalenderzeit gerechnet.

Die Dauer einer Zuchthausstrafe darf nur nach vollen Monaten, die Dauer einer anderen Freiheitsstrafe nur nach vollen Tagen bemessen werden.

Berechnung der Strafdauer vgl. St.P.O. §§ 482, 493. Vgl. St.P.O. § 482 (Unters.-Haft nach dem Erkenntniß) und St.G.B. § 60 (Unters.-Haft vor dem Erkenntniß). — Z. von weniger als 1 Monat (Tage, Wochen) zulässig bei Umwandl. v. Gef. in Z. (§§ 21, 28 A. 3, 74, 75), E. IV, 161; R. III, 232, jedoch nicht bei mehreren mit Z. zu bestr. Verbr. E. VIII, 26; R. V, 63; Bruchtheile von Monaten sind unzulässig. E. X, 22.

20. Wo das Gesetz die Wahl zwischen Zuchthaus und Festungshaft gestattet, darf auf Zuchthaus nur dann erkannt werden, wenn festgestellt wird, daß die strafbar befundene Handlung aus einer ehrlosen Gesinnung entsprungen ist.

Vgl. §§ 81, 83—86, 88, 89, 94, 96, 98, 100, 105, 106 u. M.B. §§ 2 u. 62. Ehrl. Gesinnung, Feststellung St.P.O. § 295.

21. Achtmonatliche Zuchthausstrafe ist einer einjährigen Gefängnißstrafe, achtmonatliche Gefängnißstrafe einer einjährigen Festungshaft gleich zu achten.

Vgl. §§ 28, 44 A. 4, 49 A. 2, 157 A. 2, 158. — Das Werthverhältniß ist bei Anrechnung von Untersuchungshaft auf Zuchthausstrafe (od. Festungshaft) nicht zu beobachten. E. XV, 143.

22. Die Zuchthaus- und Gefängnißstrafe können sowohl für die ganze Dauer, wie für einen Theil der erkannten Strafzeit in der Weise in Einzelhaft vollzogen werden, daß der Gefangene unausgesetzt von anderen Gefangenen gesondert gehalten wird.

Die Einzelhaft darf ohne Zustimmung des Gefangenen die Dauer von drei Jahren nicht übersteigen.

23. Die zu einer längeren Zuchthaus- oder Gefängnißstrafe Verurtheilten können, wenn sie drei Viertheile, mindestens aber Ein Jahr der ihnen auferlegten Strafe verbüßt, sich auch während dieser Zeit gut geführt haben, mit ihrer Zustimmung vorläufig entlassen werden.

Vgl. zu §§ 23—26 Pr. J.M.B. v. 21./1. 71; v. 14./8. u. 25./8. 79.

24. Die vorläufige Entlassung kann bei schlechter Führung des Entlassenen oder, wenn derselbe den ihm bei der Entlassung auferlegten Verpflichtungen zuwiderhandelt, jederzeit widerrufen werden.

Der Widerruf hat die Wirkung, daß die seit der vorläufigen Entlassung bis zur Wiedereinlieferung verflossene Zeit auf die festgesetzte Strafdauer nicht angerechnet wird.

25. Der Beschluß über die vorläufige Entlassung, sowie über einen Widerruf ergeht von der obersten Justiz-Aufsichtsbehörde. Vor dem Beschluß über die Entlassung ist die Gefängnißverwaltung zu hören.

Die einstweilige Festnahme vorläufig Entlassener kann aus dringenden Gründen des öffentlichen Wohls von der Polizeibehörde des Orts, an welchem der Entlassene sich aufhält, verfügt werden. Der Beschluß über den endgültigen Widerruf ist sofort nachzusuchen.

Führt die einstweilige Festnahme zu einem Widerrufe, so gilt dieser als am Tage der Festnahme erfolgt.

26. Ist die festgesetzte Strafzeit abgelaufen, ohne daß ein Widerruf der vorläufigen Entlassung erfolgt ist, so gilt die Freiheitsstrafe als verbüßt.

27. Der Mindestbetrag der Geldstrafe ist bei Verbrechen und Vergehen drei Mark, bei Uebertretungen Eine Mark.

Ein (absoluter) Höchstbetr. fehlt im St.G.B. Im Einzelnen früher Höchstbetr. 6000 M., jetzt (Novelle v. 76) 15,000 M. (§ 302d). Mehrere Geldstr. werden addirt, § 78 (keine Gesammtstr.). — Mindestbetr. 3 M. auch bei versucht. Vergehen. E. XVIII, 125; R. X, 454.

28. Eine nicht beizutreibende Geldstrafe ist in Gefängniß und, wenn sie wegen einer Uebertretung erkannt worden ist, in Haft umzuwandeln.

Ist bei einem Vergehen Geldstrafe allein oder an erster Stelle, oder wahlweise neben Haft angedroht, so kann die Geldstrafe in Haft umgewandelt werden, wenn die erkannte Strafe nicht den Betrag von sechshundert

Mark und die an ihre Stelle tretende Freiheitsstrafe nicht die Dauer von sechs Wochen übersteigt.

War neben der Geldstrafe auf Zuchthaus erkannt, so ist die an deren Stelle tretende Gefängnißstrafe nach Maßgabe des §. 21 in Zuchthausstrafe umzuwandeln.

Der Verurtheilte kann sich durch Erlegung des Strafbetrages, soweit dieser durch die erstandene Freiheitsstrafe noch nicht getilgt ist, von der letzteren freimachen.

A. 1. — Die Umwandlung (St.P.O. §§ 491, 495) erfolgt nach dem Maßstab des § 29 in der Regel von vornherein in dem Urtheil („für den Fall der Nichtbeitreibung"). — Bei realer Konkurrenz ist die Geldstrafe für jede Strafthat besonders festzustellen, damit die Höchstsumme der zu substituirenden Freiheitsstrafe (§ 29) richtig bemessen werden kann. R. VII, 144. — Unzulässig ist die Umwandlung in folgenden R.G.: v. 10./6. 69 § 15 (Wechselstempel), 11./6. 70 §§ 24, 7a (partieller Nachdruck), 9, 10, 11, 76, § 16 bez. 9, 14 (Plastik, Muster 2c.), 29./5. 85 § 36 (Stempel), sowie wenn die Geldstrafe (aus Nebengesetzen) 1 Mark nicht erreicht. E. XVI, 159; R. IX, 369; — ferner in Preußen: G. v. 19./7. 67 § 15, v. 7./8. 67 § 15 u. 19./5. 91 § 47 (Stempel- bez. Erbschaftssteuer).

A. 2. Diese (vom Reichstag eingeschobene) Befugniß gilt auch für die Neben- (Reichs- und Landes-) Gesetze. Macht der Richter davon Gebrauch, so gilt auch im Fall der Konkurrenz der Höchstbetrag von 3 Monaten (§ 78 A. 2); vgl. E. VII, 368; R. V, 1.

A. 3. Vgl. §§ 19, 78 A. 2.

29. Bei Umwandlung einer wegen eines Verbrechens oder Vergehens erkannten Geldstrafe ist der Betrag von drei bis zu funfzehn Mark, bei Umwandlung einer wegen einer Uebertretung erkannten Geldstrafe der Betrag von Einer bis zu funfzehn Mark einer eintägigen Freiheitsstrafe gleich zu achten.

Der Mindestbetrag der an Stelle einer Geldstrafe tretenden Freiheitsstrafe ist Ein Tag, ihr Höchstbetrag bei Haft sechs Wochen, bei Gefängniß Ein Jahr. Wenn jedoch eine neben der Geldstrafe wahlweise angedrohte Freiheitsstrafe ihrer Dauer nach den vorgedachten Höchstbetrag nicht erreicht, so darf die an Stelle der Geldstrafe tretende Freiheitsstrafe den angedrohten Höchstbetrag jener Freiheitsstrafe nicht übersteigen.

A. 1. — Ob 3 (bez. 1) oder 15 M. = 1 Tag zu rechnen, ist Sache richterl. Ermessens. — Eine Geldstrafe von weniger als 1 M., welche nach einem Landesgesetz zu erkennen ist, auf welches die allg. Bestimmungen d. Str.G.B.s Anwendung finden, kann nicht in Freiheitsstrafe umgewandelt werden. E. XVI, 159; R. IX, 369 (cf. auch §§ 135, 162 Vereinszoll=G.). — Wenn nur ein Theil einer erkannten Geldstrafe bezahlt ist, ist die subst. Freiheitsstrafe im Verhältniß zwischen der erkannten Freiheitsstrafe u. der bezahlten Geldstrafe zu bemessen. R. X, 6. — A. 2. — Bei Umwandlung mehrerer Geldstrafen ist nicht der Gesammtbetrag zu Grunde zu legen, vielmehr jeder Geldstrafe die entsprechende Freiheitsstrafe zu substituiren. R. IX, 466. — Die Vorschriften des Abs. 2 über den Höchstbetrag der subst. Freiheitsstrafe finden keine Anwendung, wenn Geldstrafe mittels Zusammenrechnung für mehrere selbst. Handlungen festgesetzt ist. E. IV, 367; jedoch Höchstbetrag im Fall der „Konkurrenz“ bei Gefängnißstrafe 2 Jahre, bei Haft 3 Monate. § 78 A. 2. Vgl. Vereinszoll=G. § 162. — R.=G. v. 12./10. 67 § 17 (Salzsteuer), — v. 31./5. 72 § 39 (Brausteuer), — v. 16./7. 79 § 44 (Tabakssteuer), — Pr. Kab.O. v. 23./1. 38 betr. Steuerdefraud. Wegen mehrerer Steuerdefraud. vgl. E. VII, 368; R. V, 1.

30. In den Nachlaß kann eine Geldstrafe nur dann vollstreckt werden, wenn das Urtheil bei Lebzeiten des Verurtheilten rechtskräftig geworden war.

Kosten St.P.O. § 497 A. 2; Privatkläger St.P.O. § 433.

31. Die Verurtheilung zur Zuchthausstrafe hat die dauernde Unfähigkeit zum Dienste in dem Deutschen Heere und der Kaiserlichen Marine, sowie die dauernde

Unfähigkeit zur Bekleidung öffentlicher Aemter von Rechtswegen zur Folge.

Vgl. §§ 33, 35. — M.B. § 42; M.G. § 18; W.O. § 35 1.

Unter öffentlichen Aemtern im Sinne dieses Strafgesetzes sind die Advokatur, die Anwaltschaft und das Notariat, sowie der Geschworenen- und Schöffendienst mitbegriffen.

Wegen der im St.G.B. gemachten Unterscheidung zwischen öffentlichem Amt und Beamten vgl. § 359.

32. Neben der Todesstrafe und der Zuchthausstrafe kann auf den Verlust der bürgerlichen Ehrenrechte erkannt werden, neben der Gefängnißstrafe nur, wenn die Dauer der erkannten Strafe drei Monate erreicht und entweder das Gesetz den Verlust der bürgerlichen Ehrenrechte ausdrücklich zuläßt oder die Gefängnißstrafe wegen Annahme mildernder Umstände an Stelle von Zuchthausstrafe ausgesprochen wird.

Die Dauer dieses Verlustes beträgt bei zeitiger Zuchthausstrafe mindestens zwei und höchstens zehn Jahre, bei Gefängnißstrafe mindestens Ein Jahr und höchstens fünf Jahre.

Bei Meineid (§ 161, vgl. §§ 153, 155), schwerer Kuppelei (§ 181), gewerbs- od. gewohnheitsm. Wucher (§ 302 d) muß auf Verlust der bürgerl. Ehrenrechte erkannt werden. — Neben Gefängniß läßt das St.G.B. diesen Verlust ausdrücklich zu in den §§ 49a, 108, 109, 133, 142, 143, 150, 160, 161 A. 2 (vgl. §§ 156—159), 164, 168, 173, 175, 180, 183, 248, 256, 262, 263, 266, 280, 284, 289, 294, 302, 302a ff., 304, 329, 333, 350. — Vgl. §§ 45 (Versuch), 49 A. 2 (Gehülfe), 57 A. 5 (Jugend), 76 (Konkurrenz) R. I, 321; — bei lebensl. Zuchthausstrafe nur dauernder Ehrverlust. R. IX, 175; — Verlust d. bürg. Ehrenrechte auf mehr als 10 Jahre auch bei Realkonkurrenz von m. Zuchthaus bestraften Verbrechen unzulässig. R. IV, 479; —

neben einer Gesammtgefängnißstr. Ehrverlust nur, wenn eine Einzelstrafe die Dauer von drei Monaten erreicht. R. 1. 321.

33. Die Aberkennung der bürgerlichen Ehrenrechte bewirkt den dauernden Verlust der aus öffentlichen Wahlen für den Verurtheilten hervorgegangenen Rechte, ingleichen den dauernden Verlust der öffentlichen Aemter, Würden, Titel, Orden und Ehrenzeichen.

Vgl. §§ 81, 83, 84,. 87–91, 94, 95. — Wegen Abnahme und Ablieferung der Orden u. Ehrenzeichen Pr. J.M.V. v. 25./8. 79 Nr. 15. (J.M.Bl. S. 251.)

34. Die Aberkennung der bürgerlichen Ehrenrechte bewirkt ferner die Unfähigkeit, während der im Urtheile bestimmten Zeit

1) die Landeskokarde zu tragen;
2) in das Deutsche Heer oder in die Kaiserliche Marine einzutreten;
   Vgl. M.B. §§ 31 u. 42. M.G. § 18. W.O. I 28 u. 35.
3) öffentliche Aemter, Würden, Titel, Orden und Ehrenzeichen zu erlangen;
4) in öffentlichen Angelegenheiten zu stimmen, zu wählen oder gewählt zu werden oder andere politische Rechte auszuüben;
5) Zeuge bei Aufnahme von Urkunden zu sein;
6) Vormund, Nebenvormund, Kurator, gerichtlicher Beistand oder Mitglied eines Familienraths zu sein, es sei denn, daß es sich um Verwandte absteigender Linie handele und die obervormundschaftliche Behörde oder der Familienrath die Genehmigung ertheile.

Vgl. auch wegen Haltens von Lehrlingen u. s. w. Gew.O. §§ 83, 86, 106, 150₁, 154.

35. Neben einer Gefängnißstrafe, mit welcher die Aberkennung der bürgerlichen Ehrenrechte überhaupt hätte verbunden werden können, kann auf die Unfähigkeit zur Bekleidung öffentlicher Aemter auf die Dauer von Einem bis zu fünf Jahren erkannt werden.

Nur statt, nicht neben Aberkennung d. bürgerl. Ehrenrechte. E. XXI, 264.

Die Aberkennung der Fähigkeit zur Bekleidung öffentlicher Aemter hat den dauernden Verlust der bekleideten Aemter von Rechtswegen zur Folge.

Vgl. auch §§ 128, 129, 358 (331, 339—341, 352—355, 357), und 45 (Versuch), § 49 A. 2 (Gehülfe), § 76 (Realkonkurrenz).

36. Die Wirkung der Aberkennung der bürgerlichen Ehrenrechte überhaupt, sowie der Fähigkeit zur Bekleidung öffentlicher Aemter insbesondere, tritt mit der Rechtskraft des Urtheils ein; die Zeitdauer wird von dem Tage berechnet, an dem die Freiheitsstrafe, neben welcher jene Aberkennung ausgesprochen wurde, verbüßt, verjährt oder erlassen ist.

37. Ist ein Deutscher im Auslande wegen eines Verbrechens oder Vergehens bestraft worden, welches nach den Gesetzen des Deutschen Reichs den Verlust der bürgerlichen Ehrenrechte überhaupt oder einzelner bürgerlichen Ehrenrechte zur Folge hat oder zur Folge haben kann, so ist ein neues Strafverfahren zulässig, um gegen den in diesem Verfahren für schuldig Erklärten auf jene Folge zu erkennen.

Vgl. §§ 5 1, 3, 8.

38. Neben einer Freiheitsstrafe kann in den durch das Gesetz vorgesehenen Fällen auf die Zulässigkeit von Polizei-Aufsicht erkannt werden.

Die höhere Landespolizeibehörde erhält durch ein solches Erkenntniß die Befugniß, nach Anhörung der Gefängnißverwaltung den Verurtheilten auf die Zeit von höchstens fünf Jahren unter Polizei-Aufsicht zu stellen.

Diese Zeit wird von dem Tage berechnet, an welchem die Freiheitsstrafe verbüßt, verjährt oder erlassen ist.

Ueber Polizei-Aufsicht vgl. Anhang III zu den Motiven. — Pol.-A. zulässig: neben Zuchthaus — §§ 44 A. 2, 115, 116, 122 125, 146, 147, 181, 248, 256, 325; neben Gefängniß — §§ 49a, 180, 262, 294. — Vgl. §§ 45 (Versuch), 49 A. 2 (Gehülfe), 57₅ (Jugend), 76 (Konkurrenz). — Außerdem Nahrungsm.-G. § 13 A. 2, Sprengst.-G. § 11. Auf Polizeiaufsicht kann in den durch das Gesetz vorgesehenen Fällen neben der Freiheitsstrafe ganz unabhängig von der Dauer derselben u. von der Zulässigkeit der Aberkennung der Ehrenrechte erkannt werden. R. II, 132; cf. aber § 45, Anm.

Zuständig ist die Land. Pol. Beh. des Bezirks bez. Bundesstaats, in dem der Verurtheilte Aufenthalt nimmt. Vgl. Beschl. des Bundesraths v. 16./6. 72, §§ 361 No. 1 u. 2 und 362 (Note), sowie Pr. Min.Instrukt. v. 12./4. 71 (Pr. J.M.Bl. S. 126); Bayern Art. 49—51 u. Min.V.O. v. 25/2. 72. (Reg.Bl. No. 22 u. J.M.Bl. S. 93). Sachsen V.O. v. 14./12. 70 §§ 6—9.

39. Die Polizei-Aufsicht hat folgende Wirkungen:

1) dem Verurtheilten kann der Aufenthalt an einzelnen bestimmten Orten von der höheren Landespolizeibehörde untersagt werden;

2) die höhere Landespolizeibehörde ist befugt, den Ausländer aus dem Bundesgebiete zu verweisen;

3) Haussuchungen unterliegen keiner Beschränkung hinsichtlich der Zeit, zu welcher sie stattfinden dürfen.

Vgl. § 361₁ u. ₂ u. Bundesrathsbeschl. v. 16./6. 72, sowie §§ 284 A. 2. 362 A. 3. Wegen Haussuchung, Unters.-Haft vgl. St.P.O. §§ 103, 104, 106, 113.

40. Gegenstände, welche durch ein vorsätzliches Verbrechen oder Vergehen hervorgebracht, oder welche zur Begehung eines vorsätzlichen Verbrechens oder Vergehens gebraucht oder bestimmt sind, können, sofern sie dem Thäter oder einem Theilnehmer gehören, eingezogen werden.

Die Einziehung ist im Urtheile auszusprechen.

Voraussetzung ist der Thatbestand einer vollendeten oder einer versuchten Strafthat. E. XVI, 268; Einziehung von Gegenständen eines Freigesprochenen unzulässig. E. XXII, 351 (cf. aber § 41, Anm.); — dem Thäter oder Theilnehmer gehören: zur Zeit des Urtheils. E. XVI, 114; R. IX, 335; — der Anspruch des Fiskus auf eingezogene Gegenstände ist vor d. Rechtskraft d. Urtheils ein bedingtes Gläubigerrecht. E. XV, 164; R. IX, 10; — für einzelne Fälle gelten besond. Vorschriften, vgl. §§ 152, 295, 296a, 360, 367, 369₂. R.G. v. 25./10. 67 (Bundesflagge) § 13. — Die Einziehung muß erfolgen in den Fällen der §§ 152, 295, 296a, 369₂, sowie nach den Reichsgesetzen, betr. Salz- und Zollabgaben, Urheber-Rechte, Markenschutz, Spielkarten, Nahrungsm., Sprengstoff, Küstenfrachtfahrt, Fischerei in der Nordsee, Zündhölzer, Feingehalt, Papier zu Reichskassenscheinen.

41. Wenn der Inhalt einer Schrift, Abbildung oder Darstellung strafbar ist, so ist im Urtheile auszusprechen, daß alle Exemplare, sowie die zu ihrer Herstellung bestimmten Platten und Formen unbrauchbar zu machen sind.

Diese Vorschrift bezieht sich jedoch nur auf die im Besitze des Verfassers, Druckers, Herausgebers, Verlegers oder Buchhändlers befindlichen und auf die öffentlich ausgelegten oder öffentlich angebotenen Exemplare.

Ist nur ein Theil der Schrift, Abbildung oder Darstellung strafbar, so ist, insofern eine Ausscheidung möglich ist, auszusprechen, daß nur die strafbaren Stellen und derjenige Theil der Platten und Formen, auf welchem sich diese Stellen befinden, unbrauchbar zu machen sind.

Vgl. § 42 u. Preßg. § 14. — § 41 ist nicht auf Preßerzeugnisse beschränkt. — Unbrauchbarmachung auch zulässig, wenn Verurtheilung eines Thäters nicht erfolgen kann, da § 41 eine nachweisbare Beziehung des Angeklagten zu der Schrift nicht verlangt (anders im Fall d. § 40, s. o. Anm.). E. XXII, 351; — auch nach der Verurtheilung eines bestimmt. Thäters. E. XIV, 161; R. VIII, 400; — auch im Fall der Verjährg. E. XIV, 382; R. VIII, 617. Die §§ 40 u. 41 können verbunden werden, so daß für einzelne Exemplare Einziehung, für andere Unbrauchbarmachung angeordnet wird. E. XVII, 311; R. X, 323.

42. Ist in den Fällen der §§. 40 und 41 die Verfolgung oder die Verurtheilung einer bestimmten Person nicht ausführbar, so können die daselbst vorgeschriebenen Maßnahmen selbständig erkannt werden.

Vgl. § 152; Preßg. § 14; St.P.O. §§ 477—479 u. Bayern Art. 110—116; Sachsen §§ 35—40. Ueber die Bedeutung des § 42: Rüdorff u. Stenglein, Komm. (4. Aufl.) zu § 42 und § 152. Die Bestimmg. ist fakultativ und anzuwenden, wenn die Verfolg. einer bestimmten Person thatsächlich nicht ausführbar; jedoch nicht, wenn sie wegen mangelnden Antrags nicht zulässig ist. E. d. Rchs.Ob.-Handels.Ger. XVIII, 123; E. XI, 119; R. VI, 559; — nicht bei einer Uebertretung. E. XIX, 45; — Thatbestand einer (vollendeten oder versuchten) Strafthat erforderlich. E. XVI, 268; — wenn im schwurgerichtl. Verfahren d. Angekl. für nicht schuldig erklärt ist, so hat d. Schwurgerichtshof doch noch selbständig zu entscheiden, ob Inhalt der Schrift (§ 41) strafbar ist. E. XIX, 371; — wegen Preßerzeugnisse, Abbildungen u. s. w. vgl. § 41 u. Anm. Nach erfolgter Verurtheil. einer best. Person ist § 42 nicht anwendbar. E. VIII, 349; R. V, 389. Vgl. § 10 des G., betr. den Spielkartenstempel v. 3./7. 78 (R.G.Bl. 133).

Zweiter Abschnitt.

Versuch.

Mit dem Ausdruck: „wer — unternimmt“ umfaßt das St.G.B. in den §§ 81, 82, 102, 105, 114, 122, 159, 357 den Versuch („Anfang der Ausführung“) und die Vollendung, so daß hier ein Versuch nicht stattfinden kann, also auch § 46 nicht anwendbar ist. E. X, 324; R. V, 592; VI, 315. Vgl. auch Rzollg. § 134, Sprengstoffg. § 9.

43. Wer den Entschluß, ein Verbrechen oder Vergehen zu verüben, durch Handlungen, welche einen Anfang der Ausführung dieses Verbrechens oder Vergehens enthalten, bethätigt hat, ist, wenn das beabsichtigte Verbrechen oder Vergehen nicht zur Vollendung gekommen ist, wegen Versuches zu bestrafen.

Der Versuch eines Vergehens wird jedoch nur in den Fällen bestraft, in welchen das Gesetz dies ausdrücklich bestimmt.

Baumgarten, Lehre v. Versuch. Stuttg. 1888. (b. Enke.) — Bei folgenden Vergehen ist Versuch strafbar: §§ 107, 120, 140, 141, 148, 150, 160, 169, 240, 242, 246, 253, 263, 289, 303—305, 339, 350, 352. — Versuch einer Uebertretung ist straflos. — Strafbarkeit bei untaugl. Objekt u. Mittel. E. I, 439; 451; XVII, 158; R. I, 819; II, 56; Zucker, in Goltd. Arch. XXXVI, 370; — Anfang der Ausführung nicht rein thatsächlicher Natur; er kann erst in solchen Handlungen gefunden werden, welche zum Thatbestand der beabsichtigten That gehören. E. IX, 81; R. V, 618; — doch ist nicht erforderlich, daß schon die Ausführung eines jeden Bestandtheils der vollendeten Strafthat begonnen habe; eod. — auch wenn d. Objekt d. Verbrechens zur Zeit d. That von d. Handlung gar nicht getroffen werden konnte. E. XVIII, 82; R. X, 467; — eventueller Vorsatz. E. XIX, 90. — Versuch der Beihülfe straflos. R. IX, 724.

44. Das versuchte Verbrechen oder Vergehen ist milder zu bestrafen, als das vollendete.

Ist das vollendete Verbrechen mit dem Tode oder mit lebenslänglichem Zuchthaus bedroht, so tritt Zuchthausstrafe nicht unter drei Jahren ein, neben welcher auf Zulässigkeit von Polizei-Aufsicht erkannt werden kann.

Ist das vollendete Verbrechen mit lebenslänglicher Festungshaft bedroht, so tritt Festungshaft nicht unter drei Jahren ein.

In den übrigen Fällen kann die Strafe bis auf ein Viertheil des Mindestbetrages der auf das vollendete Verbrechen oder Vergehen angedrohten Freiheits- und Geldstrafe ermäßigt werden. Ist hiernach Zuchthausstrafe unter Einem Jahre verwirkt, so ist dieselbe nach Maßgabe des §. 21 in Gefängniß zu verwandeln.

A. 1—4. Auf den Versuch ist die für die vollendete That maßgebende Strafandrohung anzuwenden, nur soll er milder bestraft werden, als jene bestraft sein würde. Der A. 1 enthält somit nur eine Strafzumessungsregel, deren Bedeut. in A. 2—4 bestimmt wird.

Die Versuchsstrafe darf nach A. 4 zwar, aber muß nicht unter d. Mindestbetrag hinabgehen, dagegen darf sie nicht d. Höchstbetrag der auf die vollendete That angedrohten Strafe erreichen. Unter den Mindestbetrag der Strafart (1 Tag Gefängn. u. s. w. u. 3 Mark Geldstr. §§ 16, 17, 18, 27) darf sie nicht hinabgehen. E. XVIII, 125; R. X, 454.

Ausnahmen (volle Strafe) vgl. in § 4 d. Pr. Forstdiebst.-G. v. 15./4. 78 u. § 8 d. Pr. Feld- u. Forstpolizei-G. v. 1./4. 80.

A. 2 u. 4. Wenn wahlweise lebenslängl. u. zeitiges Zuchthaus angedroht ist (§§ 178, 214, 215, 220, 229), steht b. Versuch dem Richter die Wahl zwischen den Strafmaßen der Abs. 2 od. 4 zu, u. es kann bei Anwendung des Abs. 2 auf Zulässigkeit d. Polizeiaufsicht erkannt werden. E. XVI, 400; R. IX, 641.

A. 4. Ein Viertheil eines Monats sind 8 Tage (nicht eine Woche). E. V, 442; R. IV, 163.

45. Wenn neben der Strafe des vollendeten Verbrechens oder Vergehens die Aberkennung der bürgerlichen Ehrenrechte zulässig oder geboten ist, oder auf Zulässigkeit von Polizei-Aufsicht erkannt werden kann, so gilt Gleiches bei der Versuchsstrafe.

Pol.-A. nicht bei Umwandlung von Z. in Gef. nach § 44 A. 4. E. XI, 158; R. VI, 677. — Die neben einer Freiheitsstrafe angedrohte Geldstrafe ist Hauptstrafe u. kann also in Gemäßheit des § 44 Abs. 4 darauf erkannt werden. E. XIX, 254.

46. Der Versuch als solcher bleibt straflos, wenn der Thäter

1) die Ausführung der beabsichtigten Handlung aufgegeben hat, ohne daß er an dieser Ausführung durch Umstände gehindert worden ist, welche von seinem Willen unabhängig waren, oder

2) zu einer Zeit, zu welcher die Handlung noch nicht entdeckt war, den Eintritt des zur Vollendung des Verbrechens oder Vergehens gehörigen Erfolges durch eigene Thätigkeit abgewendet hat.

Herzog, Rücktritt v. Versuch u. thät. Reue, Würzburg 1889; — freiwilliger Rücktritt eines Mitthäters nützt nur diesem. R. VIII, 12; — Strafbark. des Gehülfen. E. III, 249; R. II, 722; — „Reue" nicht erforderl., Motiv für d. Rücktritt gleichgültig. E. XXIV, 222; — wenn ein vor der Vernehmung beeideter Zeuge seine anfänglich unwahre Aussage vor Schluß der Vernehmung berichtigt, so liegt sog. nicht beendeter Versuch vor. E. XXII, 363; — die in Ziff. 1 u. 2 aufgeführten Thatumstände sind Strafausschließungsgründe. E. IV, 290. — Eine Beweislast für das Vorhandensein eines der Strafausschließungsgründe trifft den Angeschuldigten nicht. Vgl. St.P.O. § 295 A. 2 (Nebenfrage). — Zu Nr. 2 „Handlung entdeckt" nicht schon mit entstandenem Verdacht; aber auch nicht Aufdeckung aller Modalitäten der Verübung erforderlich. (Begriff nach d. Umständen des Falles thatsächlich festzustellen.) R. IV, 37; z. B. wenn

Dritter die Wirkung des Verbrechens wahrgenommen und daraus auf die Verübung eines solchen schließen kann. E. III, 93; R. II, 618; — Abwendung des Erfolges: auch durch die vom Thäter veranlaßte Thätigkeit eines Beauftragten. E. XV, 44.

Dritter Abschnitt.

Theilnahme.

Unter Theilnehmer begreift das St.G.B. den Mitthäter, Anstifter u. Gehülfen, vgl. §§ 47, 54. Thäter ist in der Terminologie des St.G.B. der phys. Urheber. Vgl. Rüdorff u. Stenglein, Komm., 4. Aufl. zu diesem Abschnitt. — Birkmeyer, Lehre v. d. Theilnahme, Berlin 1890 (geg. d. Reichsger.). — Meves, in Goltd. Arch. XXXVII, 397 ff. — Begünstigung vgl. § 257. Im Schwurger.-Verfahren sind die Fragen für jeden Theilnehmer besonders zu stellen St.P.O. § 292 A. 3.

47. Wenn Mehrere eine strafbare Handlung gemeinschaftlich ausführen, so wird Jeder als Thäter bestraft.

Jeder Mitthäter will die That als seine eigene. E. XVIII, 282; R. X, 692; doch muß bei gemeinsamem Handeln von Mitthätern Jeder im bewußten Zusammenwirken mit den Anderen gehandelt haben. Keine Mitthäterschaft, wenn der Eine von dem Mithandeln des Andern nichts wußte. E. XXIII, 196; deshalb Mitthäterschaft nur soweit Einverständniß besteht E. XXI, 267; — daß jeder Thäter bei der Ausführung einer gemeinschaftlich beschlossenen That mit einem Thatbestandsmerkmal unmittelbar mitwirkt, ist nicht erforderlich. R. VIII, 337; cf. E. II, 160; R. I, 764; — doch genügt nicht Mitwissen u. Billigen, sondern es ist positive Thätigkeit, wenn auch in der Form der Beihülfe (oder einer Vorbereitungshandlung. E. IX, 75) nothwendig. E. III, 142; 269; 273; R. II, 757; — Mitthäterschaft und Beihülfe unterscheiden sich nicht durch die Gestaltung der äußeren Thätigkeit bei Ausführung der That, sondern grundsätzlich nach dem Inhalt des Willens; da der Gehülfe die That nicht als eigene, sondern als eine fremde gewollt hat. E. III, 181; XVIII, 282; R. X, 692; — Mitthäterschaft beim „Versuch“ (z. B. wenn d. Eine sich verabredetermaßen an d.

Thatort begibt u. sich zu der ihm zufallenden Thätigkeit bereit hält, während d. Andere mit d. Ausführung beginnt). E. IX, 3; R. V, 335. — Die allgem. Grundsätze über Theilnahme finden auch Anwendung auf die Verhältnisse des Verfassers einer Schrift zum Verleger, dem die äußere Thätigkeit des Verbreitens oblag. E. XXIII, 392; — Mitthäterschaft ist im Gegensatz zur Alleinthäterschaft eine Form der Theilnahme (deshalb event. Angeklagter auf diese Veränderung des rechtl. Gesichtspunktes hinzuweisen). E. XXII, 367; — § 47 ist deshalb in den Urtheilsgründen anzuführen, da die Frage, ob eine That allein, oder in Mitthäterschaft oder als Beihülfe begangen ist, zum Thatbestand der unter Anklage gestellten Handlung gehört. E. XIX, 213; — neben Mitthäterschaft ist Anstiftung zu derselben Strafthat kein selbst. Delict. R. IV, 715.

48. Als Anstifter wird bestraft, wer einen Anderen zu der von demselben begangenen strafbaren Handlung durch Geschenke oder Versprechen, durch Drohung, durch Mißbrauch des Ansehens oder der Gewalt, durch absichtliche Herbeiführung oder Beförderung eines Irrthums oder durch andere Mittel vorsätzlich bestimmt hat.

Die Strafe des Anstifters ist nach demjenigen Gesetze festzusetzen, welches auf die Handlung Anwendung findet, zu welcher er wissentlich angestiftet hat.

Anstiftung zu jeder (vorsätzlichen E. XXIII, 175) strafb. Hdlg. (auch Uebertret.) ist strafbar. „Versuch der Anstiftung" nicht strafb. E. XI, 56; R. VI, 408; vgl. jedoch die besond. Fälle §§ 49a, 85, 110, 111, 112, 141, 159, 160, 357. Beihülfe zur A. E. II, 145; R. I. 707; — Anstiftung u. Beihülfe zur That. Anm. zu § 73; R. VIII, 303; — die Feststellung, daß Jemand einen Anderen vorsätzlich bestimmt habe, genügt nicht, es muß auch das Mittel (z. B. durch Mißbrauch des Ansehns &c.) festgestellt werden. E. IX, 22; R. V, 463; — selbständige Anstiftung von seiten mehrerer Personen zu derselben That. E. XIV, 92; R. VIII, 286; nicht, wenn diese nacheinander handeln, u. der erste schon die Anstiftung wirksam vollendet hat. E. XIII, 121; R. VII, 720; — wenn d. Thatbestand einer Strafthat ein bestimmtes Motiv des Thäters verlangt (z. B.

§ 180), so umfaßt der Vorsatz des Anstifters die Kenntniß dieses Motivs. In der Person des Anstifters braucht das Motiv nicht vorzuliegen. E. XX, 12; — keine Anstiftung, wenn absichtlich zur Benutzung ungeeigneter Mittel bei der That bestimmt ist. E. XV, 315; R. IX, 139; 253; — Widerruf d. Anstiftung macht nur straflos, wenn durch d. Widerruf d. bestimmende Einfluß auf d. Thäter aufgehoben war und derselbe also die That aus eigener freier Entschließung begangen hat. E. XX, 259; — Anstiftung zu einem Beamtendelict auch durch einen Nichtbeamten möglich. E. VI, 414; R. IV, 599; — Anstiftung u. Hehlerei in Beziehung auf denselben Diebstahl seitens derselben Person je nach den Umständen real- oder idealkonkurrirend. R. IX, 193; — Form der Fragestellung. E. IX, 22; R. V. 463.

Verjährg. beginnt mit Verübg. d. That. E. V, 282; R. III, 837.

49. Als Gehülfe wird bestraft, wer dem Thäter zur Begehung des Verbrechens oder Vergehens durch Rath oder That wissentlich Hülfe geleistet hat.

Die Strafe des Gehülfen ist nach demjenigen Gesetze festzusetzen, welches auf die Handlung Anwendung findet, zu welcher er wissentlich Hülfe geleistet hat, jedoch nach den über die Bestrafung des Versuches aufgestellten Grundsätzen zu ermäßigen.

A. 1. Gehülfe behandelt die That als die des Andern. E. III, 181; — Verantwortlichkeit d. Gehülfen reicht soweit, als sein Vorsatz geht u. zur Verwirklichung gelangt. E. XXI, 93; — Beihülfe zu einer „Uebertretung" ist straflos. — Kenntniß seitens des Thäters nicht erforderlich. E. II, 261; R. II, 243. — Auch wenn Hülfe nicht wesentlich (R. III, 464); oder Hülfshandl. selbst ohne Erfolg war. E. VI, 169; R. IV, 363; — es genügt, daß durch die Thätigkeit die Förderung der Hauptthat bezweckt wird. R. IX, 149; 724; — nicht bei fahrläss. Vergehen. E. X, 8; „Versuch der Beihülfe" nicht strafb. E. XI, 37; 56; — Beihülfe zur Beihülfe nur als mittelbare Hülfe zur Hauptthat strafbar (wenn nur dem Gehülfen Hülfe geleistet werden sollte und diese Hülfe gegen den Willen des mittelbaren Gehülfen dem Hauptthäter zu Theil wird, keine vorsätzliche mittelbare Beihülfe). E. XXIII, 305; — Beihülfe zur Anstiftung mögl. E. XIV, 318; s. o. § 48 Anm.; — ebenso Beihülfe u. Hehlerei bei derselben That. E. XVII, 59; R. X, 33; — „Unterlassungen" (Nachtwächter bei Diebst.) strafb. E. XI, 153; R. VI, 643. — So lange eine verbrecherische That nicht beendet ist, Theilnahme möglich, auch wenn die That vollendet, d. h. aus dem Stadium des Versuchs herausgetreten ist. E. XXIII, 292; — keine Beihülfe zur That eines Geisteskranken, weil diese keine strafbare Handlung (§ 51). E. XXI, 14 (doch kann die Beihülfe event. als selbständ. Strafthat strafbar sein); — Vorsatz d. Beihülfe: Bewußtsein, Hauptthat durch eigene Thätigkeit zu fördern. E. XVI, 25; — deshalb keine Beihülfe, wenn absichtlich ungeeignete Mittel verschafft sind. E. XV, 315; R. IX, 139; 253; — Strafbarkeit des Gehülfen nach d. Freisprechung des Hauptthäters aus § 46. R. IX, 724; — straferhöhende rc. Umstände (§ 50, z. B. Gewohnheitsmäßigkeit) dem Gehülfen nur dann zuzurechnen, wenn sie auch bei ihm zutreffen. R. IX, 708. —

A. 2. Auch im Falle des Mordversuchs aus § 80 für den Gehülfen anwendbar. R. VI, 840. Ausnahmen §§ 143 A. 2, 218 A. 3 (gleiche Strafbark.), § 209 (Straflosigkeit). Besondere Fälle, Beihülfe §§ 203, 219. — Landesgesetzl. Ausnahmen in den Pr. G. v. 18./3. 78 (Forstdiebst.) § 4 u. 1./4. 80 (Feld- und Forstpolizei) § 7.

***49a.†) (L).** Wer einen Anderen zur Begehung eines Verbrechens oder zur Theilnahme an einem Verbrechen auffordert, oder wer eine solche Aufforderung annimmt, wird, soweit nicht das Gesetz eine andere Strafe androht, wenn das Verbrechen mit dem Tode oder mit lebenslänglicher Zuchthausstrafe bedroht ist, mit Gefängniß nicht unter drei Monaten, wenn das Verbrechen mit einer geringeren Strafe bedroht ist, mit Gefängniß bis zu zwei Jahren oder mit Festungshaft von gleicher Dauer bestraft.

* **§ 49a.** G. v. 26./2. 76 Art. II oben S. 6.

†) Ueber § 49a: Geyer in v. Holtzend., Handb. IV, S. 143 ff.

Die gleiche Strafe trifft denjenigen, welcher sich zur Begehung eines Verbrechens oder zur Theilnahme an einem Verbrechen erbietet, sowie denjenigen, welcher ein solches Erbieten annimmt.

Es wird jedoch das lediglich mündlich ausgedrückte Auffordern oder Erbieten, sowie die Annahme eines solchen nur dann bestraft, wenn die Aufforderung oder das Erbieten an die Gewährung von Vortheilen irgend welcher Art geknüpft worden ist.

Neben der Gefängnißstrafe kann auf Verlust der bürgerlichen Ehrenrechte und auf Zulässigkeit von Polizei-Aufsicht erkannt werden.

Vgl. zu § 49a das Belgische: Loi contenant des dispositions pénales contre les offres ou propositions de commettre certains crimes vom 7. Juli 1875 (Moniteur Belge No. 190); abgedruckt in d. Motiven z. Ges. v. 26./2. 76. Drucks. des Reichst. No. 54 S. 80.

„Aufforderung": thatsächl. festzustellen. R. IX, 747; — ausdrückliche Bezeichnung des zu begehenden Verbrechens nicht erforderlich. Es genügt, daß in bewußter und für den den Anderen erkennbaren Weise zu einer That aufgefordert ist, welche sich als Verbrechen darstellt. E. XXIII, 353; — der Vorsatz des Auffordernden braucht weder das Bewußtsein zu umfassen, daß die That, zu welcher er auffordert, ein Verbrechen, noch daß sie überhaupt strafbar ist. E. XX, 198; — Aufforderung muß ernstlich gemeint sein; auf die Ansicht des Aufgeforderten kommt dabei nichts an. R. IX, 743; — auch das Erbieten u. die Annahme in Abs. 2 müssen ernstlich gemeint sein. E. I, 338; R. I, 515. — „Vortheil" R. II, 153. vgl. E. III, 63; R. II, 564 (Heirathsversprechen, also nicht nothwendig mit Vermögensvortheil zu identificiren); — Vorth. muß ein selbständiger, von der Verbrechensverübung unabhängiger Gewinn sein; wenigstens etwas, wodurch die Lage besser wird, als sie ohne die Begehung war. E. XXII, 95; die Zusage d. Abwendung schädlicher Folgen der That kein Vortheil; — auch nicht die Gewährung von Mitteln zur Begehung des Unternehmens. E. X, 3;

R. VI, 45; — Vorth. braucht nicht im Verhältniß zur Schwere d. Verbr. zu stehen. E. VI, 67; R. IV, 191; — Realisirbarkeit des Vorth.'s nicht nothwendig, auch nicht, daß der Aufgeforderte ihn für realisirbar gehalten hat. E. XV, 359; R. IX, 191.

50. Wenn das Gesetz die Strafbarkeit einer Handlung nach den persönlichen Eigenschaften oder Verhältnissen desjenigen, welcher dieselbe begangen hat, erhöht oder vermindert, so sind diese besonderen Thatumstände dem Thäter oder demjenigen Theilnehmer (Mitthäter, Anstifter, Gehülfe) zuzurechnen, bei welchem sie vorliegen.

Erhöhend: §§ 80, 94—97, 98—101, 215, 221 A. 2, 223 A. 2, 244 (E. II, 261; R. II, 243), 260 (E. IV, 184; R. III, 312), 261, 264, 294, 339 A. 3, 340—342, 347, 348 A. 2, 349—351, 354, 355 (theilw.). — Vermindernd: §§ 57, 157, 158, 217. — Fragen an die Geschworenen (Haupt= oder Nebenfrage) §§ 293, 295, 262. — Ueber § 50 (im Allg.) E. II, 153; R. III, 93 u. E. VI, 414; R. IV, 599. Vgl. auch E. XIV, 102; XXII, 53. — Gewerbsmäßigkeit, Gewohnheitsmäßigkeit u. Rückfall s. solche persönl. Eigenschaften. E. IV, 184, R. III, 312; — der Gehülfe, in dessen Person z. B. Gewerbsmäßigkeit nicht vorhanden ist, kann nicht wegen Beihülfe zu gewerbsmäßigem Handeln gestraft werden. E. XXIII, 378.

Vierter Abschnitt.

Gründe, welche die Strafe ausschließen oder mildern.

Die Strafausschließungsgründe der §§ 51—54, 59 A. 1 werden von der Schuldfrage umfaßt. Dieselben sind im Schwurgerichtsverf. weder ausdrücklich in die Hauptfrage aufzunehmen noch Gegenstand einer Nebenfrage. St.P.O. §§ 295, 293, 262.

51. Eine strafbare Handlung ist nicht vorhanden, wenn der Thäter zur Zeit der Begehung der Handlung sich in einem Zustande von Bewußtlosigkeit oder krank=

hafter Störung der Geistesthätigkeit befand, durch welchen seine freie Willensbestimmung ausgeschlossen war.†)

Vgl. Anm. zu § 58. — Bei zweifelhafter Zurechnungsfähigkeit Freisprechung. E. XXI, 131; — Handlungsfähigkeit zur Zeit der That, nicht z. Z. d. Erfolges, wesentlich. E. XXII, 414; — Ausschluß der freien Willensbestimmung zu der speciellen That. E. V, 338; — Unfähigkeit, sich durch sittl. od. rechtl. Motive bestimmen zu lassen. E. XV, 97; R. VIII, 760. — Beihülfe zu einer aus § 51 straflosen That straflos. E. XI, 56; R. VI, 408.

52. Eine strafbare Handlung ist nicht vorhanden, wenn der Thäter durch unwiderstehliche Gewalt oder durch eine Drohung, welche mit einer gegenwärtigen, auf andere Weise nicht abwendbaren Gefahr für Leib oder Leben seiner selbst oder eines Angehörigen verbunden war, zu der Handlung genöthigt worden ist.

Als Angehörige im Sinne dieses Strafgesetzes sind anzusehen Verwandte und Verschwägerte auf- und absteigender Linie, Adoptiv- und Pflege-Eltern und -Kinder, Ehegatten, Geschwister und deren Ehegatten, und Verlobte.

Abs. 1. Pflicht d. Gehorsams gegen den Vorgesetzten kein Strafausschließungsgrund für d. Untergebenen. E. XVI, 433; — Abs. 2 bestimmt: wer Angehöriger ist. Vgl. §§ 54, 213, 247, 257, 258, 263, 292, 303. — Verw. auf- u. abst. Linie sind eheliche u. außereheliche. Verschwägerte auf- u. abst. Linie sind Schwiegereltern u. -Kinder u. Stiefeltern u. -Kinder, — nicht: Ehemänner zweier Schwestern. E. XV, 78. — Die bloß thatsächliche Uebernahme eines Kindes in Pflege u. Erziehung begründet an sich noch nicht Familienangehörigkeit. R. VIII, 715; — Verlöbniß, beiderseitiges, ernstgemeintes Eheversprechen; doch stehen die Willensäußerungen unter den allgem. Grundsätzen über die Rechtsgültigkeit solcher. Sie dürfen also nicht d. Gesetz od. d. guten

†) Bruck, Kriminalist. Zurechnungsfähigkeit. Breslau 1878.

Sitten zuwiderlaufen. Also kein Verlöbniß seitens eines anderweit Verheiratheten. E. XXIV, 156.

53. Eine strafbare Handlung ist nicht vorhanden, wenn die Handlung durch Nothwehr geboten war.

Nothwehr ist diejenige Vertheidigung, welche erforderlich ist, um einen gegenwärtigen, rechtswidrigen Angriff von sich oder einem Anderen abzuwenden.

Die Ueberschreitung der Nothwehr ist nicht strafbar, wenn der Thäter in Bestürzung, Furcht oder Schrecken über die Grenzen der Vertheidigung hinausgegangen ist.

„Angriff", nur positives Handeln; Binding, Handbuch, S. 736; — ob die gewählte Art der Vertheidigung erforderl. war, ist nach der objectiven Sachlage zu beurtheilen; doch schließt bei vorsätzlichen Delicten die irrige Annahme, daß die Handlung durch Nothwehr geboten, oder die Art der Vertheidigung erforderlich sei, wegen mangelnden Vorsatzes die Strafbarkeit aus. E. XXI, 190; — Möglichkeit der Flucht schließt Nothwehr nur dann aus, wenn die Flucht nicht unehrenhaft oder mit Preisgebung anderer schutzberechtigten Interessen verbunden war. E. XVI, 69; R. IX, 814; 471. — Innerhalb der Vertragsrechte ist die eigenmächtige Erzwingung der Befriedigung keine Nothwehr d. Berechtigten gegen den säumigen (u. so in die Rechtssphäre d. Berechtigten eingreifenden) Verpflichteten, sondern unerlaubte Selbsthilfe. E. XIX, 298; — Abwehr gegen einen Angriff Dritter im Nothstand gegen das Eigenthum nur zulässig, wenn der Werth des Eigenthums im Vergleich zu der Gefahr des Nothstandsberechtigten überwiegend erscheint. E. XXIII, 117; — Putativnothwehr wird entschuldigt bei Irrthum über die thatsächliche Voraussetzung der Nothwehr (Annahme e. Angriffs), nicht aber bei Irrthum über den Begriff d. Nothwehr. E. XIX, 298. — Abs. 3 bei sog. Putativnothwehr unanwendbar. E. XXI, 191.

54. Eine strafbare Handlung ist nicht vorhanden, wenn die Handlung außer dem Falle der Nothwehr in einem unverschuldeten, auf andere Weise nicht zu beseitigenden Nothstande zur Rettung aus einer gegenwärtigen Gefahr für Leib oder Leben des Thäters oder eines Angehörigen begangen worden ist.

Angehörige vgl. § 52 A. 2. — Die minderwichtige Pflicht muß vor der Erfüllung der höheren zurückstehen. cf. E. XX, 190.

***55.** Wer bei Begehung der Handlung das zwölfte Lebensjahr nicht vollendet hat, kann wegen derselben nicht strafrechtlich verfolgt werden.

Gegen denselben können jedoch nach Maßgabe der landesgesetzlichen Vorschriften die zur Besserung und Beaufsichtigung geeigneten Maßregeln getroffen werden. Insbesondere kann die Unterbringung in eine Erziehungs= oder Besserungsanstalt erfolgen, nachdem durch Beschluß der Vormundschaftsbehörde die Begehung der Handlung festgestellt und die Unterbringung für zulässig erklärt ist.

Ein Erwachsener kann als „Theilnehmer" strafb. sein. E. VI, 186; R. IV, 308. Bandenmäßiger Schmuggel im Sinne des § 146 VzollG. wird auch durch Theilnahme eines strafunmündigen Kindes begründet. E. XIX, 192.

A. 1 findet auch auf die Landesstrafgesetze Anwendung. — A. 2 ist durch das G. v. 26./2. 76 beigefügt. — Vgl. Pr. G. v. 13./3. 78, betr. die Unterbring. verwahrloster Kinder § 3 u. Ergänzgs.=Ges. v. 27./3. 81, 23./6. 84, u. Pr. J.M.V. v. 25./8. 79 Nr. 16, 27./4. 81.

56. Ein Angeschuldigter, welcher zu einer Zeit, als er das zwölfte, aber nicht das achtzehnte Lebensjahr vollendet hatte, eine strafbare Handlung begangen hat, ist freizusprechen, wenn er bei Begehung derselben die zur Erkenntniß ihrer Strafbarkeit erforderliche Einsicht nicht besaß.

Zuständig für sonst schwurgerichtl. Verbrechen L. nach G.V. § 73з. Ist wegen Connexität Sw. zuständig: Nebenfrage an die

* **§ 55** G. 26./2. 76, vgl. oben S. 5.

Geschworenen St.P.O. § 298. Theilnehmer (Anstifter) ist strafbar. E. VI, 186; R. IV, 308; 700. — Nicht erforderlich, daß im concret. Fall d. Strafbarkeit erkannt wurde, sondern festzustellen die Einsicht, welche erforderlich ist, um die Strafbarkeit zu erkennen. R. IX, 367; — Feststellung möglich, daß Thäter zwar nicht die zur Erkenntniß der Strafbarkeit erforderl. Einsicht bezügl. d. einen That, wohl aber bezügl. eines idealkonkurrirenden Thatbestands habe, u. deshalb Freisprechung aus d. schwereren u. Verurtheilung aus dem leichteren Strafgesetz. E. XI, 387.

In dem Urtheile ist zu bestimmen, ob der Angeschuldigte seiner Familie überwiesen oder in eine Erziehungs- oder Besserungsanstalt gebracht werden soll. In der Anstalt ist er so lange zu behalten, als die der Anstalt vorgesetzte Verwaltungsbehörde solches für erforderlich erachtet, jedoch nicht über das vollendete zwanzigste Lebensjahr.

Vgl. § 361₉ u. Pr. Forstdiebst.-Ges. v. 15./4. 78 § 2.

57. Wenn ein Angeschuldigter, welcher zu einer Zeit, als er das zwölfte, aber nicht das achtzehnte Lebensjahr vollendet hatte, eine strafbare Handlung begangen hat, bei Begehung derselben die zur Erkenntniß ihrer Strafbarkeit erforderliche Einsicht besaß, so kommen gegen ihn folgende Bestimmungen zur Anwendung:

1) ist die Handlung mit dem Tode oder mit lebenslänglichem Zuchthaus bedroht, so ist auf Gefängniß von drei bis zu funfzehn Jahren zu erkennen;

Das Höchstmaaß der 15jähr. Gefängnißstrafe darf nicht überschritten werden, selbst nicht bei Konkurrenz anderer Delicte. E. XVI, 282; R. IX, 574.

2) ist die Handlung mit lebenslänglicher Festungshaft bedroht, so ist auf Festungshaft von drei bis zu funfzehn Jahren zu erkennen;

3) ist die Handlung mit Zuchthaus oder mit einer an-

deren Strafart bedroht, so ist die Strafe zwischen dem gesetzlichen Mindestbetrage der angedrohten Strafart und der Hälfte des Höchstbetrages der angedrohten Strafe zu bestimmen.

Ist die so bestimmte Strafe Zuchthaus, so tritt Gefängnißstrafe von gleicher Dauer an ihre Stelle;

Nr. 3 gilt nicht nach § 4 des Pr. Feld- u. Forstpolizei-G. v. 1./4. 80 (wohl aber Nr. 4); — auch auf absolut bestimmte Geldstrafe anwendbar. E. XVI, 417; R. IX, 693; — auch wenn das Vielfache eines bestimmten Betrags auszusprechen ist (Steuerstrafe). E. I, 384.

4) ist die Handlung ein Vergehen oder eine Uebertretung, so kann in besonders leichten Fällen auf Verweis erkannt werden;

Zu Nr. 4. — Auch die Strafe des Verweises tritt erst mit der Rechtskraft des Urtheils ein. Der Verweis ist von der Vollstreckungsbehörde zu vollstrecken. E. XXIII, 403. Wie die Vollstreckung geschieht, bestimmen die Prozeßgesetze. Fehlt es an solchen, wie z. B. in Preußen, so muß es im Ermessen stehen, denselben mündl. oder schriftl. zu ertheilen. Letzteres bestimmt Einf.-V.O. f. Elf.-Lothr. Art. XII ausdrückl. — Nr. 4 gilt nach einzelnen besond. Landesges. nicht z. B. nach § 10 des Pr. Forstdiebst.G. v. 15./4. 78.

5) auf Verlust der bürgerlichen Ehrenrechte überhaupt oder einzelner bürgerlichen Ehrenrechte, sowie auf Zulässigkeit von Polizei-Aufsicht ist nicht zu erkennen.

Bei Verurtheilung wegen Meineids ist auf dauernde Unfähigkeit als Zeuge oder Sachverständiger eidlich vernommen zu werden, zu erkennen. E. IV, 416; R. IV, 637.

Die Freiheitsstrafe ist in besonderen, zur Verbüßung von Strafen jugendlicher Personen bestimmten Anstalten oder Räumen zu vollziehen.

Die Vorschriften des § 57 haben keinen Einfluß auf die Verjährung der Strafverfolgung. E. III, 52; R. II, 547.

58. Ein Taubstummer, welcher die zur Erkenntniß der Strafbarkeit einer von ihm begangenen Handlung erforderliche Einsicht nicht besaß, ist freizusprechen.

Die zur Erkenntniß d. Strafbarkeit erforderl. Einsicht ist besonders festzustellen. E. XXIII, 351. — Nebenfrage an die Geschworenen St.P.O. § 298.

59. Wenn Jemand bei Begehung einer strafbaren Handlung das Vorhandensein von Thatumständen nicht kannte, welche zum gesetzlichen Thatbestande gehören oder die Strafbarkeit erhöhen, so sind ihm diese Umstände nicht zuzurechnen.

Bei der Bestrafung fahrlässig begangener Handlungen gilt diese Bestimmung nur insoweit, als die Unkenntniß selbst nicht durch Fahrlässigkeit verschuldet ist†).

Vgl. St.P.O. §§ 262, 295. — A. 1. Die Unkenntniß von Thatumständen, welche zum gesetzlichen Thatbestand gehören (d. h. unter die gesetzlichen Begriffsmerkmale fallen), nicht von Begriffsmerkmalen (deren Gesammtheit das Strafgesetz bildet), wird entschuldigt. E. XX, 198; z. B., § 173 2 Thatumstand: Bestehen der Ehe, welche Schwägerschaft begründet; Begriffsmerkmal: Verschwägerte auf= und absteigender Linie; § 49a Begriffsmerkmal, daß zu einem Verbrechen oder zur Theilnahme daran aufgefordert sein muß (s. Franck, in Lißt's Zeitschrift XII, S. 281 ff.). — Im Schwurger. keine Nebenfrage über die Kenntniß E. XII, 337; R. VII, 446; — zur Strafbarkeit genügt zwar im Allgem., daß d. mit bewußtem Willen Handelnde d. unter Strafe gestellten Thatbestand verwirklicht. Bewußtsein d. Rechtswidrigkeit nur erforderl. u. als thatsächl. vorhanden festzustellen, wo rechtswidriges Handeln ausdrückl. in d. Thatbestand d. Gesetzes aufgenommen ist. E. XIX, 87; XX, 393; R. I, 132; — thatsächl. Irrthum schließt jedoch den

---

†) Vgl. Bruck, Z. Lehre v. d. Fahrlässigkeit. Breslau 1885.

Vorsatz aus, u. der Rechtsirrthum erscheint als thatsächlicher, wenn er auf anderem, als strafrechtlichem Gebiete liegt. E. XIX, 253; XVI, 83; I, 368; R. IX, 294; I, 610; vgl. aber § 113 Anm. u. E. XIX, 287; II, 423: R. II, 453; — auch die Unkenntniß öffentlich rechtlicher Normen außerhalb der eigentlichen strafrechtl. Satzung fällt unter § 59. E. XXII, 147 (so schließt Unkenntniß d. Beamtenqualität Amtsvergehen aus. E. XXIII, 374). — Die Freisprechung des Hauptthäters aus § 59 macht auch den Gehülfen straflos. E. XVIII, 419 (Olsh. § 59, Nr. 12); c. früher R. II, 151; — Bewußtsein der Möglichkeit eines Umstands (dolus eventualis) macht strafbar. R. VI, 841. — A. 2. „Fahrlässigkeit" begreift nicht bestimmte Grade der Verschuldg. E. XII, 317.

60. Eine erlittene Untersuchungshaft kann bei Fällung des Urtheils auf die erkannte Strafe ganz oder theilweise angerechnet werden.

Vgl. St.P.O. § 482. (Unt.Haft nach d. Erkenntniß.) — Bayern Art. 133 ff. — Die erkannte Strafe ist im Urtheilstenor anzugeben. — Bei mehreren Strafthaten E. III, 264; R. II, 751; Anrechng. auch wenn Verhaft. wegen eines and. Vergehens verhängt war, von dem Freisprechung erfolgte. R. III, 126; IV, 850. Kann auch als mindernder Strafzumessungsgrund dienen. R. IV, 264. Anrechnung nach Verkündung des Urtheils nicht mehr zulässig. R. III, 723.

61. Eine Handlung, deren Verfolgung nur auf Antrag eintritt, ist nicht zu verfolgen, wenn der zum Antrage Berechtigte es unterläßt, den Antrag binnen drei Monaten zu stellen. Diese Frist beginnt mit dem Tage, seit welchem der zum Antrage Berechtigte von der Handlung und von der Person des Thäters Kenntniß gehabt hat.

Folgende strafb. Handl. erfordern einen Antrag: §§ 102—104, 123, A. 1, 170, 172, 179, 182, 189, 194—196, 232, 236, 237, 247, 263, 288, 289, 292, 299, 300—303, 370 Nr. 5 u. 6. — Vgl. auch die Reichsgesetze über Nachdruck, Seem.-O., Presse, Markenschutz, Urheberrechte, Patentr. Daß Jemand die Kenntniß hatte, wird nicht vermuthet. Die frühere Kenntniß kann aber bewiesen werden.

Dagegen ist ein ohne Kenntniß des Thäters gestellter Strafantr. wirksam. R. I, 614; auch nicht die Angabe des Namens des Thäters erforderlich. R. III, 84. — Antrag gegen eine bestimmte Person bleibt auch gegen eine andere, als wirklichen Thäter ermittelte Person wirksam, wenn er nicht nach d. Willen d. Antragstellers ausdrücklich auf den Benannten beschränkt sein sollte. E. VII, 35; — suspensiv bedingter Strafantrag ist wirkungslos; Resolutivbedingung beschränkt das durch den Antrag begründete Verfolgungsrecht nicht. Bei anderen Einschränkungen ist zu untersuchen, ob Strafantrag ernstlich gewollt ist. E. XIV, 96; R. VIII, 291; — Verzicht auf Strafantrag ist wirkungslos. E. III, 221; R. II, 721; — formell genügender Strafantrag wird durch Nachweis unwirksam, daß Wille d. Erklärenden nicht auf Stellung eines Strafantrags gerichtet war. E. XXIII, 273; — bei mehreren als Thätern Betheiligten läuft die Antragsfrist von Kenntniß der Handlung u. der Person eines Betheiligten. E. IX, 390; R. VI, 3; — beim fortgesetzten Delict erstreckt sich der Strafantrag auf die verbrecherische Thätigkeit im Ganzen, d. h. also auch auf solche Handlungen, für welche als Einzelhandlungen die Frist zum Antrag abgelaufen wäre. E. XX, 226; XV, 370; R. IX, 183; — mit Verjährung der That ist d. Antragsrecht erloschen. E. XVI, 37; — mehrere Verletzte St.P.O. § 415.

Nach St.P.O. § 156 muß der Antrag bei Gericht od. Staatsanwaltschaft schriftlich od. zu Protokoll, bei einer anderen Behörde schriftlich (od. in unterschriebenem Protokoll; vgl. E. II, 254; R. II, 133) angebracht werden u. bei Gericht, Staatsanwaltschaft oder Polizei rechtzeitig eingehen; staatsanwaltschaftl. Vermerk, Antragsberechtigter sei erschienen u. habe Strafantrag gestellt, ist genügend. E. XII, 173; R. VII, 259; — Unterschrift d. Antrags. E. III, 442; R. III, 172; Unterkreuzung. R. III, 281; — Einreich. einer Privatklage (St.P.O. § 414) enthält einen Antrag u. wahrt die Frist auch für d. Staatsanw. E. VIII, 207; R. V, 272; auch eine Anzeige R. III, 115. — Anschluß als Nebenkläger ist im Zweifel auch als Strafantrag aufzufassen. R. X, 606; — antragsberechtigt ist der Verletzte oder derjenige, der kraft Gesetzes das Antragsrecht für denselben oder neben ihm ausübt. Verletzter ist der, gegen dessen durch das Strafgesetz geschützte Recht der An=

griff unmittelbar gerichtet ist. E. XIX, 251; — wo Eltern strafantragberechtigt, nicht beide zusammen, sondern jeder allein. E. XVIII, 101; — kein Strafantrag auf Grund vermutheter Vollmacht. E. VII, 4; R. IV, 573; — Antrag eines Unberechtigten kann durch Genehmigung des Berechtigten nach Fristablauf nicht wirksam werden. E. XII, 327. — Ueber Berechtigung d. Generalbevollmächtigt. (Administrator) zum Strafantrag. E. I, 387; R. I, 620; VI, 735; vgl. auch E. XXI, 231. — Procurist. E. XV, 144; R. VIII, 754. Formlose Vollmacht giltig, wenn Wille genügend erkennbar (auch wenn civilr. Form vorgeschrieben). E. XIX, 7; — collegial. Behörde: Legalität d. Beschlußfassung üb. Strafantr. nicht zu prüfen. E. XXIV, 179; — verantw. Redakteur ist nicht ohne Weiteres strafantragberechtigt wegen Beleidigung gegen seine Zeitung. E. XIII, 126; R. VII, 718; — Vorläufige Festnahme (Verhaftg.) ist von der Stellg. des Antr. nicht abhängig. St.P.O. § 127.

Mangels des Antrags oder bei Zurücknahme desselben keine Freisprechg., sondern Einstellg. des Verfahrens. St.P.O. § 259 u. § 202. E. IV, 211; R. II, 432; III, 351; — der Antrag gehört nicht zum Thatbestande und nicht unter die Schuldfragen. E. II, 221; R. I, 614; II, 188.

62. Wenn von mehreren zum Antrage Berechtigten einer die dreimonatliche Frist versäumt, so wird hierdurch das Recht der übrigen nicht ausgeschlossen.

Vgl. §§ 198, 232 A. 2.

63. Der Antrag kann nicht getheilt werden. Das gerichtliche Verfahren findet gegen sämmtliche an der Handlung Betheiligte (Thäter und Theilnehmer), sowie gegen den Begünstiger statt, auch wenn nur gegen eine dieser Personen auf Bestrafung angetragen worden ist.

„Handlung", die Rechtsverletzung in ihrer objectiven Gestalt. E. V, 269; — „Betheiligte" auch die Personen, welche, ohne den zur Theilnahme (§§ 47 ff.) erforderl. Vorsatz, durch ihr Zusammenwirken den gesetzwidrigen Erfolg herbeigeführt haben (z. B. fahrlässige Körperverletzung durch Mehrere). E. XX, 54; — Bezeichnung der zu verfolgenden Person ist nicht erforderlich. eod. — Begünstiger vgl. § 257. — Der Strafantrag, auch bezügl. einer fortgesetzten Handlung, gegen den Hauptthäter erstreckt sich auf alle Beihülfe- u. Begünstigungshandlungen, auch wenn diese dem Strafantrag nachfolgen. E. XVII, 227; R. X, 207; — die öffentl. Klage muß nicht gleichzeitig gegen alle Betheiligten erhoben werden. Die Klageerhebung nur gegen einen, berechtigt das Gericht nicht zur Ablehnung des Verfahrens. E. XXIII, 202; — Abweichungen (nicht Ausnahmen) von dem Grundsatze des § 63 vgl. in §§ 247 A. 3, 263 A. 4, 292 A. 2, wo das Antragserforderniß von vornherein nur persönliche Beziehung hat, — u. §§ 232, 303, wo gegen Angehörige die Zurücknahme (§ 64 A. 2) zugelassen ist. Mehrere betheiligte Angehörige unterliegen in diesen Fällen der Regel der §§ 63 u. 64 A. 2. E. XVII, 246; R. X, 38. cf. aber Olsh. § 61, Anm. 43 u. E. V, 268; R. VIII, 726.

***64.** Die Zurücknahme des Antrages ist nur in den gesetzlich besonders vorgesehenen Fällen und nur bis zur Verkündung eines auf Strafe lautenden Urtheils zulässig.

Die rechtzeitige Zurücknahme des Antrages gegen eine der vorbezeichneten Personen hat die Einstellung des Verfahrens auch gegen die anderen zur Folge.

A. 1. — Zurücknahme zulässig: §§ 102, 103, 104, 194, 232, 247, 263, 292, 303 u. 370. (Schluß.) Vgl. außerdem § 27 G. v. 11./6. 70 (Nachdruck), R.G.Bl. S. 339 u. G. G. v. 9., 10., 11. Jan. 76 (Urheber=R. §§ 16 bez. 9, bez. 14).

Zurücknahme formlos. E. VIII, 79; R. V, 62; — der volljährig gewordene Mündel kann den Strafantrag des Vormundes zurücknehmen. E. XXII, 256; — die bei der zuständigen Behörde erklärte Zurücknahme des Antrages kann nicht widerrufen werden. E. d. Rchs.Ob.HandelsGer. XI, 114; Opp. XIV, 598. — Vergleich oder bloßer Verzicht ohne Rücknahme des Antrages gegenüber der Behörde, oder vor Stellung des Antrages sind unwirksam, sogar der gerichtliche Verzicht. R. II, 721; — die Kosten trägt bei der Zurücknahme der Antragsteller St.P.O. § 502.

Verschieden von der Zurücknahme des (auch für die öffentl. Klage erforderlichen) Antrages ist die nach St.P.O. § 431 zulässige

* **§ 64** G. v. 26./2. 76, vgl. oben S. 5.

Zurücknahme der Privatklage (bei Beleidig. u. Körperverletz.). Letztere kann bis zur Verkünd. des Urtheils 2. Instanz zurückgenommen werden, was aber in den Fällen, wo die Zurücknahme eines Antrages unzulässig ist (z. B. in § 223), die öffentl. Klage nicht ausschließt. E. VIII, 207; XIX, 284; R. V, 272; Löwe zu 431 Nr. 1. — Ein Widerspruch zwischen St.G.B. u. St.P.O. liegt hierin nicht. —

A. 2. — Vgl. § 63. Ausnahmen von dem Grundsatz des § 64 A. 2 in den §§ 232, 303; vgl. auch §§ 247, 263, 292, wo Nichtangehörige von vornherein ohne Antrag verfolgbar sind. E. V, 274.

65. Der Verletzte, welcher das achtzehnte Lebensjahr vollendet hat, ist selbständig zu dem Antrage auf Bestrafung berechtigt.

So lange der Verletzte minderjährig ist, hat der gesetzliche Vertreter desselben, unabhängig von der eigenen Befugniß des Verletzten, das Recht, den Antrag zu stellen.

Bei bevormundeten Geisteskranken und Taubstummen ist der Vormund der zur Stellung des Antrages Berechtigte.

Abs. 2. Kein eigenes Recht d. Vertreters für seine Person, nur der Ausdruck, daß die Antragsbefugniß des Vertreters fortdauert. E. XXII, 256; — das Antragsrecht aus § 195 konkurrirt mit § 65, Abs. 2. E. XII, 415; — ist der gesetzl. Vertreter selbst der Thäter oder Theilnehmer, oder versäumt er pflichtwidrig den Antrag zu stellen, so ist dem Verletzten ein besonderer Vertreter (Curator) zu bestellen. Die dreimonatl. Frist (§ 61) läuft dann v. Tage der Kenntniß des Curators. Opp. XIII, 197. — Unehel. Mutter, als solche, nicht. E. I, 370; III, 89; R. I, 607; II, 614 (vgl. aber § 182). Tod des Mündels. R. III, 204.

66. Durch Verjährung wird die Strafverfolgung und die Strafvollstreckung ausgeschlossen.

Ueber die Voraussetzungen der Verjährg. entscheiden die Geschworenen nicht. St.P.O. §§ 262 u. 293. Die Vorschriften über

Verjährg. sind materieller (nicht ausschließl. prozessualer) Natur. E. XII, 434; R. VII, 560.

67. Die Strafverfolgung von Verbrechen verjährt, wenn sie mit dem Tode oder mit lebenslänglichem Zuchthaus bedroht sind, in zwanzig Jahren; wenn sie im Höchstbetrage mit einer Freiheitsstrafe von einer längeren als zehnjährigen Dauer bedroht sind, in funfzehn Jahren; wenn sie mit einer geringeren Freiheitsstrafe bedroht sind, in zehn Jahren.

Die Strafverfolgung von Vergehen, die im Höchstbetrage mit einer längeren als dreimonatlichen Gefängnißstrafe bedroht sind, verjährt in fünf Jahren, von anderen Vergehen in drei Jahren.

Die Strafverfolgung von Uebertretungen verjährt in drei Monaten.

Die Verjährung beginnt mit dem Tage, an welchem die Handlung begangen ist, ohne Rücksicht auf den Zeitpunkt des eingetretenen Erfolges.

Die Vorschriften des § 57 haben keinen Einfluß auf die Verjährung d. Strafverfolgung. E. III, 52; R. II, 547; — bei fortgesetzten Verbrechen beginnt die Verjährung erst mit dem völligen Abschluß der das Strafgesetz verletzenden Thätigkeit d. Schuldigen, also mit der letzten Einzelhandlung. E. X, 203; R. VII, 247; — bei Unterlassungen beginnt die Verjährg. nicht, so lange die entsprechende Verpflichtg. dauert. Opp. XII, 562; XIV, 606; R. II, 212. — Bei strafb. Einrichtungen mit dem Aufhören derselben. E. III, 382; R. III, 45; 117. — Besondere reichsgesetzl. Bestimmgen. (Frist, Unterbrechg.) vgl. E. G. § 7; Preßg. § 22; Seem.O. § 160; Gew.O. § 145; Wechselstempel.G. v. 10./6. 69 § 17 (bez. Stempel.G. v. 1./7. 81 bez. 3./6. 85); Zollg. v. 1./7. 69 § 164; Brausteuerg. v. 31./5. 72 § 40; Spielkarteng. v. 3./7. 78 § 20; M.B. § 76, sowie die Gesetze über Urheberrecht u. s. w. — Abs. 4. Tag der Begehung ist in die Frist mit einzurechnen. R. VIII, 493.

68. Jede Handlung des Richters, welche wegen der begangenen That gegen den Thäter gerichtet ist, unterbricht die Verjährung.

Die Unterbrechung findet nur rücksichtlich desjenigen statt, auf welchen die Handlung sich bezieht.

Nach der Unterbrechung beginnt eine neue Verjährung.

Handlungen des Richters wegen der That gegen den Thäter unterbrechen d. Verjährung, auch wenn die Handlung aus einem anderen Gesichtspunkte der Strafbarkeit erfolgte, als sie der erkennende Richter nachher betrachtet. E. XXIV, 77; — nur die gegen eine bestimmte Person gerichtete richterl. Handlung. E. VI, 212; 381; R. IV, 398; — ob eine richterl. Handlung gegen eine bestimmte Person gerichtet ist, nicht allein aus der Verfügung, sondern im Zusammenhang mit den sonstigen Vorgängen zu entscheiden. R. VI, 768; — Gerichtsbeschluß üb. vorläufige Einstellung wegen Abwesenheit d. Thäters unterbricht Verjährung. E. XXI, 308; — nach Unterbrechung d. Verjährung beginnt die neue Verjährungsfrist mit dem Tage der Unterbrechung, nicht erst mit dem folgenden Tag. E. XII, 57; R. VII, 594; — bei Antragsdelicten wird durch Untersuchungshandlungen vor dem Strafantrag die Verjährung nicht unterbrochen. E. VI, 37; — die Verjährung einer Uebertretung wird durch die vorläufige polizeil. Straffestsetzg. unterbrochen. St.P.O. § 453 A. 4; ebenso durch die Strafbescheide der Verwaltungsbehörden bei Zuwiderhandlungen gegen d. Vorschr. über öffentl. Abgaben und Gefälle nach St.P.O. § 459 A. 3. — Bei Wechselstempelhinterziehungen unterbricht jede amtliche Handlg. Wechs.St.G. v. 10./6. 69 § 17; ebenso Reichsstempel-G. v. 1./7. 81 bez. 3./6. 85 § 35. — Wegen der besond. Gesetze vgl. zu § 67.

***69.** Die Verjährung ruht während der Zeit, in welcher auf Grund gesetzlicher Vorschrift die Strafver-

* **§ 69** Fassung geändert durch R.Ges. v. 26./3. 1893 (ausgeg. Berlin 29./3. 1893); Abs. 1, Satz 1 u. Abs. 2 sind neu.

folgung nicht begonnen oder nicht fortgesetzt werden kann. Ist der Beginn oder die Fortsetzung eines Strafverfahrens von einer Vorfrage abhängig, deren Entscheidung in einem anderen Verfahren erfolgen muß, so ruht die Verjährung bis zu dessen Beendigung.

Ist zur Strafverfolgung ein Antrag oder eine Ermächtigung nach dem Strafgesetz erforderlich, so wird der Lauf der Verjährung durch den Mangel des Antrages oder der Ermächtigung nicht gehindert.

A. 1. Satz 1 vgl. z. B. Art. 31 d. Rchs.Verfassung. — Satz 2 vgl. §§ 164 2, 170, 172, 191 (190, 186, 187), 238 (236, 237), 171 3.

70. Die Vollstreckung rechtskräftig erkannter Strafen verjährt, wenn

1) auf Tod oder auf lebenslängliches Zuchthaus oder auf lebenslängliche Festungshaft erkannt ist, in dreißig Jahren;

* 2) auf Zuchthaus oder Festungshaft von mehr als zehn Jahren erkannt ist, in zwanzig Jahren;

* 3) auf Zuchthaus bis zu zehn Jahren oder auf Festungshaft von fünf bis zu zehn Jahren oder Gefängniß von mehr als fünf Jahren erkannt ist, in fünfzehn Jahren;

4) auf Festungshaft oder Gefängniß von zwei bis zu fünf Jahren oder auf Geldstrafe von mehr als sechstausend Mark erkannt ist, in zehn Jahren;

5) auf Festungshaft oder Gefängniß bis zu zwei Jahren oder auf Geldstrafe von mehr als einhundertfunfzig bis zu sechstausend Mark erkannt ist, in fünf Jahren;

* **§ 70** 2 u. 3 G. v. 26./2. 76, vgl. oben S. 5.

6) auf Haft oder auf Geldstrafe bis zu einhundertfunfzig Mark erkannt ist, in zwei Jahren.

Die Verjährung beginnt mit dem Tage, an welchem das Urtheil rechtskräftig geworden ist.

Die Nebenfolgen (Verlust der Ehrenrechte, Polizeiaufsicht) verjähren nicht mit der Hauptstrafe. Vgl. §§ 36, 38.

71. Die Vollstreckung einer wegen derselben Handlung neben einer Freiheitsstrafe erkannten Geldstrafe verjährt nicht früher, als die Vollstreckung der Freiheitsstrafe.

72. Jede auf Vollstreckung der Strafe gerichtete Handlung derjenigen Behörde, welcher die Vollstreckung obliegt, sowie die zum Zwecke der Vollstreckung erfolgende Festnahme des Verurtheilten unterbricht die Verjährung.

Nach der Unterbrechung der Vollstreckung der Strafe beginnt eine neue Verjährung.

Fünfter Abschnitt.

Zusammentreffen mehrerer strafbarer Handlungen.

73. Wenn eine und dieselbe Handlung mehrere Strafgesetze verletzt, so kommt nur dasjenige Gesetz, welches die schwerste Strafe, und bei ungleichen Strafarten dasjenige Gesetz, welches die schwerste Strafart androht, zur Anwendung†).

Ein u. dieselbe Handlung E. IV, 188; IX, 344; R. V, 766. — Consumtion d. Strafklage, auch wenn d. That nur aus einem Strafges. abgeurth. ist. E. III, 43; 385; IV, 243; R. II, 671; III,

†) Hiller, Idealkonkurrenz in Grünhuts Zeitschr. XIII, 126. Stelling, Idealk. Ger.=Saal XLII, 121.

367; — rechtskräftige Verurtheilung wegen eines Collectivdelictes hat die Wirkung, daß Strafklage in vollem Umfang verbraucht ist bezügl. der vor der Verurtheilung liegenden Reate, welche unmittelbar in den Thatbestand des Collectivdelictes fallen, u. derer, welche mit einem einzelnen Bestandtheil d. Collectivdelictes in Idealkonkurrenz stehen. E. XXIII, 7; — fortgesetztes Delict: Identität des Rechtsgutes, gegen welche alle Akte mit gleicher rechtlichen Beschaffenheit gerichtet sind. Subjectiv: nicht sowohl Einheit d. Entschlusses, als Einheit des Vorsatzes, der sich gegen das nämliche Gesammtobject richtet (event. erst im Laufe der Ausführung so gestaltet). E. XV, 23; XVII, 103; XXII, 237; R. VIII, 643; IX, 731; — nach Verurtheilung wegen fortgesetzten Delictes Verurtheilung wegen später ermittelter, vor der Verurtheilung liegenden Einzelhandlungen, welche Ausfluß desselben einheitlichen Vorsatzes waren, unzulässig. E. IX, 344; R. V, 766; — erfordert das eine Strafgesetz einen Antrag, das andere nicht, so ist das erstere nur dann anzuwenden, wenn ein Antrag vorliegt. Opp. XIII, 56; — es ist zu untersuchen, welches Gesetz die in der Art oder event. in dem Maße schwerste Strafe gestattet. E. XXIV, 58; cf. R. VII, 276; auch bei niedrigerem Mindestmaß. R. VII, 256; — auch durch richterlich zu verhängende Nebenstrafen (Ehrverlust). E. XIII, 399; R. VIII, 162; nicht durch in die Entscheidung der Verwaltungsbehörde gestellte (Polizeiaufsicht, ob die richterlich für zulässig erklärte auch verhängt wird, liegt in der Hand d. Verwaltungsbehörden). R. IX, 747; — mehrere Verletzte, E. II, 255; R. II, 143 insbes. mehrere durch eine Aeußerung Verletzte, R. III, 485; (vgl. unten zu § 185). Mehrfache Beleidig. in versch. Zeitungsartikeln. R. III, 26; in einem Schriftstücke. R. VIII, 377; (ob einheitliche That oder Mehrheit je nach d. Umständen); — Anstiftung und Beihülfe d. derselben That; Anstiftg. u. Mitthäterschaft. E. II, 145; — Publikationsbefugniß (§ 200; § 16 A. 1 des Nahrungsmittel-G.) findet nur statt, wenn das zur Anwendung kommende strengere Gesetz sie zuläßt. E. IV, 218; VI, 180; X, 206; R. III, 203; IV, 333; VI, 166. — Ne bis in idem gilt nicht bei amtsrichterl. Strafbefehl. R. III, 367; unter Einrechnung der erkannten Strafe. E. IX, 321; R. V, 804; — Rückfall — auch rücksichtlich des leichteren Gesetzes. E. XVIII, 193; R. X, 570; vgl. Anm. zu § 264. — Bei

Verurtheilung zulässig d. mehrfachen Gesetzesverletzungen in d. Urtheilsformel zum Ausdruck zu bring. E. IV, 180; R. III, 307. — Besondere Vorschriften im Vzollg., Branntw., Biersteuer.

74. Gegen denjenigen, welcher durch mehrere selbständige Handlungen mehrere Verbrechen oder Vergehen, oder dasselbe Verbrechen oder Vergehen mehrmals begangen und dadurch mehrere zeitige Freiheitsstrafen verwirkt hat, ist auf eine Gesammtstrafe zu erkennen, welche in einer Erhöhung der verwirkten schwersten Strafe besteht.

§§ 74—76 beziehen sich nur auf Verbr. u. Verg. (nicht Uebertretungen) u. nur auf zeitige Freiheitsstrafen. Von der Gesammtstr. ausgeschlossen sind: Todesstr., Geldstr., Verweis, Ehrenstr., sowie die Haft (vgl. § 77). — Wegen der Ehrenstr. vgl. § 76.

Die Gesammtstr. greift auch bei einer späteren Verurth. wegen einer früher (vor der 1. Verurth.) begang. That Platz, vgl. § 79; — mehrere selbständ. Handlungen, thatsächl. Feststellung. R. II, 148, immer aber Mehrheit v. natürl. Thätigkeitsakten. E. XXI, 63. — Realkonkurrenz v. Anstiftung z. Diebstahl u. Hehlerei. E. XIX, 356. — Versendung einer Druckschrift strafbaren Inhalts an Mehrere nicht nothwendig mehrere selbständige Handlungen. R. IV, 29; — Realkonkurrenz od. fortgesetzt. Verbrech. E. IV, 188; VII, 60; R. V, 607; — Strafthaten, welche theils vor, theils nach einer Verurtheilung begangen sind, kein fortgesetzles Verbrechen. E. XX, 317; — daß von zwei Strafthaten die eine zum Zweck der anderen verübt ist, schließt (bei zeitlichem Außeneinanderliegen) Realkonkurrenz nicht aus. R. VIII, 762. — Die Gesammtstrafe ist nur aus Einzelstrafen, nicht aus Gesammtstrafen, oder Gesammt- und Einzelstrafen zu bilden. E. IV, 53; R. III, 196; — keine Gesammtstrafe aus subsidiären Freiheitsstrafen. E. IV, 367; R. IV, 326; vgl. § 78 Anm.; — wenn von mehreren Strafthaten einige vor, andere nach einer Verurtheilung, deren Strafe noch nicht verbüßt, liegen, so ist für die früheren u. die abgeurtheilte eine Gesammtstrafe u. unabhängig davon auch für die späteren eine solche zu bilden. R. VI, 292.

Bei dem Zusammentreffen ungleichartiger Freiheitsstrafen tritt diese Erhöhung bei der ihrer Art nach schwersten Strafe ein.

Das Maß der Gesammtstrafe darf den Betrag der verwirkten Einzelstrafen nicht erreichen und funfzehnjähriges Zuchthaus, zehnjähriges Gefängniß oder funfzehnjährige Festungshaft nicht übersteigen.

Nach A. 3 muß der Betrag der (nach Ansicht des Richters) verwirkten Einzelstrafen aus den Urtheilsgründen hervorgehen. Die schwerste dieser Strafen (in den Motiven: Einsatzstrafe genannt) ist nach A. 1 angemessen zu erhöhen. — Jede Einzelstrafe darf nicht unter den gesetzl. Straf-Mindestbetrag hinabgehen. — Der angedrohte Mindestbetrag der Strafe des schwersten Verbrechens muß immer überschritten werden. Ueber diese Grundsätze vgl. E. II, 235; R. I, 102; II, 222; Z. unter 1 Monat zulässig bei Umwandl. v. Gef. in Z. (§ 19 A. 2). E. IV, 161; R. III, 232; jedoch nicht bei mehreren mit Z. zu bestraf. Verbr. E. VIII, 27; R. V, 63.

75. Trifft Festungshaft nur mit Gefängniß zusammen, so ist auf jede dieser Strafarten gesondert zu erkennen.

Ist Festungshaft oder Gefängniß mehrfach verwirkt, so ist hinsichtlich der mehreren Strafen gleicher Art so zu verfahren, als wenn dieselben allein verwirkt wären.

Die Gesammtdauer der Strafen darf in diesen Fällen funfzehn Jahre nicht übersteigen.

76. Die Verurtheilung zu einer Gesammtstrafe schließt die Aberkennung der bürgerlichen Ehrenrechte nicht aus, wenn diese auch nur neben einer der verwirkten Einzelstrafen zulässig oder geboten ist.

Ingleichen kann neben der Gesammtstrafe auf Zulässigkeit von Polizei-Aufsicht erkannt werden, wenn dieses auch nur wegen einer der mehreren strafbaren Handlungen statthaft ist.

Nur wenn eine der Einzelstrafen 3 Mon. Gefängn. erreicht, kann neben der Gesammtstr. die Aberk. der Ehrenr. stattfinden. R. I, 821. — Ehrverlust (§ 82) höchstens auf 10 Jahre. R. IV, 479.

77. Trifft Haft mit einer anderen Freiheitsstrafe zusammen, so ist auf die erstere gesondert zu erkennen.

Auf eine mehrfach verwirkte Haft ist ihrem Gesammtbetrage nach, jedoch nicht über die Dauer von drei Monaten zu erkennen.

Vgl. § 18. — § 77 gilt auch bei den Vergehen der §§ 140₂, 185, 186 u. enthält in Abs. 2 (Höchstbetr. v. 3 Mon.) das Princip auch für den Fall der Umwandlg. mehr. Geldstr. §§ 28 A. 2, 78 A. 2, z. B. bei Steuerdefrauden.

78. Auf Geldstrafen, welche wegen mehrerer strafbarer Handlungen allein oder neben einer Freiheitsstrafe verwirkt sind, ist ihrem vollen Betrage nach zu erkennen.

Bei Umwandlung mehrerer Geldstrafen ist der Höchstbetrag der an die Stelle derselben tretenden Freiheitsstrafe zwei Jahre Gefängniß und, wenn die mehreren Geldstrafen nur wegen Uebertretungen erkannt worden sind, drei Monate Haft.

Vgl. §§ 28 A. 2, 29, 77 A. 2 Höchstbetr. v. 3 Mon. Haft gilt auch für den Fall des § 28 A. 2 z. B. bei Steuerdefrauden, E. V, 372; VII, 368; R. IV, 79; R. V, 1; weil das St.G.B. (§§ 74, 75, 77) für jede Freiheitsstrafe einen Höchstbetrag festsetzen will; vgl. Rüdorff, Komm. zu § 78. Substituirte Freiheitsstrafen sind nicht in e. Gesammtstr. umzuwandeln, sondern insgesammt nur auf 2 J. Gef. oder 3 Mon. Haft herabzusetzen. E. IV, 367; R. IV, 325.

79. Die Vorschriften der §§ 74 bis 78 finden auch Anwendung, wenn, bevor eine erkannte Strafe verbüßt, verjährt oder erlassen ist, die Verurtheilung wegen einer strafbaren Handlung erfolgt, welche vor der früheren Verurtheilung begangen war.

St.P.O. § 492: „Ist Jemand durch verschiedene rechtskräftige Urtheile zu Strafen verurtheilt worden, und sind dabei die Vorschriften über die Zuerkennung einer Gesammtstrafe (§ 79 des St.G.B.) außer Betracht geblieben, so sind die erkannten Strafen durch eine nachträgliche gerichtliche Entscheidung auf eine Gesammtstrafe zurückzuführen." Vgl. auch daselbst § 494 und Beschl. des Bundesraths v. 11./6. 85 betr. Grundsätze für d. Vollstreckg. bei mehreren betheiligten Bundesstaaten (C.Bl. S. 270; J.M.Bl. S. 309). Vorbehalt des Nachtragsurtheils nicht unzulässig, falls das 1. Erk. noch nicht rechtskräftig, E. V, 1; R. III, 468; oder Strafe auch für den Fall der Abänderung des früheren Urtheils festzusetzen. R. IV, 102. § 79 findet auch Anwendg., wenn d. strafbare Handlung vor mehreren früheren Einzelverurtheilungen begangen war. E. XV, 29; R. VIII, 657. Die neue Gesammtstr. kann so hoch sein wie die frühere. E. VI, 283; R. IV, 480. — „Frühere Verurtheilg." setzt nur Verkündg., nicht Rechtskraft des Urtheils voraus. E. III, 213. Liegen die Erfordernisse des § 79 nicht vor (z. B. es treffen Handlungen, die vor einer früheren Verurtheilg. begangen sind, mit nachher begangenen zusammen), so kann die Z. 15 Jahre übersteigen. E. IV, 54; R. III, 196; — frühere Verurtheilung nicht eine solche, welche in Anwendung d. § 79 eine vorausgegangene ergänzt. Gesammtstrafe deshalb unzulässig, wenn die That nach d. ersten Verurthlg., aber vor der nachträgl. begangen ist. E. XVIII, 333; R. X, 600; cf. R. VI, 292; E. XXIV, 185; — wenn früher erkannte Strafe in Verbüßung begriffen ist, so hat d. Erkenntniß zu lauten, daß die frühere Strafe in Wegfall kommt u. eine Gesammtstrafe ausgesprochen wird, unter Anrechnung des verbüßten Theils der Strafe. R. VIII, 3.

Zweiter Theil.

Von den einzelnen Verbrechen, Vergehen und Uebertretungen und deren Bestrafung.

Erster Abschnitt.

Hochverrath und Landesverrath.

Bei Hoch- und Landesverrath gegen Kaiser und Reich ist nach G.V. § 136 das Reichsgericht zuständig; vgl. St.P.O. § 484. Die §§ 87—91 beschränken sich in ihrem Thatbestande ausschließlich auf das Reich. —

80. (Rg. bez Sw.) Der Mord und der Versuch des Mordes, welche an dem Kaiser, an dem eigenen Landesherrn, oder während des Aufenthalts in einem Bundesstaate an dem Landesherrn dieses Staats verübt worden sind, werden als Hochverrath mit dem Tode bestraft.

Vgl. § 93. — § 80 wurde v. Reichstag am 24./5. 70 mit 128 c/a 107 Stimmen beschlossen. St.B. S. 1165. — Auf Beihülfe zum „Versuch" findet § 49 A. 2 Anwendg. E. XII, 64; R. VI, 840 (sehr bestritten); dagegen Liszt, Lehrbuch d. Strafrechts, S. 219, 519 u. A. (vgl. ab. Olsh. § 80 Anm. 7).

81. (Rg. bez. Sw.) Wer außer den Fällen des § 80 es unternimmt,

1) einen Bundesfürsten zu tödten, gefangen zu nehmen, in Feindes Gewalt zu liefern oder zur Regierung unfähig zu machen,
2) die Verfassung des Deutschen Reichs oder eines Bundesstaats oder die in demselben bestehende Thronfolge gewaltsam zu ändern,

3) das Bundesgebiet ganz oder theilweise einem fremden Staate gewaltsam einzuverleiben oder einen Theil desselben vom Ganzen loszureißen, oder
4) das Gebiet eines Bundesstaats ganz oder theilweise einem anderen Bundesstaate gewaltsam einzuverleiben oder einen Theil desselben vom Ganzen loszureißen,

wird wegen Hochverraths mit lebenslänglichem Zuchthaus oder lebenslänglicher Festungshaft bestraft.

Sind mildernde Umstände vorhanden, so tritt Festungshaft nicht unter fünf Jahren ein.

Neben der Festungshaft kann auf Verlust der bekleideten öffentlichen Aemter, sowie der aus öffentlichen Wahlen hervorgegangenen Rechte erkannt werden.

Vgl. §§ 82 („unternimmt"), 93. — Zur Verhängung v. Zuchthaus bedarf es nach § 20 hier und für die §§ 83—86, 88, 89, 94, 96, 98, 100, 105, 106 der Feststellung der ehrlosen Gesinnung. — Abs. 2—4 „gewaltsam": auch durch Krieg. E. XVI, 165; R. IX, 423.

82. Als ein Unternehmen, durch welches das Verbrechen des Hochverraths vollendet wird, ist jede Handlung anzusehen, durch welche das Vorhaben unmittelbar zur Ausführung gebracht werden soll.

§ 82 (81) umfaßt den Versuch und Vollendung (s. oben Th. I, Abschn. 3); „unmittelbar" bezeichnet nicht den s. g. conatus proximus, sondern schränkt den Thatbestand des Hochverraths auf einen „Anfang der Ausführung" der in den §§ 80 u. 81 bezeichneten Handlungen (E. V, 215) ein u. grenzt denselben so von den nach §§ 83, 84, 86 strafb. „vorbereitenden" Handlungen ab. Vgl. auch E. III, 26; R. II, 483.

83. (Rg. bez. Sw.) Haben Mehrere die Ausführung eines hochverrätherischen Unternehmens verabredet, ohne daß es zum Beginn einer nach § 82 strafbaren Handlung gekommen ist, so werden dieselben mit Zuchthaus nicht unter fünf Jahren oder mit Festungshaft von gleicher Dauer bestraft.

Sind mildernde Umstände vorhanden, so tritt Festungshaft nicht unter zwei Jahren ein.

Neben der Festungshaft kann auf Verlust der bekleideten öffentlichen Aemter, sowie der aus öffentlichen Wahlen hervorgegangenen Rechte erkannt werden.

Vgl. § 93. „Mehrere", auch zwei; — „mildernde Umstände" die Frage im schwurgerichtl. Verfahren nicht im Präteritum. E. XX, 266.

84. (Rg. bez. Sw.) Die Strafvorschriften des § 83 finden auch gegen denjenigen Anwendung, welcher zur Vorbereitung eines Hochverraths entweder sich mit einer auswärtigen Regierung einläßt oder die ihm von dem Reich oder einem Bundesstaate anvertraute Macht mißbraucht oder Mannschaften anwirbt oder in den Waffen einübt.

Vgl. § 93. — Auswärtig kann im Gegensatz zu ausländisch (§ 87) auch die Regierung eines Bundesstaats sein.

85. (Rg. bez. Sw.) Wer öffentlich vor einer Menschenmenge, oder wer durch Verbreitung oder öffentlichen Anschlag oder öffentliche Ausstellung von Schriften oder anderen Darstellungen zur Ausführung einer nach § 82 strafbaren Handlung auffordert, wird mit Zuchthaus bis zu zehn Jahren oder Festungshaft von gleicher Dauer bestraft.

Vgl. §§ 110, 111 u. Preßg. § 23₃. — „Verbreitung von Schriften", dem Publikum zugänglich machen. Absicht d. Thäters wesentlich. E. VII, 113. — Versendung einer Druckschrift durch die Post, Verbreitung; wenn nicht die Absicht vorliegt, daß nur der Adressat sie lese. Ob der Adressat sie empfangen, ist gleichgiltig. E. XVI, 245; R. IX, 490.

Sind mildernde Umstände vorhanden, so tritt Festungshaft von Einem bis zu fünf Jahren ein.

Oeffentlichkeit vgl. zu § 110; — m. U. vgl. § 83 Anm.

86. (Rg. bez. Sw.) Jede andere, ein hochverrätherisches Unternehmen vorbereitende Handlung wird mit Zuchthaus bis zu drei Jahren oder Festungshaft von gleicher Dauer bestraft.

Sind mildernde Umstände vorhanden, so tritt Festungshaft von sechs Monaten bis zu drei Jahren ein.

G.V. § 73 2. — „Vorbereitend": auch die entfernteste Handlung, aber in Beziehung auf ein bestimmtes Unternehmen. E. V, 60; — wegen m. U. s. § 83 Anm.

87. (Rg.) Ein Deutscher, welcher sich mit einer ausländischen Regierung einläßt, um dieselbe zu einem Kriege gegen das Deutsche Reich zu veranlassen, wird wegen Landesverraths mit Zuchthaus nicht unter fünf Jahren und, wenn der Krieg ausgebrochen ist, mit lebenslänglichem Zuchthaus bestraft.

Vgl. § 91. — Ausländisch (§ 8) vgl. § 84. — Vgl. MB. §§ 59 ff., 160.

Sind mildernde Umstände vorhanden, so tritt Festungshaft von sechs Monaten bis zu fünf Jahren und, wenn der Krieg ausgebrochen ist, Festungshaft nicht unter fünf Jahren ein.

Neben der Festungshaft kann auf Verlust der bekleideten öffentlichen Aemter, sowie der aus öffentlichen Wahlen hervorgegangenen Rechte erkannt werden.

Zu A. 3 vgl. § 31 A. 2, 35.

***88.** (Rg.) Ein Deutscher, welcher während eines gegen das Deutsche Reich ausgebrochenen Krieges in der

* **§ 88** G. v. 26./2. 76, vgl. oben S. 5.

feindlichen Kriegsmacht Dienste nimmt oder die Waffen gegen das Deutsche Reich oder dessen Bundesgenossen trägt, wird wegen Landesverraths mit lebenslänglichem Zuchthaus oder lebenslänglicher Festungshaft bestraft.

Sind mildernde Umstände vorhanden, so tritt Festungshaft nicht unter fünf Jahren ein.

Ein Deutscher, welcher schon früher in fremden Kriegsdiensten stand, wird, wenn er nach Ausbruch des Krieges in der feindlichen Kriegsmacht verbleibt oder die Waffen gegen das Deutsche Reich oder dessen Bundesgenossen trägt, wegen Landesverraths mit Zuchthaus von zwei bis zu zehn Jahren oder mit Festungshaft von gleicher Dauer bestraft. Sind mildernde Umstände vorhanden, so tritt Festungshaft bis zu zehn Jahren ein.

Neben der Festungshaft kann auf Verlust der bekleideten öffentlichen Aemter, sowie der aus öffentlichen Wahlen hervorgegangenen Rechte erkannt werden.

***89.** (Rg.) Ein Deutscher, welcher vorsätzlich während eines gegen das Deutsche Reich ausgebrochenen Krieges einer feindlichen Macht Vorschub leistet oder der Kriegsmacht des Deutschen Reichs oder der Bundesgenossen desselben Nachtheil zufügt, wird wegen Landesverraths mit Zuchthaus bis zu zehn Jahren oder mit Festungshaft von gleicher Dauer bestraft. Sind mildernde Umstände vorhanden, so tritt Festungshaft bis zu zehn Jahren ein.

* **§ 89** Fassung geändert durch § 11 d. Rchs.Ges. v. 3. Juli 1893 (ausgg. Berlin 14./7. 93), betr. Verrath militärischer Geheimnisse.

Neben der Festungshaft kann auf Verlust der bekleideten öffentlichen Aemter, sowie der aus öffentlichen Wahlen hervorgegangenen Rechte erkannt werden.

*90. (Rg.) Lebenslängliche Zuchthausstrafe tritt im Falle des § 89 ein, wenn der Thäter

1. Festungen, Pässe, besetzte Plätze oder andere Vertheidigungsposten, imgleichen Theile oder Angehörige der deutschen oder einer verbündeten Kriegsmacht in feindliche Gewalt bringt;
2. Festungswerke, Schiffe oder Fahrzeuge der Kriegsmarine, öffentliche Gelder, Vorräthe von Waffen, Schießbedarf oder anderen Kriegsbedürfnissen, sowie Brücken, Eisenbahnen, Telegraphen und Transportmittel in feindliche Gewalt bringt oder zum Vortheile des Feindes zerstört oder unbrauchbar macht;
3. dem Feinde Mannschaften zuführt oder Angehörige der deutschen oder einer verbündeten Kriegsmacht verleitet, zum Feinde überzugehen;
4. Operationspläne oder Pläne von Festungen oder festen Stellungen dem Feinde mittheilt;
5. dem Feinde als Spion dient oder feindliche Spione aufnimmt, verbirgt oder ihnen Beistand leistet, oder
6. einen Aufstand unter Angehörigen der deutschen oder einer verbündeten Kriegsmacht erregt.

In minder schweren Fällen kann auf Zuchthaus nicht unter zehn Jahren erkannt werden.

* **§ 90** Fassung geändert durch § 11 d. Rchs.Ges. v. 3./7. 1893 (ausgg. Berlin 14./7. 1893): betr. d. Verrath militärischer Geheimnisse.

Sind mildernde Umstände vorhanden, so tritt Festungshaft nicht unter fünf Jahren ein.

Neben der Festungshaft kann auf Verlust der bekleideten öffentlichen Aemter, sowie der aus öffentlichen Wahlen hervorgegangenen Rechte erkannt werden.

Zu §§ 87—90 vgl. M.B. §§ 57 ff.

91. Gegen Ausländer ist wegen der in den §§ 87, 89, 90 bezeichneten Handlungen nach dem Kriegsgebrauche zu verfahren.

(Rg.) Begehen sie aber solche Handlungen, während sie unter dem Schutze des Deutschen Reichs oder eines Bundesstaats sich innerhalb des Bundesgebietes aufhalten, so kommen die in den §§ 87, 89 und 90 bestimmten Strafen zur Anwendung.

Vgl. M.B. § 160.

92. (Rg. bez. Sw.) Wer vorsätzlich

1) Staatsgeheimnisse oder Festungspläne, oder solche Urkunden, Aktenstücke oder Nachrichten, von denen er weiß, daß ihre Geheimhaltung einer anderen Regierung gegenüber für das Wohl des Deutschen Reichs oder eines Bundesstaats erforderlich ist, dieser Regierung mittheilt oder öffentlich bekannt macht;
2) zur Gefährdung der Rechte des Deutschen Reichs oder eines Bundesstaats im Verhältniß zu einer anderen Regierung die über solche Rechte sprechenden Urkunden oder Beweismittel vernichtet, verfälscht oder unterdrückt, oder
3) ein ihm von Seiten des Deutschen Reichs oder von einem Bundesstaate aufgetragenes Staatsgeschäft

mit einer andern Regierung zum Nachtheil dessen führt, der ihm den Auftrag ertheilt hat,
wird mit Zuchthaus nicht unter zwei Jahren bestraft.
Sind mildernde Umstände vorhanden, so tritt Festungshaft nicht unter sechs Monaten ein.

Nr. 1. Erforderlich, daß die Nachricht 2c. der fremden Regierung nicht bekannt u. deshalb ihr gegenüber der Geheimhaltung fähig ist; daß sie im Inland nicht geheim ist, unerheblich. E. X, 420; — über das Verhältniß der §§ 1—3 d. Rchsges. v. 3./7. 1893 (Verrath militär. Geheimnisse) zu § 92, Nr. 1. (Gesetzeskonkurrenz; ausschließliche Anwendung der §§ 1—3 cit., wenn deren Thatbestand gegeben). cf. auch Stenglein, Ergänzungen zur 4. Aufl. d. Commentars z. Strf.G.B. v. Rüdorff. — Nr. 2. „Unterdrücken" verlangt begrifflich kein heimliches Thun. E. XXII, 283; — letzt. Abs.: w. m. U. s. § 83 Anm.

93. Wenn in den Fällen der §§ 80, 81, 83, 84, 87 bis 92 die Untersuchung eröffnet wird, so kann bis zu deren rechtskräftigen Beendigung das Vermögen, welches der Angeschuldigte besitzt, oder welches ihm später anfällt, mit Beschlag belegt werden.

Ueber das Verfahren vgl. St.P.O. §§ 480 bez. 333—335. — Demnach ist d. Beschlagnahme durch d. Reichsanzeiger bekannt zu machen und sind etwaige Verfügungen der Staatskasse gegenüber nichtig.

Zweiter Abschnitt.

Beleidigung des Landesherrn.

Ueb. Anwendung des § 193 vgl. Anm. daselbst u. Anm. zu § 95.

94. (Sw.) Wer einer Thätlichkeit gegen den Kaiser, gegen seinen Landesherrn oder während seines Aufenthalts in einem Bundesstaate einer Thätlichkeit gegen den Landesherrn dieses Staates sich schuldig macht, wird mit lebenslänglichem Zuchthaus oder lebenslänglicher Festungshaft, in minder schweren Fällen mit Zuchthaus nicht unter fünf Jahren oder mit Festungshaft von gleicher Dauer bestraft. Neben der Festungshaft kann auf Verlust der bekleideten öffentlichen Aemter, sowie der aus öffentlichen Wahlen hervorgegangenen Rechte erkannt werden.

Sind mildernde Umstände vorhanden, so tritt Festungshaft nicht unter fünf Jahren ein.

Vgl. § 4 No. 2. — In Elsaß-Lothr. ist der Kaiser nicht Landesherr im Sinne des § 94. E. X, 312; XVII, 334; R. VI, 282; X, 335.

***95.** (L.) Wer den Kaiser, seinen Landesherrn oder während seines Aufenthalts in einem Bundesstaate dessen Landesherrn beleidigt, wird mit Gefängniß nicht unter zwei Monaten oder mit Festungshaft von zwei Monaten bis zu fünf Jahren bestraft.

Vgl. § 4 No. 2 u. Preßges. § 23a; Opp. XIX, 483 (Bewußtsein — nicht bloß die Absicht — der Ehrverletzg. ist strafbar). — Der Begriff der Beleidigung ist derselbe wie im § 185, nicht aber der Maßstab, so daß hier sehr wohl etwas Beleidigung sein kann, was es einer Privatperson gegenüber nicht wäre. E. XXIII, 347. — Die §§ 193. 194 finden keine Anwendg. E. V, 46; R. III, 580; vgl. auch E. VIII, 338; — Beweis der Wahrheit schließt hier Strafbarkeit nicht aus. E. II, 213; R. III, 580; — Majestätsbeleidigung auch durch Zeitungsartikel über Majestätsbeleidigungsprocesse, wenn die Beleidigung ohne ersichtlichen Zweck wiederholt ist. E. V, 46; R. III, 580.

Neben der Gefängnißstrafe kann auf Verlust der bekleideten öffentlichen Aemter, sowie der aus öffentlichen Wahlen hervorgegangenen Rechte erkannt werden.

96. (Sw.) Wer einer Thätlichkeit gegen ein Mitglied des landesherrlichen Hauses seines Staats oder gegen

* **§ 95** G. v. 26./2. 76, vgl. oben S. 5.

den Regenten seines Staats oder während seines Aufenthalts in einem Bundesstaate einer Thätlichkeit gegen ein Mitglied des landesherrlichen Hauses dieses Staats oder gegen den Regenten dieses Staats sich schuldig macht, wird mit Zuchthaus nicht unter fünf Jahren oder mit Festungshaft von gleicher Dauer, in minder schweren Fällen mit Zuchthaus bis zu fünf Jahren oder mit Festungshaft von gleicher Dauer bestraft.

Sind mildernde Umstände vorhanden, so tritt Festungshaft von Einem bis zu fünf Jahren ein.

Weg. m. U. s. § 83 Anm.

97. (L.) Wer ein Mitglied des landesherrlichen Hauses seines Staats oder den Regenten seines Staats oder während seines Aufenthalts in einem Bundesstaate ein Mitglied des landesherrlichen Hauses dieses Staats oder den Regenten dieses Staats beleidigt, wird mit Gefängniß von Einem Monat bis zu drei Jahren oder mit Festungshaft von gleicher Dauer bestraft.

Mitgl. des Preuß. Königshauses in Elſ.-Lothr. vgl. zu § 94. — „Mitgliedschaft des landesherrlichen Hauses" nach den Hausgesetzen zu bestimmen u. auf Grund derselben auf die der hausherrlichen Familiengewalt d. Familienhauptes unterworfenen Personen zu beschränken. Jedenfalls gehört der Landesherr oder Regent eines außerdeutschen Staates nicht mehr zur Familie. E. XXII, 143; wenn auch die Mitgliedschaft durch Uebernahme der Regentschaft in einem deutschen Bundesstaate nach deutschem Staats- u. Privatfürstenrecht nicht verloren geht. E. XXIII, 239; — Nichtkenntniß der Eigenschaft Thatumstand i. S. d. § 59. E. XXII, 141.

Dritter Abschnitt.

Beleidigung von Bundesfürsten.

Ueb. s 103. Anmerkung daselbst u. A. zu § 99.

98. (Sw.) Wer außer dem Falle des §. 94 sich einer Thätlichkeit gegen einen Bundesfürsten schuldig macht, wird mit Zuchthaus von zwei bis zu zehn Jahren oder mit Festungshaft von gleicher Dauer bestraft.

Sind mildernde Umstände vorhanden, so tritt Festungshaft von sechs Monaten bis zu zehn Jahren ein.

Vgl. § 4 No. 2. — W. m. U. s. § 83. Anm.

99. (L.) Wer außer dem Falle des §. 95 einen Bundesfürsten beleidigt, wird mit Gefängniß von Einem Monat bis zu drei Jahren oder mit Festungshaft von gleicher Dauer bestraft.

Die Verfolgung tritt nur mit Ermächtigung des Beleidigten ein.

Vgl. § 4 No. 2, 185. § 193 findet k. Anwendg. E. XVIII, 382. — Ermächtigung an keine Form gebunden, daselbst.

100. (Sw.) Wer außer dem Falle des §. 96 sich einer Thätlichkeit gegen ein Mitglied eines bundesfürstlichen Hauses oder den Regenten eines Bundesstaats schuldig macht, wird mit Zuchthaus bis zu fünf Jahren oder mit Festungshaft von gleicher Dauer bestraft.

Sind mildernde Umstände vorhanden, so tritt Festungshaft von Einem Monat bis zu drei Jahren ein.

G.B. § 73 2. — W. m. U. s. § 83. Anm.

101. (L.) Wer außer dem Falle des §. 97 den Regenten eines Bundesstaats beleidigt, wird mit Gefängniß von Einer Woche bis zu zwei Jahren oder mit Festungshaft von gleicher Dauer bestraft.

Die Verfolgung tritt nur mit Ermächtigung des Beleidigten ein.

Vierter Abschnitt.

Feindliche Handlungen gegen befreundete Staaten.

***102.** (Sw.) Ein Deutscher, welcher im Inlande oder Auslande, oder ein Ausländer, welcher während seines Aufenthalts im Inlande gegen einen nicht zum Deutschen Reich gehörenden Staat oder dessen Landesherrn eine Handlung vornimmt, die, wenn er sie gegen einen Bundesstaat oder einen Bundesfürsten begangen hätte, nach Vorschrift der §§. 81 bis 86 zu bestrafen sein würde, wird in den Fällen der §§. 81 bis 84 mit Festungshaft von Einem bis zu zehn Jahren oder, wenn mildernde Umstände vorhanden sind, mit Festungshaft von sechs Monaten bis zu zehn Jahren, in den Fällen der §§. 85 und 86 (L.) mit Festungshaft von Einem Monat bis zu drei Jahren bestraft, sofern in dem anderen Staate dem Deutschen Reich die Gegenseitigkeit verbürgt ist.

Die Verfolgung tritt nur auf Antrag der auswärtigen Regierung ein. Die Zurücknahme des Antrages ist zulässig.

„Gegenseitigkeit" ist vom Richter festzustellen. R. III, 457.

***103.** (L.) Wer sich gegen den Landesherrn oder den Regenten eines nicht zum Deutschen Reich gehörenden

* **§§ 102. 103** G. v. 26./2. 76 vgl. oben S. 6 bez. 5.

Staats einer Beleidigung schuldig macht, wird mit Gefängniß von Einer Woche bis zu zwei Jahren oder mit Festungshaft von gleicher Dauer bestraft, sofern in diesem Staate dem Deutschen Reich die Gegenseitigkeit verbürgt ist.

Die Verfolgung tritt nur auf Antrag der auswärtigen Regierung ein. Die Zurücknahme des Antrages ist zulässig.

***103a.** (L.) Wer ein öffentliches Zeichen der Autorität eines nicht zum Deutschen Reich gehörenden Staats oder ein Hoheitszeichen eines solchen Staats böswillig wegnimmt, zerstört oder beschädigt oder beschimpfenden Unfug daran verübt, wird mit Geldstrafe bis zu sechshundert Mark oder mit Gefängniß bis zu zwei Jahren bestraft.

***104.** (L.) Wer sich gegen einen bei dem Reich, einem bundesfürstlichen Hofe oder bei dem Senate einer der freien Hansestädte beglaubigten Gesandten oder Geschäftsträger einer Beleidigung schuldig macht, wird mit Gefängniß bis zu Einem Jahre oder mit Festungshaft von gleicher Dauer bestraft.

Die Verfolgung tritt nur auf Antrag des Beleidigten ein. Die Zurücknahme des Antrages ist zulässig.

Fünfter Abschnitt.

Verbrechen und Vergehen in Beziehung auf die Ausübung staatsbürgerlicher Rechte.

105. (Sw.) Wer es unternimmt, den Senat oder die Bürgerschaft einer der freien Hansestädte, eine gesetzgebende

* **§§ 103a. 104** G. v. 26./2. 76 vgl. oben S. 6 bez. 5.

Versammlung des Reichs oder eines Bundesstaats auseinander zu sprengen, zur Fassung oder Unterlassung von Beschlüssen zu nöthigen oder Mitglieder aus ihnen gewaltsam zu entfernen, wird mit Zuchthaus nicht unter fünf Jahren oder mit Festungshaft von gleicher Dauer bestraft.

Sind mildernde Umstände vorhanden, so tritt Festungshaft nicht unter Einem Jahre ein.

W. m. U. s. § 83. Anm.

106. (Sw.) Wer ein Mitglied einer der vorbezeichneten Versammlungen durch Gewalt oder durch Bedrohung mit einer strafbaren Handlung verhindert, sich an den Ort der Versammlung zu begeben oder zu stimmen, wird mit Zuchthaus bis zu fünf Jahren oder mit Festungshaft von gleicher Dauer bestraft.

Sind mildernde Umstände vorhanden, so tritt Festungshaft bis zu zwei Jahren ein.

Vgl. § 339 A. 3. — G.V. § 73 2. — W. m. U. s. § 83. Anm.

107. (L.) Wer einen Deutschen durch Gewalt oder durch Bedrohung mit einer strafbaren Handlung verhindert, in Ausübung seiner staatsbürgerlichen Rechte zu wählen oder zu stimmen, wird mit Gefängniß nicht unter sechs Monaten oder mit Festungshaft bis zu fünf Jahren bestraft.

Der Versuch ist strafbar.

Vgl. § 339 A. 3. — Auch Ausübung des Gemeindewahlrechts. E. VII, 223; R. IV, 792.

108. (L.) Wer in einer öffentlichen Angelegenheit mit der Sammlung von Wahl- oder Stimm-Zetteln oder -Zeichen oder mit der Führung der Beurkundungsverhandlung beauftragt, ein unrichtiges Ergebniß der Wahlhandlung vorsätzlich herbeiführt oder das Ergebniß verfälscht, wird mit Gefängniß von Einer Woche bis zu drei Jahren bestraft.

Wird die Handlung von Jemand begangen, welcher nicht mit der Sammlung der Zettel oder Zeichen oder einer anderen Verrichtung bei dem Wahlgeschäfte beauftragt ist, so tritt Gefängnißstrafe bis zu zwei Jahren ein.

Auch kann auf Verlust der bürgerlichen Ehrenrechte erkannt werden.

Jede vorsätzliche Handlung, welche geeignet ist, die Unrichtigkeit des Wahlergebnisses herbeizuführen. E. X, 60; R. VI, 70; — Abgabe eines Stimmzettels unter Mißbrauch eines anderen Namens (daß die Stimme auf den Candidaten fiel, dem auch der Andere sie gegeben haben würde, unerheblich). R. VII, 168. — Wahlhandlung: Ergebniß liegt objektiv vor, sobald Wahlausübung vollendet. Ergebn. unrichtig, wenn bei Wahlhandlung dem Gesetze zuwider verfahren ist; Ergebn. verfälscht, wenn dasselbe unrichtig dargestellt od. verändert wird. E. XX, 421.

109. (L.) Wer in einer öffentlichen Angelegenheit eine Wahlstimme kauft oder verkauft, wird mit Gefängniß von Einem Monat bis zu zwei Jahren bestraft; auch kann auf Verlust der bürgerlichen Ehrenrechte erkannt werden.

Ein eigentliches „Kaufgeschäft" ist nicht erforderlich, sondern Kauf nach dem Sprachgebrauch des Lebens. (Wie der Wähler stimmen wollte oder gestimmt hat, ist gleichgiltig; die Uebereinkunft braucht nicht gegen die Ueberzeugung des Wählers zu gehen. E. IX, 197) E. XVII, 296; R. X, 289. — Jeder Vortheil für die Stimmgabe kann als Kauf gelten; auch Ersatz der Reisekosten oder entgangenen Arbeitsverdienstes. E. XI, 219.

Sechster Abschnitt.

Widerstand gegen die Staatsgewalt.

Abschnitt VI erstreckt sich, wie Rchs.Ger. E. VIII, 53; R. V, 114 annimmt, auch auf Widerstand gegen ausländische Behörden u. Beamte, falls im Ausland entsprechende Strafvorschriften bestehen (§ 4 Nr. 3).

110. (L.) Wer öffentlich vor einer Menschenmenge, oder wer durch Verbreitung oder öffentlichen Anschlag oder öffentliche Ausstellung von Schriften oder anderen Darstellungen zum Ungehorsam gegen Gesetze oder rechtsgültige Verordnungen oder gegen die von der Obrigkeit innerhalb ihrer Zuständigkeit getroffenen Anordnungen auffordert, wird mit Geldstrafe bis zu sechshundert Mark oder mit Gefängniß bis zu zwei Jahren bestraft.

Vgl. §§ 85, 111. — Ueber „Oeffentlichkeit" vgl. Motive zu Abschn. VII, S. 86—88 und Rüdorff, Komm. (zu Abschn. VI). — Ob Oeffentlichk. vorhanden, ist lediglich nach d. thatsächl. Umständen zu beurtheilen, R. V, 317, ebenso: ob Menschenmenge, E. IX, 143; R. V, 632; — „Aufforderung", Kundgebung an Andere, welche bezweckt, den Willen zu einem Handeln oder Unterlassen hervorzurufen. E. IX, 71; — daß die Aufforderung gerade an die gelangt ist, für welche sie bestimmt war, unerheblich. E. V, 60; — Aufforderung vor einer Menschenmenge, wenn auch speziell nur an einen Einzelnen gerichtet. R. IX, 92; — Gegenstand des strafrechtl. Schutzes ist die Autorität des Gesetzes an sich (auch des Civilgesetzes), deshalb reicht die Aufforderung zu einer gesetzwidrigen Handlung nicht aus; die Handlung, zu der aufgefordert wird, muß sich bewußt u. gewollt gegen das Gesetz selbst richten; sie muß die Autorität, die bindende Kraft des Gesetzes negiren. (Das Motiv ist dabei ohne Bedeutung.) E. XXII, 185; XX, 63; 150; — (nicht: Aufforderung zur Fortsetzung d. Kontraktbruchs E. XXI, 355.) — „Anordgen." auch die für einen einz. Fall getroffenen. E. VIII, 321; R. V, 390. Anordnungen einer an sich zu derselben zuständigen Behörde. Die Auffassung des Thäters von den Grenzen d. Zuständigkeit ist einflußlos. E. XII, 6; R. VII, 94; — daß die Anordnung gesetzlich erzwingbar, nicht erforderlich. E. II, 281; R. II, 262; — nicht: Amtshandlungen od. Anordnungen v. Vollzugsorganen im concreten Fall. R. VI, 605.

111. (Sw., L. bez. A.) Wer auf die vorbezeichnete Weise zur Begehung einer strafbaren Handlung auffordert, ist gleich dem Anstifter zu bestrafen, wenn die Aufforderung die strafbare Handlung oder einen strafbaren Versuch derselben zur Folge gehabt hat.

Vgl. § 48. — Verhältn. d. §§ 110 u. 111 zu einander E. XXI, 192. — Aufforderung auch zu einer nur nach Landesrecht strafbaren Handlung. E. XXIII, 173.

(L.) Ist die Aufforderung ohne Erfolg geblieben, so tritt Geldstrafe bis zu sechshundert Mark oder Gefängnißstrafe bis zu Einem Jahre ein. (L oder A.) Die Strafe darf jedoch, der Art oder dem Maße nach, keine schwerere sein, als die auf die Handlung selbst angedrohte.

Vgl. §§ 85, 110 u. Preßges. § 23₃.

112. (L.) Wer eine Person des Soldatenstandes, es sei des Deutschen Heeres oder der Kaiserlichen Marine, auffordert oder anreizt, dem Befehle des Oberen nicht Gehorsam zu leisten, wer insbesondere eine Person, welche zum Beurlaubtenstande gehört, auffordert oder anreizt, der Einberufung zum Dienste nicht zu folgen, wird mit Gefängniß bis zu zwei Jahren bestraft.

Soldatenstand vgl. G. v. 9./11. 67 §§ 6, 7, 15 (B.G.Bl. S. 132); M.B. §§ 4–6 und die Aufzählg. in der Beil. z. M.B. (R.G.Bl. 1872 S. 204). — Milit.-Beamte gehören nicht z. Soldatenstand. — Beurlaubtenstand G. v. 9./11. 67 § 15 und M.G. § 56. — Gegen Personen des Soldatenstandes selbst kommt das M.B. §§ 99 ff. zur Anwendung.

***113.** (L. bez. A.) Wer einem Beamten, welcher zur Vollstreckung von Gesetzen, von Befehlen und Anordnungen der Verwaltungsbehörden oder von Urtheilen und Verfügungen der Gerichte berufen ist, in der rechtmäßigen Ausübung seines Amtes durch Gewalt oder durch Bedrohung mit Gewalt Widerstand leistet, oder wer einen solchen Beamten während der rechtmäßigen Ausübung seines Amtes thätlich angreift, wird mit Gefängniß von vierzehn Tagen bis zu zwei Jahren bestraft.

Sind mildernde Umstände vorhanden, so tritt Gefängnißstrafe bis zu Einem Jahre oder Geldstrafe bis zu eintausend Mark ein.

Dieselben Strafvorschriften treten ein, wenn die Handlung gegen Personen, welche zur Unterstützung des Beamten zugezogen waren, oder gegen Mannschaften der bewaffneten Macht, oder gegen Mannschaften einer Gemeinde-, Schutz- oder Bürgerwehr in Ausübung des Dienstes begangen wird.

Beamte vgl. § 359; auch ausländische E. VIII, 53; R. V, 114 R.G. v. 21./11. 87 § 3 (Schutz v. Telegraphenkabeln R.G.Bl. 1888 S. 169); — Widerstand setzt eine begonnene Thätigkeit der Beamten, in Worten oder Handlungen, voraus. E. IV, 374; — „Gewalt" nicht bloße Bereitung von Hindernissen (R. III, 11) (sog. passiver Widerstand), aber jede gegen die Person des Beamten gerichtete Kraft äußerung, so daß dadurch das berechtigte Vorgehen desselben beschränkt wird. R. VII, 85; — Ausholen zum Schlag vollendetes Vergehen des thätlichen Angriffs. E. VII, 301; R. IV, 818; — „Rechtmäßige Ausübg.": nur bei Beobachtg. der vorgeschrieb. (wesentlichen, R. VIII, 546) Formalitäten. E. XII, 261; R. VII, 383; auch der Befehle vollstreckende Vollzugsbeamte. E. II, 411; R. II, 423; — für die Rechtmäßigkeit der Amtshandlung ist unverschuldeter Irrthum d.

* **§ 113** G. v. 26./2. 76 vgl. oben S. 5.

Beamten über die thatsächl. Voraussetzungen seiner Befugniß einflußlos. R. VII, 238; III, 582; z. B. Pfändung unentbehrlicher Sachen (§ 715 C.P.O.), deren Unentbehrlichkeit irrthümlich verkannt wurde. E. XIX, 164; — nicht rechtmäßige Amtsausübg., wenn d. Beamte üb. d. Grenzen seiner Amtsfunktion u. d. gesetzl. Merkmale d. Amtsausübung hinausgeht, daselbst, — also nicht rechtmäßig bei d. Pfändung v. Sachen in Gewahrsam eines nicht zur Herausgabe bereiten Dritten. E. XIX, 69. — Bewußtsein d. Angekl. v. d. Rechtmäßigkeit d. Amtsausübung gehört nicht zum Thatbestand. E. II, 423; R. II, 453; VI, 478; — die Meinung, der Beamte sei nicht in rechtmäßiger Amtsausübung, entschuldigt also nicht, E. XXII, 334 (vgl. § 59 Anm.); — wenn die Handlung objectiv rechtmäßig war. R. IV, 132; wenn jedoch z. B. Hilfsbeamte der Staatsanwaltschaft wegen Gefahr im Verzug Beschlagnahme selbständig vorgenommen haben (§§ 88, 105 Str.P.O.), so ist die Frage, ob Gefahr im Verzug war, vom Richter nicht nachzuprüfen; da dies nur eine Ermessensentscheidung des Beamten sein kann; objective Rechtmäßigkeit d. Amtshandlung also dieserhalb nicht zu beanstanden. E. XXIII, 234; cf. E. XXIV, 219: — die irrige Meinung, der Obrigkeit gegenüber zur Selbsthülfe oder Vertheidigung berechtigt zu sein, kein Strafausschließungsgrund (nicht § 59). E. XXII, 302; — Widerstand auch gegen einen Richter, welcher eine in Ausübung der Sitzungspolizei getroffene Verfügung selbst vollstreckt. E. XV, 227; R. IX, 26; — Gerichtsvollzieher darf bei d. Pfändung die Taschen am Leibe des Schuldners untersuchen. E. XVI, 218; R. IX, 503; — in Preußen ist ein Gendarm bei einer aus eigener Entschließung veranlaßten, den Vorschriften des § 94 Str.P.O. unterliegenden Beschlagnahme nicht in rechtmäßiger Ausübung seines Dienstes. E. XI, 175.

***114.** (L. bez. A.) Wer es unternimmt, durch Gewalt oder Drohung eine Behörde oder einen Beamten zur Vornahme oder Unterlassung einer Amtshandlung zu nöthigen, wird mit Gefängniß nicht unter drei Monaten bestraft.

Sind mildernde Umstände vorhanden, so tritt Gefängnißstrafe bis zu zwei Jahren ein.

* **§ 114** G. v. 26./2. 76 vgl. oben S. 5.

Zeugnißablegung üb. amtl. Wahrnehmungen keine Amtshandlung. E. XVIII, 350; — auch Drohung gegen eine für die Zukunft in Aussicht gestellte Amtshandlung. R. X, 179; — Verhältn. d. §§ 113 u. 114 zu einander. E. XX, 35.

§ 114 ist unanwendbar, wenn die Voraussetzung des § 113 als des spezielleren Gesetzes Platz greifen. R. IX, 525.

115. (L.) Wer an einer öffentlichen Zusammenrottung, bei welcher eine der in den §§. 113 und 114 bezeichneten Handlungen mit vereinten Kräften begangen wird, Theil nimmt, wird wegen Aufruhrs mit Gefängniß nicht unter sechs Monaten bestraft.

„Oeffentl. Zusammenrottung" nicht schon weil an einem öffentl. Orte, sondern erst, wenn die Möglichkeit einer Betheiligung unbestimmt wie vieler Personen gegeben war. E. XX, 298.

(Sw.) Die Rädelsführer, sowie diejenigen Aufrührer, welche eine der in den §§. 113 und 114 bezeichneten Handlungen begehen, werden mit Zuchthaus bis zu zehn Jahren bestraft; auch kann auf Zulässigkeit von Polizei-Aufsicht erkannt werden. Sind mildernde Umstände vorhanden, so tritt Gefängnißstrafe nicht unter sechs Monaten ein.

W. m. U. s. § 83. Anm.

116. (L. bez. A.) Wird eine auf öffentlichen Wegen, Straßen oder Plätzen versammelte Menschenmenge von dem zuständigen Beamten oder Befehlshaber der bewaffneten Macht aufgefordert, sich zu entfernen, so wird jeder der Versammelten, welcher nach der dritten Aufforderung sich nicht entfernt, wegen Auflaufs mit Gefängniß bis zu drei Monaten oder mit Geldstrafe bis zu eintausendfünfhundert Mark bestraft.

„Oeffentl. Platz ꝛc.", Oeffentlichkeit nicht in dem gewöhnl. verwaltungsrechtl. u. privatrechtl. damit verbundenen Sinne zu verstehen; vielmehr dann anzunehmen, wenn der Ort zur fragl.

Zeit thatsächl. dem allgem. Verkehr freigegeben, allgemein zugänglich war. E. XXI, 13; 370; unter dieser Voraussetzung also auch ein Privatgarten; — Aufforderung muß an die versammelte Menge (nicht blos an einen Einzelnen gerichtet werden). Nach dritter Aufforderung braucht eine „Menschenmenge" nicht mehr vorhanden zu sein, um den einzelnen Stehenbleibenden strafbar zu machen. E. XII, 426; — auch wenn Kenntniß v. d. dreimal. Aufforderung durch Andere erlangt ist. E. XXI, 154.

(L. bez. Sw.) Ist bei einem Auflaufe gegen die Beamten oder die bewaffnete Macht mit vereinten Kräften thätlicher Widerstand geleistet oder Gewalt verübt worden, so treten gegen diejenigen, welche an diesen Handlungen Theil genommen haben, die Strafen des Aufruhrs ein.

***117.** (L. bez. A.) Wer einem Forst- oder Jagdbeamten, einem Waldeigenthümer, Forst- oder Jagdberechtigten, oder einem von diesen bestellten Aufseher in der rechtmäßigen Ausübung seines Amtes oder Rechtes durch Gewalt oder durch Bedrohung mit Gewalt Widerstand leistet, oder wer eine dieser Personen während der Ausübung ihres Amtes oder Rechtes thätlich angreift, wird mit Gefängniß von vierzehn Tagen bis zu drei Jahren bestraft.

(L.) Ist der Widerstand oder der Angriff unter Drohung mit Schießgewehr, Aexten oder anderen gefährlichen Werkzeugen erfolgt, oder mit Gewalt an der Person begangen worden, so tritt Gefängnißstrafe nicht unter drei Monaten ein.

Sind mildernde Umstände vorhanden, so tritt in den Fällen des Absatz 1 Gefängnißstrafe bis zu Einem

* **§ 117** G. v. 26./2. 76 vgl. oben S. 5.

Jahre, in den Fällen des Absatz 2 Gefängnißstrafe nicht unter Einem Monat ein.

§§ 117—119 vgl. Pr. G. v. 31./3. 37 (Pr. G.S. S. 67). — § 117 schützt nicht nur die forstamtl. Thätigkeit im Forst oder in ihrer unmittelbaren Fortsetzung aus demselben in ein anderes Gebiet, sondern auch alle Amtshandlungen, welche von Forstbeamten in ihrer örtlichen und sachlichen Zuständigkeit vorgenommen werden. E. XXIII, 358; — Voraussetzung ist die Ausübung des Forst- oder Jagdschutzes. E. II, 167; R. I, 789; III, 582; VIII, 367; — deshalb bedeutet Amtsausübung hier die amtliche Thätigkeit zur Wahrung des Forst- oder Jagdschutzes. E. V, 413; — jedoch auf Forstbeamte, Waldeigenthümer rc. nicht nur dann anwendbar, wenn sie auf Grund eines Amtsrechtes oder eines ihnen in ihrer Eigenschaft als Waldeigenthümer rc. zustehenden Rechtes handeln, sondern auch dann, wenn sie in Ausübung des Forst- oder Jagdschutzes Kraft eines allgemeinen Rechtes (§ 127 Str.P.O.) u. dabei, wie dem Widerstandleistenden bekannt ist, zugleich als Forstbeamte oder Waldeigenthümer handeln. E. XIX, 101; XXI, 10; — Vornahme einer Haussuchung gehört nicht allgemein zur forstamtlichen Thätigkeit, sondern nur bei unmittelbarer u. ununterbrochener Nacheile bis zum Hause (als Fortsetzung der zum Jagd- oder Forstschutz begonnenen amtlichen Thätigkeit,) oder als Hülfsbeamter d. Staatsanwaltsch.; soweit allein diese amtliche Nebenthätigkeit in Frage steht, greift nur § 113 Platz. E. XXIII, 358; — Amtsausübung nicht, wenn Forstbeamter einem Waldarbeiter lediglich als Arbeitgeber gegenübersteht. E. V, 413; — der Widerstand gegen Forstbeamte bei Leitung von Forstculturarbeiten seitens eines Dritten (nicht Arbeiters) fällt unter d. § 113; R. X, 590; — zum Forstschutz bestellter Privatförster ist zur Festnahme bei Ergreifung eines Forst- od. Jagdfrevlers auf frischer That berechtigt (§ 127 I Str.Pr.O.); auch bei Nacheile auf unmittelbar benachbartes Grundstück. E. XXI, 11; Widerstand auf dem Transport fällt auch unter § 117. R. VIII, 103; — in Preußen darf jede zum Forst- oder Jagdschutz bestellte Person dem bei einem Jagdvergehen Betroffenen das Gewehr beschlagnahmen. E. XXII, 302; — Privatwaldeigenthümer u. dessen Beauftragter, denen nicht polizeiliche Funktionen übertragen sind, nicht in rechtmäßiger Ausübung, wenn sie über die Voraussetzungen ihres Einschreitens geirrt haben. R. V, 377; — Bestrafung wegen Widerstands gegen einen Waldeigenthümer (oder seinen Beauftragten) setzt Bewußtsein d. Angekl. v. d. Rechtmäßigkeit d. Auftretens d. Ersteren voraus. E. XX, 156; (vgl. für Widerstand gegen Beamte aber E. II, 423; R. II, 453.)

Abs. 2. „Schießgewehr" auch ungeladen. E. IX, 176; R. V, 643; — „Gewalt an der Person" nicht identisch mit Gewalt gegen die Person. E. XVI, 172. —

118. (Sw.) Ist durch den Widerstand oder den Angriff eine Körperverletzung dessen, gegen welchen die Handlung begangen ist, verursacht worden, so ist auf Zuchthaus bis zu zehn Jahren zu erkennen.

Sind mildernde Umstände vorhanden, so tritt Gefängnißstrafe nicht unter drei Monaten ein.

„Körperverletzung" sowohl körperliche Mißhandlung, als auch Gesundheitsbeschädigung im S. d. § 223. E. XI, 24; R. VI, 489; — weg. m. U. s. § 83. Anm. — § 118 bezieht sich nur auf § 117. E. XXIII, 69.

119. (L. bez. Sw.) Wenn eine der in den §§. 117 und 118 bezeichneten Handlungen von Mehreren gemeinschaftlich begangen worden ist, so kann die Strafe bis um die Hälfte des angedrohten Höchstbetrages, die Gefängnißstrafe jedoch nicht über fünf Jahre erhöht werden.

120. (L. bez. A.) Wer einen Gefangenen aus der Gefangenanstalt oder aus der Gewalt der bewaffneten Macht, des Beamten oder desjenigen, unter dessen Beaufsichtigung, Begleitung oder Bewachung er sich befindet, vorsätzlich befreit oder ihm zur Selbstbefreiung vorsätzlich behülflich ist, wird mit Gefängniß bis zu drei Jahren bestraft.

Der Versuch ist strafbar.

„Gefangener“ auch Vorführungsbefehl. E. XII, 162; R. VII, 273; auch zur Namensermittelung Sistirter. E. XII, 426; R. VII, 571; — nicht: Wegführung eines Kindes aus e. Zwangserziehungsanstalt. E. XV, 39; R. VIII, 687; — Strafbarkeit des Gefangenen als Anstifter oder Beihelfer zu seiner Befreiung durch Andere. E. III, 140; R. II, 580; — §§ 120 u. 257 keine Gesetzeskonkurrenz. E. VII, 244; R. IV, 829.

121. (L.) Wer vorsätzlich einen Gefangenen, mit dessen Beaufsichtigung oder Begleitung er beauftragt ist, entweichen läßt oder dessen Befreiung befördert, wird mit Gefängniß bis zu drei Jahren bestraft.

(A.) Ist die Entweichung durch Fahrlässigkeit befördert worden, so tritt Gefängnißstrafe bis zu drei Monaten oder Geldstrafe bis zu dreihundert Mark ein.

Vgl. § 347 A. 2; G.V. § 27 2; St.P.O. § 447. (Strafbefehl.) — „Beauftragt“ kann hier auch eine Privatperson sein. E. VII, 103; R. VI, 711; übernimmt z. B. d. Wärter in einer Krankenanstalt die Beaufsichtigung dahin gebrachter Gefangenen, so haftet er wie ein Gefangenwärter. E. XIX, 330.

122. (L.) Gefangene, welche sich zusammenrotten und mit vereinten Kräften die Anstaltsbeamten oder die mit der Beaufsichtigung Beauftragten angreifen, denselben Widerstand leisten oder es unternehmen, sie zu Handlungen oder Unterlassungen zu nöthigen, werden wegen Meuterei mit Gefängniß nicht unter sechs Monaten bestraft.

Gleiche Strafe tritt ein, wenn Gefangene sich zusammenrotten und mit vereinten Kräften einen gewaltsamen Ausbruch unternehmen.

(Sw.) Diejenigen Meuterer, welche Gewaltthätigkeiten gegen die Anstaltsbeamten oder die mit der Beaufsichtigung Beauftragten verüben, werden mit Zuchthaus bis zu zehn Jahren bestraft; auch kann auf Zulässigkeit von Polizei-Aufsicht erkannt werden.

„Zusammenrotten", Zusammentreten d. Gefangenen, zum gewaltsamen Handeln mit vereinten Kräften; auch bei zweien mögl. E. II, 80; XIII. 17; R. II, 5; VII, 606; — noch nicht, so lange noch räumliche Trennung besteht. E. III, 1; R. II, 257; — „mit vereint. Kräften": nicht erforderl., daß beim gewaltsamen Ausbruch alle Hand anlegen; sie müssen aber beim Ausbruch als Einheit aufgetreten sein u. der Ausbruch in Aller Willen gelegen u. sie zur Mitwirkung bereit gewesen sein. E. XV, 217; XVII, 47; R. VIII, 764; X, 47.

Abs. 2. Benutzung eines falschen Schlüssels an sich keine Gewaltanwendung. E. XVII, 47; R. X, 47.

Siebenter Abschnitt.

Verbrechen und Vergehen wider die öffentliche Ordnung.

Oeffentlichkeit vgl. § 110.

123. (A.) Wer in die Wohnung, in die Geschäftsräume oder in das befriedete Besitzthum eines Anderen oder in abgeschlossene Räume, welche zum öffentlichen Dienst bestimmt sind, widerrechtlich eindringt, oder wer, wenn er ohne Befugniß darin verweilt, auf die Aufforderung des Berechtigten sich nicht entfernt, wird wegen Hausfriedensbruches mit Gefängniß bis zu drei Monaten oder mit Geldstrafe bis zu dreihundert Mark bestraft.

Die Verfolgung tritt nur auf Antrag ein.

(L. bez. A.) Ist die Handlung von einer mit Waffen versehenen Person oder von Mehreren gemeinschaftlich begangen worden, so tritt Gefängnißstrafe von Einer Woche bis zu Einem Jahre ein.

A. 1. — G.V. § 27₂, St.P.O. § 447. (Strafbefehl.) „Befriedetes Besitzthum", liegt erkennbarer Zusammenhang eines Grundstücks mit Wohnungen oder Geschäftsräumen vor, so ist das Grundstück auch ohne besondere Einhegung ein befriedetes. E. XX, 154; Einhegung oder Sicherung eines Grundstücks durch Zäune ꝛc. dann Voraussetzung der Befriedung, wenn dasselbe nicht in erkennbarem Zusammenhang mit Wohnungen oder Geschäftsräumen steht. E. XX, 155; XI, 293; — Neubau, wenn durch Schutzvorrichtungen in erkennbarer Weise gegen das Betreten durch Fremde gesichert. R. X, 638; — „Eindringen" nicht nur bei Ueberwindung entgegenstehender Hindernisse, sondern auch beim Eintritt gegen den bekannten oder zu vermuthenden Willen des Berechtigten. E. XII, 132; — „widerrechtlich": unter Verletzung des Hausfriedens u. ohne ein stärkeres Recht d. Eindringenden, eod. — Hausfr.Br. schon nach der ersten Aufforderung. E. V, 109; R. VI, 25. — Hausfr.Bruch i. e. öffentl. Lokal. E. IV, 322; — auch der Vermiether bei dem Miether. E. XV, 391; — Berechtigter: auch, wenn ein Lokal zu e. Versammlung überlassen ist. E. XXIV, 195; — A. 3. G.V. § 75₂. — Antrag nicht erforderl. Beamte vgl. § 342 und § 50. — „Waffe", gefährl. Werkzeug. E. VIII, 44; R. V, 37; — thatsächliches Beisichtragen von Waffen nicht genügend, Thäter muß sich des Umstands bewußt sein. E. VIII, 44; R. V, 37; — auch wenn die Waffe erst in dem Raum ergriffen wird. E. XII, 183; — gemeinschaftliche Begehung von Mehreren, welche zusammen im Verhältniß von Mitthätern (§ 47) stehen. E. III, 7; R. II, 308.

124. (L.) Wenn sich eine Menschenmenge öffentlich zusammenrottet und in der Absicht, Gewaltthätigkeiten gegen Personen oder Sachen mit vereinten Kräften zu begehen, in die Wohnung, in die Geschäftsräume oder in das befriedete Besitzthum eines Anderen oder in abgeschlossene Räume, welche zum öffentlichen Dienst bestimmt sind, widerrechtlich eindringt, so wird Jeder, welcher an diesen Handlungen Theil nimmt, mit Gefängniß von Einem Monat bis zu zwei Jahren bestraft.

Zusammengerottete Menschenmenge E. XX, 303; cf. § 115 u. § 116. — Verhältn. d. §§ 123 u. 124 zu einander. E. XIX, 72.

125. (L.) Wenn sich eine Menschenmenge öffentlich zusammenrottet und mit vereinten Kräften gegen Personen oder Sachen Gewaltthätigkeiten begeht, so wird Jeder, welcher an dieser Zusammenrottung Theil nimmt, wegen Landfriedensbruches mit Gefängniß nicht unter drei Monaten bestraft.

„Menschenmenge" vgl. § 110. — Die Absicht d. Selbstbegehung v. Gewaltthätigkeiten kein Erforderniß d. Strafbarkeit; genügend, wenn nur Einzelne die zur Erreichung des gemeinschaftlichen Zwecks erforderliche Handlung vornehmen. Vorsatz des Theilnehmers: Bewußtsein, daß er sich in einer zusammengerotteten Menge befinde, welche gegen Personen oder Sachen Gewaltthätigkeiten begeht, verbunden mit dem Willen, in dieser Menge und als Theil derselben zu bleiben. E. XX, 403; 405; Theilnahme aus Neugierde macht daher nur dann straflos, wenn der Anschluß an die Menge geschah, um die Zwecke der Zusammenrottung zu erfahren, nicht aber, wenn zur Zeit d. Anschlusses diese Zwecke dem Anschließenden bekannt waren (eod. 403;) oder wenn der Anschluß in dem Bewußtsein erfolgte, daß es zu Gewaltthätigkeiten kommen könne. E. V, 377; R. IV, 113; — „Gewalt gegen Sachen": Beschädigung nicht erforderlich. E. V, 377; R. IV, 113.

(Sw.) Die Rädelsführer, sowie diejenigen, welche Gewaltthätigkeiten gegen Personen begangen oder Sachen geplündert, vernichtet oder zerstört haben, werden mit Zuchthaus bis zu zehn Jahren bestraft; auch kann auf Zulässigkeit von Polizei-Aufsicht erkannt werden. Sind mildernde Umstände vorhanden, so tritt Gefängnißstrafe nicht unter sechs Monaten ein.

126. (L.) Wer durch Androhung eines gemeingefährlichen Verbrechens den öffentlichen Frieden stört, wird mit Gefängniß bis zu Einem Jahre bestraft.

Vgl. Gemeingefährl. Verbr., Sprengstoffgesetz und §§ 241, 254, 306 ff. — Bewußtsein erforderlich, daß die Drohung geeignet ist, den öffentlichen Frieden zu stören. E. VII, 393.

127. (L.) Wer unbefugterweise einen bewaffneten Haufen bildet oder befehligt oder eine Mannschaft, von der er weiß, daß sie ohne gesetzliche Befugniß gesammelt ist, mit Waffen oder Kriegsbedürfnissen versieht, wird mit Gefängniß bis zu zwei Jahren bestraft.

Wer sich einem solchen bewaffneten Haufen anschließt, wird mit Gefängniß bis zu Einem Jahre bestraft.

128. (L.) Die Theilnahme an einer Verbindung, deren Dasein, Verfassung oder Zweck vor der Staatsregierung geheim gehalten werden soll, oder in welcher gegen unbekannte Obere Gehorsam oder gegen bekannte Obere unbedingter Gehorsam versprochen wird, ist an den Mitgliedern mit Gefängniß bis zu sechs Monaten, an den Stiftern und Vorstehern der Verbindung mit Gefängniß von Einem Monat bis zu Einem Jahre zu bestrafen.

Gegen Beamte kann auf Verlust der Fähigkeit zur Bekleidung öffentlicher Aemter auf die Dauer von Einem bis zu fünf Jahren erkannt werden.

G.V. § 75₁₄. — Vgl. §§ 35, 36. Stifter braucht nicht Mitglied zu sein, E. VI, 215; R. IV, 422; „Verbindung" jede organisirte Vereinigung von gewisser Dauer, welche Unterordnung der Mitglieder unter den Gesammtwillen voraussetzt (Beitritts-Unterordnungserklärung auch durch concludente Handlungen). Politische Partei kann Verbindung sein. Absicht der Geheimhaltung kann sich von selbst u. stillschweigend ergeben. E. XIII, 273; R. VII, 762.

129. (L.) Die Theilnahme an einer Verbindung, zu deren Zwecken oder Beschäftigungen gehört, Maßregeln der Verwaltung oder die Vollziehung von Gesetzen durch ungesetzliche Mittel zu verhindern oder zu entkräften, ist an den Mitgliedern mit Gefängniß bis zu Einem Jahre, an den Stiftern und Vorstehern der Verbindung mit Gefängniß von drei Monaten bis zu zwei Jahren zu bestrafen.

Gegen Beamte kann auf Verlust der Fähigkeit zur Bekleidung öffentlicher Aemter auf die Dauer von Einem bis zu fünf Jahren erkannt werden.

Vgl. §§ 35, 36. — Nachweis besonderer Thätigkeit in Angelegenheiten der Verbindung zur Theilnahme nicht erforderlich. R. VIII, 363; — Theilnahme schon durch Förderung der Verbindungszwecke. R. IX, 464; — Vollziehung d. Gesetze geschieht durch alle Maßregeln, welche das Gesetz zur Erreichung seines Zweckes anordnet. E. XVII, 193.

130. (L.) Wer in einer den öffentlichen Frieden gefährdenden Weise verschiedene Klassen der Bevölkerung zu Gewaltthätigkeiten gegen einander öffentlich anreizt, wird mit Geldstrafe bis zu sechshundert Mark oder mit Gefängniß bis zu zwei Jahren bestraft.

Umwandlg. v. Geld in Haft. §§ 28 A. 2, 29. Vgl. Preßges. § 23a. — „Bevölkerungsklassen", die auf gesellschaftl. Boden erwachsene verschiedenfache natürliche Gliederung des Volksorganismus, nicht also die Regierung, auch nicht die Regierenden. E. XXII, 293; — Anreizung nicht lediglich einzelner d. Bevölkerungsklassen, sondern dieser selbst. R. IX, 458; — „Friedensgefährdung", naheliegende Möglichkeit, daß es bei einem zukünftigen Anlaß einmal zu Gewaltthätigkeiten kommen könne u. so der öffentl. Friede gestört werde, muß nach den concreten Umständen vorhanden sein. E. XVII, 309; R. X, 302; cf. E. XV, 116; R. VIII, 733 u. § 130a Anm. — Anreizung zu bestimmten Gewaltthätigkeiten nicht erforderlich. R. VIII, 109. — „Vorsätzl." Absicht auf Gefährdung d. Friedens nicht erforderl. E. IX, 417.

***130a.** (L.) Ein Geistlicher oder anderer Religionsdiener, welcher in Ausübung oder in Veranlassung der

§ 130a G. v. 26./2. 76 vgl. oben S. 5.

Ausübung seines Berufes öffentlich vor einer Menschenmenge, oder welcher in einer Kirche oder an einem anderen zu religiösen Versammlungen bestimmten Orte vor Mehreren Angelegenheiten des Staats in einer den öffentlichen Frieden gefährdenden Weise zum Gegenstande einer Verkündigung oder Erörterung macht, wird mit Gefängniß oder Festungshaft bis zu zwei Jahren bestraft.

Gleiche Strafe trifft denjenigen Geistlichen oder anderen Religionsdiener, welcher in Ausübung oder in Veranlassung der Ausübung seines Berufes Schriftstücke ausgibt oder verbreitet, in welchen Angelegenheiten des Staats in einer den öffentlichen Frieden gefährdenden Weise zum Gegenstande einer Verkündigung oder Erörterung gemacht sind.

A. 1 ist durch R.G. betr. Ergänz. des St.G.B. f. d. D. R. v. 10./12. 71 aufgenommen (R.G.Bl. S. 442). Vgl. Drucks. Nr. 103, 114, 127; St.B. S. 463 ff., 516—545, 569—589. — In Elf.-Lothr. eingeführt durch V.O. v. 15./7. 72. (G.Bl. f. Elf.-Lothr. S. 531.)

A. 2 ist durch das G. v. 26./2. 76 aufgenommen.

A. 1 u. 2. „Staatsangelegenheiten", auch Anordnungen v. Behörden u. Beamten können hierher gehören. — „Friedensgefährdung", durch Umstände, welche Störung des öffentlichen Friedens wahrscheinlich machen. E. XVIII, 406; E. XIII, 170; R. VII, 740; — Friedensgefährd. braucht nicht in Anreizung z. Gewaltthätigkeit zu bestehen. E. XVIII, 314; vgl. auch Anm. zu § 130; — Bewußtsein, daß die Aeußerung geeignet ist, den öffentl. Frieden zu stören (Staatsangehörige in dem Gefühl der Rechtssicherheit zu beunruhigen), erfüllt den Vorsatz. Absicht nicht erforderlich. R. VII, 108.

131. (L.) Wer erdichtete oder entstellte Thatsachen, wissend, daß sie erdichtet oder entstellt sind, öffentlich behauptet oder verbreitet, um dadurch Staatseinrichtungen oder Anordnungen der Obrigkeit verächtlich zu machen, wird mit Geldstrafe bis zu sechshundert Mark oder mit Gefängniß bis zu zwei Jahren bestraft.

Vgl. §§ 28 A. 2, 29. Umwandlg. v. Geld in Haft. — „Staatseinrichtungen", die bleibenden, dauernden Bestandtheile der Verfassung u. Verwaltung, mit welchen der spezielle Staat sich einrichtet, jene auf die Erfüllung des Staatszwecks hinzielenden, für die Dauer bestimmten organischen Schöpfungen auf irgend einem Gebiete der staatl. Thätigkeit. (Nicht also Bestandtheile allgem. menschlicher Kultureinrichtungen, Ehe, Eigenthum, Familie; aber es können in Beziehung darauf organische Schöpfungen gemacht werden.) E. XXII, 255; — auch Einrichtungen u. Anordnungen in einem anderen Bundesstaat. E. XXI, 394; — „obrigkeitl. Anordnungen", nicht blos Anordnungen für den innern Geschäftsverkehr. Anordnung muß irgend einen in das Leben hinausgreifenden autoritativen Charakter, irgend welche das öffentl. Recht oder die öffentl. Ordnung berührende Seite haben. E. XXIII, 151; — „Thatsachen", eine Begebenheit, concrete (auch innere) Vorgänge, welche in Vergangenheit oder Gegenwart in d. Erscheinung getreten sind. (Ergebnisse abstrakter Schlußfolgerungen nicht.) E. XXII, 158; cf. E. XXIV, 300 (Zweckbehauptungen); — die Thatsachen müssen objectiv geeignet sein, Verächtlichmachung herbeizuführen. E. I, 161; — über §§ 130, 131 vgl. den Exkurs in Anhang V der Motive S. 221—236.

132. (L.) Wer unbefugt sich mit Ausübung eines öffentlichen Amtes befaßt oder eine Handlung vornimmt, welche nur kraft eines öffentlichen Amtes vorgenommen werden darf, wird mit Gefängniß bis zu Einem Jahre oder mit Geldstrafe bis zu dreihundert Mark bestraft.

Handlung, zu deren Vornahme einem Nichtbeamten die Befugniß fehlt (ob die concreten Umstände die Handlung eines Beamten gerechtfertigt hätten, gleichgiltig). R. IX, 6; — Kirchl. Amt kein öffentl. Amt. E. X, 199. Ebenso nicht Winkeladvokatur (nur nach Landesgesetz strafbar). R. III, 121. — Versendung eines ausgefüllten, aber nicht unterschriebenen Zahlungsbefehlsformulars durch e. Privatperson. E. XXIII, 206.

133. (L.) Wer eine Urkunde, ein Register, Akten oder einen sonstigen Gegenstand, welche sich zur amtlichen Aufbewahrung an einem dazu bestimmten Orte befinden, oder welche einem Beamten oder einem Dritten amtlich übergeben worden sind, vorsätzlich vernichtet, bei Seite schafft oder beschädigt, wird mit Gefängniß bestraft.

Ist die Handlung in gewinnsüchtiger Absicht begangen, so tritt Gefängnißstrafe nicht unter drei Monaten ein; auch kann auf Verlust der bürgerlichen Ehrenrechte erkannt werden.

Vgl. §§ 303, 348. — „Urkunde", im gew. Leben lebloser von Menschenhand gefertigter Gegenstand, welcher zum Beweise von Thatsachen geeignet ist (Vorgänge d. äußeren Lebens, oder sog. innere Thatsachen, welche d. Gedankenwelt angehören). Das Gesetz kann vorschreiben, daß die Urk. noch weitere Eigenschaften an sich tragen muß (z. B. § 267, bezügl. d. Privaturk.). E. I, 162; II, 425; R. I, 263; II, 474; — „Beiseiteschaffen", nicht nothwendig positives Handeln. E. XII, 247; R. VII, 361; (auch: durch Täuschung d. berechtigten Inhabers veranlaßte Herausgabe. E. XII, 67; R. VII, 100;) — „Beschädigung" auch: Durchstreichung von Worten der Urk. E. XIX, 319; — „einem Beamten oder einem Dritten" nicht nothwendig gegensätzlich zum Thäter. E. XII, 247; R. VII, 361; — einem Dritten amtl. übergeben, z. B. Protokoll über e. Zwangsvollstreckung an den Schuldner zum Unterzeichnen. R. X, 279; — Briefe in d. Sammeltasche d. Postboten. E. XXII, 204; — Thäter muß d. Bewußtsein von d. amtlichen Aufbewahrung haben. E. XXIII, 283; (Absicht, sich mit d. amtlichen Autorität in Widerspruch zu setzen, nicht erforderl.).

Abs. 2: ob der Gewinn aus den Akten als solchen od. aus d. Makulaturwerth gezogen werden soll, gleichgültig. E. XXII, 331; — 133 u. 348 2 Gesetzeskonkurrenz. E. II, 425; R. II, 474.

134. (L. bez. A.) Wer öffentlich angeschlagene Bekanntmachungen, Verordnungen, Befehle oder Anzeigen von

Behörden oder Beamten böswillig abreißt, beschädigt oder verunstaltet, wird mit Geldstrafe bis zu dreihundert Mark oder mit Gefängniß bis zu sechs Monaten bestraft.

G.V. § 75 14. — Vgl. § 28 A. 2.

*135. (L.) Wer ein öffentliches Zeichen der Autorität des Reichs oder eines Bundesfürsten oder ein Hoheitszeichen eines Bundesstaats böswillig wegnimmt, zerstört oder beschädigt oder beschimpfenden Unfug daran verübt, wird mit Geldstrafe bis zu sechshundert Mark oder mit Gefängniß bis zu zwei Jahren bestraft.

136. (L. bez. A.) Wer unbefugt ein amtliches Siegel welches von einer Behörde oder einem Beamten angelegt ist, um Sachen zu verschließen, zu bezeichnen oder in Beschlag zu nehmen, vorsätzlich erbricht, ablöst oder beschädigt oder den durch ein solches Siegel bewirkten amtlichen Verschluß aufhebt, wird mit Gefängniß bis zu sechs Monaten bestraft.

G.V. § 74 14. — „Siegel" auch Siegelmarken. E. III, 286; R. II, 668. — Polizeil. Versiegelung d. Räume eines concessionspfl. Betriebes, d. ohne Concess. begonnen ist. E. XXII, 5. — Siegel muß in Ausübung amtl. Befugnisse, ohne Ueberschreitung derselben, angelegt s. E. VIII, 35; G. V, 101.

137. (L. bez. A.) Wer Sachen, welche durch die zuständigen Behörden oder Beamten gepfändet oder in Beschlag genommen worden sind, vorsätzlich bei Seite schafft, zerstört oder in anderer Weise der Verstrickung ganz oder theilweise entzieht, wird mit Gefängniß bis zu Einem Jahre bestraft.

Vgl. §§ 288, 289. G.V. § 75 2. — Beschlagnahme i. Strafverfahren erfordert nicht Besitzergreifung od. Entziehen aus d. Ge=

* **§ 135** G. v. 26./2. 76 vgl. oben S. 5.

wahrsam d. Inhabers. E. XVIII, 71. „Verstrickg." auch die Sequestration eines Grundstücks (Pertinenzstücke). R. I, 610; im Gewahrsam des Schuldners gebliebene, nicht als gepfändet gezeichnete Gegenstände nicht verstrickt. E. XVI, 273; R. IX, 515; — nicht Veräußerungsverbot nach § 98 Conc.Ord. E. XX, 244, sofern nicht thatsächliche Verfügungsgewalt des Gerichtes hinzukommt. E. XIV, 286; R. VIII, 519; — auch nicht Erklärung d. Conc.Verwalters, daß er eine Sache für die Masse mit Beschlag belegt. E. XIX, 85; — Veränderung d. Aufbewahrungsortes nicht ohne weiteres Beiseiteschaffen. E. XVIII, 411; R. X, 264; — durch Unterschieben anderer Sachen. E. XV, 205; R. IX, 49; — eine durch Pfändung begründete Verfügungsgewalt d. Behörde muß mindestens zeitweise aufgehoben sein. E. III, 255; — „Sachen", nicht Forderungen. E. XXIV, 40; — Hypothekenurkunde als in Beschlag genommenes Zubehör d. Forderung. E. XXIV, 161; — Mangel wesentl. civilproz. Vorschriften bei der Beschlagn. macht straflos. E. XIV, 151; R. VIII, 391; — Rechtmäßigkeit d. einzelnen Pfändung nicht Voraussetzg. der Strafbarkeit. E. XIX, 164; — Ueberzeugung v. d. gesetzl. Unzulässigkeit einer v. zuständigen Beamten bewirkten Pfändung macht nicht straflos. E. XIX, 287; — auch d. Gläubiger kann Thäter sein. R. I, 705; — Polizei zur Beschlagnahme zuständig, als Hülfsbeamte d. Staatsanwaltschaft (Thätigkeit d. gerichtl. Polizei) u. in der Thäigkeit d. Wohlfahrts- u. Sicherheitspolizei. R. VII, 25; — Marktpolizei zur Beschlagnahme schädlicher Gegenstände (durch mündliche Erklärung) befugt. E. IX, 121; R. V, 637; — Beschlagnahme durch obrigkeitl. bestellte Hundefänger. E. XXII, 366; — 137 u. 288 nicht Gesetzeskonkurrenz. E. XVII, 42; G. X, 19.

138. (A.) Wer als Zeuge, Geschworener oder Schöffe berufen, eine unwahre Thatsache als Entschuldigung vorschützt, wird mit Gefängniß bis zu zwei Monaten bestraft.

Dasselbe gilt von einem Sachverständigen, welcher zum Erscheinen gesetzlich verpflichtet ist.

Die auf das Nichterscheinen gesetzten Ordnungsstrafen werden durch vorstehende Strafbestimmung nicht ausgeschlossen.

G.V. § 27₂; St.P.O. § 447 (Strafbefehl). — Ordnungsstr. vgl. St.P.O. §§ 50, 69, 75—77; G.V. §§ 56 u. 96; C.P.O. § 355.

139. (L.) Wer von dem Vorhaben eines Hochverraths, Landesverraths, Münzverbrechens, Mordes, Raubes, Menschenraubes oder eines gemeingefährlichen Verbrechens zu einer Zeit, in welcher die Verhütung des Verbrechens möglich ist, glaubhafte Kenntniß erhält und es unterläßt, hiervon der Behörde oder der durch das Verbrechen bedrohten Person zur rechten Zeit Anzeige zu machen, ist, wenn das Verbrechen oder ein strafbarer Versuch desselben begangen worden ist, mit Gefängniß zu bestrafen.

Vgl. M.V. §§ 60, 61, 77, 104, 105 u. Sprengstoffg. § 13; — anzeigepflichtig nur die, für welche die That eine fremde ist, nicht Theilnahme an d. Vorhaben. E. III, 1; — anzeigepflichtig sind auch die wegen persönl. Verhältnisse von der Zeugenpflicht (St.P.O. § 51) entbundenen Personen. E. II, 57; R. I, 785; — Anzeigepflicht, solange der durch die Begehung d. Verbrechens geschaffene Zustand der Gefahr dauert. E. XIV, 214; R. VIII, 425.

***140.** (L.) Wegen Verletzung der Wehrpflicht wird bestraft:

1) ein Wehrpflichtiger, welcher in der Absicht, sich dem Eintritte in den Dienst des stehenden Heeres oder der Flotte zu entziehen, ohne Erlaubniß entweder das Bundesgebiet verläßt oder nach erreichtem militärpflichtigen Alter sich außerhalb des Bundesgebietes aufhält: mit Geldstrafe von einhundertfunfzig bis zu dreitausend Mark oder mit Gefängniß von Einem Monat bis zu Einem Jahre;

* **§ 140** G. v. 26./2. 76 vgl. oben S. 5.

2) ein Offizier oder im Offizierrange stehender Arzt des Beurlaubtenstandes, welcher ohne Erlaubniß auswandert: mit Geldstrafe bis zu dreitausend Mark oder mit Haft oder mit Gefängniß bis zu sechs Monaten;

3) ein jeder Wehrpflichtige, welcher nach öffentlicher Bekanntmachung einer vom Kaiser für die Zeit eines Krieges oder einer Kriegsgefahr erlassenen besonderen Anordnung in Widerspruch mit derselben auswandert: mit Gefängniß bis zu zwei Jahren neben welchem auf Geldstrafe bis zu dreitausend Mark erkannt werden kann.

Der Versuch ist strafbar.

Das Vermögen des Angeschuldigten kann, insoweit als es nach dem Ermessen des Richters zur Deckung der den Angeschuldigten möglicherweise treffenden höchsten Geldstrafe und der Kosten des Verfahrens erforderlich ist, mit Beschlag belegt werden.

A. 1—3. Vgl. § 360_{3}; R.V. Art. 59; G. über die Verpflichtg. z. Kriegsdienst v. 9./11. 67 §§ 1, 3, 6, 15; M.B. §§ 64 ff., 81—83; M.G. §§ 10, 27, 28, 33, 57—60, 67, 69. Deutsche Wehrordg. v. 28./9. 75 (C.Bl. S. 535 ff. B.M.Bl. 1876 Nr. 1 Beil.) u. Ergänzg. v. 31./8. 80 (C.Bl. S. 578); G. über die Reichs- und Staats-Angehörigk. v. 1./6. 70; G. betr. Aenderungen der Wehrpflicht v. 11./2. 88; R.G. v. 3./8. 93, betr. d. Friedenspräsenzstärke (R.G.Bl. S. 233) und wegen des Strafprozeß-Verfahrens St.P.O. §§ 470—476, 480; Pr. J.M.B. v. 6./4. 80 (Atteste).

„Wehrpflichtig" ist jeder Deutsche (R.V. Art. 57 u. G. v. 9./11. 67 § 1). Die Wehrpflicht beginnt mit dem vollendeten 17. u. dauert bis zum vollendeten 42. Lebensjahre (W.O. I § 4_{3}).

„Militärpflichtig", d. h. der Aushebung unterworfen ist jeder Wehrpflichtige v. 1. Januar des Kalenderjahres, in welchem er das 20. Lebensjahr vollendet (M.G. § 10; W.O. I § 20).

„Beurlaubtenstand" welche Personen? vgl. M.G. § 56.

Die Verjährung (§ 67) beginnt mit (auch vorübergehender, R. IV, 595) Rückkehr oder dem Ende der Milit.-Pflicht (sog. Dauerdelict). E. XXII, 161.

Ausgewanderte, in Nordamerika naturalisirte Deutsche unterliegen bei der Rückkehr der Strafe (§ 140 Nr. 1) nicht, und sollen etwa erkannte Strafen unvollstreckt bleiben. Vertr. zw. Nordd. Bund u. d. Verein. Staaten v. Amerika v. 22./2. 68 Art. 1 u. 3 (B.G.Bl. S. 228), Pr. Min.Verf. v. 6./7. 68 (B.M.Bl. S. 200), desgl. zwischen d. Verein. Staaten u. Bayern 26./5. 68, Württemberg 27./7. 68, Baden 19./7. 68, Hessen 1./8. 68 vgl. Militärgesetze d. Deutsch. Reichs (Amtl. Ausg. Berlin 1877), I. Bd. Abth. II S. 83 ff. A. 1 u. 2. — Umwandlg. v. Geld in Haft vgl. § 28 A. 2.

A. 3. Vermögensbeschlagnahme vgl. St.P.O. §§ 480 bez. 425, 426. — Ununterbrochener 10jähr. Aufenthalt im Ausland vor erreichtem militärpfl. Alter schließt die Anwendung d. Ges. aus. R. IX, 628; — subjektiv: nicht blos Vorsatz, sondern auf d. Erfolg gerichteter Wille (mehrere Absichten möglich). R. VI, 680.

141. (L.) Wer einen Deutschen zum Militärdienste einer ausländischen Macht anwirbt oder den Werbern der letzteren zuführt, ingleichen wer einen deutschen Soldaten vorsätzlich zum Desertiren verleitet oder die Desertion desselben vorsätzlich befördert, wird mit Gefängniß von drei Monaten bis zu drei Jahren bestraft.

Der Versuch ist strafbar.

Vgl. M.B. §§ 64, 69 (Fahnenflucht, Desertion). — Kein Dauerverbrechen (trotz der besond. Verjährungsfrist im § 76 M.B.). E. VI, 7; R. IV, 110. — Beförderung der Desertion eines zum Dienst einberufenen, wenn auch noch nicht eingestellten Mannes. E. XXIII, 82; cf. § 38 B. Nr. 1 d. Rchs.Mil.Ges. v. 2./5. 74. (R.G.Bl. S. 45.)

142. (L.) Wer sich vorsätzlich durch Selbstverstümmelung oder auf andere Weise zur Erfüllung der Wehrpflicht untauglich macht oder durch einen Anderen untauglich machen läßt, wird mit Gefängniß nicht unter

Einem Jahre bestraft; auch kann auf Verlust der bürgerlichen Ehrenrechte erkannt werden.

Dieselbe Strafe trifft denjenigen, welcher einen Anderen auf dessen Verlangen zur Erfüllung der Wehrpflicht untauglich macht.

Vgl. M.V. §§ 81, 82; M.G. § 60₃; W.O. I § 36₄; Wehrpflicht vgl. § 140 Anm. — Herbeiführung absoluter Dienstuntauglichkeit nicht erforderl.; auch wenn nicht mehr in dem Umfang tauglich wie vorher. E. VIII, 214; R. V, 224.

143. (L.) Wer in der Absicht, sich der Erfüllung der Wehrpflicht ganz oder theilweise zu entziehen, auf Täuschung berechnete Mittel anwendet, wird mit Gefängniß bestraft; auch kann auf Verlust der bürgerlichen Ehrenrechte erkannt werden.

Dieselbe Strafvorschrift findet auf den Theilnehmer Anwendung.

Vgl. §§ 48, 49; M.V. § 83 u. Anm. zu § 142. — Die auf Täuschung berechneten Mittel müssen gegenüber einer Behörde gebraucht w., welche in irgend einer Instanz über die Militärpflicht zu entscheiden hat. R. VIII, 538.

***144.** (L.) Wer es sich zum Geschäfte macht, Deutsche unter Vorspiegelung falscher Thatsachen oder wissentlich mit unbegründeten Angaben oder durch andere auf Täuschung berechnete Mittel zur Auswanderung zu verleiten, wird mit Gefängniß von Einem Monat bis zu zwei Jahren bestraft.

***145.** (L. bez. A.) Wer die vom Kaiser
zur Verhütung des Zusammenstoßens der Schiffe
auf See,

* **§§ 144, 145** G. v. 26./2. 76 vgl. oben S. 5.

über das Verhalten der Schiffer nach einem Zusammenstoße von Schiffen auf See, oder
in Betreff der Noth- und Lootsensignale für Schiffe auf See und auf den Küstengewässern
erlassenen Verordnungen übertritt, wird mit Geldstrafe bis zu eintausendfünfhundert Mark bestraft.

Anwendbar auch auf geschleppte Schiffe. E. XX, 372.

In Ausführung des § 145 sind ergangen:

1. V.O. z. Verhütg. des Zusammenstoßens der Schiffe auf See v. 7./1. 80 (R.G.Bl. S. 1), v. 16./2. 81 (R.G.Bl. S. 28) u. v. 29./7. 89 (R.G.Bl. S. 171); auch offene Fischer- u. sonstige Boote. R. X, 505.
2. V.O. über das Verhalten d. Schiffer nach einem Zusammenstoß von Schiffen auf See v. 15./8. 76 (R.G.Bl. S. 189).
3. Noth- u. Lootsen-Signalordnung für Schiffe auf See und auf den Küstengewässern v. 14./8. 76 (R.G.Bl. S. 187).

G.V. § 75₁₄. — Vgl. § 28 A. 2 u. St.P.O. §§ 231, 319 ff. (Verfahren gegen Abwesende).

Achter Abschnitt.

Münzverbrechen und Münzvergehen.†)

146. (Sw.) Wer inländisches oder ausländisches Metallgeld oder Papiergeld nachmacht, um das nach-

†) Vgl. Reichsstrafprozeßordnung § 92. — Durch Bundesrathsbeschluß v. 24./3. 76 sind auf Grund des Art. 7 der R.V. Bestimmungen über die Behandlg. der bei Reichs- oder Landeskassen eingehenden gefälschten Reichsmünzen u. Reichskassenscheine gegeben. Vgl. wegen Reichsmünzen Bek. d. Reichsk. v. 9./5. 76 (C.Bl. S. 260) u. Verf. des Pr. J.Min. v. 22./5. 76 (J.M.Bl. S. 114); wegen Reichskassenscheine V. v. 6./6. 76 (J.M.Bl. S. 119), sowie Reichsanzeiger 1876 Nr. 234 u. V.M.Bl. S. 222. — Reichsbank-

gemachte Geld als echtes zu gebrauchen oder sonst in Verkehr zu bringen, oder wer in gleicher Absicht echtem Gelde durch Veränderung an demselben den Schein eines höheren Werths oder verrufenem Gelde durch Veränderung an demselben das Ansehen eines noch geltenden gibt, wird mit Zuchthaus nicht unter zwei Jahren bestraft; auch ist Polizei-Aufsicht zulässig.

Sind mildernde Umstände vorhanden, so tritt Gefängnißstrafe ein.

Im Auslande begangene Münzverbrechen vgl. § 4[1]. — Papiergeld vgl. § 149 u. wegen des Papieres der Reichskassenscheine R.G. v. 25./5. 85; — „nachgemacht", durch die Beschaffenheit d. Münze im gewöhnlichen Verkehr zu täuschen geeignet. E. VI, 142; — „in Verkehr bringen" R. IV, 685; vgl. auch E. I, 408; R. I, 703; — auch wenn das Geld nicht in Verkehr gebracht, sondern nur als echtes im Rechtsverkehr vorgezeigt werden soll. E. XIV, 161; R. VIII, 400.

147. (Sw.) Dieselben Strafbestimmungen finden auf denjenigen Anwendung, welcher das von ihm auch ohne die vorbezeichnete Absicht nachgemachte oder verfälschte Geld als echtes in Verkehr bringt, sowie auf denjenigen, welcher nachgemachtes oder verfälschtes Geld sich verschafft und solches entweder in Verkehr bringt oder zum Zwecke der Verbreitung aus dem Auslande einführt.

Verschiedene Verausgabungen bei einmaligem Sichverschaffen nur ein Straffall. E. I, 25; R. I, 114; — Versuch der Verbreitung v. nachgemachtem oder verfälscht. Gelde: Absicht erforderl., es

---

noten: V. v. 20./3. 77 (J.M.Bl. S. 54; V.M.Bl. S. 70). — Behandlg. v. Falsifikaten f. Preußen: J.M.V. v. 25./8. 79 Nr. 18 (J.M.Bl. S. 251), v. 11./4. 81 (J.M.Bl. S. 69), v. 26./4. 86 (J.M.Bl. S. 105).

als solches sich zu verschaffen u. als echtes in Verkehr zu bringen. E. XVI, 111.

148. (A.) Wer nachgemachtes oder verfälschtes Geld als echtes empfängt und nach erkannter Unechtheit als echtes in Verkehr bringt, wird mit Gefängniß bis zu drei Monaten oder mit Geldstrafe bis zu dreihundert Mark bestraft.

Der Versuch ist strafbar.

G.V. § 27₂; St.P.O. § 447 (Strafbefehl). Vgl. §§ 28 A. 2, 29 A. 2.

149. Dem Papiergelde werden gleich geachtet die auf den Inhaber lautenden Schuldverschreibungen, Banknoten, Aktien oder deren Stelle vertretende Interimsscheine oder Quittungen, sowie die zu diesen Papieren gehörenden Zins-, Gewinnantheils- oder Erneuerungsscheine, welche von dem Reich, dem Norddeutschen Bunde, einem Bundesstaate oder fremden Staate oder von einer zur Ausgabe solcher Papiere berechtigten Gemeinde, Korporation, Gesellschaft oder Privatperson ausgestellt sind.

Vgl. § 360₄, ₆; gefälschte Reichsbanknoten vgl. oben Note †).

150. (L.) Wer echte, zum Umlauf bestimmte Metallgeldstücke durch Beschneiden, Abfeilen oder auf andere Art verringert und als vollgültig in Verkehr bringt, oder wer solche verringerte Münzen gewohnheitsmäßig oder im Einverständnisse mit dem, welcher sie verringert hat, als vollgültig in Verkehr bringt, wird mit Gefängniß bestraft, neben welchem auf Geldstrafe bis zu dreitausend Mark, sowie auf Verlust der bürgerlichen Ehrenrechte erkannt werden kann.

Der Versuch ist strafbar.

Bek. d. Reichskanzlers v. 9./5. 76 (C.Bl. S. 260 u. J.M.Bl. S. 114).

151. (L.) Wer Stempel, Siegel, Stiche, Platten oder andere zur Anfertigung von Metallgeld, Papiergeld oder dem letzteren gleich geachteten Papieren dienliche Formen zum Zwecke eines Münzverbrechens angeschafft oder angefertigt hat, wird mit Gefängniß bis zu zwei Jahren bestraft.

Vgl. § 360 4—6.

152. Auf die Einziehung des nachgemachten oder verfälschten Geldes, sowie der im §. 151 bezeichneten Gegenstände ist zu erkennen, auch wenn die Verfolgung oder Verurtheilung einer bestimmten Person nicht stattfindet.

Vgl. §§ 40, 42; St.P.O. §§ 477—479; — auch nachträgl. Verfahren behufs Einziehung u. Unbrauchbarmachung. E. XIV, 161; R. VIII, 400.

Neunter Abschnitt.

Meineid.†)

Meineid ist der feste Begriff f. die in §§ 153—155 vorgesehene wissentliche Verletzg. des Eides. Abschn. IX enthält, §§ 156—160, 162, 163, auch Vorschriften, welche andere Handlungen als den Meineid betr. — Falscher Eid vgl. § 160. — Ehrenstrafen vgl. § 161.

153. (Sw.) Wer einen ihm zugeschobenen, zurückgeschobenen oder auferlegten Eid wissentlich falsch schwört, wird mit Zuchthaus bis zu zehn Jahren bestraft.

Ueber die Natur des Eides. E. V, 94; 124; R. III, 611; 676; — auferlegter Eid. E. XIX, 218; — daß die beschworenen Thatsachen bedeutungslos, macht nicht straffrei. R. VI, 317; — falscher Offenbarungseid u. Zuwiderhandeln gegen die Anzeigepflicht (§ 162) zwei Strafthaten. E. IV, 76; R. III, 225.

---

†) Literatur, Dr. v. Liszt, Falsche Aussage. Graz 1877.

154. (Sw.) Gleiche Strafe trifft denjenigen, welcher vor einer zur Abnahme von Eiden zuständigen Behörde wissentlich ein falsches Zeugniß oder ein falsches Gutachten mit einem Eide bekräftigt oder den vor seiner Vernehmung geleisteten Eid wissentlich durch ein falsches Zeugniß oder ein falsches Gutachten verletzt.

Ist das falsche Zeugniß oder Gutachten in einer Strafsache zum Nachtheile eines Angeschuldigten abgegeben und dieser zum Tode, zu Zuchthaus oder zu einer anderen mehr als fünf Jahre betragenden Freiheitsstrafe verurtheilt worden, so tritt Zuchthausstrafe nicht unter drei Jahren ein.

Vgl. C.P.O. §§ 357, 375; St.P.O. §§ 61, 69. „Zuständige Behörde" in abstracto zur Abnahme v. Eiden zuständig. R. VII, 696; cf. E. II, 123; R. II, 110; R. IV, 95; — daß die falsch bekundete Thatsache unerheblich oder nebensächlich war, schließt Strafbarkeit nicht aus. E. X, 338; R. VI, 317; — absichtliches Verschweigen von Thatsachen oder Umständen strafbar, wenn der Vernommene darnach gefragt oder sich d. Möglichkeit bewußt war, daß der Umstand für erheblich angesehen werden könne. R. VIII, 23; — Meineid eines vorbeeideten Zeugen erst mit dem Abschluß seiner Vernehmung vollendet. E. XIV, 19; also bei unterbrochener Vernehmung erst mit Schluß derselben; wann Vernehmung beendet, Thatfrage; nicht aber erst mit Schluß der ganzen Beweisaufnahme. E. XXIII, 87; Berichtigung vor Schluß der Vernehmung: sog. nicht beendeter (strafloser) Versuch d. Meineids. (cf. § 46 Nr. 1.) E. XXII, 363; — Verpflichtung, Berechtigung oder Befähigung zum Eid nach civilprozessualen Vorschriften, gleichgültig. R. IV, 95; — Sachverständ. Eid umfaßt Personalfragen nicht. E. XX, 235; — Eidesunmündiger nicht strafbar. E. IV, 32; R. III, 165; wohl aber der zur Eidesweigerung Berechtigte. R. IV, 95.; u. der für eidesunfähig Erklärte. E. I, 217.

155. Der Ableistung eines Eides wird gleich geachtet, wenn

1) ein Mitglied einer Religionsgesellschaft, welcher das Gesetz den Gebrauch gewisser Betheuerungsformeln an Stelle des Eides gestattet, eine Erklärung unter der Betheuerungsformel seiner Religionsgesellschaft abgibt;

Vgl. St.P.O. § 64, C.P.O. § 446.

2) derjenige, welcher als Partei, Zeuge oder Sachverständiger einen Eid geleistet hat, in gleicher Eigenschaft eine Versicherung unter Berufung auf den bereits früher in derselben Angelegenheit geleisteten Eid abgibt, oder ein Sachverständiger, welcher als solcher ein- für allemal vereidet ist, eine Versicherung auf den von ihm geleisteten Eid abgibt;

3) ein Beamter eine amtliche Versicherung unter Berufung auf seinen Diensteid abgibt.

Auch wenn förmliche Eidesleistung nach prozessualer Vorschrift geschehen mußte. E. XVII, 409; R. X, 393.

156. (L.) Wer vor einer zur Abnahme einer Versicherung an Eidesstatt zuständigen Behörde eine solche Versicherung wissentlich falsch abgibt oder unter Berufung auf eine solche Versicherung wissentlich falsch aussagt, wird mit Gefängniß von Einem Monat bis zu drei Jahren bestraft.

„Eidesstattl. Versicherung," es gehören hierher alle eidesstattl. Versicherungen; nur rechtl. indifferente oder schlechthin unstatthafte ausgenommen. E. XXII, 267; cf. XXIII, 171; auch schriftl.; auch wenn durch Dritte der zuständigen Behörde überreicht u. für diese bestimmt. eod; „Zuständige Behörde" (überhaupt od. zu e. bestimmten Zweck) vgl. E. II, 123; XIX, 414; R. II, 110, z. B. Steuer-

Reklam.-Komm., E. VI, 197; R. IV, 330; Standesbeamte, E. XIII, 161; R. VII, 738; (bei Beurkundung einer Geburt Standesbeamte zur Abnahme einer eidesstattlichen Versicherung nicht befugt. E. XVIII, 309;) Universitäten (Doktordissertationen), E. XVII, 208; R. X, 227. Erbbescheinigungen bei einem Notar, E. XVIII, 246; R. X, 652; — Civilrichter zur Entgegennahme eidesstattl. Versicherung zuständig, E. XX, 241; auch dritter Personen zur Glaubhaftmachung. E. XIX, 414; XX, 241; — Worte „an Eidesstatt" können durch gleichbedeutende ersetzt werden (Erbieten zum Eid nicht gleichbedeutend). E. XV, 126; R. VIII, 790.

157. Hat ein Zeuge oder Sachverständiger sich eines Meineides (§§. 154, 155) oder einer falschen Versicherung an Eidesstatt schuldig gemacht, so ist die an sich verwirkte Strafe auf die Hälfte bis ein Viertheil zu ermäßigen, wenn

1) die Angabe der Wahrheit gegen ihn selbst eine Verfolgung wegen eines Verbrechens oder Vergehens nach sich ziehen konnte, oder
2) der Aussagende die falsche Aussage zu Gunsten einer Person, rücksichtlich welcher er die Aussage ablehnen durfte, erstattet hat, ohne über sein Recht, die Aussage ablehnen zu dürfen, belehrt worden zu sein.

Ist hiernach Zuchthausstrafe unter Einem Jahre verwirkt, so ist dieselbe nach Maßgabe des §. 21 in Gefängnißstrafe zu verwandeln.

Zu 1 u. 2 (auch § 158) Nebenfrage (St.P.O. §§ 262, 295, 296). E. I, 423; R. I, 674. — Zu 1. St.P.O. §§ 54, 72; C.P.O. §§ 349$_2$, 367; — objektiv unerheblich, ob der Thäter dies wußte. E. XXIII, 149; — gegen d. Thäter selbst, nicht auch d. Anstift. E. XXII, 106. Zu 2. Wegen der Belehrung vgl. C.P.O. §§ 348, 36; St.P.O. §§ 51, 57, 72, 76 u. Pr. J.M.B. v. 14./10. 78. — Strafminimum ist 4½ Mon. Gefängn. E. IX, 245; R. V. 372. Bei Konkurrenz v. §§ 157 u. 158 keine doppelte Ermäßigung. E. IX, 74; R. V, 603.

158. Gleiche Strafermäßigung tritt ein, wenn derjenige, welcher sich eines Meineides oder einer falschen Versicherung an Eidesstatt schuldig gemacht hat, bevor eine Anzeige gegen ihn erfolgt oder eine Untersuchung gegen ihn eingeleitet und bevor ein Rechtsnachtheil für einen Anderen aus der falschen Aussage entstanden ist, diese bei derjenigen Behörde, bei welcher er sie abgegeben hat, widerruft.

Untersuchung, auch staatsanwaltschaftl. Ermittelungsverfahren, E. XXI, 8; — „derj. Behörde" auch wenn der Widerruf der bei dem Amtsgericht gemachten Aussage vor der Strafk. erfolgt. E. IX, 333; R. V, 690. — Staatsanwaltsch. u. Gericht nicht dieselbe Behörde. E. XXI, 10. — Widerruf, Rechtsnachtheil s. § 163 Anm. zu Abs. 2.

159. (L.) Wer es unternimmt, einen Anderen zur Begehung eines Meineides zu verleiten, wird mit Zuchthaus bis zu fünf Jahren, und wer es unternimmt, einen Anderen zur wissentlichen Abgabe einer falschen Versicherung an Eidesstatt zu verleiten, mit Gefängniß bis zu Einem Jahre bestraft.

G.V. § 73₂ u. 1. — Meineid vgl. §§ 153—155. S. auch §§ 48, 160 u. Note zu §§ 160 u. 161; — auch wenn eidliche Vernehmung des Verleiteten nicht erfolgt; — Eidesmündigkeit des z. Verleitenden nicht erforderlich. R. IV, 684; — Unternehmen jede Handlung, welche zur Erreichung der Verleitung eines Anderen zum Meineid vorgenommen worden; subjektiv: Vorsatz einen Anderen durch Einwirkung auf den Willen zum Meineid zu bestimmen E. VIII, 354; auch wenn Aussage nur vom Verleiter für falsch gehalten wurde, aber objektiv richtig war. R. X, 569; — auch wenn der zu Verleitende gutgläubig den falschen Eid geleistet hat. R. XIII, 302; — auch Aufforderung einer Mittelsperson behufs Einwirkung auf den zu Verleitenden. E. XV, 259; R. IX, 112; —

— § 46 findet nicht Anwendung. E. X, 324; R. VI, 315; — die Ableistung des Meineids schließt Verurtheilung eines Anderen aus § 159 i. Beziehung auf diesen Eid nicht aus (da d. Meineidige aus eigenem Antrieb ohne Anstiftung geschworen haben kann). E. XXIII, 223; — vgl. Harburger, Theilnahme a. d. Verbrechen aus § 159. München 1887 (b. Kaiser).

160. (L.) Wer einen Anderen zur Ableistung eines falschen Eides verleitet, wird mit Gefängniß bis zu zwei Jahren bestraft, neben welchem auf Verlust der bürgerlichen Ehrenrechte erkannt werden kann, und (L. bez. A.) wer einen Anderen zur Ableistung einer falschen Versicherung an Eidesstatt verleitet, wird mit Gefängniß bis zu sechs Monaten bestraft.

Der Versuch ist strafbar.

G.B. §§ 78₁, 75₁₄. — Falscher Eid, d. h. ein thatsächlich unrichtiger Eid vom Schwörenden nicht als solcher gewollt. E. XV, 148; § 160 ist vom Reichstag aufgenommen. Beim „falschen Eide (§ 160)" ist die Kenntniß der Falschheit nur Seitens des Verleiters, beim „Meineide (§ 159)" auch Seitens desjenigen, der schwören soll, die Voraussetzung der Strafbarkeit. Vgl. Drucks. § 182 Nr. und St.B. S. 1170 und Dr. Schultze, Die Verleitung zum falschen Eide. Berlin 1870; — vollendetes Vergehen hat die Ableistung des Eides zur Voraussetzung. E. XII, 254; R. VII, 349.

161. Bei jeder Verurtheilung wegen Meineides, mit Ausnahme der Fälle in den §§. 157 und 158, ist auf Verlust der bürgerlichen Ehrenrechte und außerdem auf die dauernde Unfähigkeit des Verurtheilten, als Zeuge oder Sachverständiger eidlich vernommen zu werden, zu erkennen.

In den Fällen der §§. 156 bis 159 kann neben der Gefängnißstrafe auf Verlust der bürgerlichen Ehrenrechte erkannt werden.

Vgl. §§ 32, 35. St.P.O. § 456₂; C.P.O. § 358₂.

A. 1 bezieht sich nur auf Meineid §§ 153—155, nicht auf versuchte Verleit. in § 159. E. II, 93; R. II, 49; auch nicht auf Versuch u. Beihülfe. E. XIII, 76; R. VII, 660; cf. § 45; — aber Anstifter, auch wenn Thäter von dieser Nebenstrafe gesetzl. frei war. E. IV, 377.

Auf Verlust der E. und auf Zeugniß-Unfähigk. ist im Falle des A. 1 nothwend. zu erkennen; wird dieses übersehen, so bleiben die E. u. die Zeugniß-(Eides-)Fähigk. bestehen. R. I, 269. Es gilt auch hier die Frist des § 32 von 2—10 Jahren. Vgl. Motive S. 50, 55.

162. (L.) Wer vorsätzlich einer durch eidliches Angelöbniß vor Gericht bestellten Sicherheit oder dem in einem Offenbarungseide gegebenen Versprechen zuwiderhandelt, wird mit Gefängniß bis zu zwei Jahren bestraft.

Offenbarungseid, soweit sein Inhalt d. Wesen d. Offenbarungsverfahrens entspricht. R. IV, 503.

163. (L.) Wenn eine der in den §§. 153 bis 156 bezeichneten Handlungen aus Fahrlässigkeit begangen worden ist, so tritt Gefängnißstrafe bis zu Einem Jahre ein.

Straflosigkeit tritt ein, wenn der Thäter, bevor eine Anzeige gegen ihn erfolgt oder eine Untersuchung gegen ihn eingeleitet und bevor ein Rechtsnachtheil für einen Anderen aus der falschen Aussage entstanden ist, diese bei derjenigen Behörde, bei welcher er sie abgegeben hat, widerruft.

A. 1. Subjekt. Verschuldung: nachzuweisen, daß Anhaltspunkte oder andere Hülfsmittel vorhanden, welche bei richtiger Benutzung d. Gedächtniß aufzufrischen geeignet waren. E. XXII, 299; so daß der Betreff. sich zum Bewußtsein bringen konnte, seine Angaben könnten falsch sein; u. daß der Schwörende die Hülfsmittel, die ein gewissenhafter Mann benutzt hätte, zu benutzen unterließ u. in Folge dessen d. Unwahrheit eidlich erhärtete. E. VIII, 108; R. V,

107. Auch Offenbarungseid. E. VI, 205; R. IV, 372. — A. 2. Nebenfrage St.P.O. § 295 A. 2. „Widerruf" jede Erklärung, durch welche d. Erklärende den Inhalt einer früher von ihm abgegebenen Erklärung (wenn auch nicht ausdrückl. E. XXIV, 259;) als unrichtig anerkennt. E. XVII, 341; R. X, 192; — „Rechtsnachtheile", im Civilprozeß materielle übele Folge aus der Eidesleistung. E. XVI, 29; R. IX, 288; (Zwangsvollstreckung oder Einstellung einer solchen. R. IX, 697;) im Strafprozeß, z. B. Erhebung der Anklage u. Eröffnung des Hauptverfahrens wegen einer (auch schwereren) Strafthat. E. XVII, 307; R. X, 295; — zu Abs. 2 vgl. auch § 158, u. d. Anm. das.

Zehnter Abschnitt.

Falsche Anschuldigung.

164. (L.) Wer bei einer Behörde eine Anzeige macht, durch welche er Jemand wider besseres Wissen der Begehung einer strafbaren Handlung oder der Verletzung einer Amtspflicht beschuldigt, wird mit Gefängniß nicht unter Einem Monat bestraft; auch kann gegen denselben auf Verlust der bürgerlichen Ehrenrechte erkannt werden.

So lange ein in Folge der gemachten Anzeige eingeleitetes Verfahren anhängig ist, soll mit dem Verfahren und mit der Entscheidung über die falsche Anschuldigung inne gehalten werden.

Vgl. § 69 (Verjährg.). — „Anzeige", auch Angabe bei einer Vernehmung ohne Veranlassung durch dieselbe u. in der Absicht Jemandem zu beschuldigen. R. IX, 31; — „falsche A." auch Privatklage. R. I, 44; Erhebung einer Privatklage aus § 186 unter Verschweigung des Umstandes, daß die behauptete Handlung geschehen ist. E. XIX, 386; (vgl. § 186 Anm.) selbst wenn Privatkläger an die Unerweisbarkeit des Vorwurfs glaubt; — durch wissentl. Verschweigung eines Strafausschließungsgrundes. E. XXIII, 371; I, 229; R. I, 393; z. B. der Verjährung; —

bloße Entstellung d. Wahrheit bei d. Darstellung einer begangenen Strafthat nicht. E. XIII, 12; — A. über unwürdiges außerdienstl. Verhalten gegen einen Beamten, A. wegen Verletzung einer Amtspflicht. R. X, 554; — „Behörde", dauernd geregelte Organisation d. Amtes (Schutzleute, Gendarmen nicht; Anzeige an solche, wenn bezweckt wird, daß sie weiter gegeben werde). E. VIII, 5; — festzustellen, daß d. Besch. d. That nicht begangen u. dies dem Anzeigenden bekannt gewesen. E. XVI, 37; — subjektiv Bewußtsein genügend, daß f. A. Strafverfolgung zur Folge haben kann. R. VI, 522; — falsche Anschuldigung wegen Diebstahls d. einen Ehegatten gegen d. anderen ist straflos, da Diebst. unter Ehegatten keine strafb. Handlung. E. XXI, 101 (vgl. § 274₂); (anders wenn Gattenverhältniß verschwiegen, s. o. E. XXIII, 371).

Abs. 2. „Verfahren" auch staatsanwaltschaftl. Ermittelung. E. VIII, 184; R. V, 264.

165. Wird wegen falscher Anschuldigung auf Strafe erkannt, so ist zugleich dem Verletzten die Befugniß zuzusprechen, die Verurtheilung auf Kosten des Schuldigen öffentlich bekannt zu machen. Die Art der Bekanntmachung, sowie die Frist zu derselben, ist in dem Urtheile zu bestimmen.

Dem Verletzten ist auf Kosten des Schuldigen eine Ausfertigung des Urtheils zu ertheilen.

Vgl. § 200 u. Anm. dazu. — Befugniß z. Urth.-Veröffentlichg. steht nicht den Erben zu. E. XVI, 73; R. IX, 324; — nach d. Tod d. Verletzten nur zu erkennen, wenn vor dem Tod beantragt. Das.

Elfter Abschnitt.

Vergehen, welche sich auf die Religion beziehen.

166. (L.) Wer dadurch, daß er öffentlich in beschimpfenden Aeußerungen Gott lästert, ein Aergerniß gibt, oder wer öffentlich eine der christlichen Kirchen oder eine andere mit Korporationsrechten innerhalb des Bundesgebietes bestehende Religionsgesellschaft oder ihre Einrichtungen oder Gebräuche beschimpft, ingleichen wer in einer Kirche oder in einem anderen zu religiösen Versammlungen bestimmten Orte beschimpfenden Unfug verübt, wird mit Gefängniß bis zu drei Jahren bestraft.

„Oeffentlich" (vgl. § 110). E. XXI, 254; — Oeffentlichkeit wird durch bestimmten Personenkreis nur ausgeschlossen, wenn dieser mit d. Thäter in so vertrauter Beziehung steht, daß sie als Einheit gedacht werden k. E. XII, 241; — „Arbeiter einer Fabrik" regelmäßig nur äußeres Band; — „Gott", d. Gottesbegriff, der mit Corporationsrecht in Deutschland bestehenden Religionsgesellschaften. E. VI, 77; R. IV, 225; — „Gotteslästerung" auch Lästerung Christi. R. I, 143; — herabwürdigende Aeußerung ist gleichbedeutend mit Lästerung durch beschimpfende Aeußerung. R. I, 143; — „Aergerniß zu erregen geeignet" genügt nicht. E. XVI, 245; R. IX, 490; — Beschimpfung rohere, herabwürdigendere Form der Aeußerung, als Beleidigung. Grenzen zwischen Beschimpfung, Beleidigung u. Kritik Thatfrage. R. VII, 83; — Angriffe gegen einzelne Lehren der Bibel sind dann Angriffe gegen die christliche Kirche u. ihre Einrichtungen, wenn die Bibel als solche u. als dogmatische Grundlage des christl. Glaubens angegriffen ist. R. VII, 659; — Beschimpfung einer Einzeleinrichtung, wenn diese nicht als solche, sondern als Ausfluß des allgem. Gebrauchs u. so dieser selbst getroffen wird. E. XXII, 240. — Einrichtungen, E. II, 428; R. II, 477; der christl. Kirche: apostol. Glaubensbekenntniß. R. III, 755; der evangel. Kirche: Geistl. Lehramt u. Sonntagsheiligung. R. VIII, 692; — Reliquienverehrung, Gebrauch der kathol. Kirche. E. XXIV, 12; — Beschimpfung Luthers, nach Lage d. Umstände Beschimpfung der evangel. Kirche. R. VII, 664; — Beschimpfung der Mutter Gottes, nach Lage der Umstände Beschimpfung des Mariencultus als einer Einrichtung der kathol. Kirche. R. VIII, 511. — Religiöser Versammlungsort, auch Kirchhof, wo herkömmlich bei Beerdigungen religiöse Handlungen vorgenommen werden R. VII, 195; — „beschimpfender Unfug", Verletzung des Gefühls durch Kundgabe v. Mißachtung u. Geringschätzung dessen, was anderen heilig ist. Der Ort ist maßgebend; der Unfug braucht sich nicht gegen die Kirche zu richten; auch, wenn in der Kirche gegen Personen. E. XXIII, 103.

167. (L.) Wer durch eine Thätlichkeit oder Drohung Jemand hindert, den Gottesdienst einer im Staate bestehenden Religionsgesellschaft auszuüben, ingleichen wer in einer Kirche oder in einem anderen zu religiösen Versammlungen bestimmten Orte durch Erregung von Lärm oder Unordnung den Gottesdienst oder einzelne gottesdienstliche Verrichtungen einer im Staate bestehenden Religionsgesellschaft vorsätzlich verhindert oder stört, wird mit Gefängniß bis zu drei Jahren bestraft.

Beamte vgl. § 339 A. 3. — „Gottesdienst", Rechtsbegriff: Vereinigung der Mitglieder einer im Staate bestehenden Religionsgesellschaft zur religiösen Erbauung durch Verehrung u. Anbetung Gottes in den dazu bestimmten Räumen nach d. Vorschriften u. Gebräuchen u. in den Formen ihrer Gemeinschaft. Die Voraussetzungen desselben s. wesentl. thatsächl. Natur. R. VII, 363; — gottesdienstl. Verrichtungen werden im weiteren Sinne von d. Begriff Gottesdienst umfaßt. E. XXIII, 200; — wann die gottesdienstl. Handlung begonnen, Thatfrage. R. IX, 169; — der Störer braucht nicht in der Kirche zu sein, doch muß der Lärm dort auf die Andacht Einzelner störend wirken. E. III, 397; R. III, 70; R. VII, 55; — Vorsatz: Bewußtsein, daß die Handlung mindestens Unordnung mitherbeizuführen geeignet ist, E. XVII, 316; R. X, 307. — Nothwehr gegen beleidigende Angriffe d. Geistlichen in d. Predigt. E. XXI, 168.

168. (L.) Wer unbefugt eine Leiche aus dem Gewahrsam der dazu berechtigten Person wegnimmt, ingleichen wer unbefugt ein Grab zerstört oder beschädigt, oder wer an einem Grabe beschimpfenden Unfug verübt, wird mit Gefängniß bis zu zwei Jahren bestraft; auch kann auf Verlust der bürgerlichen Ehrenrechte erkannt werden.

Wegnahme von Theilen einer Leiche vgl. § 367 Nr. 1. — „beschimpf. Unfug", unbefugtes Entfernen des Sargdeckels aus einem Grabe. E. XII, 168; R. VII, 167; s. a. § 166 Anm. i. f. — Beschädigung oder Wegwerfen v. Pflanzen vom Grabe aus Haß gegen d. Verstorbenen. R. IX, 399. — Crusen, d. strafrechtl. Schutz d. Rechtsguts d. Pietät (in Liszt's Abhandl. d. crim. Seminars, II, 1. Berlin 1890 (d. J. Guttentag).

Zwölfter Abschnitt.

Verbrechen und Vergehen in Beziehung auf den Personenstand.

169. (L.) Wer ein Kind unterschiebt oder vorsätzlich verwechselt, oder wer auf andere Weise den Personenstand eines Anderen vorsätzlich verändert oder unterdrückt, wird mit Gefängniß bis zu drei Jahren und, (Sw.) wenn die Handlung in gewinnsüchtiger Absicht begangen wurde, mit Zuchthaus bis zu zehn Jahren bestraft.

Der Versuch ist strafbar.

Unterdrücken verlangt begriffl. kein heimliches Thun. E. XXII, 203. — Unterdrückung des Personenstandes durch Beilegung eines fremden Familienstandes enthält Veränderung d. Personenstandes mit. E. X, 86; R. VI, 92; — unwahre Angabe, daß ein außerehelicher Kind ehelich sei. R. IX, 9; — Die Unterdrückung d. Personenstandes ist durch Eintrag ins Standesregister vollendet, aber nicht nothwendig beendigt; sie wird z. B. durch die Taufe fortgesetzt u. durch nachheriges Behalten d. Person in dem anderen Personenstand. E. XXIII, 292; deshalb beginnt Verjährung erst, wenn Unterdrückung des Personenstandes (das Ausgeben d. Kindes z. B. für ein eheliches) aufhört. R. V, 740.

170. (L.) Wer bei Eingehung einer Ehe dem anderen Theile ein gesetzliches Ehehinderniß arglistig verschweigt, oder wer den anderen Theil zur Eheschließung arglistig mittels einer solchen Täuschung verleitet, welche den Getäuschten berechtigt, die Gültigkeit der Ehe anzufechten, wird, wenn aus einem dieser Gründe die Ehe aufgelöst worden ist, mit Gefängniß nicht unter drei Monaten bestraft.

Die Verfolgung tritt nur auf Antrag des getäuschten Theils ein.

Vgl. § 69 (Verjährung), § 263 (Betrug).

Dreizehnter Abschnitt.

Verbrechen und Vergehen wider die Sittlichkeit.

171. (L.) Ein Ehegatte, welcher eine neue Ehe eingeht, bevor seine Ehe aufgelöst, für ungültig oder nichtig erklärt worden ist, ingleichen eine unverheirathete Person, welche mit einem Ehegatten, wissend, daß er verheirathet ist, eine Ehe eingeht, wird mit Zuchthaus bis zu fünf Jahren bestraft.

Sind mildernde Umstände vorhanden, so tritt Gefängnißstrafe nicht unter sechs Monaten ein.

Die Verjährung der Strafverfolgung beginnt mit dem Tage, an welchem eine der beiden Ehen aufgelöst, für ungültig oder nichtig erklärt worden ist.

G.V. § 73 2. — Bestrafung der Religionsdiener u. s. w. vgl. § 338. — Dolus des Ehegatten (Bewußtsein von d. möglichen Fortdauer d. früheren Ehe). E. IV, 38; R. III, 180; vgl. Rüdorff-Stenglein, Kommentar, 4. Aufl. zu § 171; — formell gültige Ehe verliert (in Preußen) Geltung erst durch rechtskräftiges Urtheil. E. VII, 133.

172. (L. bez. A.) Der Ehebruch wird, wenn wegen desselben die Ehe geschieden ist, an dem schuldigen

Ehegatten, sowie dessen Mitschuldigen mit Gefängniß bis zu sechs Monaten bestraft.

Die Verfolgung tritt nur auf Antrag ein.

G.B. § 75_{14}. — Vgl. § 64. A. 2 (Antrag). — Lauf der Verjähr., vgl. § 69, beginnt mit Rechtskraft des Scheidungsurtheils bez. nach franz. Recht v. Tag der Verkündg. der Scheidung durch den Civilstandsbeamten; c. civ. art. 264 u. R.G. v. 6./2. 75 § 55 und der Antragsfrist, mit der Kenntniß hiervon. E. XV, 261; R. I, 506; IX, 121. — Ein vor jenem Zeitpunkt gestellter Strafantr. ist wirkungslos. E. I, 44; R. 1, 180; — „wegen Ehebruchs geschieden" im Gebiet d. preuß. Landrechts auch wenn wegen unerlaubten Umgangs (§ 673, II, 1) geschieden ist, u. der Strafrichter aus diesem Thatbestand den wirklichen Ehebruch festgestellt hat. E. XXI, 21; — die Worte: „wenn wegen desselben die Ehe geschieden", Bedingung d. Verfolgbarkeit, nicht Thatbestandsmerkmal. E. XXII, 135, also in der Revisionsinstanz nachzuprüfen.

173. (L.) Der Beischlaf zwischen Verwandten auf- und absteigender Linie wird an den ersteren mit Zuchthaus bis zu fünf Jahren, an den letzteren mit Gefängniß bis zu zwei Jahren bestraft.

Der Beischlaf zwischen Verschwägerten auf- und absteigender Linie, sowie zwischen Geschwistern wird mit Gefängniß bis zu zwei Jahren bestraft.

Neben der Gefängnißstrafe kann auf Verlust der bürgerlichen Ehrenrechte erkannt werden.

Verwandte und Verschwägerte absteigender Linie bleiben straflos, wenn sie das achtzehnte Lebensjahr nicht vollendet haben.

G.B. § 73_2. — „Verwandte auf- u. absteigender Linie" nach Blutsgemeinschaft, auch uneheliche Verwandtschaft. E. II, 239; R. II, 223; V, 613; — Verschwägerte sind Schwieger- u. Stief-Eltern u. -Kinder — auch nach Auflösung der betr. Ehe. E. X, 302; R. I, 548; — Schwägerschaft beruht auch auf außerehel. Geburt

E. XX, 239. — Strafbark. auch bei erfolgter Verheirathung d. Stiefvaters u. d. Stieftochter. E. V, 159; R. III. 709; — der noch nicht 18 Jahre alte nicht Theilnehmer, sondern Objekt. E. XIX, 39; c. XIV, 189; R. VIII, 458.

174. (L.) Mit Zuchthaus bis zu fünf Jahren werden bestraft:

1) Vormünder, welche mit ihren Pflegebefohlenen, Adoptiv- und Pflegeeltern, welche mit ihren Kindern, Geistliche, Lehrer und Erzieher, welche mit ihren minderjährigen Schülern oder Zöglingen unzüchtige Handlungen vornehmen;
2) Beamte, die mit Personen, gegen welche sie eine Untersuchung zu führen haben oder welche ihrer Obhut anvertraut sind, unzüchtige Handlungen vornehmen;
3) Beamte, Aerzte oder andere Medizinalpersonen, welche in Gefängnissen, oder in öffentlichen, zur Pflege von Kranken, Armen oder anderen Hülflosen bestimmten Anstalten beschäftigt oder angestellt sind, wenn sie mit den in das Gefängniß oder in die Anstalt aufgenommenen Personen unzüchtige Handlungen vornehmen.

Sind mildernde Umstände vorhanden, so tritt Gefängnißstrafe nicht unter sechs Monaten ein.

G.V. § 78₂. — „unzüchtige Handlungen" müssen auf Befriedigung oder Erregung eigener oder fremder Geschlechtslust gerichtet sein. E. XXIII, 233; — Nr. 1. „Vormünder", nicht die nur für eine bestimmte Rechtshandlung oder zur Vermögensaufsicht bestellt sind. E. XV, 72; R. VIII, 737; (Vormundschaft mit der Pflicht zur Beaufsichtigung der Person, der persönl. Pflege u. Fürsorge verknüpft; Autoritätsverhältniß.) — „Adoptiveltern" auch der adoptirende Stiefvater (vgl. § 173 A. 2), E. XII, 292; R. VII, 422, (Idealkonkurrenz). „Pflegeeltern", wenn Pflegeelternverhältniß civilrechtl. bestimmt ist, auch für den Strafrichter maßgebend; andernfalls thatsächlich zu bestimmen, wo ähnlich der Adoptivkindschaft, dauerndes d. elterlichen Verhältniß ähnliches Verhältniß faktisch besteht. E. XX, 357; X, 95; XIII, 148; R. IV, 773. „Verhältniß von Lehrer zu Schüler" ist Thatfrage, E. X, 345; R. VI, 258.

Nr. 2. „Beamte" sind die im § 359 Genannten, E. V, 418; R. III, 821, deshalb Civiltransporteure nicht ohne Weiteres. — „Obhut", E. XIX, 255; — auch außerhalb d. Obhutsstätte, bei Fortdauer d. Obhutsverhältnisses. E. XIX, 255.

Nr. 3. „Beamte" sind hier nicht bloß die im § 359 Genannten, sondern auch andere Angestellte, die amtl. Uebersetzung für Elsaß-Lothr. überträgt darnach frei, aber richtig „les fonctionnaires, employés médecins etc.".

175. (L.) Die widernatürliche Unzucht, welche zwischen Personen männlichen Geschlechts oder von Menschen mit Thieren begangen wird, ist mit Gefängniß zu bestrafen; auch kann auf Verlust der bürgerlichen Ehrenrechte erkannt werden.

„Widernatürl. Unzucht" begreift nur „beischlafähnliche" Handlungen (sodomia ratione sexus u. rat. generis: Päderastie, Bestialität) u. ist eingeschränkter als der Begriff: „unzüchtige Handlungen" in den §§ 174, 176. E. XXIII, 291. Bewußtlosigk. d. passiven Theils R. III, 151; also strafbare Betheiligung sämmtl. Personen nicht erforderl. — Nicht: Onanie zw. Männern, E. VI, 211; R. IV, 493. — Bestialität, Berührung des Körpers des Thieres mit d. Geschlechtstheil d. Menschen zum Zweck d. Befriedigung d. Geschlechtslust (nicht erforderl. Vereinigung d. Geschlechtstheile). E. III, 200; R. II, 723; III, 113.

***176.** Mit Zuchthaus bis zu zehn Jahren wird bestraft, wer

1) (Sw.) mit Gewalt unzüchtige Handlungen an einer Frauensperson vornimmt oder dieselbe durch Drohung mit gegenwärtiger Gefahr für Leib oder Leben zur Duldung unzüchtiger Handlungen nöthigt;

* **§ 176** G. v. 26./2. 76 vgl. oben S. 5.

2) (Sw.) eine in einem willenlosen oder bewußtlosen Zustande befindliche oder eine geisteskranke Frauensperson zum außerehelichen Beischlafe mißbraucht, oder

3) (L.) mit Personen unter vierzehn Jahren unzüchtige Handlungen vornimmt oder dieselben zur Verübung oder Duldung unzüchtiger Handlungen verleitet.

Sind mildernde Umstände vorhanden, so tritt Gefängnißstrafe nicht unter sechs Monaten ein.

Unzüchtige Handlungen s. § 174 Anm. — Nr. 1. Freiwilliger Rücktritt vom Nothzuchtsversuch (§ 177) schließt Verurtheilung wegen d. schon vollendeten Thatbestands v. § 176 1 nicht aus. E. XXIII, 225; — Nr. 2. Einwilligung d. Geisteskranken schließt Mißbrauch nicht aus. E. VII, 425; — Nr. 3. G.B. § 73 4; — erste Alternative: die unzüchtigen Handlungen müssen an dem Körper des Kindes vorgenommen werden. E. XXII, 33; nicht: angesichts oder in Gegenwart eines Kindes. R. III, 287; — Berührung d. Geschlechtstheils nicht erforderlich. E. VI, 116; auch nicht nothwendig des entblößten Körpers. R. IV, 899; — eine Mitwirkung der gemißbrauchten Person nicht erforderlich. R. III, 621. — Kind v. 12—14 Jahren kann Thäter sein, E. VII, 352; R. IV, 882. Beischlaf einer Frauensperson m. einem Knaben unter 14 Jahren. E. X, 159; R. VI, 112. Bewußtsein der Möglichkeit eines Alters unter 14 J. (dolus event.) ist strafb. E. X, 337; R. VI, 306. (Im Schwurger. keine Nebenfrage üb. d. Kenntniß, E. XII, 337; R. VII, 446.) — Zeugungsfähigk. d. Thäters nicht erforderl., E. XX, 181. — Zweite Alternative: Verleitung zur Verübung oder Duldung, gleichviel ob die Handlung mit dem Verleiter selbst oder einem Dritten vorgenommen wird. E. XX, 30; — Thäter muß d. Bewußtsein d. Unzüchtigkeit der objektiv unzüchtigen Handlung haben; ob d. Kind sie hat gleichgültig. E. XXII, 35; — 176 3 u. 240 Idealkonkurrenz. E. XI, 387.

*177. (Sw.) Mit Zuchthaus wird bestraft, wer durch Gewalt oder durch Drohung mit gegenwärtiger Gefahr für Leib oder Leben eine Frauensperson zur Duldung

* **§ 177** G. v. 26./2. 76 vgl. oben S. 5.

des außerehelichen Beischlafs nöthigt, oder wer eine Frauensperson zum außerehelichen Beischlafe mißbraucht, nachdem er sie zu diesem Zwecke in einen willenlosen oder bewußtlosen Zustand versetzt hat.

Sind mildernde Umstände vorhanden, so tritt Gefängnißstrafe nicht unter Einem Jahre ein.

§ 177 hebt aus der allgemeinern Bestimmung des § 176 1 den gemeinrechtlichen Begriff der „Nothzucht" hervor. — Immissio seminis nicht erforderl.; — Nothzucht auch an Kindern. E. IV, 23; R. III 144; — §§ 176 1 oder 177 mit 185 keine Gesetzeskonkurrenz. E. XXIV, 201.

***178.** (Sw.) Ist durch eine der in den §§. 176 und 177 bezeichneten Handlungen der Tod der verletzten Person verursacht worden, so tritt Zuchthausstrafe nicht unter zehn Jahren oder lebenslängliche Zuchthausstrafe ein.

179. (L.) Wer eine Frauensperson zur Gestattung des Beischlafs dadurch verleitet, daß er eine Trauung vorspiegelt, oder einen anderen Irrthum in ihr erregt oder benutzt, in welchem sie den Beischlaf für einen ehelichen hielt, wird mit Zuchthaus bis zu fünf Jahren bestraft.

Sind mildernde Umstände vorhanden, so tritt Gefängnißstrafe nicht unter sechs Monaten ein.

Die Verfolgung tritt nur auf Antrag ein.

G.V. § 73 2. § 179 u. § 185 Gesetzeskonkurrenz. 179 als der speziellere Thatbestand allein anwendbar, auch wenn die Verletzte eine Ehefrau ist. Deshalb kein Strafantragsrecht d. Mannes aus § 185. E. XIX, 250.

180. (L.) Wer gewohnheitsmäßig oder aus Eigennutz durch seine Vermittelung oder durch Gewährung oder Verschaffung von Gelegenheit der Unzucht Vorschub leistet, wird wegen Kuppelei mit Gefängniß bestraft;

* **§ 178** G. v. 26./2. 76 vgl. oben S. 5.

auch kann auf Verlust der bürgerlichen Ehrenrechte, sowie auf Zulässigkeit von Polizei-Aufsicht erkannt werden.

Unzucht im Sinne des § 180 ist nicht bloß Beischlaf. E. XI, 4; R. VI, 33; daß Unzucht verübt worden ist, nicht erforderl. E. XV 361; Bordellhalt. selbst mit polizeil. Gestattung strafb. E. I, 88; XX, 201; R. I, 291; — Vermittelung E. II, 258; R. II, 247; Verschaffung v. Gelegenheit. E. II, 164; R. I, 782; Vermiethen von Wohnungen an Frauenspersonen zum Zwecke der Unzucht in der Wohnung; oder Fortsetzung d. Miethverhältnisses nach erlangter Kenntniß v. d. Treiben. R. I, 680; 828; II, 362; X, 139; — Vorschubleisten überhaupt auch durch vorsätzl. Unterlassen pflichtmäßigen Handelns. E. VII, 118; R. VII, 33; solche Pflicht besteht auch für den Ehemann d. Frau gegenüber, wenn er in der Lage, das Treiben der Frau zu hindern. E. XXII, 333; — gewohnheitsm. Kuppelei Collectivreat, in welchem alle einzelnen Handlungen aufgehen. Verurtheilung nimmt alle solche Handlungen bis zum Urtheil in sich auf. R. III, 470; E. XXIV, 243; — Gewohnheitsm. in Idealkonkurrenz m. Eigennutz. E. X, 22; R. V, 799; Zuhälter (Louis) strafb. E. XI, 149; R. VI, 629. „Unzucht" auch bei Verlobten. R. VII, 317. „Eigennutz" nicht bloß pekuniärer Vortheil. E. IX, 129; XVI, 56; R. V, 648; IX, 298; — Theilnahme desjenigen, der die Unzucht selbst treiben will, an der Kuppelei nicht ausgeschlossen. E. XXIII, 70.

181. (L.) Die Kuppelei ist, selbst wenn sie weder gewohnheitsmäßig noch aus Eigennutz betrieben wird, mit Zuchthaus bis zu fünf Jahren zu bestrafen, wenn

1) um der Unzucht Vorschub zu leisten, hinterlistige Kunstgriffe angewendet worden sind, oder
2) der Schuldige zu den Personen, mit welchen die Unzucht getrieben worden ist, in dem Verhältniß von Eltern zu Kindern, von Vormündern zu Pflegebefohlenen, von Geistlichen, Lehrern oder Erziehern zu den von ihnen zu unterrichtenden oder zu erziehenden Personen steht.

Neben der Zuchthausstrafe ist der Verlust der bürgerlichen Ehrenrechte auszusprechen; auch kann auf Zulässigkeit von Polizei-Aufsicht erkannt werden.

G.B. § 782. — Wegen des obligatorischen Ehrverlustes vgl. Anm. zu § 161. — Nr. 1. „Hinterlistig" vorbedachtes Handeln unter Verdeckung der wahren Absicht, um den unvorbereiteten Zustand Jemandes zur Verwirklichung eines Planes zu benutzen. E. XXII, 312; — „Kunstgriff": mit besonderer Geschicklichkeit ausgeführte Manipulation, aber auch schlaue Benutzung gegebener Verhältnisse oder geschickt getroffene Vorkehrungen. eod; — Nr. 2. Auch Stiefeltern. E. VI, 338; R. IV, 440; — Auch d. Ehemann d. außerehelichen Mutter, E. XXI, 257. Auch wenn eine Mutter ihrem großj. Sohne Gelegenheit z. Unzucht verschafft. E. XVI, 49; R. IX, 301; — die persönlichen Verhältnisse sind strafbegründend, nicht im Verhältniß zu § 180 straferhöhend, § 50 findet also nicht Anwendung; deshalb auch Bestrafung eines Theilnehmers am Verbrechen aus § 181, bei welchem das Verwandtschaftsverhältniß d. Nr. 2 nicht zutrifft. E. XXII, 53.

182. (L.) Wer ein unbescholtenes Mädchen, welches das sechszehnte Lebensjahr nicht vollendet hat, zum Beischlafe verführt, wird mit Gefängniß bis zu Einem Jahre bestraft.

Die Verfolgung tritt nur auf Antrag der Eltern oder des Vormundes der Verführten ein.

Unbescholten, gegen dessen Ruf in geschlechtl. Beziehung nichts vorliegt. R. III, 168; Defloration macht deshalb nicht immer bescholten; — „Verführung", nicht Ueberwindung eines Widerstands, sondern nur Dienstbarmachen des Willens eines Mädchens zur Befriedigung sinnl. Begierden. E. X, 95; — zum Beischlaf geneig machen. R. VII, 172; es muß also wenigstens d. Anregung zum Beischlaf vom Mann ausgehn. R. IV, 468; — Bewußtsein des Mädchens, um was es sich handelt, nicht erforderl. R. III, 168; Schutz der Unerfahrenheit. E. VI, 135; R. IV, 269; — antragsberechtigt sind als „Eltern" Vater oder Mutter, nicht bloß beide zusammen, E. XVIII, 101, auch d. unehel. Mutter. E. III, 89; R. II, 614.

*183. (L. bez. A.) Wer durch eine unzüchtige Handlung öffentlich ein Aergerniß gibt, wird mit Gefängniß bis zu zwei Jahren oder mit Geldstrafe bis zu fünfhundert Mark bestraft.

Neben der Gefängnißstrafe kann auf Verlust der bürgerlichen Ehrenrechte erkannt werden.

G.V. § 75s. — Reiffel, Thatbest. d. § 183. Goltd. Arch. XXXIX, 6 ff. „Unzüchtige Handlungen", Verletzung der guten Sitte als solche durch eine auf das Geschlechtsleben sich beziehende Handlung. E. XXIII, 234; (nicht Angriff auf ein Individuum) es muß aber mindestens eine Person Aergerniß genommen haben. cf. auch E. II, 196; R. III, 499; — daß die Handlung an sich die gute Sitte verletze, nicht erforderlich (z. B. Beischlaf unter Ehegatten), unzüchtige Handlung durch die Oeffentlichkeit der Vornahme; — auch mündl. Aeußerungen (Lieder) E. IV, 130; R. III, 273. — „Oeffentlich" nicht durch den Ort allein, sondern dadurch, daß die Handlung unbestimmt von wie vielen wahrgenommen werden kann. E. XVI, 345; R. IX, 627; daß sie auch viele wahrgenommen, nicht erforderl.

184. (L. bez. A.) Wer unzüchtige Schriften,†) Abbildungen oder Darstellungen verkauft, vertheilt oder sonst verbreitet, oder an Orten, welche dem Publikum zugänglich sind, ausstellt oder anschlägt, wird mit Geldstrafe bis zu dreihundert Mark oder mit Gefängniß bis zu sechs Monaten bestraft.

* Gleiche Strafe trifft denjenigen, welcher aus Gerichtsverhandlungen, für welche wegen Gefährdung der Sittlichkeit die Oeffentlichkeit ausgeschlossen war, oder

* **§ 183** G. v. 26./2. 76 vgl. oben S. 5.
* Abs. 2. Art. IV D.R.G. v. 5./4. 88.

---

†) Ueber „unzüchtige Handlungen" und Schriften: Binding bei Liszt II, 450 ff.

aus den diesen Verhandlungen zu Grunde liegenden amtlichen Schriftstücken öffentlich Mittheilungen macht welche geeignet sind, Aergerniß zu erregen.

G.V. § 75 14. — Vgl. §§ 41, 42 u. Preßges. § 23 3. Umwandlung von Geldstr. in Haft §§ 28 2. 29; — „verbreiten", einer größeren Anzahl Personen zugängl. machen. R. VI, 703; (wenn auch innerhalb eines nach Zahl und Art begrenzten Personenkreises. E. IX, 292); — „ausstellen", auch durch öffentl. Vorzeigen. R. IX, 196; — „Anschlagen", auch durch Anschreiben oder Malen an eine Hauswand oder eine Mauer. E. XI, 282; R. VI, 751; — Schrift noch nicht deshalb unzüchtig, weil einige Stellen Unzüchtiges enthalten. E. XXIII, 390; Gesammtcharakter muß unzüchtig s., doch kann auch das besondere Hervorheben d. unzüchtigen Stellen den Gesammtcharakter d. Schrift bestimmen. E. IV, 87; R. III, 52; — Ueber unzüchtige Abbildungen E. XXI, 306. Strafb. Ankündigung unzücht. Verkaufs-Art., R. I, 149; — unzüchtige Annoncen, auch wenn die Worte an sich keinen unzüchtigen Sinn haben. R. III, 165.

Abs. 2. Thäter muß wissen, daß Handlung Aergerniß zu erregen geeignet ist. Vorsatz bezieht sich auf den ganzen Thatbestand. E XXIV, 4.

Vierzehnter Abschnitt.

Beleidigung.

Beleidigungen — soweit die Verfolg. nur auf Antrag (§§ 194—196 vgl. § 197) eintritt — können im Wege der Privatklage verfolgt werden (St.P.O. § 414 u. G.V. § 27 3), wobei mit Ausnahme des § 196 vorgängiger Sühneversuch nöthig ist (St.P.O. § 420 u. Pr. Schiedsm.O. v. 29./3. 79 § 33 ff.); öffentl. Klage wird (außer § 197) nur auf Antrag des Beleidigten (§ 194 bez. 189) u. bloß dann erhoben, wenn ein öffentl. Interesse vorliegt (St.P.O. § 416). Zuständig ist im Falle der Privatkl. das Schöffengericht (G.V. § 27 3), im Fall der öffentl. Klage das Landgericht, welchem nach G.V. § 75 4 (außer § 197) die Ueberweisung an das Schöffenger. überlassen ist.

185. (L. bez. A.) Die Beleidigung wird mit Geldstrafe bis zu sechshundert Mark oder mit Haft oder mit Gefängniß bis zu Einem Jahre und, wenn die Beleidigung mittels einer Thätlichkeit begangen wird, mit Geldstrafe bis zu eintausendfünfhundert Mark oder mit Gefängniß bis zu zwei Jahren bestraft.

G.V. §§ 75₄ u. 27₃. — Vgl. §§ 192—200, 233. Umwandlg. v. Geld in Haft § 28 A. 2. Absicht zu beleidigen nicht erforderlich, es genügt das Bewußtſ. der Ehrverletzg. mit Ausnahme der Fälle des § 193. E. VII, 170; R. I, 116. Bewußtsein der Ehrverletzung Seitens des Gekränkten (Kind) nicht erforderlich. E. X, 372; R. VI, 342. Handlung absolut beleidigenden Charakters giebt es nicht: für die Feststellung d. subj. u. objekt. Thatbestands ist d. concrete Fall maßgebend; — objektiv ehrverletzende Handlung nicht immer erforderl. E. I, 181. — Beleidigung Mehrerer durch eine Aeußerung nicht mehrere selbst. Handlungen. R. VIII, 149. (Befugn. d. Mehreren zur Strafverfolgung cf. § 415 Str.P.O E. III, 363; R. III, 74;) — Collectiv-Bezeichnungen ohne persönl. Beziehung (z. B. Juden) genügen nicht, R. III, 606, wohl aber „Mehrheit einer (best.) Wahlmännerversammlung". E. IX, 1. Feststellung, daß d. Beleidigung sich auf die unter den Collectivbegriff fallenden Personen bezieht; Freisprechung, wenn der Thäter sich nicht bewußt war, daß die Aeußerung auf die bezogen werden könne, welche Strafantrag gestellt haben. E. XVIII, 167; R. X, 597; — Firma vgl. zu § 186. — Beleidigung v. Gesammtheiten nur §§ 196 (Behörden), 197 (polit. Körperschaften), bei Kreditgefährdg. aus § 187 auch Gesellschaften. — Wenn einer in einer beleidigenden Kundgebung nur als Mitglied einer Personenmehrheit gekennzeichneten Person der Vorwurf unehrenhaften Handelns gemacht wird, jedes Mitglied der Personenmehrheit strafantragberechtigt. E. XXIII, 247; — Handlung genügend bezeichnet, wenn generell wegen der in einem Buch enthaltenen Beleidigungen Strafantrag gestellt ist; dann ist der ganze Inhalt d. Buches zu prüfen. Strafantrag kann aber die Thätigkeit d. Richters auf bestimmt bezeichnete Stellen beschränken. E. XXIV, 14.

186. (L. bez. A.) Wer in Beziehung auf einen Anderen eine Thatsache behauptet oder verbreitet, welche denselben verächtlich zu machen oder in der öffentlichen Meinung herabzuwürdigen geeignet ist, wird, wenn nicht diese Thatsache erweislich wahr ist, wegen Beleidigung mit Geldstrafe bis zu sechshundert Mark oder mit Haft oder mit Gefängniß bis zu Einem Jahre und, wenn die Beleidigung öffentlich oder durch Verbreitung von Schriften, Abbildungen oder Darstellungen begangen ist, mit Geldstrafe bis zu eintausendfünfhundert Mark oder mit Gefängniß bis zu zwei Jahren bestraft.

G.B. § 75_4 u. 27_3; Umwandlung v. Geld in Haft § 28 A. 2. Ueber den Begriff der Oeffentlichkeit vgl. oben §§ 85, 110, 183, 200, Anm.

Vgl. §§ 188, 190—200, 233. Thatsachen, auch Urtheile, welche d. Behauptung eines concreten Vorgangs enthalten, (allgem. Urtheile u. Reflexionen fallen unter § 185). R. VIII, 649; — auch Verbreitung ehrenrühriger Gerüchte als solche. E. XXII, 223; — Vorwurf der Parteilichkeit in Beziehung auf eine bestimmte Handlung. R. IX, 179; — Aeußerung muß zur Kenntniß dritter Personen gelangt sein. R. VII, 626; — nicht erweislich wahr. E. XIX, 386. Beweis der Wahrheit vgl. § 192. — Unerweislichkeit kein Thatbestandsmerkmal, sondern Erweislichkeit Strafausschließungsgrund. E. XIX, 386; vgl. IX, 150; — Bewußtsein d. Thäters, daß die behauptete Thatsache unerweisbar, nicht erforderlich. E. IX, 150 cf. R. VI, 615; — Eine kaufmänn. Firma kann keinen Strafantrag stellen, nur die Personen (anders bei Kreditgefährdg. § 187). E. I, 178; R. I, 302. — Brief an den Beleidigten nicht aus § 186 strafb. E. IV, 401; R. III, 445. — Mangelndes Bewußtsein d. Thäters, daß seine Aeußerung auf d. Verletzt. bezogen werden könne, macht straflos. E. XVIII, 167; R. X, 597.

187. (L. bez. A.) Wer wider besseres Wissen in Beziehung auf einen Anderen eine unwahre Thatsache behauptet oder verbreitet, welche denselben verächtlich zu machen oder in der öffentlichen Meinung herabzuwürdigen oder dessen Kredit zu gefährden geeignet ist, wird wegen verleumderischer Beleidigung mit Gefängniß bis zu zwei Jahren und, wenn die Verleumdung öffentlich oder durch Verbreitung von Schriften, Abbildungen oder Darstellungen begangen ist, mit Gefängniß nicht unter Einem Monat bestraft.

Sind mildernde Umstände vorhanden, so kann die Strafe bis auf Einen Tag Gefängniß ermäßigt, oder auf Geldstrafe bis zu neunhundert Mark erkannt werden.

Auch Aktien- u. Handelsgesellsch. steht wegen verleumderischer Kreditgefährdg. eine Klage zu. Goltd. Arch. XXV, 218; St. VIII, 140. Auch dem Inhaber einer Firma, Genossenschaften, jurist. Personen.

Vgl. §§ 188, 193, 194—200.

188. In den Fällen der §§. 186 und 187 kann auf Verlangen des Beleidigten, wenn die Beleidigung nachtheilige Folgen für die Vermögensverhältnisse, den Erwerb oder das Fortkommen des Beleidigten mit sich bringt, neben der Strafe auf eine an den Beleidigten zu erlegende Buße bis zum Betrage von sechstausend Mark erkannt werden.

Eine erkannte Buße schließt die Geltendmachung eines weiteren Entschädigungsanspruches aus.†)

Vgl. § 231 u. G. v. 11./6. 70 (Nachdruck) § 18; G. v. 30./11. 74 (Markenschutz) § 15 u. die Ges. v. 9./1., 10./1. u. 11./1. 76, § 16, 9 bez. 14 (Plastik, Photogr., Muster u. Modelle) v. 7./4. 91 § 36 (Patente) u. v. 1./6. 91 § 11 (Gebrauchsmuster). — Wegen des Verfahrens vgl. St.P.O. §§ 443—446.

189. (L. bez. A.) Wer das Andenken eines Verstorbenen dadurch beschimpft, daß er wider besseres Wissen eine unwahre Thatsache behauptet oder ver-

---

†) Vgl. Dochow, Die Buße u. s. w. Jena 1875 und v. Wächter, Die Buße u. s. w. Leipzig 1874.

breitet, welche denselben bei seinen Lebzeiten verächtlich zu machen oder in der öffentlichen Meinung herabzuwürdigen geeignet gewesen wäre, wird mit Gefängniß bis zu sechs Monaten bestraft.

Sind mildernde Umstände vorhanden, so kann auf Geldstrafe bis zu neunhundert Mark erkannt werden.

Die Verfolgung tritt nur auf Antrag der Eltern, der Kinder oder des Ehegatten des Verstorbenen ein.

190. Ist die behauptete oder verbreitete Thatsache eine strafbare Handlung, so ist der Beweis der Wahrheit als erbracht anzusehen, wenn der Beleidigte wegen dieser Handlung rechtskräftig verurtheilt worden ist. Der Beweis der Wahrheit ist dagegen ausgeschlossen, wenn der Beleidigte wegen dieser Handlung vor der Behauptung oder Verbreitung rechtskräftig freigesprochen worden ist.

191. Ist wegen der strafbaren Handlung zum Zwecke der Herbeiführung eines Strafverfahrens bei der Behörde Anzeige gemacht, so ist bis zu dem Beschlusse, daß die Eröffnung der Untersuchung nicht stattfinde, oder bis zur Beendigung der eingeleiteten Untersuchung mit dem Verfahren und der Entscheidung über die Beleidigung inne zu halten.

Vgl. §§ 190, 186, 187 (?) — bei § 189 nicht denkbar — u. wegen Verjährung § 69. „Strafverfahren" nicht discipl. Verf. E. X, 381; — von Amtswegen, wenn die Anzeige gerichtsbekannt ist. E. XII, 53.

192. Der Beweis der Wahrheit der behaupteten oder verbreiteten Thatsache schließt die Bestrafung nach Vorschrift des §. 185 nicht aus, wenn das Vorhandensein einer Beleidigung aus der Form der Behauptung oder Verbreitung oder aus den Umständen, unter welchen sie geschah, hervorgeht.

Der Beweis der Wahrheit ist nicht abzuschneiden, wenn auch eine Beleidigung aus § 185 schon feststeht. E. I, 260; R. I, 338.

193. Tadelnde Urtheile über wissenschaftliche, künstlerische oder gewerbliche Leistungen, ingleichen Aeußerungen, welche zur Ausführung oder Vertheidigung von Rechten oder zur Wahrnehmung berechtigter Interessen gemacht werden, sowie Vorhaltungen und Rügen der Vorgesetzten gegen ihre Untergebenen, dienstliche Anzeigen oder Urtheile von Seiten eines Beamten und ähnliche Fälle sind nur insofern strafbar, als das Vorhandensein einer Beleidigung aus der Form der Aeußerung oder aus den Umständen, unter welchen sie geschah, hervorgeht.

Zur Wahrung berechtigter Interessen, nicht bei Gelegenheit derselben. E. IV, 316; R. III, 404; — nicht nur solche Interessen, auf welche ein besonderes Recht besteht, sondern alle, deren Wahrnehmung rechtl. erlaubt ist, welche das Recht anerkennt. E. XXIII, 145; ein Allgemeininteresse an einem Vorkommnisse erfüllt jedoch d. Begriff nicht; es muß ein individuelles Interesse vorhanden sein. (Auch bei d. Redakteur muß eine besondere Beziehung nachgewiesen werden.) E. XXIII, 423; auch individuell sittlich berechtigte Gründe zur Wahrung der Rechte Dritter. E. V, 121; Niemand ist aber berechtigt, unwahre Thatsachen öffentl. zu besprechen. E. XXIII, 425; XV, 15; R. VIII, 681; s. aber E. XXIV, 224; die Aeußerung muß einen Inhalt haben, daß ihn der Aeußernde als zu d. bezeichneten Zweck geeignet halten konnte und gehalten hat; nicht anzunehmen, wenn Aeußerung nur in loser Beziehung zu dem wahrgenommenen Interesse steht. E. XXII, 425; Interesse d. Thäters festzustellen. E. I, 83; R. I, 240; — auch wenn der Angekl. sich zur Wahrung fremder Rechte berufen halten konnte. E. XIII, 38; XXIV, 306; Ueberzeugung von der Begründetheit der Behauptung kein unbedingtes Erforderniß. R. IX, 147; auch im Falle des § 187

(u. § 189) nicht grundsätzlich ausgeschlossen; aber nur in den seltensten Fällen möglich. E. XVI, 139; R. IX, 361; — anonyme Anzeigen nicht grundsätzl ausgeschlossen. E. XXII, 330; — nicht unter allen Umständen nur bei der berechtigten Instanz. E. V, 379; R. IV, 116; E. XXIV, 223; — wer bei einer Behörde Umstände, die er für richtig hält, anzeigt, handelt i. W. d. E. Motive gleichgültig; auch wenn aus Rache. E. XX, 104; nicht wenn lediglich zur Befriedigung d. Rachsucht. R. VIII, 524; — Veröffentlichung von Erkenntnissen in der Presse zur Belehrung, wenn dadurch ein besonderer rechtl. zu billigender Zweck (je nach Anlaß, Gegenstand u. dem mit der Mittheilung verfolgten weiteren Zweck) verfolgt wird. E. XIX, 238; — allgem. Recht der Presse, das öffentl. Interesse wahrzunehmen u. dabei straflos die Ehre Anderer durch Behauptung nicht erweislich wahrer Thatsachen anzugreifen, besteht nicht. D. Presse steht unter d. gemeinen Recht. Berecht. Interesse, wenn es sich um eine d. Thäter nach billigem Ermessen angehende Angelegenheit handelt. E. XXIII, 285; XXIV, 224; — Bestrafung setzt Absicht d. Beleidigung voraus; (richtiger wohl: d. Bewußtsein der unangemessenen Ausübung od. Ueberschreitung eines Rechtes) doch muß auch d. objektiv beleidigende Inhalt festgestellt s. E. XXIII, 41; cf. XX, 100; — Aus d. Form d. Aeußerung, nicht mit Inhalt identisch; E. III, 328; IV, 316; R. III, 404; E. XXI, 1. Anwendbark., wenn Redakteur aus § 20 Abs. 2 d. Preßges. als Thäter angeklagt ist. E. XXII, 65. — Auf Majestätsbeleidigung u. Beleidigung v. Bundesfürsten § 193 unanwendbar. E. XVIII, 382; doch schließt die Absicht, nur sein Recht zu wahren, den Vorsatz u. die Strafbarkeit aus. R. X, 724 u. E. V, 46; VIII, 338; R. III, 580. Abgeordnete vgl. § 11; — im schwurgerichtl. Verfahren keine besondere Frage, da Strafausschließungsgrund. E. IX, 106; R. V. 550.

***194.** Die Verfolgung einer Beleidigung tritt nur auf Antrag ein. Die Zurücknahme des Antrages (§§ 185 bis 193) ist zulässig.

Vgl. §§ 64, 196, 197, 232. Der Antrag kann nach § 64 (bei öffentl. Klage) bis zur Verkündg. eines auf Strafe lautenden Ur=

* **§ 194** G. v. 26/2. 76 vgl. oben S. 5.

theils zurückgenommen werden. Die Privatklage wegen Beleidig. kann nach St.P.O. § 431 bis z. Verkünd. des Urtheils 2. Instanz zurückgenommen werden, vgl. oben zu § 64. — Die Wiederaufnahme einer zurückgenommenen Injurienklage ist unzulässig. St.P.O. § 432. — Bedingte oder beschränkte Zurücknahme ist unwirksam. G.A. XXI, 500. — Vgl. St.P.O. §§ 414 ff.; nach § 420 ist (für die Privatkl.) vorgäng. Sühneversf. nöthig mit Ausn. der Fälle des § 196. — Ein beleidigter Staatsanwalt kann den Antrag bei sich selbst zu seinen Akten stellen. R. III, 407. — Beleidigung eines Ministers, Stellvertreter nicht antragsberechtigt. E. XXI, 231.

195. Sind Ehefrauen oder unter väterlicher Gewalt stehende Kinder beleidigt worden, so haben sowohl die Beleidigten, als deren Ehemänner und Väter das Recht, auf Bestrafung anzutragen.

Vgl. §§ 65, 232 A. 3. — Antragsrecht auch nach inzwischen erfolgtem Tode der Ehefrau oder Kinder. E. I, 29; XIII, 115; R. VII, 698; vgl. § 189.

196. Wenn die Beleidigung gegen eine Behörde, einen Beamten, einen Religionsdiener oder ein Mitglied der bewaffneten Macht, während sie in der Ausübung ihres Berufes begriffen sind, oder in Beziehung auf ihren Beruf begangen ist, so haben außer den unmittelbar Betheiligten auch deren amtliche Vorgesetzte das Recht, den Strafantrag zu stellen.

Vgl. § 232 A. 3. Beleidigung einer Behörde E. IV, 75. „Behörde" auch kirchliche. E. XXIII, 204; auch städtischer Magistrat. R. IV, 135; Beamter: vgl. § 359; St.P.O. § 420. Stenglein, Antragsrecht d. Vorgesetzten. Ger.Saal XLII, 79 ff.; — Vorwurf, Beamter habe sich durch sein außerdienstl. Verhalten seines Berufs unwürdig erwiesen, Beleidigung in Beziehung auf den Beruf. R. VI, 155; — „Vorgesetzte" auch d. Vorgesetzten ausländisch. Beamten. E. IV, 49; Landgerichts-Präsident. R. II, 687; IV, 208; auch für Schöffengerichte. E. XIX, 260; Kriegsminister in Preußen. E. XV, 75; R. VIII, 743; Gymnasialdirektor (Rektor) für seine

Lehrer. R. IX, 307; wegen Beleidigung eines Forstbeamten als Hülfsbeamten d. Staatsanwaltschaft, auch Forstvorgesetzter, zum Strafantrag berechtigt. E. XXIII, 360; — Antragsrecht d. Vorgesetzten ist ein selbständiges, R. V, 270, umfaßt aber nicht nach dem Tode d. Beamten erfolgte Beleidigungen. R. VII, 698. Antragsr. d. Vorges. w. durch Zurücknahme d. vom Beleidigten unmittelbar gestellten Strafantrags nicht berührt. R. V, 270; — bei Versetzungen d. frühere Vorgesetzte. E. XIX, 23. Auch Bekanntm. (§ 200). E. XIV, 327; R. VIII, 560.

197. (L.) Eines Antrages bedarf es nicht, wenn die Beleidigung gegen eine gesetzgebende Versammlung des Reichs oder eines Bundesstaats, oder gegen eine andere politische Körperschaft begangen worden ist. Dieselbe darf jedoch nur mit Ermächtigung der beleidigten Körperschaft verfolgt werden.

Auch Bundesrath. E. VII, 382. (Ermächtigung: Notification d. betr. Beschlusses. Gegenzeichnung d. Reichskanzlers nicht erforderl.).

198. Ist bei wechselseitigen Beleidigungen von einem Theile auf Bestrafung angetragen worden, so ist der andere Theil bei Verlust seines Rechts verpflichtet, den Antrag auf Bestrafung spätestens vor Schluß der Verhandlung in erster Instanz zu stellen, hierzu aber auch dann berechtigt, wenn zu jenem Zeitpunkte die dreimonatliche Frist bereits abgelaufen ist.

Vgl. § 232 A. 3. — Wechselseitige Beleidig. sind nicht bloß die auf der Stelle erwiderten (§ 199), — brauchen auch einen that- oder ursächl. Zusammenhang nicht zu haben. E. II, 87. Nach St.P.O. § 428 ist die Widerklage bis zur Beendigung der Schlußvorträge in I. Instanz zulässig. — Im öffentl. Verfahren Widerklage unstatthaft. R. V, 317; VII, 216. — § 198 gilt (nach dem Wortlaut auch des § 232 A. 3) nicht, wenn Beleidigung u. Körperverletzung gegenüberstehen.

199. Wenn eine Beleidigung auf der Stelle erwidert wird, so kann der Richter beide Beleidiger oder einen derselben für straffrei erklären.

Ueber die Kompensation von Beleidiggen. mit leichten Körperverletzggen. vgl. § 233. — „Auf der Stelle" bezieht sich nicht auf den Ort. St. III, 11. Beleidig. eines Abgeordn. gegen eine Privatpers. (§ 12). E. IV, 15.

Wegen der Kosten vgl. St.P.O. § 500.

***200.** Wird wegen einer öffentlich oder durch Verbreitung von Schriften, Darstellungen oder Abbildungen begangenen Beleidigung auf Strafe erkannt, so ist zugleich dem Beleidigten die Befugniß zuzusprechen, die Verurtheilung auf Kosten des Schuldigen öffentlich bekannt zu machen. Die Art der Bekanntmachung, sowie die Frist zu derselben ist in dem Urtheile zu bestimmen.

Erfolgte die Beleidigung in einer Zeitung oder Zeitschrift, so ist der verfügende Theil des Urtheils auf Antrag des Beleidigten durch die öffentlichen Blätter bekannt zu machen, und zwar wenn möglich durch dieselbe Zeitung oder Zeitschrift und in demselben Theile und mit derselben Schrift, wie der Abdruck der Beleidigung geschehen.

Dem Beleidigten ist auf Kosten des Schuldigen eine Ausfertigung des Urtheils zu ertheilen.

Zu A. 1 u. 2. — Oeffentl. Beleidigung, nicht weil an öffentl. Ort, sondern weil dort von einer unbestimmten Mehrheit zu hören. R. V, 317; — auch d. Vorgesetzten (§ 196) kann die Befugniß zuerkannt werden. E. XIV, 327; R. VIII, 560; — wenn Gesammtstrafe wegen Beleidigung u. einer anderen Strafthat erkannt ist, so unterliegt es d. richterl. Ermessen, ob er den ganzen Tenor bekannt machen oder einen Theil ausscheiden will, wie es d. Verurtheilten am wenigsten nachtheilig ist. E. XXIII, 326; — in den Tenor (verfügenden Theil des Urtheils) ist wenigstens der Name

* **§ 200** G. v. 26./2. 76 vgl. oben S. 5.

des Beleidigten aufzunehmen, sonst ist die Bekanntmachg. unverständlich u. zwecklos, vgl. J.M.B. v. 10./1. 88 a. Schluß (J.M.Bl. S. 10). — Idealkonkurrenz vgl. R. VI, 166; s. oben zu § 73. (Die Bekanntmachg. ist Nebenstrafe.) — Verurtheilung d. h. das ganze verurtheilende Erkenntniß. E. XX, 1.

Diese Befugniß muß (auch im Fall des Abs. 2 (E. XIV, 154; R. VIII, 394), ohne Antrag im Urtheilstenor ausgesprochen werden; sie geht auf die Erben nicht über. E. XVI, 73; R. IX, 324 (cf. Reiffel, Ger.Saal XLII, 68 ff.). — Die Bekanntmachg. erfolgt — abgesehen v. Falle des Abs. 2 — nicht von Amtswegen, auch nicht im Falle des § 196. So: Opp. XIX, 553.

A. 2. Die Bestimmg. der Art u. Stelle der Bekanntmachg. unterliegt dem Ermessen des Richters. E. V, 381; R. IV, 118. Nothwendig ist die Festsetzg. im Urtheil nicht, der Antrag ist noch im Vollstreckungsverfahren zulässig. R. I, 598; — nicht anwendbar, wenn aus § 21 d. Preßg. wegen Fahrlässigkeit verurtheilt ist. E. XIII, 319; R. VIII, 107; — Die Kosten trägt (vorschußw.) d. Antragsteller. Aus öffentl. Fonds (Kriminalfonds) können die Kosten nur, wenn im Falle des § 196 der Strafantr. von dem amtl. Vorgesetzten gestellt ist, vorgeschossen werden. Vgl. Preßg. § 11.

A. 3. Die Ausfertigung muß in allen Fällen der (öffentl. oder nicht öffentl.) Beleidigung — ohne Antrag — ertheilt werden. So: Opp. XVII, 254 in Uebereinst. mit dem Pr. St.G.B. von 1851. Eine Abweichung von letzterm ist nicht beabsichtigt. Vgl. auch den I. Entw. (1869) § 173. Die Umstellg. des jetz. Abs. 3 (im § 163 d. Pr. St.G.B. v. 1851 Abs. 1) erfolgte im II. Entw. aus redaktion. Rücksicht auf § 165; anders: St. II, 321.

Funfzehnter Abschnitt.

Zweikampf.†)

Diese Bestimmungen finden auch auf Studenten-Duelle Anwendg. Opp. XVIII. 366; E. I, 443; VII, 29; VIII, 87; R. II, 14;

---

†) Vgl. über Schlägerduelle, Sonntag, v. Buri bei Liszt II, S. 1 bez. 343; Hälschner, Kronecker, Gerichtssaal XXXV, 161 bez. 202; Rödenbeck, Halle 1883; v. Liszt, Strafrecht 5. Aufl. S. 344.

IV, 683; — regelrechter Zweikampf ohne tödtl. Waffen: Körperverletzung aus § 223, Tödtung aus § 211 ff. strafbar. E. VI, 61; R. IV, 185; — Duelle der Militärpersonen: M.B. §§ 112, 113.

201. (L.) Die Herausforderung zum Zweikampf mit tödtlichen Waffen, sowie die Annahme einer solchen Herausforderung wird mit Festungshaft bis zu sechs Monaten bestraft.

„Tödtl. W." auch geschliffene Schläger selbst bei Anwendg. von Schutzvorrichtungen. E. VIII, 87; R. V, 156 u. s. o. — die Feststellung bestimmter Waffen im Urtheil nicht erforderl. E. XXII, 139; — Preuß. Offiziere, welche mit d. Tragen der Uniform verabschiedet s., unterstehen d. Civilstrafgericht. E. XXII, 36; — Ernstlichkeit d. Willens muß sich auf d. Herausforderung beziehen; nicht nothwendig auch schon auf den Zweikampf. E. XXII, 139; — guter Glaube d. Duellanten, wegen d. Schutzvorrichtungen seien lebensgefährl. Verletzungen ausgeschlossen, kein strafausschließender Thatumstand (i. S. d. § 59), wenn an sich tödtl. Waffen angewandt sind. R. V, 280.

202. (L.) Festungshaft von zwei Monaten bis zu zwei Jahren tritt ein, wenn bei der Herausforderung die Absicht, daß einer von beiden Theilen das Leben verlieren soll, entweder ausgesprochen ist oder aus der gewählten Art des Zweikampfs erhellt.

203. (L.) Diejenigen, welche den Auftrag zu einer Herausforderung übernehmen und ausrichten (Kartellträger), werden mit Festungshaft bis zu sechs Monaten bestraft.

Kartellträger unterliegen auch bei stattgehabtem Zweikampf nicht d. Strafe d. Beihilfe. E. XI, 279; R. VI, 780.

204. Die Strafe der Herausforderung und der Annahme derselben, sowie die Strafe der Kartellträger fällt weg, wenn die Parteien den Zweikampf vor dessen Beginn freiwillig aufgegeben haben.

Nebenfrage St.P.O. § 295 A. 2. — Nachträgl. Zurücknahme d. Herausford. schließt Bestrafung nicht aus. E. IV, 113; R. III, 252; — nicht, wenn d. Zweikampf aufgegeben, nachdem der Beginn durch behördliches Einschreiten verhindert ist. E. XIII, 1; R. VII, 603.

205. (L.) Der Zweikampf wird mit Festungshaft von drei Monaten bis zu fünf Jahren bestraft.

Zweikampf hat begonnen, wenn auch erst Einer eine kämpfende Thätigkeit entwickelt hat. E. IV, 408; R. III, 508; — „Beihülfe" durch Mitwirkung bei einem Ehrengericht, welches lediglich über die Waffen zu bestimmen hat. E. XIII, 265; R. VIII, 63; — kein Zweikampf, wenn beide Theile absichtl. fehlschießen. E. XXI, 146.

206. (Sw.) Wer seinen Gegner im Zweikampf tödtet, wird mit Festungshaft nicht unter zwei Jahren, und wenn der Zweikampf ein solcher war, welcher den Tod des einen von Beiden herbeiführen sollte, mit Festungshaft nicht unter drei Jahren bestraft.

207. Ist eine Tödtung oder Körperverletzung mittels vorsätzlicher Uebertretung der vereinbarten oder hergebrachten Regeln des Zweikampfs bewirkt worden, so ist der Uebertreter, sofern nicht nach den vorhergehenden Bestimmungen eine härtere Strafe verwirkt ist, nach den allgemeinen Vorschriften über das Verbrechen der Tödtung oder der Körperverletzung zu bestrafen.

***208.** (Sw.) Hat der Zweikampf ohne Sekundanten stattgefunden, so kann die verwirkte Strafe bis um die Hälfte, jedoch nicht über funfzehn Jahre erhöht werden.

209. Kartellträger, welche ernstlich bemüht gewesen sind, den Zweikampf zu verhindern, Sekundanten, sowie

* **§ 208** G. v. 26./2. 76 vgl. oben S. 5.

zum Zweikampf zugezogene Zeugen, Aerzte und Wundärzte sind straflos.

„Ernstl. bemüht", nach Ueberbringung d. Herausforderung. E. XVII, 243; R. X, 258; — nicht anwendbar, wenn durch sofort. Ablehnung d. Herausforderung seitens d. Geforderten d. Kartellträger zur Beilegung d. Zweikampfes nichts thun konnte; auch wenn er die Ablehnung erwartete. E. XXII, 219.

210. (L.) Wer einen Anderen zum Zweikampf mit einem Dritten absichtlich, insonderheit durch Bezeigung oder Androhung von Verachtung anreizt, wird, falls der Zweikampf stattgefunden hat, mit Gefängniß nicht unter drei Monaten bestraft.

Mittheilung einer beleidigenden Aeußerung, von der der Betreffende weiß, daß sie zum Zweikampf führen muß, Anreizung. E. XVIII, 239; R. X, 623.

Sechszehnter Abschnitt.

Verbrechen und Vergehen wider das Leben.

211. (Sw.) Wer vorsätzlich einen Menschen tödtet, wird, wenn er die Tödtung mit Ueberlegung ausgeführt hat, wegen Mordes mit dem Tode bestraft.

Vgl. §§ 216, 217, 80, 32 (Ehrenstr.), 44 (Versuch), 49 (Gehülfe). — „Mitthäter", daß der eine mit, der andere ohne Ueberlegung gehandelt habe, möglich. R. V, 287.

212. (Sw.) Wer vorsätzlich einen Menschen tödtet, wird, wenn er die Tödtung nicht mit Ueberlegung ausgeführt hat, wegen Todtschlages mit Zuchthaus nicht unter fünf Jahren bestraft.

Vgl. §§ 213—215.

213. War der Todtschläger ohne eigene Schuld durch eine ihm oder einem Angehörigen zugefügte Mißhandlung oder schwere Beleidigung von dem Getödteten zum Zorne gereizt und hierdurch auf der Stelle zur That hingerissen worden, oder sind andere mildernde Umstände vorhanden, so tritt Gefängnißstrafe nicht unter sechs Monaten ein.

Angehörige vgl. § 52 A. 2; St.P.O. §§ 262, 295. — Kein selbständiger Thatbestand im Verhältniß zu § 212. (Verlust d. bürgerl. Ehrenrechte zulässig.) E. XIV, 298; R. VIII, 441.

214. (Sw.) Wer bei Unternehmung einer strafbaren Handlung, um ein der Ausführung derselben entgegentretendes Hinderniß zu beseitigen oder um sich der Ergreifung auf frischer That zu entziehen, vorsätzlich einen Menschen tödtet, wird mit Zuchthaus nicht unter zehn Jahren oder mit lebenslänglichem Zuchthaus bestraft.

Kein selbständ. Thatbestand, sondern ein d. Strafbarkeit d. Tödtung erhöhender Umstand (i. schwurgerichtl. Verfahren Nebenfrage. § 295 St.P.O.). E. XII, 250; R. VII, 367.

215. (Sw.) Der Todtschlag an einem Verwandten aufsteigender Linie wird mit Zuchthaus nicht unter zehn Jahren oder mit lebenslänglichem Zuchthaus bestraft.

Vgl. § 212 und wegen des Theilnehmers § 50.

216. (L.) Ist Jemand durch das ausdrückliche und ernstliche Verlangen des Getödteten zur Tödtung bestimmt worden, so ist auf Gefängniß nicht unter drei Jahren zu erkennen.

Versuch?

217. (Sw.) Eine Mutter, welche ihr uneheliches Kind in oder gleich nach der Geburt vorsätzlich tödtet, wird mit Zuchthaus nicht unter drei Jahren bestraft.

Sind mildernde Umstände vorhanden, so tritt Gefängnißstrafe nicht unter zwei Jahren ein.

Vgl. §§ 211, 212, 367 1; Leichenöff. St.P.O. § 90. — „Kind" von den ersten Anfängen der Geburt an (auch wenn noch im Mutterleibe bei Beginn d. Ausstoßung). E. IX, 131; R. V, 553.

Nach § 50 sind: dritte Personen aus §§ 211 od. 212 (bez. § 49) strafbar. — E. I, 446; R. III, 93 —, die Mutter, wenn nur Theilnehmerin nach § 217 zu strafen. E. II, 154. — Fragestellung i. Schw.Ger., wenn d. That als Mord, Todtschlag od. Kindesmord aufgefaßt w. kann. E. XX, 171.

218. (L.) Eine Schwangere, welche ihre Frucht vorsätzlich abtreibt oder im Mutterleibe tödtet, wird mit Zuchthaus bis zu fünf Jahren bestraft.

Sind mildernde Umstände vorhanden, so tritt Gefängnißstrafe nicht unter sechs Monaten ein.

Dieselben Strafvorschriften finden auf denjenigen Anwendung, welcher mit Einwilligung der Schwangeren die Mittel zu der Abtreibung oder Tödtung bei ihr angewendet oder ihr beigebracht hat.

G.B. § 73 2. — Versuchte Abtreibung ist (auch im Fall des § 219) nur nach § 218 strafb. E. I, 194, der Dritte ist dabei als Theilnehmer (§§ 48, 49, nicht nach § 218 A. 3) strafbar. E. IV, 302; XVI, 25; XXI, 14; R. III, 432; c. Olsh. zu § 218 Anm. 9. — „Versuch", wenn Abtreibemittel in den Mund genommen. R. IX, 687; — auch einer Nichtschwangeren, welche sich für schwanger hält. E. VIII, 198; R. IV, 543; — zur Vollendung genügt vorzeitig bewirkter Abgang der Frucht nicht; durch Bewirken derselben muß der Tod derselben herbeigeführt werden sollen und dieser Erfolg erreicht sein. E. IV, 380.

Abs. 3 wirklich eingetretener Erfolg der Abtreibung stets vorausgesetzt. E. XXI, 14; — Verurtheilung d. Thäters hat Strafbarkeit d. Schwangeren nicht zur Voraussetzung. R. IX, 387; (Schwangere kann Theilnehmerin sein. E. I, 350); — Anstiftung zur Anwendung v. Abtreibemitteln bei d. Schwangeren (u. Anstiftung zur Verübung d. Verbr. aus § 219) nur strafbar, wenn Abtreibung Erfolg gehabt hat. E. III, 162; — Mitthäterschaft aus Abs. 1 u. 3. E. I, 163; — nicht: bloße Beschaffung od. Verabreichung d. Mittel; dies, wenn nicht aus § 219 strafbar, nur Beihülfe zu Abs. 1. E. I, 270; R. I, 450; — nicht: wenn absichtl. untaugl. Mittel angewendet werden. E. XV, 315; R. IX, 139.

219. (Sw.) Mit Zuchthaus bis zu zehn Jahren wird bestraft, wer einer Schwangeren, welche ihre Frucht abgetrieben oder getödtet hat, gegen Entgelt die Mittel hierzu verschafft, bei ihr angewendet oder ihr beigebracht hat.

§ 219 setzt wie § 218 A. 3 vollendete Abtreibung od. Tödtung voraus: vgl. zu § 218, — aber nicht, daß die Schwangere als Thäterin oder Gehülfin erscheint. E. XVI, 184; R. IX, 387.

220. (Sw.) Wer die Leibesfrucht einer Schwangeren ohne deren Wissen oder Willen vorsätzlich abtreibt oder tödtet, wird mit Zuchthaus nicht unter zwei Jahren bestraft.

Ist durch die Handlung der Tod der Schwangeren verursacht worden, so tritt Zuchthausstrafe nicht unter zehn Jahren oder lebenslängliche Zuchthausstrafe ein.

221. (L.) Wer eine wegen jugendlichen Alters, Gebrechlichkeit oder Krankheit hülflose Person aussetzt, oder wer eine solche Person, wenn dieselbe unter seiner Obhut steht oder wenn er für die Unterbringung, Fortschaffung oder Aufnahme derselben zu sorgen hat, in hülfloser Lage vorsätzlich verläßt, wird mit Gefängniß nicht unter drei Monaten bestraft.

Wird die Handlung von leiblichen Eltern gegen ihr Kind begangen, so tritt Gefängnißstrafe nicht unter sechs Monaten ein.

(Sw.) Ist durch die Handlung eine schwere Körperverletzung der ausgesetzten oder verlassenen Person verursacht worden, so tritt Zuchthausstrafe bis zu zehn Jahren und, wenn durch die Handlung der Tod verursacht worden ist, Zuchthausstrafe nicht unter drei Jahren ein.

„Hülflose Lage" wesentl. thatsächl. R. IV, 78; wenn d. hülflosen Person d. Hülfe thatsächl. entzogen u. sie d. Zufall überlassen ist. R. VII, 250; — „hülflose Person" auch Trunkene. E. V, 393; R. IV, 24. — „Verlassen" nicht blos passives Verhalten, sondern Thätigkeit, durch welche eine räumliche Trennung in die Erscheinung tritt. E. VIII, 343; R. V, 429. — „Verpflichtung zur Unterbringung" gesetzl. od. vertragsmäßig. E. VIII, 205; R. V, 260.

222. (L.) Wer durch Fahrlässigkeit den Tod eines Menschen verursacht, wird mit Gefängniß bis zu drei Jahren bestraft.

Wenn der Thäter zu der Aufmerksamkeit, welche er aus den Augen setzte, vermöge seines Amtes, Berufes oder Gewerbes besonders verpflichtet war, so kann die Strafe bis auf fünf Jahre Gefängniß erhöht werden.

„Fahrlässigkeit": Außerachtlassen pflichtmäßiger Sorgfalt. Was zur Verhütung d. Unfalls zu thun war, nur nach d. Besonderheit d. Einzelfalles festzustellen. E. XXII, 357; — die Fahrlässigkeit muß alle Ursachen d. Erfolgs in ihrer Gesammtheit darstellen, nicht aber nothwendig d. ausschließl. Ursache. E. XXII, 174; — deshalb auch, wenn Handlung zur Hervorbringung d. Erfolgs mitwirksam gewesen ist, auch wenn nicht allein u. unmittelbar. R. III, 641; — Causalnexus zwischen einer fahrlässig herbeigeführten Wunde u. d. Tode d. Verletzten nicht durch Nachweis beseitigt, daß Verhalten d. Verletzten d. Wunde zu einer tödtlichen gemacht. E. VI, 249; — bei bestehender tödtl. Krankheit, wenn Tod durch Fahrlässigkeit beschleunigt ist. R. X, 493; — auch wenn Erfolg durch rechtzeitige Hülfe abgewandt worden wäre. E. IV, 243; — nicht: wenn derselbe Erfolg auch ohne d. Fahrlässigkeit eingetreten wäre. E. XV, 151; — vorsätzliche, aber nicht strafbare Handlung kann mit Rücksicht auf einen verursachten, nicht gewollten Erfolg Fahrlässigkeitsvergehen darstellen (fahrl. Tödtung bei Ausübung d. Hausrechts). E. XXIII, 382.

Abs. 2. „Amt" nicht: in den Sinn d. § 359; sondern die Art d. gewählten Thätigkeit; auch Privatverhältniß. E. XXII, 419; — Fahrlässigkeit e. Betriebsunternehmers bei Unterlassung v. Schutz=

vorrichtungen nicht dadurch ausgeschlossen, daß Concessionsurk. solche nicht vorschreibt. E. XVIII, 73; — Selbstentleibung eines Geisteskranken als fahrläss. Tödtung durch d. Wärter. E. VII, 332; — Berufspflicht zur Untersuchg. v. Fleischwaaren. R. III, 757. Abs. 2 trifft auch Kurpfuscher. R. IV, 313; X, 493.

Siebenzehnter Abschnitt.

Körperverletzung.

Körperverletzungen sind vorsätzliche (§§ 223—229) od. fahrlässige (§ 230). — Das St.G.B. unterscheidet (bezüglich der vorsätzlichen K.): leichte (§ 223 A. 1 u. 2), qualifizirte (§ 223a), schwere (§ 224).

Leichte vorsätzl. und alle fahrläss. K. sind nur auf Antrag zu verfolgen (§ 232). Ausnahme: Verletzg. einer Amtspflicht u. s. w. (§ 232 A. 1) und können im Wege der Privatklage verfolgt werden (St.P.O. §§ 414 ff.); wobei vorgängiger Sühneversuch nicht erforderlich ist (St.P.O. § 420). Oeffentl. Klage wird bei diesen K. nur erhoben, wenn ein öffentl. Interesse vorliegt (St.P.O. § 420).

Erhebg. der Privatkl. ersetzt den Antrag u. wahrt im Fall der Zurücknahme die Frist zur Erhebung der öffentl. Kl., sofern nicht (wie im § 232 A. 2) die Zurücknahme des Antr. zulässig ist. E. VIII, 207; R. V, 272. — Zuständig ist im Falle der Privatkl. das Schöffenger. (G.V. § 27₃), im Falle der öffentl. Kl. das Landger., welchem (wie auch für § 223a) die Ueberweisg. an das Amtsger. freisteht. (G.V. § 75₄ u. ₅.)

*223. (L. bez. A.) Wer vorsätzlich einen Anderen körperlich mißhandelt oder an der Gesundheit beschädigt, wird wegen Körperverletzung mit Gefängniß bis zu drei Jahren oder mit Geldstrafe bis zu eintausend Mark bestraft.

Ist die Handlung gegen Verwandte aufsteigender Linie begangen, so ist auf Gefängniß nicht unter Einem Monat zu erkennen.

* **§ 223.** G. v. 26./2. 76 s. oben S. 5 u. 6.

G.B. §§ 27₃, 75₄. — Wegen Buße, Antrages u. s. w. vgl. §§ 231—233. Der § 223 (Abs. 1 u. 2) umfaßt die „leichten Körperverletzungen“ im Sinne des § 232. — Wegen mildernder Umstände im Falle des § 223 Abs. 2 vgl. § 228. — „Mißhandeln“, unangemessenes, übeles Behandeln; jedoch wird begrifflich kein Eindruck auf d. Empfindungsvermögen d. Objects gefordert. E. XIX, 136; — Gesundheitsbeschädigung, auch Verschlimmerung e. bestehenden Krankheit. E. XIX, 226. § 223 setzt „Widerrechtlichkeit“ voraus. E. IX, 302; XIX, 265; R. I, 592; V, 794; Lehrer, vgl. auch § 340; d. Züchtigungsrecht d. Lehrer kein Recht im privaten Sinn, sondern ein Attribut d. Amtes u. daher der den Gesetzen entsprechenden Amtsinstruktion oder landesrechtlichen Begrenzung unterworfen. E. XV, 376; im ersteren Fall ist zu einer Feststellung d. Züchtigungr. erforderl. das verfassungsmäßige Recht d. Behörde zur Regelung d. Schulzucht im Allgem., daß d. Anordnung in der vorgeschriebenen u. üblichen Form erfolgt ist u. daß die Behörde mit d. Anordnung eine allgemein bindende Anordnung erlassen wollte. E. XIX, 265; — (über Züchtigungsr. d. Lehrer, Keßler, Ger.Saal XLI, 161; Stenglein daselbst XLII, 1) u. R. I, 573 (Dienstherrschaft). — Uebertragung d. Zuchtrechts zulässig. R. IV, 38. Kein ehemännl. Zucht-R. E. XII, 368; R. III, 517. — Irrthum i. d. Person, aberratio ictus. E. XIX, 179. — Keine Idealkonkurrenz m. 340 (Gesetzeskonkurrenz). R. VI, 212.

***223a.** (L. bez. A.) Ist die Körperverletzung mittels einer Waffe, insbesondere eines Messers oder eines anderen gefährlichen Werkzeuges, oder mittels eines hinterlistigen Ueberfalls, oder von Mehreren gemeinschaftlich, oder mittels einer das Leben gefährdenden Behandlung begangen, so tritt Gefängnißstrafe nicht unter zwei Monaten ein.

G.B. § 75₅. Vgl. § 367₁₀. § 223a erfordert keinen Antrag; vgl. § 232; R. I, 442. — Hier nicht sowohl d. Folgen, als das angewandte Mittel von Bedeutung; „gefährl. Werkzeug“, jeder Gegenstand, welcher objectiv u. nach seiner Anwendung geeignet ist,

* § 223a. G. v. 26./2. 76 s. oben S. 5 u. 6.

erhebliche Verletzungen zuzufügen (gewöhnl. Bestimmung u. Verwendung unerheblich). E. IV, 397; ätzende Flüssigkeit nicht, auch nicht bissiger Hund. E. IV, 298; VIII, 315; R. V, 393; unter Umständen aber eine d. Leben gefährdende Behandlung; — „hinterlistiger Ueberfall": Hinterlist s. § 181 Anm.; — unvermutheter Angriff mit dem Willen des Angreifers, damit die Abwehr abzuschneiden. E. II, 74; R. I, 844; — „Leben gefährdende Behandlung": Umstände d. Falles, insbesondere Leibesbeschaffenheit d. Mißhandelten (objektives Vorhandensein d. Lebensgefährdung in dies. S.). E. X, 100; — Bewußtsein d. Thäters von d. Gefährdung nicht erforderl.; doch muß d. That, wie sie objektiv sich gestaltet hat, im Willen d. Thäters gelegen haben. E. XVII, 279; R. X, 237; — „gemeinschaftl. v. Mehreren". Mitthäter s. für die Mißhandlungen im Ganzen verantwortl. Betheiligung eines jeden Einzelnen an d. Mißhandlung nicht erforderlich. R. VIII, 348. — Mild. Umst. vgl. § 228.

224. (L.) Hat die Körperverletzung zur Folge, daß der Verletzte ein wichtiges Glied des Körpers, das Sehvermögen auf einem oder beiden Augen, das Gehör, die Sprache oder die Zeugungsfähigkeit verliert, oder in erheblicher Weise dauernd entstellt wird, oder in Siechthum, Lähmung oder Geisteskrankheit verfällt, so ist auf Zuchthaus bis zu fünf Jahren oder Gefängniß nicht unter Einem Jahre zu erkennen.

G.V. § 73₂. — Mild. Umst. vgl. § 228 u. Buße § 231. — Der Begriff „schwere Körperverletzung" bestimmt sich im St.G.B. aus § 224. Vgl. §§ 227, 221 A. 3, 229, 239 A. 2 u. s. w. Ursächl. Zusammenhang. E. V, 29; R. III, 546. — Verlust d. Gliedes thatsächl. erforderl.; Verlust d. Gebrauchsfähigkeit nicht genügend. E. III, 33; R. II, 514; — „Sehvermögen", thatsächl. Feststellung; nicht verloren, wenn eine, auch nur schwache Funktion d. Auges möglich, E. XIV, 118; R. VIII, 342; oder wenn Erblindung erst in, wenn auch sicherer, Aussicht steht. E. XIV, 4; — „Verlust d. Gehörs", auf beiden Ohren; — „Entstellung u. Lähmung", nur wenn Gesammterscheinung d. Menschen bezw. Bewegungsfähigkeit im Ganzen beeinträchtigt wird; wenn auch von einem Gliede ausgehend. E. VI, 65; R. IV, 189; cf. VI, 565; — „entstellt" auch, wenn künstlich zu verdecken. E. XIV, 344; R. VIII, 578. — „Siechthum", langdauernde Krankheit, welche, den ganzen Organismus ergreifend, erhebliche Beeinträchtigung des Allgemeinbefindens bewirkt (wenn auch heilbar). E. XII, 127; R. VII, 221; — „Geisteskrankheit", Unheilbarkeit nicht erforderl. R. V, 649; — Versuch m. § 224 unmöglich (cf. aber § 225). E. IX, 67.

225. (Sw.) War eine der vorbezeichneten Folgen beabsichtigt und eingetreten, so ist auf Zuchthaus von zwei bis zu zehn Jahren zu erkennen.

G.B. § 80. — „Versuch" strafb. (nicht bei § 224). E. IX, 67.

226. (Sw.) Ist durch die Körperverletzung der Tod des Verletzten verursacht worden, so ist auf Zuchthaus nicht unter drei Jahren oder Gefängniß nicht unter drei Jahren zu erkennen.

G.B. § 80. — Mild. Umst. vgl. § 228 u. wegen Buße § 231

227. (L.) Ist durch eine Schlägerei oder durch einen von Mehreren gemachten Angriff der Tod eines Menschen oder eine schwere Körperverletzung (§ 224) verursacht worden, so ist Jeder, welcher sich an der Schlägerei oder dem Angriffe betheiligt hat, schon wegen dieser Betheiligung mit Gefängniß bis zu drei Jahren zu bestrafen, falls er nicht ohne sein Verschulden hineingezogen worden ist.

A. 1. G.B. § 73 1. Vgl. § 367 Nr. 10. — „Nicht ohne sein Verschulden": Nicht erforderl., daß d. Angekl. allein die Schuld an d. Schlägerei hatte; sein Verschulden muß an d. Schlägerei nur mitgewirkt haben. E. III, 236; — „Tod" (Körperverl.) auch eines Angreifers, E. VIII, 369; R. V, 447. Daß die tödtl. Verletzung schon geschehen, als die Betheiligung a. d. Schlägerei begann, ist für d. Strafbark. unerheblich; daselbst; — daß d. Getödtete bei d. Schlägerei aus Versehen sich selbst getödtet hat, schließt d. Anwendung d. § 227 nicht ohne Weiteres aus. E. XI,

237; R. VI, 728; — „Betheiligung", nur durch physische oder intellektuelle Mitwirkung bei d. Schlägerei. R. III, 626; — bei schuldhafter Betheiligung für die Anwendung d. § 227 unerheblich, daß der Angekl. sich in Nothwehr befand, als er d. tödtl. Schlag führte. E. X, 627; 668; — „Abwehr" ist nicht Betheiligung an d. Schlägerei. R. IX, 584.

(L.) Ist eine der vorbezeichneten Folgen mehreren Verletzungen zuzuschreiben, welche dieselbe nicht einzeln, sondern nur durch ihr Zusammentreffen verursacht haben, so ist Jeder, welchem eine dieser Verletzungen zur Last fällt, mit Zuchthaus bis zu fünf Jahren zu bestrafen.

A. 2. G.B. § 73₂ und mild. Umst. vgl. § 228.

***228.** Sind mildernde Umstände vorhanden, so ist in den Fällen des § 223 Absatz 2 und des § 223a auf Gefängniß bis zu drei Jahren oder Geldstrafe bis zu eintausend Mark, in den Fällen der §§ 224 und 227 Absatz 2 auf Gefängniß nicht unter Einem Monat, und im Falle des § 226 auf Gefängniß nicht unter drei Monaten zu erkennen.

229. (Sw.) Wer vorsätzlich einem Anderen, um dessen Gesundheit zu beschädigen, Gift oder andere Stoffe beibringt, welche die Gesundheit zu zerstören geeignet sind, wird mit Zuchthaus bis zu zehn Jahren bestraft.

Ist durch die Handlung eine schwere Körperverletzung verursacht worden, so ist auf Zuchthaus nicht unter fünf Jahren und, wenn durch die Handlung der Tod verursacht worden, auf Zuchthaus nicht unter zehn Jahren oder auf lebenslängliches Zuchthaus zu erkennen.

G.B. § 80. — Schwere Körperverletzung vgl. §§ 224, 227. — „Gift" ist begrifflich (ohne besond. Feststellg.) zur Zerstörg.

* § **228** G. v. 26./2. 76 vgl. oben S. 5.

d. Gesundh. geeignet. E. X, 178; R. III, 449; doch ist stets d. schädigende Eigenschaft d. in Frage stehenden Stoffes festzustellen, da hier kein spezieller Giftbegriff aufgestellt ist. E. X, 178.

230. (L. bez. A.) Wer durch Fahrlässigkeit die Körperverletzung eines Anderen verursacht, wird mit Geldstrafe bis zu neunhundert Mark oder mit Gefängniß bis zu zwei Jahren bestraft.

Antrag u. Privatkl. vgl. § 232. — Es genügt, daß d. Verursachung d. Schadens in seiner allgemeinen Beschaffenheit (nicht aber d. thatsächl. Schädigung in ihrer konkret. Gestaltung) vorhergesehen werden konnte. E. XIX, 51. — Aberratio ictus, E. III, 384; R. III, 46. — Eigenthümer eines d. Verkehr übergebenen Hauses zur Beleuchtung der Treppen verpflichtet, so lange d. regelm. Verkehr stattfindet. E. XIV, 362; R. VIII, 629.

(L.) War der Thäter zu der Aufmerksamkeit, welche er aus den Augen setzte, vermöge seines Amtes, Berufes oder Gewerbes besonders verpflichtet, so kann die Strafe auf drei Jahre Gefängniß erhöht werden.

Vgl. Gew.O. § 143 ff. — Gewerbebetrieb vgl. R. III, 89; auch Kurpfuscher. R. IV, 313; X, 268; — öftere Wiederholung einer Thätigkeit noch kein Beruf. „Beruf", Ausübung einer erwählten Lebensthätigkeit. R. V, 415; — nicht Nachweis erforderl., daß d. Betreffende sich die nöthige Sachkunde erworben hat. R. IV, 547; — „Verletzung e. Gewerbepflicht", auch wenn Arbeiten zu dauerndem Erwerbe übernommen sind u. nicht geleistet wurden. R. VII, 638.

A. 1 u. 2. Kausalnexus E. V, 29; R. III, 546 cf. § 222 Anm.

231. In allen Fällen der Körperverletzung kann auf Verlangen des Verletzten neben der Strafe auf eine an denselben zu erlegende Buße bis zum Betrage von sechstausend Mark erkannt werden.

Eine erkannte Buße schließt die Geltendmachung eines weiteren Entschädigungsanspruches aus.

Für diese Buße haften die zu derselben Verurtheilten als Gesammtschuldner.

Vgl. § 188 u. St.P.O. §§ 443—446. „Buße", R. VII, 93, nicht in Rentenform zu erkennen. E. XVII, 178; — solidarische Verurtheilung, auch bei Verurtheilung Mehrerer wegen Fahrlässigkeit. E. IX, 223; R. V, 734; — Entschädigungsgelder, welche d. Thäter oder für denselben e. Versicherungskasse zahlt, mit zu berücksichtigen. eod.; — anwendbar auch im Fall d. § 340. E. XII, 223; R. VIII, 409.

***232.** (L. bez. A.) Die Verfolgung leichter vorsätzlicher, sowie aller durch Fahrlässigkeit verursachter Körperverletzungen (§§ 223, 230) tritt nur auf Antrag ein, insofern nicht (L.) die Körperverletzung mit Uebertretung einer Amts-, Berufs- oder Gewerbspflicht begangen worden ist.

Ist das Vergehen gegen einen Angehörigen verübt, so ist die Zurücknahme des Antrages zulässig.

Die in den §§ 195, 196 und 198 enthaltenen Vorschriften finden auch hier Anwendung.

A. 1. Gerichtszuständigk., Privatkl. oben S. 135; vgl. §§ 61—65 u. St.P.O. § 414 ff. „Amtspflicht" u. s. w. bezieht sich nicht bloß auf fahrl. (§ 230 A. 2), sond. auch auf leichte vorsätzl. (§ 223). — Erziehungspflicht d. Eltern keine Berufspflicht (Beruf selbstgewählte Lebensstellung mit ihren Pflichten). E. VI, 24; R. IV, 143. — A. 2. Angehörige vgl. § 52 A. 2. — A. 3. Bei wechselseitigen Körperverletzgen. (vgl. § 198) ist Erhebg. der Widerklage nach § 428 St.P.O. bis zur Beendigung der Schlußvorträge in I. Instanz zulässig.

233. Wenn leichte Körperverletzungen mit solchen, Beleidigungen mit leichten Körperverletzungen oder letztere mit ersteren auf der Stelle erwidert werden, so kann der Richter für beide Angeschuldigte, oder für einen derselben eine der Art oder dem Maße nach mildere oder überhaupt keine Strafe eintreten lassen.

* **§ 232** G. v. 26./2. 76 vgl. oben S. 5.

Vgl. § 199; bei § 223a findet keine Aufrechng. statt, E. XIV, 360; R. I, 23; VIII. 611; ebensowenig bei § 340. E. VI, 433; R. IV, 672. — Keine Aufrechnung bei Körperverletzung an einem Beamten mit Thätlichkeiten des Beamten, welche derselbe ohne Ueberschreitung seiner Amtsbefugnisse zugefügt hat. E. VII, 100; R. IV, 709.

Achtzehnter Abschnitt.

Verbrechen und Vergehen wider die persönliche Freiheit.

234. (Sw.) Wer sich eines Menschen durch List, Drohung oder Gewalt bemächtigt, um ihn in hülfloser Lage auszusetzen oder in Sklaverei, Leibeigenschaft oder in auswärtige Kriegs- oder Schiffsdienste zu bringen, wird wegen Menschenraubes mit Zuchthaus bestraft.

235. (L.) Wer eine minderjährige Person durch List, Drohung oder Gewalt ihren Eltern oder ihrem Vormunde entzieht, wird mit Gefängniß und, (Sw.) wenn die Handlung in der Absicht geschieht, die Person zum Betteln oder zu gewinnsüchtigen oder unsittlichen Zwecken oder Beschäftigungen zu gebrauchen, mit Zuchthaus bis zu zehn Jahren bestraft.

„List", neben der Anwendung eines gewissen Grades von Klugheit, Schlauheit u. Fertigkeit ein geflissentliches Verbergen d. Absicht oder der zur Erreichung der Absicht gebrauchten Mittel, ohne daß es darauf ankommt, ob bei d. Ueberlisteten irrige Vorstellungen wirksam waren oder doch nach d. Willen d. Thäters wirksam werden sollten. E. XVII, 90; R. X, 81; — auch d. Vormundschaftsgericht gegenüber. E. XV, 340; R. IX, 102; — „Entziehung" auch durch Unterlassungshandlungen, wenn positives Handeln durch eine Rechtspflicht begründet war. E. XXIV, 133; — z. B. Versteckthaltung, wenn d. Thäter zur Abwendung dieses den Strafgesetzen zuwiderlaufenden Erfolgs verbunden ist. E. XVII, 90;

R. X, 74; — auch wenn d. Kinder dem Vater von d. eigenen Mutter entzogen werden. R. VIII, 465; — od. d. Mutter, welcher d. Aufsichts- u. Erziehungsrecht übertragen ist, vom Vater. E. XXII, 166; — Substitution eines anderen Gewaltverhältnisses gehört nicht zum Thatbestand. Die Strafthat richtet sich gegen d. Machtverhältniß d. Eltern ꝛc. Einwilligung d. Minderjährigen unerheblich. Die dem Minderjährigen bei Selbstentziehung geleistete Beihülfe straflos; anders, wenn die Thätigkeit des Dritten, einschließlich der von ihm vorsätzl. verursachten Mitwirkung d. Minderjährigen d. Thatbestand erfüllt hat, dann d. dritte Thäter. E. XVIII, 273; R. X, 692. — §§ 235—237. Keine Gesetzeskonkurrenz (Kinderraub u. Entführung decken sich nicht). E. XVIII, 283; R. X, 692.

236. (Sw.) Wer eine Frauensperson wider ihren Willen durch List, Drohung oder Gewalt entführt, um sie zur Unzucht zu bringen, wird mit Zuchthaus bis zu zehn Jahren und, (L.) wenn die Entführung begangen wurde, um die Entführte zur Ehe zu bringen, mit Gefängniß bestraft.

Die Verfolgung tritt nur auf Antrag ein.

Vgl. § 238. — „Zur Unzucht", auch wenn unzüchtiges Verhältniß schon bestand u. nur fortgesetzt werden soll. E. XVI, 391; R. IX, 617; Unbescholtenheit überhaupt nicht Voraussetzung.

237. (L.) Wer eine minderjährige, unverehelichte Frauensperson mit ihrem Willen, jedoch ohne Einwilligung ihrer Eltern oder ihres Vormundes, entführt, um sie zur Unzucht oder zur Ehe zu bringen, wird mit Gefängniß bestraft.

Die Verfolgung tritt nur auf Antrag ein.

Vgl. § 238. Mitthätigkeit d. Frauensperson nicht ausgeschlossen. E. VI, 292; — „zur Unzucht" s. § 236 Anm.

238. Hat der Entführer die Entführte geheirathet, so findet die Verfolgung nur statt, nachdem die Ehe für ungültig erklärt worden ist.

Vgl. §§ 236, 237, 69.

239. (L.) Wer vorsätzlich und widerrechtlich einen Menschen einsperrt oder auf andere Weise des Gebrauches der persönlichen Freiheit beraubt, wird mit Gefängniß bestraft.

(Sw.) Wenn die Freiheitsentziehung über eine Woche gedauert hat, oder wenn eine schwere Körperverletzung des der Freiheit Beraubten durch die Freiheitsentziehung oder die ihm während derselben widerfahrene Behandlung verursacht worden ist, so ist auf Zuchthaus bis zu zehn Jahren zu erkennen. Sind mildernde Umstände vorhanden, so tritt Gefängnißstrafe nicht unter Einem Monat ein.

(Sw.) Ist der Tod des der Freiheit Beraubten durch die Freiheitsentziehung oder die ihm während derselben widerfahrene Behandlung verursacht worden, so ist auf Zuchthaus nicht unter drei Jahren zu erkennen. Sind mildernde Umstände vorhanden, so tritt Gefängnißstrafe nicht unter drei Monaten ein.

A. 1. „Einsperren", Verhinderung d. Entkommens aus einem Raume durch äußere Vorrichtungen. E. VII, 259; der Zweck ist gleichgültig. Daß die Unmöglichkeit d. Entfernens eine absolute, nicht erforderl. (genügend, wenn der gewöhnl. Ausgang versperrt wird u. Entkommen aus d. Fenster möglich). E. VIII, 210; — „Freiheitsberaubung" (wenigstens vorübergehende), völlige Aufhebung der persönl. Freiheit Jemandes (nicht bloße Beschränkung oder Erschwerung der freien Bewegung). E. VI, 231; R. IV, 383; — irrige Annahme, daß d. Thür versperrt sei, begründet d. Thatbestand nicht. R. VIII, 128; — wirkl. Hinderniß nothwendig. R. VII, 657; — Wegnahme v. Kleidern Badender (nicht). E. VI, 231; R. IV, 383; — objektiv unberechtigte Festnahme nicht, wenn der Festnehmende an seine Berechtigung glaubte. E. XII, 194; R. VII, 290; anders bei wissentl. widerrechtl. Ueberschreitung. E. XVII, 127; R. X, 139; überhaupt subjektiv. Bewußtsein d. Widerrechtlichkeit. R. VI, 481.

***240.** (L.) Wer einen Anderen widerrechtlich durch Gewalt oder durch Bedrohung mit einem Verbrechen oder Vergehen zu einer Handlung, Duldung oder Unterlassung nöthigt, wird mit Gefängniß bis zu Einem Jahre oder mit Geldstrafe bis zu sechshundert Mark bestraft. †)

Der Versuch ist strafbar.

Vgl. §§ 114, 126, 241, 253, 254; Gew.O. § 153; Bayern Art. 10. — „Gewalt" jede unmittelbare oder mittelbare Einwirkung auf die Person eines Andern. (Aufwendung physischer Kraft nicht erforderl.); Gew. braucht nicht unwiderstehlich zu sein. E. XIII, 354; XX, 854. cf. R. VIII, 188; — mittelbare Einwirkung durch Gewalt gegen Sachen oder gegen dritte Personen. E. XVII, 82; R. X, 37; — „Drohung", Ankündigung eines mindestens mittelbar von dem Drohenden zu veranlassenden Verbrechens oder Vergehens; — (auch durch konkludente Handlungen. R. VIII, 362;) — es kann also mit d. Verbrechen eines Dritten gedroht werden, wenn d. Drohende in der Lage ist, auf d. Willen des Dritten einzuwirken. E. XXIV, 151; — Widerrechtlichkeit des Mittels, nicht d. Nöthigungszwecks erforderl. E. VIII, 302; R. V, 353; keine Widerrechtlichkeit also, wenn Thäter zur Gewaltanwendung oder Drohung berechtigt war, oder (ohne Rechtsirrthum) berechtigt zu sein glaubte. E. XII, 194; R. VII, 290; z. B. bei erlaubter Selbsthilfe, Nothwehr. R. IV, 379; VII, 402; — Bedrohung mit Beleidigung straflos, wenn letztere aus § 193 straflos sein würde. R. III, 500; — Nöthigung zur Unterlassung rechtswidriger Handlungen straflos. E. III, 222; R. II, 725; — §§ 240. 253. Ideal- (nicht Gesetzes)konkurrenz. R. X, 619.

***241.** (L. bez. A.) Wer einen Anderen mit der Begehung eines Verbrechens bedroht, wird mit Gefängniß bis zu sechs Monaten oder mit Geldstrafe bis zu dreihundert Mark bestraft.

* **§§ 240** u. **241** G. v. 26./2. 76 vgl. oben S. 6.

---

†) Bruck, Lehre v. d. Verbr. geg. die Willensfreih. Berlin 1875.

G.V. §§ 75₁₄. — Vgl. §§ 126, 240, 253, 254. — Drohung s. § 240 Anm. — Wer das Verbr. begehen soll, ist gleichgültig. E. V, 214; R. III, 756; R. IV, 422. — Bedingte Drohung. E. XX, 180. — Störung in der Rechtssicherheit nicht erforderl., auch nicht Hervorrufen von Furcht vor d. Verwirklichung. E. IV, 10; R. III, 73; doch muß d. Drohende das bezwecken. — Kenntniß d. Bedrohten v. d. Drohung mit Willen des Drohenden. R. I, 73.

Neunzehnter Abschnitt.

Diebstahl und Unterschlagung.

Verlust der Ehrenrechte u. Polizeiaufsicht vgl. § 248. — Wegen gewisser leichter Entwendungen vgl. § 370₂, ₅ (u. ₆). Forst- und Felddiebstähle vgl. E.G. § 2.

242. (L. bez. A.) Wer eine fremde bewegliche Sache einem Anderen in der Absicht wegnimmt, dieselbe sich rechtswidrig zuzueignen, wird wegen Diebstahls mit Gefängniß bestraft.

Der Versuch ist strafbar.

Zuständig ist bei einem Werth des Gestohlenen bis zu 25 Mark das Schöffenger. (G.V. § 27₄), sonst das Landger. und im Wege der Ueberweisung nach G.V. § 75₆ das Schöffenger.

Einfacher Diebstahl vgl. § 244; außerdem §§ 247, 370₂, ₅ (u. ₆). — Fremde Sache, civilrechtl. zu bestimmen. E. XXI, 364; alle, welche nicht im Alleineigenthum d. Thäters stehn. E. XXI, 270; Wasser aus d. Leitung; Leuchtgas. R. III, 14; — „wegnehmen", aus dem Gewahrsam eines Dritten. (Gewahrsam, thatsächl. Verhältniß, nicht nothwendig Eigenthum od. juristischer Besitz. E. XXIII, 75; Gewahrsam geht durch Entfernung mit d. Unmöglichkeit Verfügungsgewalt auszuüben verloren. E. II, 64; R. I, 818); — Diebstahl vollendet, wenn die Sache thatsächlich in die Verfügungsgewalt d. Diebes übergegangen; wenn auch noch nicht aus den Räumen des Bestohlenen herausgeschafft ist. R. VII, 539; — „Zueignung", Absicht erforderl., eine nur zur Zuständigkeit d. Eigenthümers gehörige Verfügung zu treffen. E.

XXIV, 22; — nicht: ausschließl. Absicht d. Vernichtung. E. XI, 239; R. VI, 727; — „Rechtswidr. Zueignung" auch bei der Absicht, sich bezahlt zu machen. E. XII, 88; R. VII, 164; — nicht: Wegnahme zur Verpfändung, um die Sache wieder einzulösen, mit der begründeten Ueberzeugung, dies jederzeit auch zu können. E. IX, 382; R. V, 797; — Diebstahl der Ehefrau in Gütergemeinschaft (cf. § 247 Abs. 2). E. IV, 83; R. III, 222; — Entwendung von Früchten aus einer Miete. E. V, 385; R. IV, 127; — Wegnahme von Sachen von gestrandeten, verlassenen Schiffen. E. X, 84; — Wegnahme v. Wild aus einem Parke, der so beschaffen ist, daß das Wild sich in der Verfügungsgewalt d. Eigenthümers befindet. E. VIII, 273; R. V, 254; — Diebst. an e. Sparkassenbuch, auch wenn die Wegnahme geschah, um einen Theil d. Einlage zu erheben u. d. Buch dann an seinen Platz zurückzulegen. E. XXII, 2. — Der mit d. Ladenverkauf Beauftragte kann Diebstähle a. d. Bestandtheilen des Waarenlagers begehn. (Geschäftsherr Gewahrsam. E. II, 1; R. I, 540.) E. XXI, 16; — Zueignung a. d. Zimmer d. verstorbenen Eigenthümers, ehe ein Anderer Gewahrsam erlangt hat, Unterschlagung. E. X, 84; — Wegholen einer gestohlenen u. in d. Behausung d. Bestohlenen versteckt gehaltenen Sache kein neuer Diebstahl. E. XII, 358; R. VII, 479.

243. (L.) Auf Zuchthaus bis zu zehn Jahren ist zu erkennen, wenn

1) aus einem zum Gottesdienste bestimmten Gebäude Gegenstände gestohlen werden, welche dem Gottesdienste gewidmet sind;

2) aus einem Gebäude oder umschlossenen Raume mittels Einbruchs, Einsteigens oder Erbrechens von Behältnissen gestohlen wird;

3) der Diebstahl dadurch bewirkt wird, daß zur Eröffnung eines Gebäudes oder der Zugänge eines umschlossenen Raumes, oder zur Eröffnung der im Innern befindlichen Thüren oder Behältnisse falsche

Schlüssel oder andere zur ordnungsmäßigen Eröffnung nicht bestimmte Werkzeuge angewendet werden;

4) auf einem öffentlichen Wege, einer Straße, einem öffentlichen Platze, einer Wasserstraße oder einer Eisenbahn, oder in einem Postgebäude oder dem dazu gehörigen Hofraume, oder auf einem Eisenbahnhofe eine zum Reisegepäck oder zu anderen Gegenständen der Beförderung gehörende Sache mittels Abschneidens oder Ablösens der Befestigungs- oder Verwahrungsmittel, oder durch Anwendung falscher Schlüssel oder anderer zur ordnungsmäßigen Eröffnung nicht bestimmter Werkzeuge gestohlen wird;

5) der Dieb oder einer der Theilnehmer am Diebstahle bei Begehung der That Waffen bei sich führt;

6) zu dem Diebstahle Mehrere mitwirken, welche sich zur fortgesetzten Begehung von Raub oder Diebstahl verbunden haben, oder

7) der Diebstahl zur Nachtzeit in einem bewohnten Gebäude, in welches sich der Thäter in diebischer Absicht eingeschlichen, oder in welchem er sich in gleicher Absicht verborgen hatte, begangen wird, auch wenn zur Zeit des Diebstahls Bewohner in dem Gebäude nicht anwesend sind. Einem bewohnten Gebäude werden der zu einem bewohnten Gebäude gehörige umschlossene Raum und die in einem solchen befindlichen Gebäude jeder Art, sowie Schiffe, welche bewohnt werden, gleich geachtet.

Sind mildernde Umstände vorhanden, so tritt Gefängnißstrafe nicht unter drei Monaten ein.

G.B. § 73s. — § 243 bildet den Begriff: Schwerer Diebstahl, vgl. § 244; außerdem vgl. §§ 247, 248, 370s. — Alternative Feststellung der unter verschiedenen Nummern aufgeführten Erschwerungsgründe unzulässig; nur zulässig, wenn es sich um verschiedene Ausführungsarten desselben Delicts handelt, welche einen verschiedenen Thatbestand nicht bedingen u. wenn d. Gesetz diese mehreren Arten d. Ausführung gleichwerthig nebeneinander stellt. E. XXIII, 47; cf. XXII, 216.

Nr. 2. „Umschlossener Raum", begrenzter Theil d. Erdoberfläche, welcher zum Schutz d. in demselben befindl. Gegenstände geeignet ist, so daß d. Umschließung d. Eindringen Unbefugter nicht ganz unerhebliche Hindernisse entgegensetzt. R. VI, 637; nicht nothwendig verschlossen. E. XIII, 423; VII, 262; R. IV, 852; VIII, 207; — Umschließung nicht nothwendig in fester Verbindung m. d. Erdoberfläche. E. XIV, 226; R. VIII, 267; — Schacht eines Bergwerks. E. III, 411; R. III, 138; nicht d. einzelnen Zimmer eines Gebäudes. E. I, 216; R. I, 379; Wildpark dann, wenn Umzäunung bestimmt u. geeignet, das Eindringen v. Menschen abzuhalten. E. VIII, 273; R. V, 254; — „Schiff" kein Gebäude. E. IV, 433; kein umschloss. Raum. E. VIII, 364; R. V, 413 (vgl. § 243 1); „Einsteigen", setzt Ueberwindung e. Hindernisses voraus. R. VII, 10; nicht aber nothwendig eine steigende Thätigkeit d. Füße. R. VII, 348; VIII, 601; cf. E. XIII, 257; — Thäter selbst, nicht wenn Dritter ohne strafbaren Vorsatz Handelnder auf Veranlassung d. Thäters d. Einsteigen besorgt; anders, wenn Mitthäter. E. XXIV, 86; — nicht, wenn im Innern d. Hauses durch nicht zum Eingang bestimmte Oeffnungen in Abtheilungen des Hauses eingestiegen wird. E. VIII, 102; R. V, 81. — „Einbruch, Erbrechen", Substanzverletzung nicht erforderl., Ueberwindung des durch den Verschluß (t. w. S.) gegebenen Hindernisses durch Gewalt. R. IX, 381; — „Behältniß", jede verschließbare Räumlichkeit, welche e. Theil eines Gebäudes bildet, oder in diesem, oder in einem umschlossenen Raum zur Aufnahme von Gegenständen sich befindet. E. XX, 165; R. IV, 193; — schw. Diebstahl, auch wenn zwischen d. Handlung, welche die Qualifikation darstellt (z. B. Erbrechen) u. d. Wegnahme eine zeitl. Unterbrechung eingetreten ist. R. VII, 342; — einf. Diebstahl, wenn der zu anderen

Zwecken als zu stehlen Eingestiegene **nachher** d. Entschluß zu stehlen faßt. E. XIV, 312; R. VIII, 525; ebenso, wenn Diebstahlsentschluß erst nach zum Zweck d. Mundraubs (§ 370 5) erfolgtem Einsteigen gefaßt wurde **und** mehrere Strafthaten vorliegen; bei einheitl. That schw. Diebstahl. (Diebstahlsvorsatz verlangt nicht Concretisirung d. Vorstellung auf bestimmte Objekte. eod. u. R. VII, 218.)

No. 3. **Nachschlüssel, Dietriche.** — Falsche Schlüssel. Auch Nachschlüssel d. Vermiethers. E. XI, 436; R. VII, 63; auch der verlorene, vom Unberechtigten gefundene Schlüssel, nachdem ein neuer in Gebrauch genommen. R. X, 341; — dritte arglose Person kann Werkzeug d. Diebes sein. R. IV, 689.

Nr. 4. Oeffentl. Platz: dem Publikum zum allgem. Zutritt überlassener Platz (nicht jeder zugängl. Platz). R. VI, 149; — alle Beförderungsgegenstände, ohne Unterschied, ob sich dieselben auf einem hierzu bestimmten oder geeigneten Transportmittel befinden. R. IV, 693; auch vor d. Uebergabe oder Annahme seitens d. dazu berechtigten Bediensteten. E. XIII, 243; R. VII, 510; — auch durch Losbinden. E. VIII, 287; R. V, 286.

Nr. 5. Dieb muß sich bewußt sein, daß er e. Waffe bei sich führt. E. XII, 69; R. VII, 145.

Nr. 6. Auch zwei Mitglieder genügen zum Complott (Bandendiebstahl). E. XVI, 173; R. IX, 405; — unter mehreren Verbundenen objektive Beihülfe d. einzelnen doch Mitthäterschaft (§ 47 Anm.). R. VI, 644.

Nr. 7. „Nachtzeit", wenn in Folge Sonnenuntergangs Dunkelheit eingetreten (bzw. während d. Dunkelheit vor Sonnenaufgang). R. VII, 56; — „Einschleichen" jedes unter Vermeidung v. Geräusch bewirkte, der Wahrnehmung Anderer entzogene Eintreten. E. X, 280; R. VI, 274; cf. VII, 302; — Einschleichen u. Diebst. können in unmittelbarer Aufeinanderfolge geschehen. E. IV, 127; R. III, 279.

Nr. 1—7. Versuch der die Qualifikation darstellenden Handlung in diebischer Absicht, schon Anfang d. Ausführung e. schweren Diebstahls. R. IV, 44; — versuchter schwerer u. vollendeter einfacher Diebstahl können in Idealkonkurrenz stehen. E. XV, 281.

244. (L.) Wer im Inlande als Dieb, Räuber oder gleich einem Räuber oder als Hehler bestraft worden ist, darauf abermals eine dieser Handlungen begangen hat, und wegen derselben bestraft worden ist, wird, wenn er einen einfachen Diebstahl (§ 242) begeht, mit Zuchthaus bis zu zehn Jahren, wenn er einen schweren Diebstahl (§ 243) begeht, mit Zuchthaus nicht unter zwei Jahren bestraft.

Sind mildernde Umstände vorhanden, so tritt beim einfachen Diebstahl Gefängnißstrafe nicht unter drei Monaten, beim schweren Diebstahl Gefängnißstrafe nicht unter Einem Jahre ein.

G.V. § 73 5. — Vgl. §§ 245, 249 (Räuber), 252, 255 (gleich einem Räuber), 258, 259 (Hehler). — Inland. E. XXI, 19. — „Bestraft" mit Hauptstrafe. (Nebenstrafe nach § 37 genügt nicht.) E. XXI, 35. Im deutschen Reich, auch vor d. Geltung d. St.G.B.'s in irgend e. Bundesstaat. E. XXI, 19; auch polizeilich erkannte Diebstahlsstr. begründen den Rückfall. R. II, 718, ebenso wegen Anstiftung, Versuch oder Theilnahme erkannte. E. II, 261; R. II, 243; IV, 40; 223; — auch ein Verweis (§ 57 4). E. XIV, 421; R. VIII, 612. Vorausset. des § 244 u. somit Sache der thatsächl. Feststell. ist: daß jede der beiden früheren Strafen (ganz oder theilw.) entweder verbüßt od. erlassen ist. Vgl. Pr. J.M.Bl. 71 S. 152. — Kein Rückfall, wenn Diebstahl begangen, nachdem d. letzte Strafe (durch Anrechnung d. Untersuchungshaft) verbüßt, aber bevor sie rechtskräftig geworden war. E. XIII, 18; — über die Voraussetzungen des Rückfalls entscheiden die Geschw. nicht: St.P.O. §§ 262, 293, 295.

245. Die Bestimmungen des § 244 finden Anwendung, auch wenn die früheren Strafen nur theilweise verbüßt oder ganz oder theilweise erlassen sind, bleiben jedoch ausgeschlossen, wenn seit der Verbüßung oder dem Erlasse der letzten Strafe bis zur Begehung des neuen Diebstahls zehn Jahre verflossen sind.

Vgl. §§ 250 5, 261, 264. — Entscheidend ist allein, daß seit der Verbüßung (Erlaß) der letzten Strafe, d. h. seit dem letzten

Tage der Strafverbüßg. bis z. Begehg. des neuen (des zu bestrafenden) Diebstahls 10 Jahre verflossen sind. Sind sie nicht verflossen, so ist es (mit Ausnahme des § 250₅) für die Rückfallsstrafe nur erforderlich, daß der Thäter irgend einmal in seinem Leben wegen eines früher (d. h. vor dem mit der letzten Strafe belegten) begangenen Diebstahls (einmalige Vorbestrafg.) Strafe erlitten (oder erlassen erhalten) hat. Bloß erkannte — d. h. nicht verbüßte oder erlassene — Strafen bleiben außer jedem Betracht. So: E. I, 46; R. I, 425; 833 (in Uebereinstimmung mit der früheren Praxis der Landgerichte).

246. (L. bez. A.) Wer eine fremde bewegliche Sache, die er in Besitz oder Gewahrsam hat, sich rechtswidrig zueignet, wird wegen Unterschlagung mit Gefängniß bis zu drei Jahren und, wenn die Sache ihm anvertraut ist, mit Gefängniß bis zu fünf Jahren bestraft.

Sind mildernde Umstände vorhanden, so kann auf Geldstrafe bis zu neunhundert Mark erkannt werden.

Der Versuch ist strafbar.

Wegen Unterschl. durch Angehör. vgl. § 247. — Veruntreuungen von Bevollmächtigten an Forderungen 2c. vgl. § 266 No. 2 u. Schlußsatz. — Beamtenunterschlagungen vgl. §§ 350, 351. — A. 1 umfaßt auch den s. g. Funddiebstahl. Absicht auf Vermögensvortheil unerheblich. E. V, 4; R. VIII, 481. — „Fremde Sachen" s. § 242 Anm.; — Thäter muß die Sache schon vor d. Aneignung im Besitz gehabt haben. E. XIX, 38. Ersatzbereitschaft. E. XXI, 364. Verpfändung fremder (gemietheter) Sachen mit Willen u. Fähigk. der Wiedereinlösg. ist keine Unterschl. R. I, 659. — Wegnahme der gepfändeten und einem Anderen zugeschlagenen Feldfrüchte durch d. Pächter od. Grundbesitzer Unterschl., da er d. Gewahrsam noch nicht verloren hat. E. XX, 428; XXIII, 73. — Unterschlgg. durch eigenmächtige Theilung d. gemeinschaftl. Sache. E. XXI, 270 von Geldern in gemeinschaftl. Eigenthum. E. XX, 436. Weiterbegebung v. Depotwechseln. R. I, 808. — Hypothekendokumente. R. III, 35. „Besitz" auch constit. possessorium (gekaufte Werthpapiere bei Bankiers). E. XIII, 178; R. V, 323. Anvertraut: auch bei Inkasso-Auftrag, E. IV, 386; R. III, 474; — auch wenn der Eigenthümer den Schlüssel d. Behältnisses behält. R. III, 643. Vormünder. E. IX, 387. — Verkauf d. Deputatholzes seitens eines Forstbeamten. E. III, 184; (weil fremde Sache, welche zu einem ausdrückl. anderen Zwecke übergeben ist. cf. R. VI, 419); — im Vorenthalten d. Sache, Unterlassen d. Rückgabe Unterschl., wenn d. Zueignungswille sich äußerlich erkennbar offenbart. E. IV, 404; — Zueignungshandlung, auch Abschluß eines Kaufvertrags. R. X, 33; — an betrügerisch erlangter Sache, wenn erst später d. Entschluß gefaßt ist, üb. dieselbe als eigene zu verfügen. E. XV, 426; — bei Caution in baarem Gelde, welches d. Cautionsempfänger baar ausgezahlt ist, im Zweifel anzunehmen, daß d. Geld diesem nicht e. fremde Sache sei. E. XXII, 354; — Beihülfe, je nach Vorsatz Mitthäterschaft, durch unmittelbare Entgegennahme d. veruntreuten Gegenstände, durch welche d. That vollendet ist. R. VIII, 507.

Zuständig ist bei einem Werth bis zu 25 Mark das Schöffenger. (G.V. § 27 5), sonst das Landger. und im Wege der Verweisung (G.V. § 75 7) auch das Schöffenger.

***247.** Wer einen Diebstahl oder eine Unterschlagung gegen Angehörige, Vormünder oder Erzieher begeht, oder wer einer Person, zu der er im Lehrlingsverhältnisse steht, oder in deren häuslicher Gemeinschaft er als Gesinde sich befindet, Sachen von unbedeutendem Werthe stiehlt oder unterschlägt, ist nur auf Antrag zu verfolgen. Die Zurücknahme des Antrages ist zulässig.

Ein Diebstahl oder eine Unterschlagung, welche von Verwandten aufsteigender Linie gegen Verwandte absteigender Linie oder von einem Ehegatten gegen den anderen begangen worden ist, bleibt straflos.

Diese Bestimmungen finden auf Theilnehmer oder Begünstiger, welche nicht in einem der vorbezeichneten persönlichen Verhältnisse stehen, keine Anwendung.

* **§ 247** G. v. 26./2. 76 vgl. oben S. 5.

A. 1. — „Diebstahl" umfaßt auch §§ 243, 244. — Angehörige vgl. § 52 A. 2. — Lehrlinge, auch Handlungslehrlinge; — „Unbedeutender Werth" nach d. concreten Sachlage: Verhältniß d. Lehrherrn 2c. u. des Lehrlings 2c., Beschaffenheit d. Betriebes u. d. gewerbl. Einrichtungen u. sonstige Umstände, welche in concreto erheblich erscheinen in ihrer Gesammtheit. E. XXII, 245; „Gesinde", nicht Geselle. E. XIII, 14; R. VII, 588. — Antrag vgl. § 63 u. Zurücknahme § 64. Mehrere betheiligte Angehörige sind nach § 63 zu beurtheilen. E. XVII, 246; R. X, 38. — Wenn mehrere Verletzte vorhanden sind, von denen einer nicht in dem § 247 erwähnten Verhältniß steht, bedarf es keines Antrags zur Strafverfolgung. E. IV, 346; R. III, 453; — Zurücknahme d. Antrags kommt nur dem zu gute, welcher in einem d. bezeichneten Verhältnisse zu d. Verletzten steht. E. V, 274.

A. 2 u. 3. — Vgl. § 289 A. 5. Diebstahl einer Ehegattin in Gütergemeinschaft; Hehlerei eines Dritten. E. IV, 83; R. III, 222.

A. 3 entspricht dem Grundsatz des § 50. — Begünstigung und Hehlerei durch Angehörige vgl. §§ 257, 258.

248. Neben der wegen Diebstahls oder Unterschlagung erkannten Gefängnißstrafe kann auf Verlust der bürgerlichen Ehrenrechte, und neben der wegen Diebstahls erkannten Zuchthausstrafe auf Zulässigkeit von Polizei-Aufsicht erkannt werden.

Zwanzigster Abschnitt.

Raub und Erpressung.†)

Wegen Zulässigk. des Verlustes d. Ehrenrechte u. der Stellung unter Polizei-Aufsicht vgl. § 256. Raub: gewaltsame Wegnahme, Erpressung: Hingabe a. d. Thäter — in Folge von Zwang. R. IV, 288.

249. (Sw.) Wer mit Gewalt gegen eine Person oder unter Anwendung von Drohungen mit gegenwärtiger Gefahr für Leib oder Leben eine fremde bewegliche

†) Vgl. Billnow, Raub, Erpressung u. s. w. Breslau 1875.

Sache einem Anderen in der Absicht wegnimmt, sich dieselbe rechtswidrig zuzueignen, wird wegen Raubes mit Zuchthaus bestraft.

Sind mildernde Umstände vorhanden, so tritt Gefängnißstrafe nicht unter sechs Monaten ein.

250. (Sw.) Auf Zuchthaus nicht unter fünf Jahren ist zu erkennen, wenn

1) der Räuber oder einer der Theilnehmer am Raube bei Begehung der That Waffen bei sich führt;
2) zu dem Raube Mehrere mitwirken, welche sich zur fortgesetzten Begehung von Raub oder Diebstahl verbunden haben;
3) der Raub auf einem öffentlichen Wege, einer Straße, einer Eisenbahn, einem öffentlichen Platze, auf offener See oder einer Wasserstraße begangen wird;
4) der Raub zur Nachtzeit in einem bewohnten Gebäude (§ 243 Nr. 7) begangen wird, in welches sich der Thäter zur Begehung eines Raubes oder Diebstahls eingeschlichen oder sich gewaltsam Eingang verschafft oder in welchem er sich in gleicher Absicht verborgen hatte, oder
5) der Räuber bereits einmal als Räuber oder gleich einem Räuber im Inlande bestraft worden ist. Die im § 245 enthaltenen Vorschriften finden auch hier Anwendung.

Sind mildernde Umstände vorhanden, so tritt Gefängnißstrafe nicht unter Einem Jahre ein.

Zu No. 1. Waffen § 243₅. — Zu No. 2. Bande vgl. § 243₆. — Zu No. 3. Oeffentl. Platz § 243₄. — Zu No. 5. „Gleich einem Räuber“ vgl. §§ 252, 255. — Ueb. m. U. s. § 83 Anm.

251. (Sw.) Mit Zuchthaus nicht unter zehn Jahren oder mit lebenslänglichem Zuchthaus wird der Räuber bestraft, wenn bei dem Raube ein Mensch gemartert oder durch die gegen ihn verübte Gewalt eine schwere Körperverletzung oder der Tod desselben verursacht worden ist.

„Schwere Körperverletzung" vgl. § 224; Pol.-Auff. § 256.

252. (Sw.) Wer, bei einem Diebstahle auf frischer That betroffen, gegen eine Person Gewalt verübt oder Drohungen mit gegenwärtiger Gefahr für Leib oder Leben anwendet, um sich im Besitze des gestohlenen Gutes zu erhalten, ist gleich einem Räuber zu bestrafen.

Vgl. §§ 249—251. — „Diebstahl" auch der „Mundraub" des § 370₅. R. IV, 449. Gesetzeskonkurrenz m. §§ 242, 243, 244; deshalb auch gegen rückfälligen Dieb anzuwenden, selbst wenn d. Strafe aus § 244 die härtere wäre. E. VI, 243; R. IV, 404.

253. (L.) Wer, um sich oder einem Dritten einen rechtswidrigen Vermögensvortheil zu verschaffen, einen Anderen durch Gewalt oder Drohung zu einer Handlung, Duldung oder Unterlassung nöthigt, ist wegen Erpressung mit Gefängniß nicht unter Einem Monat zu bestrafen.

Der Versuch ist strafbar.

Vgl. §§ 240, 339 u. 256. — Mehrung eigenen od. fremden Vermögens muß d. Triebfeder des Handelns sein. (Beweggrund.) Die Feststellung d. Vorsatzes genügt nicht. E. XXII, 171; — „zu widerr. Vermögensvortheil", z. B. Nöthigung zur Zahlung einer beschlagnahmten Forderung. R. II, 325; nicht: Rückforderung durch falsches Spiel verlorenen Geldes durch Drohung von d. Falschspieler. R. VII, 653; Zwangsvergleich im Konkurse nicht nothwendig Vermögensvortheil d. Cridars. R. VIII, 136; bei nicht rechtswidrigen, aber für rechtswidr. gehaltenem Vermögensvortheil Versuch. R. VII, 248; — Das Bewußtsein d. Rechtswidrigk. kann selbst bei Vorliegen eines vollstreckbaren Urtheils zu Ungunsten d. Drohenden fehlen, z. B. weil er glaubt, daß d. Urtheil auf einem Meineid beruhe. E. XX, 56; — Drohung: Ankündigung e. Uebels; das Uebel, mit welchem gedroht wird, muß auf die Freiheit d. Entschließung einzuwirken geeignet sein. E. XIX, 41. Ankündigung eines durch einen Dritten zuzufügenden Uebels, wenn dies von d. Macht u. d. Willen d. Drohenden abhängt. E. XV, 333; Drohung mit einem Unterlassen, wenn Verpflichtung zum Handeln bestand. R. X, 582; cf. E. XIV, 264; R. VIII, 492; Ankündigung eines weitläuf., kostspieligen Processes einem in Geschäften Unbewanderten gegenüber. E. XX, 329; — ob d. Drohende d. Nachtheil verwirklichen wollte oder konnte, unerheblich. E. III, 262; XX, 329; — ob Thäter d. Willen d. Anderen durch Drohung beugen oder nur die Lage d. Verhältnisse darstellen wollte, thatsächl. R. VIII, 55; — Handlung, Duldung od. Unterlassung muß das vom Thäter gewollte Mittel sein, welches den beabsichtigten Vermögensvortheil causal verwirklicht. E. VIII, 5; cf. E. III, 426; R. III, 78. — Erpressung u. Betrug können ideal konkurriren. E. XX, 326.

254. (L.) Wird die Erpressung durch Bedrohung mit Mord, mit Brandstiftung oder mit Verursachung einer Ueberschwemmung begangen, so ist auf Zuchthaus bis zu fünf Jahren zu erkennen.

G.B. 73₂. Vgl. §§ 126, 241₁; Pol.-Aufs. § 156.

255. (Sw.) Wird die Erpressung durch Gewalt gegen eine Person oder unter Anwendung von Drohungen mit gegenwärtiger Gefahr für Leib oder Leben begangen, so ist der Thäter gleich einem Räuber zu bestrafen.

Vgl. §§ 249—252; Pol.-Aufs. § 256.

256. Neben der wegen Erpressung erkannten Gefängnißstrafe kann auf Verlust der bürgerlichen Ehrenrechte und neben der wegen Raubes oder Erpressung erkannten Zuchthausstrafe auf Zulässigkeit von Polizei-Aufsicht erkannt werden.

Einundzwanzigster Abschnitt.

Begünstigung und Hehlerei.†)

Verlust der Ehrenrechte u. Polizei-Aufsicht vgl. § 262. — Besondere Bestimmgen. in den Pr. G. v. 15./4. 78 (Forstdiebst.) § 5, v. 1./4. 80 (Feld- u. Forstpolizei) § 8 vgl. oben E.G. § 2.

257. (L. bez. A.) Wer nach Begehung eines Verbrechens oder Vergehens dem Thäter oder Theilnehmer wissentlich Beistand leistet, um denselben der Bestrafung zu entziehen oder um ihm die Vortheile des Verbrechens oder Vergehens zu sichern, ist wegen Begünstigung mit Geldstrafe bis zu sechshundert Mark oder mit Gefängniß bis zu Einem Jahre und, wenn er diesen Beistand seines Vortheils wegen leistet, mit Gefängniß zu bestrafen. Die Strafe darf jedoch, der Art oder dem Maße nach, keine schwerere sein, als die auf die Handlung selbst angedrohte.

Die Begünstigung ist straflos, wenn dieselbe dem Thäter oder Theilnehmer von einem Angehörigen gewährt worden ist, um ihn der Bestrafung zu entziehen.

Die Begünstigung ist als Beihülfe zu bestrafen, wenn sie vor Begehung der That zugesagt worden ist. Diese Bestimmung leidet auch auf Angehörige Anwendung.

Vgl. § 49 (Beihülfe); § 52 A. 2 (Angehörige); §§ 63, 247 s („Antrag" soweit beim Hauptdelikt erforderlich).

Zuständig nach G.V. § 27 s d. Schöffenger., wenn auch die Hauptthat vor Letzteres gehört, sonst Landger. u. im Wege der Verweisg. nach G.V. 75 s auch d. Schöffenger.

Begünstigung (Delictum sui generis) jede Handlung, welche in der Absicht verübt wird, nach Begehung einer Strafthat den

---

†) Lit.: Villnow, Raub, Erpressg., Begünstigg. u. Hehlerei. Breslau 1875. Gretener, Begünstigg. u. Hehlerei. München 1879.

Thäter ꝛc. der Bestrafung zu entziehn, und welche geeignet ist, diesen Erfolg herbeizuführen. E. XX, 233; Theilnahme an der Begünstigung durch den Begünstigten. „Bestrafung" umfaßt Verurtheilg. u. Vollstreckg. E. VIII, 367; R. V, 421, um d. Thäter (vorübergehend) d. Strafvollstreckung zu entziehn. E. XVI, 204; R. IX, 362. — Schadloshaltg. d. Bestohlenen u. s. w. kann Begünstigg. sein. E. IX, 242; R. V, 762. — Begünstigung durch unwahre uneidliche Aussage od. Verleitung zu einer solchen. E. XX, 233. — Handlung muß in der direct auf Entziehung d. Bestrafung gerichteten Absicht vorgenommen w., das Bewußtsein, daß diese Folge eintreten werde od. könne, genügt nicht. Die Verfolgung anderer Zwecke nebenbei möglich. E. XXIII, 105; — daß Begünstiger von d. concreten Gestaltung d. Strafthat Kenntniß hat, nicht erforderl. E. XIII, 81; R. VIII, 621; — auch Begünstigung militär. Delikte durch Civilpersonen. E. XV, 396; R. IX, 218; — Absicht eigenen Vortheils kann neben d. Absicht d. Thäters d. Vortheile d. That zu sichern bestehn. E. III, 255.

Abs. 2. Auch wenn Angehörige einen Dritten zur Begünstigung angestiftet haben. E. XIV, 102; R. VIII, 313; ebenso wenn Angehörige des eigenen Vortheils wegen, aber um d. Thäter d. Bestrafung zu entziehen handeln.

Abs. 3. Vorher zugesagte Begünstigung kann auch Anstiftung sein; Mitthäterschaft nur, wenn außer d. Begünstigungshandlung wenigstens noch eine geistige Unterstützung bei d. That stattfand. E. XV, 295; R. IX, 17; — die zugesagte Begünstigung ist auch bezügl. d. Rückfalls als Beihülfe anzusehen. E. XIII, 317; R. V, 417.

Abs. 1—3. § 257 u. § 212. Conc. D. Idealkonkurrenz. R. IX, 684; ebenso §§ 120 u. 257. E. VII, 244; R. IV, 829.

258. Wer seines Vortheils wegen sich einer Begünstigung schuldig macht, wird als Hehler bestraft, wenn der Begünstigte

1) (L. bez. A.) einen einfachen Diebstahl oder eine Unterschlagung begangen hat, mit Gefängniß,

Gerichtszuständigk. vgl. G.V. § 27_8 u. d. zu § 257 Bemerkte u. G.V. § 75_9.

2) (L.) einen schweren Diebstahl, einen Raub oder ein dem Raube gleich zu bestrafendes Verbrechen begangen hat, mit Zuchthaus bis zu fünf Jahren.

Sind mildernde Umstände vorhanden, so tritt Gefängnißstrafe nicht unter drei Monaten ein.

Vgl. G.V. § 73₂.

Diese Strafvorschriften finden auch dann Anwendung, wenn der Hehler ein Angehöriger ist.

Hehlerei i. e. S. — Rechtswidriger Vortheil nicht erforderl. R. X, 512; — die Begriffe Diebstahl 2c. sind streng im S. d. Str.G.B's auszulegen. E. V, 277; — Verjährung gegen Hehler, der dem Dieb die gestohlene Sache aufbewahrt, um ihm d. Vortheil d. That zu sichern, beginnt erst mit Beendigung d. Beistands, also z. B. mit Rückgabe an d. Dieb. E. VI, 412; R. IV, 579.

259. (L. bez. A.) Wer seines Vortheils wegen Sachen, von denen er weiß oder den Umständen nach annehmen muß, daß sie mittels einer strafbaren Handlung erlangt sind, verheimlicht, ankauft, zum Pfande nimmt oder sonst an sich bringt oder zu deren Absatze bei Anderen mitwirkt, wird als Hehler mit Gefängniß bestraft.

Wegen der Gerichtszuständigkeit vgl. G.V. § 27₈ u. das zu § 257 Bemerkte u. G.V. § 75₉. — Hehlerei setzt vorherige Perfektion d. Delikts auf Seiten d. Hauptthäters voraus. R. III, 496; — „Vortheil“: außergewöhnl. Vortheil nicht erforderl.; genügend z. B. d. gewöhnl. Vortheil d. Geschäftsbetriebes. E. II, 69; R. I, 830; — es braucht nicht gerade an der an sich gebrachten Sache ein Vortheil beabsichtigt zu sein. E. III, 167; R. II, 609; — Hehlerei nur an den unmittelbar durch d. Strafthat erlangten Gegenstand, nicht auch an dem Erlös. E. XXIII, 53; (aber an dem Gelde, welches von einem gestohlenen Sparkassenbuch abgehoben ist. R. II, 72;) — Art u. nähere Umstände d. strafbaren Handlung können d. Hehler unbekannt s. R. III, 589; — „den Umständen nach annehmen mußte“: keine Fahrlässigkeit, sondern gesetzl. Beweisregel. R. VII, 752; c. E. II, 143; R. I, 691; — alternative Feststellung: wußte, oder d. Umständen nach annehmen mußte. R. I, 777; — „Ankauf" nicht nothwendig civilrechtl. gültig. Vertragsabschluß genügt aber nicht; Erlangung d. Verfügungsgewalt muß hinzukommen. E. XXII, 27; IV, 184; VII, 85; R. IV, 720; — „an sich bringen" cf. E. XX, 200; Mitgenuß gestohlener Sachen allein nicht genügend. E. IX, 199; R. V, 609; 722; — „z. Absatz mitwirken", jede auf Verkauf gerichtete Thätigkeit. R. VIII, 531; auch Verpfändung. E. XVII, 392; R. X, 547; — an sich bringen u. Mitwirken zum Absatz nicht zwei selbständige Handlungen. E. I, 279; R. I, 471; — Kenntniß von der strafbaren Erwerbsart muß zur Zeit d. Ansichbringens rc. vorhanden sein. R. V, 616; — Sache braucht d. Hauptthäter keine fremde zu sein. E. XX, 222; — Hehlerei an der eigenen Sache, welche zu Gunsten d. Eigenthümers von Dritten d. Pfandgläubiger weggenommen ist. E. XVIII, 303; R. X, 719; — Partirerei — kann auch bei Uebertretungen („strafbare Handlung") stattfinden. — Nicht bei: erbettelten (E. VI, 218; R. IV, 337); geschmuggelten (R. IV, 487); Sachen, quaestus meretricius. E. XI, 342; R. VI, 793; — Hehlerei auch bei d. Erwerb von einer gutgläubigen Mittelsperson, die nicht d. Eigenthümer ist. R. VI, 451; — wo Aneignung einer fremden Sache durch Entäußerung geschieht, ist der Erwerb Theilnahme, nicht Hehlerei. R. I, 831; — Hehlerei im Inland auch wenn Hauptthat im Ausland von einem Ausländer begangen (also im Inland nicht verfolgbar) ist. E. XVIII, 298; R. X, 722; — Anstiftung z. Diebstahl u. Hehlerei in realer Konkurrenz. E. V, 282; VIII, 371; R. III, 837; V, 455.

260. (L.) Wer die Hehlerei gewerbs- oder gewohnheitsmäßig betreibt, wird mit Zuchthaus bis zu zehn Jahren bestraft.†)

G.B. § 73a. — Hehlerei vgl. §§ 258, 259. — Absicht auf fortgesetzte Hehlerei zu eigenem Vortheil. R. III, 4. — Gehilfe nur weg. Theilnahme an einfacher Hehlerei strafbar, wenn er nicht selbst gewerbsmäßig gehandelt hat. (§ 50.) E. IV, 184; R. III, 312.

---

†) v. Lilienthal, Kollektivvergehen. Lpz. 1879.

261. (L.) Wer im Inlande wegen Hehlerei einmal und wegen darauf begangener Hehlerei zum zweiten Male bestraft worden ist, wird, wenn sich die abermals begangene Hehlerei auf einen schweren Diebstahl, einen Raub oder ein dem Raube gleich zu bestrafendes Verbrechen bezieht, mit Zuchthaus nicht unter zwei Jahren bestraft. Sind mildernde Umstände vorhanden, so tritt Gefängnißstrafe nicht unter Einem Jahre ein.

Bezieht sich die Hehlerei auf eine andere strafbare Handlung, so ist auf Zuchthaus bis zu zehn Jahren zu erkennen. Sind mildernde Umstände vorhanden, so tritt Gefängnißstrafe nicht unter drei Monaten ein.

Die in dem § 245 enthaltenen Vorschriften finden auch hier Anwendung.

G.V. § 73e. — Rückfall vgl. §§ 243, 244, 249, 252, 255.

262. Neben der wegen Hehlerei erkannten Gefängnißstrafe kann auf Verlust der bürgerlichen Ehrenrechte und neben jeder Verurtheilung wegen Hehlerei auf Zulässigkeit von Polizei-Aufsicht erkannt werden.

Zweiundzwanzigster Abschnitt.

Betrug und Untreue.

***263.** (L. bez. A.) Wer in der Absicht, sich oder einem Dritten einen rechtswidrigen Vermögensvortheil zu verschaffen, das Vermögen eines Anderen dadurch beschädigt, daß er durch Vorspiegelung falscher oder durch Entstellung oder Unterdrückung wahrer Thatsachen einen Irrthum erregt oder unterhält, wird wegen Betruges mit Gefängniß

* **§ 263** G. v. 26./2., 76 vgl. oben S. 5.

bestraft, neben welchem auf Geldstrafe bis zu dreitausend Mark, sowie auf Verlust der bürgerlichen Ehrenrechte erkannt werden kann.

Sind mildernde Umstände vorhanden, so kann ausschließlich auf die Geldstrafe erkannt werden.

Der Versuch ist strafbar.

Wer einen Betrug gegen Angehörige, Vormünder oder Erzieher begeht, ist nur auf Antrag zu verfolgen. Die Zurücknahme des Antrages ist zulässig.

Zuständig ist bei einer Beschädigung bis zu 25 Mark das Schöffengericht (G.V. § 27_6), sonst das Landgericht u. im Wege der Verweisung nach § 75_{10} auch das Schöffenger. — Absicht auf Vermögensvortheil; Bewußsein, daß d. Irrthumserregung d. Vortheil zur Folge haben werde, nicht genügend. E. XV, 9; XVII, 233; — „Vermögensvortheil", nicht blos Vermögensvermehrung, sondern auch günstigere Gestaltung d. Vermögenslage in Beziehung auf d. Realisirung v. Rechten. E. I, 55; — „rechtswidrig", nicht rechtl. begründet. R. I, 276; — „Vermögensbeschädigung", auf d. Vermögen d. Getäuschten muß objektiv nachtheilig eingewirkt sein, doch s. subjektive Momente, Zweck d. Anschaffung, nicht bedeutungslos. E. XXIII, 431; cf. XVI, 1; R. IX, 254; u. Ger.-Saal. XLIII, 321; nicht: wenn Jemand in eigenem Interesse einem Anderen an einer Verbesserung d. Vermögenslage hindert; es sei denn, daß für den Anderen ein rechtsbegründeter Anspruch bestand od. daß doch thatsächl. Verhältnisse vorlagen, vermöge deren ohne d. Täuschung d. Gewinn d. Betreffenden ohne Weiteres u. mit Sicherheit zugefallen wäre. E. XXIII, 55; — „Vorspiegelung e. falschen Thatsache", begriffl. Behaupten einer Thatsache bei positiver Kenntniß d. Unwahrheit derselben. Das Unterdrücken einer wahren Thatsache setzt Kenntniß d. unterdrückten Thatsache voraus. E. XXIV, 144; cf. XX, 3; — „Unterdrückung" bei vorhandener Rechtspflicht zur Mittheilung; auch wenn d. Verschweigen ein auf Täuschung angelegtes Verhalten hinzutritt. R. IX, 742; — Vorspiegelung d. Bestehens einer Rechtsnorm. R. III, 579; eines factum internum (z. B. e. Absicht). E. I, 305; R. V, 542; 640; Verschweigung verborgener Fehler b. Verkauf, wenn dieselben absichtlich, wenn auch ohne Beziehung auf d. concreten Fall, verdeckt s. E. XX, 144; — bloße Benutzung e. Irrthums nicht Unterhaltung desselben. E. XX, 326; Ursache u. Veranlassung d. Irrthumserregung hier gleich. E. III, 392; Bewußtsein d. Thäters erforderlich von d. durch Irrthumserregung (möglicherweise, R. IV, 347; E. XIX, 30) wenn auch mittelbar (E. XI, 246) verursachten Vermögensbeschädigung. E. V, 277; — neben welchem: Geldstrafe keine Neben-, sondern Hauptstrafe, s. § 45 Anm. E. XIX, 234; — Versuch, wenn d. zu Betrügende absichtlich die Ausführungshandlung geduldet hat zur Ueberführung. R. VIII, 98; — Abs. 4: Angehörige § 52. — Casuistik: betrügerisches Borgen. R. II, 629; Zechprellerei. R. II, 690; IV, 89; heiml. Einsteigen in Eisenbahnwagen. E. IV, 295; R. III, 425; od. auf d. Trittbrett. E. XXIV, 318; lügenhaftes Betteln. E. IV, 352; R. III, 460; Einkassirung cedirt. Forderungen durch Cedenten. R. III, 477; Verkauf v. Bier unter falscher Bezeichnung. R. V, 555; betrüg. Verleitg. z. Ehe. E. XIV, 137; R. VIII, 371; Kurpfuscherei. E. XVI, 93; Benutzung eines als unübertragbar bezeichneten Eisenbahnbillets durch e. Unberechtigten. E. XVII, 217; R. IX, 114; X, 244; Bestellung von Speisen in Wirthshäusern mit d. Bewußtsein d. Zahlungsunfähigkeit. R. IV, 89; Kreditbetrug e. Kfms. E. XXIV, 216; im Civ.-Proz. durch Benutzung falscher Beweismittel für unwahre Behauptungen; oder durch falsche Behauptungen bei Vorlegung echter Urkunden. E. XVI, 193; R. IX, 441; nicht: durch bloße unwahre Parteibehauptungen. E. XX, 391; Verschweigung einer Theilzahlung bei Einklagung d. ganzen Schuld. R. VIII, 506; oder Veranlassung einer Pfändung. E. XXIII, 286; Gefälligkeitswechsel, welche ohne besondere Erklärung gegeben s. (keine Rechtspflicht d. Wechselgebers, d. Wechselnehmer über d. Charakter d. Wechsels aufzuklären). E. XXII, 20; Bestreiten einer Schuld d. Gläubiger gegenüber (keine Rechtspflicht zum Eingestehn d. Schuldverhältnisses). E. XXIII, 244; in Beziehung auf einen unsittlichen Vertrag. E. XIX, 186.

264. (L.) Wer im Inlande wegen Betruges einmal und wegen darauf begangenen Betruges zum zweiten Male bestraft worden ist, wird wegen abermals begangenen Betruges mit Zuchthaus bis zu zehn Jahren und zugleich mit Geldstrafe von einhundertfunfzig bis zu sechstausend Mark bestraft.

Sind mildernde Umstände vorhanden, so tritt Gefängnißstrafe nicht unter drei Monaten ein, neben welcher zugleich auf Geldstrafe bis zu dreitausend Mark erkannt werden kann.

Die im § 245 enthaltenen Vorschriften finden auch hier Anwendung.

G.B. § 78₇. — Rückfall auch wenn d. Vorbestrafungen wegen Betrugs in Idealkonkurrenz mit einer schwereren Strafthat (Urkundenfälschung) erfolgt sind. E. XVIII, 193; R. X, 570.

265. (Sw.) Wer in betrügerischer Absicht eine gegen Feuersgefahr versicherte Sache in Brand setzt, oder ein Schiff, welches als solches oder in seiner Ladung oder in seinem Frachtlohn versichert ist, sinken oder stranden macht, wird mit Zuchthaus bis zu zehn Jahren und zugleich mit Geldstrafe von einhundertfunfzig bis zu sechstausend Mark bestraft.

Sind mildernde Umstände vorhanden, so tritt Gefängnißstrafe nicht unter sechs Monaten ein, neben welcher auf Geldstrafe bis zu dreitausend Mark erkannt werden kann.

Vgl. §§ 306—308, 323. Auch ein Anderer als der Versicherte kann Thäter sein (nicht blos Theilnehmer d. That d. Versicherten). E. XXIII, 354; mit Betrug durch Erhebung d. Brandkassengelder (unter Verschweigung d. Ursache d. eignen Brandstiftung) nur in Realkonkurrenz. E. XVII, 62; R. X, 51. — Ueb. m. U. s. § 83 Anm.

266. (L.) Wegen Untreue werden mit Gefängniß, neben welchem auf Verlust der bürgerlichen Ehrenrechte erkannt werden kann, bestraft:

1) Vormünder, Kuratoren, Güterpfleger, Sequester, Massenverwalter, Vollstrecker letztwilliger Verfügun-

gen und Verwalter von Stiftungen, wenn sie absichtlich zum Nachtheile der ihrer Aufsicht anvertrauten Personen oder Sachen handeln;

2) Bevollmächtigte, welche über Forderungen oder andere Vermögensstücke des Auftraggebers absichtlich zum Nachtheile desselben verfügen;

3) Feldmesser, Versteigerer, Mäkler, Güterbestätiger, Schaffner, Wäger, Messer, Bracker, Schauer, Stauer und andere zur Betreibung ihres Gewerbes von der Obrigkeit verpflichtete Personen, wenn sie bei den ihnen übertragenen Geschäften absichtlich diejenigen benachtheiligen, deren Geschäfte sie besorgen.

Wird die Untreue begangen, um sich oder einem Anderen einen Vermögensvortheil zu verschaffen, so kann neben der Gefängnißstrafe auf Geldstrafe bis zu dreitausend Mark erkannt werden.

Nr. 1. „Vormünder“ s. § 174 Nr. 1; auch Gegenvormund. E. II, 344; — keine Untreue, wenn er zwar zum Nachtheil d. Mündels gehandelt hat, aber nicht Namens desselben, weil diesem ein Pfleger, wegen d. collidirenden Interesse d. Vormunds, bestellt war. E. XIII, 333; auch nach Beendigung d. Vormundschaft, bezügl. d. noch in seinen Händen befindl. Vermögens. E. XVII, 241; R. X, 251; — „Curator“, technische Bezeichnung; setzt nach Maßgabe d. bürgerl. R. ein kraft Gesetzes bestehendes Schutzverhältniß voraus. Im Gegensatz zum Vormund wesentl. Vertreter spezieller u. vorwiegend sachlicher Interessen. E. XXIV, 110; „Handeln zum Nachtheil“, Verursachung eines Vermögensnachtheils. E. XXIII, 282; — dauernde Vermögensbeschädigung nicht erforderl. E. XIX, 81.

Nr. 2. Goltd. Arch. XXXVI, 346, Zum Thatbestand v. Unterschlagung u. Untreue; — „Bevollmächtigte“ nur durch Uebertragung der Ausführung v. Rechtsgeschäften u. Uebernahme derselben (also berufen, Willenserklärungen abzugeben). E. III, 283; XIII, 195; XI, 241; R. IX, 200; — bei Widerruf d. Vollmacht: durch Verfügung üb. d. in seinen Händen gebliebenen Vermögensstücke. E. XIV, 184; R. VIII, 423; — auch Mitglieder d. Vorstandes od. Aufsichtsraths einer Aktiengesellsch. E. VII, 279; R. IV, 833; — Gesellschafter einer offenen Handelsgesellschaft. E. XXIII, 315; — auch zu unerlaubten Rechtsgeschäften. R. IX, 247; — auch Minderjährige. E. XX, 262; — nicht Beamte einer Genossenschaft. E. III, 35; R. II, 515. — „Vermögensstück", auch ein Wechsel- (auch Blanko-) Accept, in der Hand d. Acceptanten. E. XXIII, 317; „Verfügung" regelm. positive Thätigkeit. (Bloße Verzögerung in der Geldablieferung nicht.) E. XI, 412; — „absichtl. nachtheil. Verfügung": vorsätzl. Vornahme einer rechtswidrigen, d. Vermögen d. Auftraggebers schädigenden Handlung, gleichgültig, ob d. Absicht d. Schadenszufügung v. bestimmendem Einfluß für die Handlung d. Thäters gewesen ist. R. VI, 785; — nicht: Belastung d. Vermögens mit Verbindlichkeiten, ohne Verfügung über Vermögensstücke. E. X, 72; R. VI, 75.

Nr. 3. Vgl. Gew.-O. § 36.

Nr. 1—3. Subj. Bewußtsein von d. Benachtheiligung u. d. Rechtswidrigkeit d. Handelns. E. XVI, 77; R. IX, 267; X, 87; — Beihülfe, je nach dem Vorsatz auch Mitthäterschaft durch unmittelbare Entgegennahme d. veruntreuten Gegenstände, durch welche die That vollendet ist. R. VIII, 507; — in Idealkonkurrenz mit Unterschlagung ist d. Strafbestimmung d. § 266 anzuwenden. R. II, 293.

Dreiundzwanzigster Abschnitt.

Urkundenfälschung.†)

Wegen des Verlustes der Ehrenrechte vgl. § 280.

267. (L.) Wer in rechtswidriger Absicht eine inländische oder ausländische öffentliche Urkunde oder eine solche Privaturkunde, welche zum Beweise von Rechten oder Rechtsverhältnissen von Erheblichkeit ist, verfälscht

†) Urk.-Fälschg. Weismann, d. Liszt XI, 1; — Urk. Börne, Ger.-Saal XLI, 383.

oder fälschlich anfertigt und von derselben zum Zwecke einer Täuschung Gebrauch macht, wird wegen Urkundenfälschung mit Gefängniß bestraft.

Vgl. §§ 269, 270, 277, 280, 363. — Urkundenfälsch. Formaldelict, welches nicht in der Verletzung einer concreten materiellen Berechtigung, sondern in dem dem obj. Recht zuwiderlaufenden Mißbrauch d. Form d. Beurkundung im rechtl. Verkehr besteht. E. XXIII, 250; cf. E. X, 68; — „Urk." ein Erzeugniß bewußter menschl. Thätigkeit, geeignet u. bestimmt zum Beweise e. Thatsache u. zwar d. Thatsache e. damit zum Ausdruck gelangenden menschl. Gedankenäußerung, welche ihrerseits geeignet u. bestimmt sein muß, eine nicht mit ihr zusammenfallende, sondern außerhalb ihrer liegende Thatsache zu beweisen oder zu deren Beweise mitzuwirken. Das Ges. kann vorschreiben, daß Urk. noch weitere spezielle Eigenschaften an sich tragen müssen. E. XXII, 183; cf. E. I, 162; R. I, 263; — der Begriff „Urkunde" im Allg. u. „öffentliche" Urk. insbesondere, sowie die Beweiserheblichkeit von Privaturk. ist Sache der thatsächlichen Feststellg. (durch die Geschworenen) St.P.O. § 293. R. III, 738. Die C.P.O. bezeichnet im § 380 öffentl. Urk. als: „Urkunden, welche von einer öffentl. Behörde innerhalb der Grenzen ihrer Amtsbefugnisse oder von einer mit öffentlichem Glauben versehenen Person innerhalb des ihr zugewiesenen Geschäftskreises in der vorgeschriebenen Form aufgenommen sind". Ueber den Begriff „öffentl. U." u. „beweiserhebl. Privat-U." vgl. auch E. XXIV, 281; XIV, 175; R. VIII, 412; — öffentl. Urk. ist nicht echt, wenn d. Name des als Ausstellers bezeichneten Beamten nicht von diesem, sondern, wenn auch mit seiner Genehmigung, v. einem Dritten geschrieben ist. Eine solche fälschlich angefertigte Urk. kann nicht verfälscht werden. E. IV, 69; — „Privaturk." beweiserhebl. für die Entstehung, den Bestand od. d. Erlöschen e. Rechts. R. I, 233; Unterschrift nicht unter allen Umständen erforderl. für d. Beweiserheblichkeit u. d. Urkundenqualität. R. VI, 529; — nicht erforderlich, daß die Urk. gerade z. Beweise d. Rechtsverhältnisses, für dessen Beweis sie erheblich ist, bestimmt ist. E. XIX, 113; — öffentl. Urk. ist z. B. das von einer Staatsbahn ausgestellte Eisenbahnbillet. E. VIII, 409; R. V, 369; falsche Telegramme strafbar. E. VIII, 92; R. V, 161; —

Blechmarken. E. IV, 3; R. II, 774; — Abschnitt e. Postanweisg. ist nach Maßgabe d. Inhalts e. Urk., R. III, 649. — Aufdrücken eines Namens oder Firmenstempels strafb. E. X, 304; — ärztl. Recepte Urk. E. XVIII, 149; R. X, 563; — unterkreuzte Urk., R. VI, 356; — Wahlzettel, wenn i. d. Urne gelegt. E. XXII, 183; — Inval.-Quittungskarte, auch wenn noch ohne Marke, (öffentl.) Urk. E. XXIII, 338; Zustellungsurk. u. d. d. Adressaten übergebene Abschrift. R. VIII, 417; — schriftl. Strafanzeige. R. VIII, 770; X, 396; Wildpassirschein. R. IX, 555; Taxe e. Grundstücks. E. XXIV, 115; Postanweisung (wenn mit d. vorgeschrieb. Vermerken d. Postbeamten versehen, öff. Urk.). E. XXIV, 130; Handelsbücher. E. IV, 4; R. III, 16; nicht: mit amtl. Portovermerk versehener Abschnitt d. Packetadressen. E. XII, 323; R. VII, 390; Zahlungsbefehl ohne Unterschrift. E. XXIII, 205; — „fälschl. anfertigen", wenn Urk. nicht von dem herrührt, der scheinbar d. Aussteller ist. (Wahrheit d. durch die Urkunde bethätigten Thatsache unerheblich.) R. IX, 148; — „rechtsw. Absicht", für eine Thatsache mittels Täuschung ein falsches rechtserhebl. Beweismittel schaffen (Bewußtsein d. Verletzung Dritter nicht erforderl.). E. XXI, 69; XVII, 200; II, 376; R. X, 141; durch demnächst erwartete Genehmigung nicht ausgeschlossen. R. VII, 266; auch wenn zu einem an sich erlaubten Zweck. R. I, 350; od. zur Ausübung eines bestehenden Rechtes. R. VIII, 493; auch trotz Genehmigung d. Namensträgers zur Abgabe der Unterschrift, wenn beide gemeinschaftl. zum Zweck der Täuschung eines Dritten handeln. E. XXII, 377; — „Gebrauch machen", Vorzeigen od. Uebergabe d. Urkunde nicht erforderl.; genügend, wenn Urk. als angebl. Beweismittel bezeichnet u. dem zu Täuschenden die Einsicht ermöglicht wird. E. XIX, 215; XIV, 242; R. VIII, 489; — öffentl. Anschlag einer gefälschten Urk. E. XII, 17; durch Verlesen. E. XV, 110; R. VIII, 746; nicht erforderl., gerade gegenüber d. aus d. Urk. Verpflichteten. E. I, 186; — „zum Zweck d. Täuschung", die Täuschung muß auf d. beweiserhebl. Theil d. Urk. sich beziehen. E. XXIV, 213; c. XIX, 115; nicht erforderl., daß d. Gebrauch auf Geltendmachung des durch d. Urk. zu beweisenden Rechtsverhältnisses abziele. E. VII, 52; R. IV, 718; — „Urkundenfälschung", durch Unterzeichnen eines falschen Vornamens, wenn damit d. Glaube erweckt werden soll, d. Unterzeichner sei eine andere Person. E. XIII,

171; R. VII, 743; durch unbefugte Einfügung eines echten Aichstempels in eine nicht geaichte Waage. (Aichstempel öffentl. Urk.) E. XXIII, 379; auch wenn Jemand den von ihm schon lange geführten falschen Namen unterschreibt. E. XIII, 245; — „nicht" Abänderung d. eigenen Handelsbücher (Betrug). E. VIII, 470; V, 430; R. IV, 61; — Verhältn. d. §§ 267 u. 363. E. XX, 229; Fälschung v. Arbeits- od. ähnl. Zeugnissen u. Gebrauch, um von d. Ortsvereinen d. übl. Gaben zu erlangen, nur § 363. E. VIII, 37; R. V, 106; — eine Strafthat, wenn von mehreren gefälscht. Urk. ein Gebrauch gemacht wird. E. XV, 290; R. VIII, 700; — Mitthäterschaft, wenn d. eine fälscht u. d. andere Gebrauch macht. R. IV, 248; VIII, 481; — kein Versuch, wenn Jemand ein mit gefälschter Unterschr. versehenes Blanket einem Anderen zum Zweck d. Täuschung gibt, damit derselbe eine Schrift urkundl. Inhalts darüber setze. E. XXIII, 213.

268. Eine Urkundenfälschung, welche in der Absicht begangen wird, sich oder einem Anderen einen Vermögensvortheil zu verschaffen oder einem Anderen Schaden zuzufügen, wird bestraft, wenn

1) (L.) die Urkunde eine Privaturkunde ist, mit Zuchthaus bis zu fünf Jahren, neben welchem auf Geldstrafe bis zu dreitausend Mark erkannt werden kann;

   G.V. § 73 2.

2) (Sw.) die Urkunde eine öffentliche ist, mit Zuchthaus bis zu zehn Jahren, neben welchem auf Geldstrafe von einhundertfunfzig bis zu sechstausend Mark erkannt werden kann.

Sind mildernde Umstände vorhanden, so tritt Gefängnißstrafe ein, welche bei der Fälschung einer Privaturkunde nicht unter Einer Woche, bei der Fälschung einer öffentlichen Urkunde nicht unter drei Monaten betragen soll. Neben der Gefängnißstrafe kann zugleich auf Geldstrafe bis zu dreitausend Mark erkannt werden.

Die auf Verschaffung e. Vermögensvortheils gerichtete Absicht muß bei d. Fälschung vorhanden sein. R. II, 366; Vermögensvorth. braucht nicht rechtswidrig zu sein. E. I, 186; II, 43; XI, 155; XXI, 60; R. I, 716; nicht erforderl., daß Vortheil od. Nachtheil eingetreten ist, darauf gerichtete Absicht genügt. R. I, 350; „Absicht, sich Vermögensvortheile zu verschaffen", auch Verdeckung von Unterschlagungen. E. X, 76; — „Schaden zufügen", auch durch Ehrenkränkung. E. VIII, 187; R. V, 149. — Anfertigung m. d. Absicht d. Gebrauchmachens, Versuch; auch wenn Gebrauchmachen nur event. beabsichtigt u. noch an d. Eintritt besonderer Bedingungen geknüpft ist. E. XVI, 133; R. IX, 352.

269. Der fälschlichen Anfertigung einer Urkunde wird es gleich geachtet, wenn Jemand einem mit der Unterschrift eines Anderen versehenen Papiere ohne dessen Willen oder dessen Anordnungen zuwider durch Ausfüllung einen urkundlichen Inhalt gibt.

Auch durch Druck od. sonst auf mechanischem Wege hergestellte Namenszeichnung, E. XXI, 183; — anwendbar auch, wenn d. Papier schon urkundl. Inhalt hatte, aber noch nicht diejenigen Urk. vollendet enthält, welche darzustellen es bestimmt war. Verhältn. d. §§ 267 u. 269 zu einander, E. XV, 67; R. VIII, 740.

270. Der Urkundenfälschung wird es gleich geachtet, wenn Jemand von einer falschen oder verfälschten Urkunde, wissend, daß sie falsch oder verfälscht ist, zum Zwecke einer Täuschung Gebrauch macht.

„Falsche Urkunde" bezieht sich nicht auf echte Urk., welche unwahre Thatsachen enthalten. E. XV, 7; R. VIII, 641; nicht erforderl., daß in rechtsw. Absicht fälschl. angefertigt od. verfälscht. E. IV, 69; aber Gebrauch machen in rechtswidr. Absicht. E. XII, 112; R. VII, 186.

271. (L.) Wer vorsätzlich bewirkt, daß Erklärungen, Verhandlungen oder Thatsachen, welche für Rechte oder Rechtsverhältnisse von Erheblichkeit sind, in öffentlichen

Urkunden, Büchern oder Registern als abgegeben oder geschehen beurkundet werden, während sie überhaupt nicht oder in anderer Weise oder von einer Person in einer ihr nicht zustehenden Eigenschaft oder von einer anderen Person abgegeben oder geschehen sind, wird mit Gefängniß bis zu sechs Monaten oder mit Geldstrafe bis zu dreihundert Mark bestraft.

G.B. § 75 14. — Intellektuelle Fälschung vgl. §§ 272, 273, 348; vgl. Seem.=O. §§ 93, 99. — Nur solche falsche Beurkundung üb. Thatsachen, zu deren beweiskräftigen Beurkundung d. Buch, Register u. s. w. bestimmt. E. XX, 249; XXI, 31. — Protokolle (Verurtheilg. u. Strafvollstr.); unter falschem Namen. E. III, 204; R. II, 748; III, 58; Eintragung ins Handelsregister. E. XVIII, 179; R. X, 625. — Kirchl. Taufregister i. Geb. d. Pr. Lndr.'s öffentl. Register. E. XXII, 118. — Standesbeamter beurkundet bei Aufnahme u. Bekanntmachung d. Aufgebotsantrags nur d. Thatsachen gewisser vor ihm von gewissen Personen abgegebenen Erklärungen, nicht aber auch d. Wahrheit d. Inhalts derselben. E. XXII, 62; — Geburtsregister auch zur Beurkundung d. Straße u. d. Hauses d. Geburt. R. IX, 415; Sterberegister zur Beurkundung von Stand, Beruf (Stellung), nicht aber d. Familienstandes. E. XVI, 87; R. IX, 328; — Gefangenenbücher öffentl. Register zur Beurkundung d. Identität d. verhafteten Personen. E. XXIV, 309; XII, 315; XI, 188; R. VII, 429; Strafregister keine öffentl. Urk. bezügl. d. Identität. R. IX, 432; X, 397; — nicht: falsche Namensangabe in richterl. Vernehmungsprotokoll. E. XI, 314; in Gesindedienstbüchern. E. XIV, 99; — Thäter muß d. unrichtige Beurkundung vorsätzl. veranlassen, so daß seine Erklärungen in d. Beurkundung ihren Ausdruck finden. E. IX, 288; R. V, 331; 760. — Vorsatz: unrichtige Beurkundung und, daß dieselbe rechtserheblich ist. R. VII, 190. — Verjährung. E. XXI, 228.

272. (Sw.) Wer die vorbezeichnete Handlung in der Absicht begeht, sich oder einem Anderen einen Vermögensvortheil zu verschaffen oder einem Anderen Schaden zuzufügen, wird mit Zuchthaus bis zu zehn Jahren bestraft, neben welchem auf Geldstrafe von einhundertfunfzig bis zu sechstausend Mark erkannt werden kann.

Vgl. § 349, auch wenn Thäter d. Vergehen aus § 271 gegen zugesagte u. gewährte Belohnung begeht. E. XVIII, 145; R. X, 551.

Sind mildernde Umstände vorhanden, so tritt Gefängnißstrafe ein, neben welcher auf Geldstrafe bis zu dreitausend Mark erkannt werden kann.

W. m. U. s. § 83. Anm.

273. (L.) Wer wissentlich von einer falschen Beurkundung der im § 271 bezeichneten Art zum Zwecke einer Täuschung Gebrauch macht, wird nach Vorschrift jenes Paragraphen und, (Sw.) wenn die Absicht dahin gerichtet war, sich oder einem Anderen einen Vermögensvortheil zu verschaffen oder einem Anderen Schaden zuzufügen, nach Vorschrift des § 272 bestraft.

274. (L.) Mit Gefängniß, neben welchem auf Geldstrafe bis zu dreitausend Mark erkannt werden kann, wird bestraft, wer

1) eine Urkunde, welche ihm entweder überhaupt nicht oder nicht ausschließlich gehört, in der Absicht, einem Anderen Nachtheile zuzufügen, vernichtet, beschädigt oder unterdrückt, oder

Absicht, hier Richtung d. Willens auf ein bestimmtes Ziel, nicht blos Vorsatz. E. XVI, 150; nicht erforderl., daß Absicht ausschließl. auf Benachtheiligung ging. R. V, 80; „Nachtheil", Entziehung e. Beweismittels. R. VIII, 722; Absicht, Einsicht d. Urk. unmöglich zu machen. E. XX, 415; — „Beweiserheblichk." i. S. d. § 267 für d. Urk. nicht erforderl. E. IX, 141; R. V, 625; sondern Urk. im w. S. R. IX, 537; „Beschädigung", auch Veränderung in Beziehung auf d. Beweisinhalt. R. VIII, 722;

Durchstreichen mittels Bleistiftstrichen. R. II, 135; Unterdrücken begriffl. kein heiml. Thun. E. XXII, 283. Vgl. wegen der Arbeitsbücher Gew.-O. § 150₃.

2) einen Grenzstein oder ein anderes zur Bezeichnung einer Grenze oder eines Wasserstandes bestimmtes Merkmal in der Absicht, einem Anderen Nachtheil zuzufügen, wegnimmt, vernichtet, unkenntlich macht, verrückt oder fälschlich setzt.

Vgl. § 133, 348, 349, „Grenzzeichen", Merkmal zur Abgrenzung d. Eigenthums oder dingl. Rechte an Grund u. Boden (Nutzung. E. XX, 196), welches von Alters her als solches besteht oder durch Vereinigung d. Interessenten oder Entscheidung d. zuständ. Behörde festgesetzt ist. R. V, 251; VI, 49; — civilrechtl. Gültigkeit d. Grenzbezeichnung nicht erforderl. E. XXIII, 256; deshalb auch strafbar, wenn d. Grenzstein die Grenze thatsächl. unrichtig bezeichnet. R. X, 46; — Grenzmale, auch Grenzraine (cf. § 370₁, letzterer richtet sich gegen d. Verletzung d. Unversehrtheit d. Grenzrains). E. XXII, 287; 274₂ u. 370₁, keine Gesetzeskonkurrenz.

275. (L.) Mit Gefängniß nicht unter drei Monaten wird bestraft, wer

1) wissentlich von falschem oder gefälschtem Stempelpapier, von falschen oder gefälschten Stempelmarken, Stempelblanketten, Stempelabdrücken, Post- oder Telegraphen-Freimarken oder gestempelten Briefkuverts Gebrauch macht,

*2) unechtes Stempelpapier, unechte Stempelmarken, Stempelblankette oder Stempelabdrücke für Spielkarten, Pässe oder sonstige Drucksachen oder Schriftstücke, ingleichen wer unechte Post- oder Telegraphen-Freimarken oder gestempelte Briefkuverts in der Absicht anfertigt, sie als echt zu verwenden, oder

* **§ 275** 2 G. v. 26./2. 76 vgl. oben S. 5.

3) echtes Stempelpapier, echte Stempelmarken, Stempelblankette, Stempelabdrücke, Post- oder Telegraphen-Freimarken oder gestempelte Briefkuverts in der Absicht verfälscht, sie zu einem höheren Werthe zu verwenden.

Vgl. §§ 276, 280, 364; E.G. § 2 A. 2; R. G. v. 3./7. 78 § 12 (Spielkartenstempel); — § 275 bezieht sich auch auf ausländische Stempelmarken u. s. w.; Gebrauchmachen in Nr. 1, Gebrauch, wodurch d. Marke von ihrem Inhaber in den äußeren, d. h. mit Dritten stattfindenden Rechtsverkehr gebracht wird (also nicht schon, wenn Brief mit falscher Marke einem Briefboten übergeben wird, damit er d. Brief besorge). E. XXIV, 111; — auch Veräußerung. E. VI, 387; R. IV, 583. — Nr. 2. Zusammensetzung v. Bruchstücken echter Postmarken nicht strafb. E. XVII, 395; R. X, 311.

276. (A.) Wer wissentlich schon einmal zu stempelpflichtigen Urkunden, Schriftstücken oder Formularen verwendetes Stempelpapier oder schon einmal verwendete Stempelmarken oder Stempelblankette, ingleichen Stempelabdrücke, welche zum Zeichen stattgehabter Versteuerung gedient haben, zu stempelpflichtigen Schriftstücken verwendet, wird, außer der Strafe, welche durch die Entziehung der Stempelsteuer begründet ist, mit Geldstrafe bis zu sechshundert Mark bestraft.

* Gleiche Strafe trifft denjenigen, welcher wissentlich schon einmal verwendete Post- oder Telegraphenwerthzeichen nach gänzlicher oder theilweiser Entfernung des Entwerthungszeichens zur Frankirung benutzt. Neben dieser Strafe ist die etwa wegen Entziehung der Post- oder Telegraphengebühren begründete Strafe verwirkt.

G.V. § 27₂; St.P.O. §§ 231, 319 (Verfahren geg. Abwesende), § 447 (Strafbefehl). Vgl. §§ 128 A. 2 u. 275, 280, 364; vgl. § 27

* Rchsges. v. 13. Mai 1891, s. ob. S. XV.

des Postg. v. 28./10. 71; R.G. v. 16./5. 69 (Telegr. Freim.) § 2 (B.G.B. S. 377) u. Bayern Art. 13; zu Abs. 2 vgl. § 364 Abs. 2 u. § 27 3 Postges.

277. (L.) Wer unter der ihm nicht zustehenden Bezeichnung als Arzt oder als eine andere approbirte Medizinalperson oder unberechtigt unter dem Namen solcher Personen ein Zeugniß über seinen oder eines Anderen Gesundheitszustand ausstellt oder ein derartiges echtes Zeugniß verfälscht, und davon zur Täuschung von Behörden oder Versicherungsgesellschaften Gebrauch macht, wird mit Gefängniß bis zu Einem Jahre bestraft.

Vgl. §§ 278—280; Gew.-O. §§ 29, 147 Nr. 3. — Täuschg. üb. d. formale Beschaffenheit d. Zeugnisses, materiell unrichtiger Inhalt nicht erforderl. E. XX, 138.

278. (L.) Aerzte und andere approbirte Medizinalpersonen, welche ein unrichtiges Zeugniß über den Gesundheitszustand eines Menschen zum Gebrauche bei einer Behörde oder Versicherungsgesellschaft wider besseres Wissen ausstellen, werden mit Gefängniß von Einem Monat bis zu zwei Jahren bestraft.

Vgl. §§ 279, 280. — Approbation. § 29 Gew.-O. — Auch Bader (in Bayern). E. VI, 260; R. IV, 442. — Impfscheine. E. XXIV, 284.

279. (L.) Wer, um eine Behörde oder eine Versicherungsgesellschaft über seinen oder eines Anderen Gesundheitszustand zu täuschen, von einem Zeugnisse der in den §§ 277 und 278 bezeichneten Art Gebrauch macht, wird mit Gefängniß bis zu Einem Jahre bestraft.

280. Neben einer nach Vorschrift der §§ 267, 274, 275, 277 bis 279 erkannten Gefängnißstrafe kann auf Verlust der bürgerlichen Ehrenrechte erkannt werden.

Vierundzwanzigster Abschnitt.

Bankerutt.

(§§ 281—283 aufgehoben.)

Durch den Erlaß d. Reichskonkursord. ist der Vorbehalt im § 2 A. 3 des Einf.-Ges. z. St.G.B. (vgl. Rüdorff, Komm. 4. Aufl. S. 56 u. 59) erledigt. Durch § 3 Nr. 3 u. § 4 Abs. 2 des Einf.-G. zur Konk.-O. sind die §§ 281—283 des St.G.B. und die den Konkurs betreffenden Strafvorschriften der Landesgesetzgebg. ausdrücklich aufgehoben. Die aufgehobenen Bestimmungen sind ersetzt durch die nachfolgenden §§ 209—214 der Reichs-Konk.O., welche sich auf Kaufleute und Nichtkaufleute erstrecken.

Aufrecht erhalten sind durch § 3 Abs. 1 u. § 5 Nr. 2 die Vorschriften d. Reichsgesetze über den Konkurs (vgl. unten Note zu § 214) u. gewisse das eheliche Güterrecht betr. landesgesetzl. Vorschriften, z. B. Pr. E.G. z. Hand.G.B. Art. 41. 52 Nr. 2; E.G. z. Hand.G.B. f. Elf.-Lothr. Art VII Nr. 1. — Eine Spezialvorschrift für Bayern enthält § 6 des E.G. zur Konk.-O.

Reichskonkurs-Ordnung †).

Vom 10. Februar 1877.

(R.G.Bl. S. 388, 389.)

(Drittes Buch. Strafbestimmungen.)

209. (Sw.) Schuldner, welche ihre Zahlungen eingestellt haben, oder über deren Vermögen das Konkursverfahren eröffnet worden ist, werden wegen betrüglichen Bankerutts mit Zuchthaus bestraft, wenn sie in der Absicht, ihre Gläubiger zu benachtheiligen,

1. Vermögensstücke verheimlicht oder bei Seite geschafft haben,

---

†) Vgl. v. Wilmowski, Deutsche Reichs-Konkursordnung. 4. Aufl. Berlin 1889. Zu § 209 ff. — Petersen-Kleinfeller, Konk.-Ord. Frankfurt u. Lahr 1888. S. a. Kleinfeller in Stenglein's strafrechtl. Nebengesetze.

2. Schulden oder Rechtsgeschäfte anerkannt oder aufgestellt haben, welche ganz oder theilweise erdichtet sind,
3. Handelsbücher zu führen unterlassen haben, deren Führung ihnen gesetzlich oblag, oder

Pflicht z. Führung v. Handelsbüchern Art. 28, 10 Hand.G.B.

4. ihre Handelsbücher vernichtet oder verheimlicht oder so geführt oder verändert haben, daß dieselben keine Uebersicht des Vermögenszustandes gewähren.

Sind mildernde Umstände vorhanden, so tritt Gefängnißstrafe nicht unter drei Monaten ein.

Kleinfeller, Strafb. Bankerutt, Ger.-Saal XLIII, 161. — Zahlungseinstellung. E. III, 294; R. I, 735, IV, 48; — Zahlungseinstellung oder Konkurseröffnung sind Elemente d. Handlung, nicht bloße Bedingungen d. Strafbarkeit. Deshalb Bankerutt im Inland, wenn auch nur Konkurseröffnung im Inland erfolgt ist. E. XVI, 188; R. IX, 445; — Beiseiteschaffung, auch Immobilien. E. II, 118; R. II, 97. Zusammentreffen verschiedener Handlgn. (Nr. 1—4) bildet k. Mehrh. v. Delikten, k. Realkonkurrz. i. Sinn des § 74. E. I, 101; R. I, 77; 627; V, 52, ebensowenig findet zwischen betrüg. (§ 209) u. einfachem (§ 210) Bankerutt e. Realkonk. statt. E. VI, 94; R. IV, 257; — Verjährungsbeginn. E. III, 350. — „Versuch“, Zahlungseinstellung od. Konkurseröffnung nicht erforderlich. E. XIII, 41; R. VII, 642.

210. (L.) Schuldner, welche ihre Zahlungen eingestellt haben, oder über deren Vermögen das Konkursverfahren eröffnet worden ist, werden wegen einfachen Bankerutts mit Gefängniß bis zu zwei Jahren bestraft, wenn sie

1. durch Aufwand, Spiel oder Differenzhandel mit Waaren oder Börsenpapieren übermäßige Summen verbraucht haben oder schuldig geworden sind,

„Aufwand“, E. XV, 309; R. IX, 155; — „Spiel“, E. XV, 277; R. VIII, 767; — „schuldig geworden“: auch Verbindlichkeiten, aus welchen keine Klage gegeben ist, E. XXII, 12.

2. Handelsbücher zu führen unterlassen haben, deren Führung ihnen gesetzlich oblag, oder dieselben verheimlicht, vernichtet oder so unordentlich geführt haben, daß sie keine Uebersicht ihres Vermögenszustandes gewähren, oder

Vgl. Art. 28. 10. Hand.G.B.

3. es gegen die Bestimmung des Handelsgesetzbuchs unterlassen haben, die Bilanz ihres Vermögens in der vorgeschriebenen Zeit zu ziehen.

Zu Nr. 2 u. 3. Vgl. Art. 29 Hand.G.B. — Kaufmann: Eigenschaft nicht nur nach Umfang, sondern wesentl. auch nach Art d. Betriebes. E. XXIV, 80; das Vorhandensein e. Ladens macht noch nicht zum Kaufmann. E. XXII, 310; Unkenntn. v. d. Geschäft als einem kaufmännischen kann entschuldigen, wenn sie nicht auf Fahrlässigkeit beruht (§ 59, Abs. 2). E. VIII, 147; R. IV, 104; Hausirer (nicht). E. XX, 168; Viehhändler kein Hausirer, deshalb bei nicht geringem Gewerbebetrieb Kaufmann. E. XX, 387; Bauunternehmer (nicht). E. XVIII, 368. — Kaufmann hat Handelsbücher zu führen; Buchführung auf losen Zetteln unzulässig. E. XVII, 301; R. X, 296. — Vernichtung d. Handelsbücher nach Beendigung d. Konkursverfahrens nur strafbar, wenn die Gläubiger noch ein Interesse an denselben haben. E. XXII, 437; — „Bilanzabschluß", Verhältniß d. Vermögens u. d. Schulden darstellend; Bilanz muß unabhängig von d. sonstigen Buchführung gezogen werden. Eintragung d. Einlagekapitals in die Geschäftsbücher ersetzt d. Bilanz nicht. E. XXII, 439; — Beihülfe nur strafbar, soweit es sich bei d. Hauptthat um vorsätzl. Thun handelt. E. XVI, 277; R. IX, 549; X, 487; — Zusammentreffen mehrerer Handlungen u. Verjährung vgl. oben Anm. zu § 209.

211. (L.) Schuldner, welche ihre Zahlungen eingestellt haben, oder über deren Vermögen das Konkursverfahren eröffnet worden ist, werden mit Gefängniß

bis zu zwei Jahren bestraft, wenn sie, obwohl sie ihre Zahlungsunfähigkeit kannten, einem Gläubiger in der Absicht, ihn vor den übrigen Gläubigern zu begünstigen, eine Sicherung oder Befriedigung gewährt haben, welche derselbe nicht oder nicht in der Art oder nicht zu der Zeit zu beanspruchen hatte.

Vgl. Konk.O. § 23 Nr. 2. Dalke i. Goltd. Arch. XXXVIII, 342. — Der begünstigte Gläubiger kann wohl Anstifter u. Gehülfe zum Vergehen des § 211 sein, ist durch bloße Annahme aber nicht „Gehülfe". E. II, 439; XX, 214; R. II, 762; III, 153; IV, 28; — „Gläubiger" auch d. Bürge. E. XV, 90; R. VIII, 757. — Gewährung einer Urk., mit Unterwerfung unter sofort. Zwangsvollstreckung, an sich nicht die Gewährung einer Sicherheit. E. XX, 301; cf. aber c. E. IV, 62; V, 116; R. III, 671; III, 212; — „Absicht", Wille muß auf d. Herbeiführung d. Erfolgs gerichtet sein; Bewußtsein von d. event. Benachtheiligung d. anderen Gläubiger genügt nicht. E. XXIV, 7; 255; — §§ 210 u. 211 können bezügl. desselben Bankerutts nicht realkonkurriren. R. VII, 399; ebenso nicht § 211 in mehreren Einzelfällen bei demselben Bankerutt. R. VII, 517.

212. (Sw.) Mit Zuchthaus bis zu zehn Jahren wird bestraft, wer

1. im Interesse eines Schuldners, welcher seine Zahlungen eingestellt hat, oder über dessen Vermögen das Konkursverfahren eröffnet worden ist, Vermögensstücke desselben verheimlicht oder bei Seite geschafft hat, oder
2. im Interesse eines solchen Schuldners, oder, um sich oder einem Anderen Vermögensvortheil zu verschaffen, in dem Verfahren erdichtete Forderungen im eigenen Namen oder durch vorgeschobene Personen geltend gemacht hat.

Sind mildernde Umstände vorhanden, so tritt Gefängnißstrafe oder Geldstrafe bis zu sechstausend Mark ein.

§ 212 bildet ein selbst. Verbr., neben welchem auch Theilnahme an dem Verbr. des § 209 möglich ist, E. IX, 430.

213. (L.) Ein Gläubiger, welcher sich von dem Gemeinschuldner oder anderen Personen besondere Vortheile dafür hat gewähren oder versprechen lassen, daß er bei den Abstimmungen der Konkursgläubiger in einem gewissen Sinne stimme, wird mit Geldstrafe bis zu dreitausend Mark oder mit Gefängniß bis zu einem Jahre bestraft.

214. Die Strafvorschriften der §§ 209—211 finden gegen die Mitglieder des Vorstandes einer Aktiengesellschaft oder eingetragenen Genossenschaft und gegen die Liquidatoren einer Handelsgesellschaft oder eingetragenen Genossenschaft, welche ihre Zahlungen eingestellt hat, oder über deren Vermögen das Konkursverfahren eröffnet worden ist, Anwendung, wenn sie in dieser Eigenschaft die mit Strafe bedrohten Handlungen begangen haben.

Vgl. die durch § 3 Abs. 1 des Einf.=G. zur K.O. aufrecht erhaltenen reichsgesetzl. Bestimmgen. im Hand.G.B. Art. 249, 249a, 240 (jetzt R.G. v. 18./7. 84), Art. 26; vgl. §§ 142a, 152, 153 des Genossensch.G. v. 1./5. 89 u. für Bayern noch § 6 des Einf.=Ges. z. K.O.

Fünfundzwanzigster Abschnitt.

Strafbarer Eigennutz und Verletzung fremder Geheimnisse.

284. (L.) Wer aus dem Glücksspiele ein Gewerbe macht, wird mit Gefängniß bis zu zwei Jahren bestraft, neben welchem auf Geldstrafe von dreihundert bis zu sechstausend Mark, sowie auf Verlust der bürgerlichen Ehrenrechte erkannt werden kann.

Ist der Verurtheilte ein Ausländer, so ist die Landespolizeibehörde befugt, denselben aus dem Bundesgebiete zu verweisen.

A. 1. Vgl. § 360 14. — Ueber das Verhältniß der §§ 284, 286, 360 14 zu einander, E. X, 245; R. VI, 261. „Glücksspiel“, E. VI, 421; R. II, 331. Buchmacher (Wettbureau) strafbar, E. VI, 172; 421; R. IV, 407; 641; ebenso d. Totalisator, E. VII, 21; R. IV, 676, „Gewerbe“, Absicht, sich durch Gewinn Erwerb zu verschaffen, für sich allein noch nicht Gewerbemäßigkeit; Willen auf fortgesetzte auf Erwerb gerichtete Thätigkeit erforderl. E. XII, 388; R. VII, 541; I, 654.

A. 2. — Vgl. §§ 39 Nr. 2, 361 Nr. 2.

285. (L. bez. A.) Der Inhaber eines öffentlichen Versammlungsorts, welcher Glücksspiele daselbst gestattet oder zur Verheimlichung solcher Spiele mitwirkt, wird mit Geldstrafe bis zu eintausendfünfhundert Mark bestraft.

G.V. § 75 14. Umwandlg. v. Geld in Haft § 28 A. 2 u. St.P.O. §§ 231, 319 (Verfahren gegen Abwesende). „Inhaber“, thatsächliche Verfügungsgewalt. E. XXIV, 256; — „Verheimlichg.“ in nicht öffentl. Räumen strafbar (Duldung in seinen Privatzimmern. R. IX, 153); auch gleichgültig, ob Gewinnsucht oder Unterhaltg. E. VI, 70; R. IV, 215; — daß d. Spieler reich u. deshalb d. Ausgang d. Spieles für ihn nicht von erhebl. Bedeutung, schließt Strafbarkeit nicht aus. R. VII, 636.

286. (L.) Wer ohne obrigkeitliche Erlaubniß öffentliche Lotterien veranstaltet, wird mit Gefängniß bis zu zwei Jahren oder mit Geldstrafe bis zu dreitausend Mark bestraft.

Den Lotterien sind öffentlich veranstaltete Ausspielungen beweglicher oder unbeweglicher Sachen gleich zu achten.

Vertrieb v. Antheilscheinen — ohne Uebertragg. des Miteigenthums am Original-Loos strafb. nach § 286, E. III, 123; IV, 80; R. II, 639; — Antheilsgewährg. in Verbindg. mit Kolportage strafb. E. II, 390; R. III, 345. — In Preußen ist das Spielen in auswärtigen (auch deutschen: Sächs., Braunschw., Hamb.) Lotterien, sowie die Veröffentlichung der Gewinnloose nach dem G. v. 29./7. 85 (G.S. S. 317) strafbar. — Für briefl. Anbieten v. verbotenen Loosen ist d. Gericht d. Wohnortes des Adressaten zuständig. Für Absendung von solchen Briefen ist d. Geschäftsherr nur mit Kenntniß d. Absendung verantwortl. E. I, 274; R. I, 460.

A. 2. „Oeffentl. Ausspielungen", auch innerhalb eines durch Beruf u. Interessen begrenzten Personenkreises, wenn die so begründeten Beziehungen nicht solche sind, daß d. Betheiligten dadurch in näherer Verbindung stehn. E. XVI, 274; R. IX, 134; — „strafbar s. nur Ausspielungen m. Glücksspiel", d. h. Ausspielen von Gegenständen, sobald dabei irgend etwas in Ungewißheit ist u. durch Zufall entschieden wird. E. XVII, 379; R. X, 409 (auch Glücksbuden. E. X, 245; R. VI, 261); — Ausspielungen ohne Glücksspiel straflos und entgegenstehende Landesgesetze aufgehoben. E. XVIII, 1; R. X, 376.

***287.** ersetzt durch § 14 des Ges. über d. Markenschutz v. 30. Nov. 1874. (R.Ges.Bl. S. 143.)

288. (L. bez. A.) Wer bei einer ihm drohenden Zwangsvollstreckung in der Absicht, die Befriedigung des Gläubigers zu vereiteln, Bestandtheile seines Vermögens veräußert oder bei Seite schafft, wird mit Gefängniß bis zu zwei Jahren bestraft.

Die Verfolgung tritt nur auf Antrag des Gläubigers ein.

G.V. § 75 11. Vgl. § 137. — „Drohende Zwangsvollstreckung", wenn aus schlüssigen Handlungen d. Gläubigers die Absicht alsbaldiger gerichtl. Geltendmachung und zwangsweiser Beitreibung erhellt. Daß gerichtl. Schritte gethan, nicht unbedingt erforderl. (wiederholte Mahnung, wenn aus sonstigen Umständen auf jene Absicht geschlossen werden muß). E. XX, 256; XXIII, 177; weiter geht.

E. XXIV, 239; — „Gläubiger" jeder, welcher einen Anspruch auf Zwangsvollstreckung hat oder geltend machen kann (obligat. Anspruch nicht erforderl.). E. IX, 164; R. V, 678; — Absicht, Befriedigung definitiv zu vereiteln, nicht erforderl. R. VII, 304; I, 560; Thatbestand wird durch Absicht, einen anderen (selbst bevorzugten) Gläubiger zu befriedigen, nicht ausgeschlossen. E. I, 96; R. I, 36; ebenso nicht durch d. Vorhandensein anderer Befriedigungsgegenstände eod.; — „des Gläubigers", von dem die Zwangsvollstreckung drohte; — daß d. Gläubiger gerade die Sache anzugreifen beabsichtigte, welche bei Seite geschafft ist, nicht erforderl. E. VI, 100; R. IV, 169; — „veräußern, Beiseiteschaffen", Hypothekbestellg. für ganz od. theilw. fingirte Schuld. E. VIII, 1; R. V, 24; Verpfändung. E. VI, 100; R. IV, 169; nicht, wenn in Erfüllung eines früher gegebenen Versprechens. R. VIII, 126; — Verpachtung; — Vorauserhebg. v. Miethen. E. IX, 231. Auch: Zerstörg. von Sachen. E. XIX, 25. Nicht: Beiseiteschaffen v. nicht pfändbaren Gegenständen. E. XXII, 209; bei drohender Zwangsvollstreckung aus nichtigen Geschäften. E. XIII, 292.

Abs. 2. Antragsfrist beginnt mit Kenntniß d. Veräußerung od. Beiseiteschaffung u. Gewinnung d. Ueberzeugung durch d. Gläubiger, daß die Handlung gegen ihn gerichtet ist. R. III, 270; — Cridar auch während d. Konkurses antragsberechtigt. E. XXIII, 221.

289. (L.) Wer seine eigene bewegliche Sache, oder eine fremde bewegliche Sache zu Gunsten des Eigenthümers derselben, dem Nutznießer, Pfandgläubiger oder demjenigen, welchem an der Sache ein Gebrauchs- oder Zurückbehaltungsrecht zusteht, in rechtswidriger Absicht wegnimmt, wird mit Gefängniß bis zu drei Jahren oder mit Geldstrafe bis zu neunhundert Mark bestraft.

Neben der Gefängnißstrafe kann auf Verlust der bürgerlichen Ehrenrechte erkannt werden.

Der Versuch ist strafbar.

Die Verfolgung tritt nur auf Antrag ein.

Die Bestimmungen des § 247 Absatz 2 und 3 finden auch hier Anwendung.

Nicht jedes thatsächl. Besitzverhältniß wird geschützt, sondern d. v. Recht anerkannte, das Zurückbehaltungsrecht (Gebrauchsrecht. E. XVII, 358; R. X, 389); deshalb nach bürgerl. Recht zu bestimmen. E. XXII, 364; — Pfandr. d. Vermiethers ergreift auch die inferirten Sachen, die zur Deckung d. Forderung nicht erforderl. s. R. VIII, 272; IX, 730; d. Verpächters, auch wegen d. laufenden Zinses, alle Früchte. R. X, 170; üb. d. Umfang d. Pfandr. d. Vermiethers vgl. auch R. X, 91; — das Vorhandensein einer Gegenforderung hebt d. Pfandr. d. Vermiethers nicht auf. E. XXIII, 163; — Absicht erforderl. durch Wegnahme d. Sachen d. Innehabungsrecht des fremden Besitzers zu verletzen (Abs. auf Schädigung od. auf Eigennutz nicht nothwendig). R. II, 131; — Vorsatz ausgeschlossen, bei Ueberzeugung von d. Vorhandensein eines Umstandes, welcher die Miethforderung beseitigt. R. X, 137; — zerstören ist nicht wegnehmen. E. XV, 434; R. IX, 211. — Strafantragberechtigt d. Vermiether. R. IX, 284; auch der „Hausverwalter", R. III, 770; d. Sequester eines Grundstücks, auch wenn die Miethverträge vor d. Zeit d. Sequestration abgeschlossen sind. E. XXIII, 344.

290. (L.) Oeffentliche Pfandleiher, welche die von ihnen in Pfand genommenen Gegenstände unbefugt in Gebrauch nehmen, werden mit Gefängniß bis zu Einem Jahre, neben welchem auf Geldstrafe bis zu neunhundert Mark erkannt werden kann, bestraft.

Gew.-O. §§ 1, 35 A. 2 und 148₄. — Jeder Gebrauch d. Pfandobjekts; nicht auf koncessionirte Pfandleiher beschränkt. E. VIII, 269; R. V, 207; — unberechtigte Abhebung von Geld auf ein verpfändetes Sparkassenbuch durch d. Pfandleiher ist Unterschlagung (nicht in Idealkonkurrenz mit Gebrauchmachen aus § 290). E. XV, 147; R. VIII, 751.

291. (L.) Wer die bei den Uebungen der Artillerie verschossene Munition, oder wer Bleikugeln aus den Kugelfängen der Schießstände der Truppen sich widerrechtlich zueignet, wird mit Gefängniß bis zu Einem Jahre oder mit Geldstrafe bis zu neunhundert Mark bestraft.

***292.** (A.) Wer an Orten, an denen zu jagen er nicht berechtigt ist, die Jagd ausübt, wird mit Geldstrafe bis zu dreihundert Mark oder mit Gefängniß bis zu drei Monaten bestraft.

Ist der Thäter ein Angehöriger des Jagdberechtigten, so tritt die Verfolgung nur auf Antrag ein. Die Zurücknahme des Antrages ist zulässig.

G.B. § 27 2; St.P.O. § 447 (Strafbefehl). Vgl. § 368 Nr. 10, Angehöriger vgl. § 52 Abs. 2. — §§ 293—295. Umwandlg. v. Geld §§ 28 A. 2, 29 A. 2, — wegen Nicht-Angehöriger vgl. §§ 50 u. 63. Jagen, Jagdausübung, jede nicht blos vorbereitende Handlung, welche auf Erlangung d. Wildes gerichtet ist; aber nicht erforderl., daß durch die Handlung d. Ergreifung d. Wildes unmittelbar ermöglicht wurde, deshalb Feststellung nicht unbedingt erforderl., daß d. Gewehr geladen war. E. XX, IV (cf. aber XI, 422); XI, 244; R. VII, 184; VIII, 102; — unbef. Jagdausübg., auch wenn zum Schutz geg. Wildschaden, strafb. E. XXII, 115. — Ueberschreitg. der Grenze z. Ergreifg. gefallenen Wildes — strafb. E. XVIII, 226; R. X, 680. — Herantreiben d. Wildes aus fremdem Jagdgebiet zur Erlegung auf eigenem. R. VIII, 420; X, 565; — unbefugtes Wegnehmen eines Thieres aus e. Schlinge (nicht Diebstahl). E. XXIII, 90; — Wegnahme von Fallwild u. Theilen (Geweihe) desselben. E. XIII, 84; R. VII, 674; cf. aber R. IV, 713; V, 126; — nicht: wenn von unberechtigtem Ort aus nach berechtigtem geschossen wird. E. VI, 375; R. IV, 556; — Wild in Gehegen s. § 242 Anm.; — Irrthum üb. Jagdbarkeit d. Thieres, Strafrechtsirrthum. E. X, 234; — daß d. unberechtigt Jagende auch den nach Partikularrecht erforderl. Jagdschein nicht hat, keine selbständige Handlung. E. XXII, 234; — Wagner, Preuß. Jagdgesetzgeb., II. Aufl., Berlin 1889 b. Springer; Dalke, Pr. Jagdrecht, II. Aufl., Breslau 1888, b. Kern.

* **§ 292** G. v. 26./2. 76 vgl. oben S. 5.

293. (L. bez. A.) Die Strafe kann auf Geldstrafe bis zu sechshundert Mark oder auf Gefängniß bis zu sechs Monaten erhöht werden, wenn dem Wilde nicht mit Schießgewehr oder Hunden, sondern mit Schlingen, Netzen, Fallen oder anderen Vorrichtungen nachgestellt oder, wenn das Vergehen während der gesetzlichen Schonzeit, in Wäldern, zur Nachtzeit oder gemeinschaftlich von Mehreren begangen wird.

G.V. § 75 14. — Antrag nicht erforderl. E. IV, 330; R. III, 428; — „Mit Schlingen", schon wenn Thäter mit d. zubereiteten Schlingen geeignete Stellen in frembem Jagdgebiet aufsucht. R. VIII, 378; — „gemeinschaftl. v. M.", auch, wenn einer d. Erlaubniß hatte, aber die Jagd bewußt mit einem Unberechtigten ausübt. R. VIII, 546; nicht, wenn einer von Zweien im guten Glauben war. E. XVII, 413; R. X, 300; — „Nachtzeit" ist die Zeit der nächtlichen Dunkelheit. E. III, 209; R. II, 667; III, 12; VII, 56 vgl. St. III, 165; — auch Fallwild „in Wäldern, zur Nachtz., od. gemeinschaftl. v. Mehreren." E. XV, 268; R. IX, 127.

294. (L.) Wer unberechtiges Jagen gewerbsmäßig betreibt, wird mit Gefängniß nicht unter drei Monaten bestraft; auch kann auf Verlust der bürgerlichen Ehrenrechte, sowie auf Zulässigkeit von Polizei-Aufsicht erkannt werden.

„Gewerbsmäßig", fortgesetzte Jagdausübung in Folge des allg. Entschlusses, die Jagd zu einer Erwerbsquelle zu machen. R. IV, 280; IX, 90; — bei Mehrheit v. Fällen gewerbsmäßigen Jagens keine Gesammtstrafe, nur bei d. Strafzumessung zu berücksichtigen. E. VIII, 5; — der Gehülfe, in dessen Person Gewerbsmäßigkeit nicht vorliegt, kann nicht wegen Beihülfe zum gewerbsm. Jagdvergehen bestraft werden. (Gewerbs-, Gewohnheitsmäßigkeit u. Rückfall gehören zu den persönl. Eigenschaften d. Einzelnen. § 50.) E. XXIII, 378; — wenn ein Urtheil wegen Jagdvergehens unter ausdrückl. Verneinung der im Eröffnungsbeschluß hervorgehobenen Gewerbsmäßigkeit stattgefunden hat, so steht d. Satz: ne bis in idem einer Verurtheilung wegen einfachen Jagdvergehens aus der Zeit vor d. ersten Urtheil nicht entgegen. E. XXIII, 231.

295. Neben der durch das Jagdvergehen verwirkten Strafe ist auf Einziehung des Gewehrs, des Jagdgeräths und der Hunde, welche der Thäter bei dem unberechtigten Jagen bei sich geführt hat, ingleichen der Schlingen, Netze, Fallen und anderen Vorrichtungen zu erkennen, ohne Unterschied, ob sie dem Verurtheilten gehören oder nicht.

Vgl. §§ 40, 42; Einziehg. (obligatorisch) auch ohne vorherige Beschlagnahme und nicht durch d. Antrag d. Staatsanwaltsch. bedingt. E. X, 139; R. III, 56. „Jagdgeräth", Geräthschaften, welche nach ihrer Beschaffenheit an sich zur Verwendung bei d. Jagd geeignet u. dazu dauernd bestimmt sind. Pferde u. sonstige lebende Thiere (außer d. speziell aufgeführten Hunden) nicht, wohl aber Jagdschlitten im einzelnen Fall. Soweit § 195 nicht Platz greift, bleibt § 40 anwendbar u. aus § 40 können auch Pferde u. Wagen eingezogen werden. E. XXII, 15; vgl. E. XII, 305; R. VII, 416. Unbekannter Thäter — keine Einziehung nach § 42, E. XIX, 45.

***296.** (L. bez. A.) Wer zur Nachtzeit, bei Fackellicht oder unter Anwendung schädlicher oder explodirender Stoffe unberechtigt fischt oder krebst, wird mit Geldstrafe bis zu sechshundert Mark oder mit Gefängniß bis zu sechs Monaten bestraft.

G.V. § 75 14. — Umwandlg. v. Geld §§ 28 A. 2, 29 A. 2. Vgl. § 370 4. — Nachtzeit § 293. „fischt" nicht bloß Fische, auch Muscheln u. s. w., soweit landesrechtl. Fischereirecht an anderen Wasserthieren anerkannt ist. E. XVII, 161; R. X, 173; — aus geschlossenen Gewässern: Diebstahl. E. X, 78; R. VI, 82. — Seelig, Fischereirecht.

****296a.** (L. bez. A.) Ausländer, welche in Deutschen Küstengewässern unbefugt fischen, werden mit Geldstrafe

* **§ 296** G. v. 26./2. 76 vgl. oben S. 5.
** **§ 296a** G. v. 26./2. 76 vgl. oben S. 6.

bis zu sechshundert Mark oder mit Gefängniß bis zu sechs Monaten bestraft.

Neben der Geld- oder Gefängnißstrafe ist auf Einziehung der Fanggeräthe, welche der Thäter bei dem unbefugten Fischen bei sich geführt hat, ingleichen der in dem Fahrzeuge enthaltenen Fische zu erkennen, ohne Unterschied, ob die Fanggeräthe und Fische dem Verurtheilten gehören oder nicht.

G.V. § 75 14. — Umwandlg. v. Geld §§ 28 A. 2, 29 A. 2. — Vgl. §§ 40, 42. — A. 2. Einziehg. obligatorisch.

297. (L.) Ein Reisender oder Schiffsmann, welcher ohne Vorwissen des Schiffers, ingleichen ein Schiffer, welcher ohne Vorwissen des Rheders Gegenstände an Bord nimmt, welche das Schiff oder die Ladung gefährden, indem sie die Beschlagnahme oder Einziehung des Schiffes oder der Ladung veranlassen können, wird mit Geldstrafe bis zu eintausendfünfhundert Mark oder mit Gefängniß bis zu zwei Jahren bestraft.

Schiffsmann vgl. Hand.G.B. Art. 528, 534, 547, 555, 564, 674; Seem.O. §§ 3, 75, 76, 84, 95, 100—103.

298. (L. bez. A.) Ein Schiffsmann, welcher mit der Heuer entläuft, oder sich verborgen hält, um sich dem übernommenen Dienste zu entziehen, wird, ohne Unterschied, ob das Vergehen im Inlande oder im Auslande begangen worden ist, mit Gefängniß bis zu Einem Jahre bestraft.

G.V. § 75 11. — §§ 4; 397; Hand.G.B. Art. 532; Seem.-O. §§ 81, 100, 101.

299. (A.) Wer einen verschlossenen Brief oder eine andere verschlossene Urkunde, die nicht zu seiner Kenntnißnahme bestimmt ist, vorsätzlich und unbefugter Weise eröffnet, wird mit Geldstrafe bis zu dreihundert Mark oder mit Gefängniß bis zu drei Monaten bestraft.

Die Verfolgung tritt nur auf Antrag ein.

G.B. § 27₂; St.P.O. § 447 (Strafbefehl). — Umwandlg. v. Geldstr. §§ 28 A. 2 (Haft), 29. — Für Beamte §§ 354, 355, 358; Postg. § 5; St.P.O. §§ 99, 100, 110.

300. (L. bez. A.) Rechtsanwalte, Advokaten, Notare, Vertheidiger in Strafsachen, Aerzte, Wundärzte, Hebammen, Apotheker, sowie die Gehülfen dieser Personen werden, wenn sie unbefugt Privatgeheimnisse offenbaren, die ihnen kraft ihres Amtes, Standes oder Gewerbes anvertraut sind, mit Geldstrafe bis zu eintausendfünfhundert Mark oder mit Gefängniß bis zu drei Monaten bestraft.

Die Verfolgung tritt nur auf Antrag ein.

G.B. § 75₁₄. — Umwandlg. v. Geld §§ 28 A. 2, 29. Antrag des Ehemanns, Vaters, als Familienhaupt, bei Familiengeheimn. E. XIII, 60; R. VII, 607.

301. (L.) Wer in gewinnsüchtiger Absicht und unter Benutzung des Leichtsinns oder der Unerfahrenheit eines Minderjährigen sich von demselben Schuldscheine, Wechsel, Empfangsbekenntnisse, Bürgschaftsinstrumente oder eine andere, eine Verpflichtung enthaltende Urkunde ausstellen oder auch nur mündlich ein Zahlungsversprechen ertheilen läßt, wird mit Gefängniß bis zu sechs Monaten oder mit Geldstrafe bis zu eintausendfünfhundert Mark bestraft.

Die Verfolgung tritt nur auf Antrag ein.

G.B. § 75₁₄. — Wegen §§ 301 u. 302 vgl. Preuß. G. v. 2./3. 1857. — Auch Sicherung für bestehende Ansprüche ohne Anspruch auf Sicherung. E. VI, 47; R. IV, 171.

302. (L.) Wer in gewinnsüchtiger Absicht und unter Benutzung des Leichtsinns oder der Unerfahrenheit eines

Minderjährigen sich von demselben unter Verpfändung der Ehre, auf Ehrenwort, eidlich oder unter ähnlichen Versicherungen oder Betheuerungen die Zahlung einer Geldsumme oder die Erfüllung einer anderen, auf Gewährung geldwerther Sachen gerichteten Verpflichtung aus einem Rechtsgeschäfte versprechen läßt, wird mit Gefängniß bis zu Einem Jahre oder mit Geldstrafe bis zu dreitausend Mark bestraft.

Neben der Gefängnißstrafe kann auf Verlust der bürgerlichen Ehrenrechte erkannt werden.

Dieselbe Strafe trifft denjenigen, welcher sich eine Forderung, von der er weiß, daß deren Berichtigung ein Minderjähriger in der vorbezeichneten Weise versprochen hat, abtreten läßt.

Die Verfolgung tritt nur auf Antrag ein.

302a.†) (L.) Wer unter Ausbeutung der Nothlage, des Leichtsinns oder der Unerfahrenheit eines Anderen mit Bezug auf ein Darlehn oder auf die Stundung einer Geldforderung oder auf ein anderes zweiseitiges Rechtsgeschäft, welches denselben wirthschaftlichen Zwecken dienen soll, sich oder einem Dritten Vermögensvortheile versprechen oder gewähren läßt, welche den üblichen Zinsfuß dergestalt überschreiten, daß nach den Umständen des Falles die Vermögensvortheile in auffälligem Miß-

† Die Strafbestimmungen gegen d. Wucher (§§ 302a—302d) s. durch d. R.G. v. 24./5. 1880, ausg. Berlin, 31./5. 80, in d. St.G.B. gekommen. Die gegenwärtige Fassung u. der neu hinzugekommene § 302e beruhen auf d. R.G. v. 19./6. 1893 (ausg. Berlin, 24./6. 1893). Die §§ 302b u. c s. in d. Fassung d. Ges. v. 24./5. 80 bestehen geblieben.

verhältniß zu der Leistung stehen, wird wegen Wuchers mit Gefängniß bis zu sechs Monaten und zugleich mit Geldstrafe bis zu dreitausend Mark bestraft. Auch kann auf Verlust der bürgerlichen Ehrenrechte erkannt werden.

Die Hauptmerkmale des Wuchers sind nach § 302a:

subjektiv: Ausbeutung der Nothlage u. s. w. „Nothlage" R. III, 568; E. XII, 303. „Unerfahrenheit" R. IV, 680;
objektiv: Ueberschreitung des üblichen Zinsfußes (der nach d. Orts-, Zeit- und Creditverhältnissen, sowie nach d. objektiven Natur u. dem Zwecke d. Geschäfts als der gewöhnliche sich darstellt. Uebl. Zinsfuß deckt sich nicht mit d. festgesetzten Zinsfuß in § 360 12. E. XXIII, 121) und Mißverhältniß zwischen Vortheil und Leistungen nach den Umständen des Falles. — Vergleichung d. Vermögensvortheile u. d. Leistung. E. XX, 279. — Rückkaufsgeschäfte fallen unter § 302a. E. IV, 203; R. III, 322; Wechseldiskontirungen. E. XVIII, 181. — Wenn bei Beihülfe d. Strafmaß unter drei Monaten festgesetzt ist, kein Verlust d. Ehrenrechte (§ 32 1). E. XIX, 203.

302b. (L.) Wer sich oder einem Dritten die wucherlichen Vermögensvortheile (§ 302a) verschleiert oder wechselmäßig oder unter Verpfändung der Ehre, auf Ehrenwort, eidlich oder unter ähnlichen Versicherungen oder Betheuerungen versprechen läßt, wird mit Gefängniß bis zu Einem Jahre und zugleich mit Geldstrafe bis zu sechstausend Mark bestraft. Auch kann auf Verlust der bürgerlichen Ehrenrechte erkannt werden.

„Verschleiert", z. B. Darlehn gegen gleichzeitige Abnahme von Waaren oder Lotterieloosen. Der Gewinn durch d. Verkauf d. Gegenstände ist mit auf d. Vermögensvortheil d. Darlehnsgebers zu rechnen. Bei verkauften Loosen kann d. Gewinnaussicht nicht aufgerechnet werden. E. XX, 279; — Verschleierung erfordert nicht Täuschung d. Schuldners, E. XVIII, 332.

302c. Dieselben Strafen (§ 302a, § 302b) treffen denjenigen, welcher mit Kenntniß des Sachverhalts eine Forderung der vorbezeichneten Art erwirbt und entweder dieselbe weiter veräußert oder die wucherlichen Vermögensvortheile geltend macht.

†**302d.** (L.) Wer den Wucher (§§ 302a bis 302c) gewerbs- oder gewohnheitsmäßig betreibt, wird mit Gefängniß nicht unter drei Monaten und zugleich mit Geldstrafe von einhundertfünfzig bis zu fünfzehntausend Mark bestraft. Auch ist auf Verlust der bürgerlichen Ehrenrechte zu erkennen.

Obligator. Ehrverlust auf 1—5 Jahre § 32.

†**302e.** (L.) Dieselbe Strafe (§ 302d) trifft denjenigen, welcher mit Bezug auf ein Rechtsgeschäft anderer als der im § 302a bezeichneten Art gewerbs- oder gewohnheitsmäßig unter Ausbeutung der Nothlage, des Leichtsinns oder der Unerfahrenheit eines Anderen sich oder einem Dritten Vermögensvortheile versprechen oder gewähren läßt, welche den Werth der Leistung dergestalt überschreiten, daß nach den Umständen des Falles die Vermögensvortheile in auffälligem Mißverhältniß zu der Leistung stehen.

Sog. Sachwucher.

Sechsundzwanzigster Abschnitt.

Sachbeschädigung.

***303.** (L. bez. A.) Wer vorsätzlich und rechtswidrig eine fremde Sache beschädigt oder zerstört, wird mit

* **§ 303** G. v. 26./2. 76 vgl. oben S. 5.

† **§§ 302d** u. e s. § 302a Anm. unter d. Strich.

Geldstrafe bis zu eintausend Mark oder mit Gefängniß bis zu zwei Jahren bestraft.

Der Versuch ist strafbar.

Die Verfolgung tritt nur auf Antrag ein.

Ist das Vergehen gegen einen Angehörigen verübt, so ist die Zurücknahme des Antrages zulässig.

Zuständig bei einer Beschädigg. bis zu 25 Mark das Schöffengericht (§ 27 7), sonst das Landgericht und im Wege der Verweisung nach § 75 12 auch das Schöffengericht. — Umwandlg. v. Geld in Haft § 28 A. 2. — Angehöriger vgl. § 52 Abs. 2. Nicht-Angehörige §§ 50 u. 63. — In jeder Aenderung der das Wesen der Sache (auch unbewegliche oder zusammengesetzte S. R. IX, 171; — nicht schlechthin werthlose, aber auch nicht nothwendig mit abschätzbarem Vermögenswerth. E. X, 120) bedingenden Eigenschaften liegt eine Einwirkung auf die Substanz, also Sachbeschäd. E. XX, 182; 353; — Sachbeschäd. durch einen Dieb, um ein dem Diebstahl entgegenstehendes Hinderniß zu beseitigen, selbständ. strafbare Handlung, wenn sie nicht zum Thatbestand d. schweren Diebstahls gehört (Einbruch). R. III, 251; Abstandnehmen von der Ausführung eines Einbruchsversuchs (§ 46) hindert Strafe wegen Sachbeschäd. nicht. E. XV, 12; R. VIII, 652; — Vernichtung der unterschlagenen Sachen keine selbständ. Strafthat. R. X, 488; — Abhauen stehender Bäume im Wald aus Rache oder Bosheit u. nicht in der Absicht rechtswidriger Zueignung, fällt nicht unter d. Forstdiebstahlsgesetz, sondern ist Sachbeschädigung. R. III, 67; — auch bei gütergemeinschaftl. Sachen. E. XII, 376; R. VII, 531; — Haftbarkeit für d. Erfolg wird dadurch nicht beseitigt, daß derselbe auch ohne die eigene Thätigkeit eingetreten sein würde. E. XXII, 325; — Versuch aus § 321 1 als Versuch aus § 303; R. IV, 692; — Irrthum üb. d. Berechtigung macht straflos. E. XIX, 209; — Antragsberechtigte: Eigenthümer u. solche Betheiligte, deren Rechte unmittelbar verletzt sind. E. VIII, 399; cf. R. VI, 766.

304. (L. bez. A.) Wer vorsätzlich und rechtswidrig Gegenstände der Verehrung einer im Staate bestehenden Religionsgesellschaft, oder Sachen, die dem Gottesdienste gewidmet sind, oder Grabmäler, öffentliche Denkmäler, Gegenstände der Kunst, der Wissenschaft oder des Gewerbes, welche in öffentlichen Sammlungen aufbewahrt werden oder öffentlich aufgestellt sind, oder Gegenstände, welche zum öffentlichen Nutzen, oder zur Verschönerung öffentlicher Wege, Plätze oder Anlagen dienen, beschädigt oder zerstört, wird mit Gefängniß bis zu drei Jahren oder mit Geldstrafe bis zu eintausendfünfhundert Mark bestraft.

Neben der Gefängnißstrafe kann auf Verlust der bürgerlichen Ehrenrechte erkannt werden.

Der Versuch ist strafbar.

G.V. § 75 12. — Zum öffentl. Nutzen dienen: nicht erforderlich, daß sie zu diesem Dienste besonders bestimmt waren. R. I, 134.

305. (L.) Wer vorsätzlich und rechtswidrig ein Gebäude, ein Schiff, eine Brücke, einen Damm, eine gebaute Straße, eine Eisenbahn oder ein anderes Bauwerk, welche fremdes Eigenthum sind, ganz oder theilweise zerstört, wird mit Gefängniß nicht unter Einem Monat bestraft.

Der Versuch ist strafbar.

„Brücke", Thatfrage. Nicht jeder Steg, sondern Bauwerk von einer gewissen Größe, innerer Festigkeit und nicht ganz unbedeutender Tragfähigkeit. E. XXIV, 26; — „Bauwerke" für dauernde Zwecke errichtet, mit Grund u. Boden festverbundenes Werk. (Höherer Werth nicht erforderl.) E. VI, 477; auch e. künstl. Fischteich. E. XV, 263.

Siebenundzwanzigster Abschnitt.

Gemeingefährliche Verbrechen und Vergehen.

Wegen Zulässigk. der Stellg. unter Polizei-Aufsicht vgl. § 325.

306. (Sw.) Wegen Brandstiftung wird mit Zuchthaus bestraft, wer vorsätzlich in Brand setzt:

13*

1) ein zu gottesdienstlichen Versammlungen bestimmtes Gebäude,
2) ein Gebäude, ein Schiff oder eine Hütte, welche zur Wohnung von Menschen dienen, oder
3) eine Räumlichkeit, welche zeitweise zum Aufenthalt von Menschen dient, und zwar zu einer Zeit, während welcher Menschen in derselben sich aufzuhalten pflegen.

Vgl. §§ 265, 307 ff., 325. — Zur Vollendung Brennen m. heller Flamme nicht erforderlich; auch Glühen und Glimmen. E. XVIII, 362. — Nr. 2. Auch wenn Menschen zufällig (wie dem Thäter bekannt) nicht anwesend waren. E. XXIII, 103.

307. (Sw.) Die Brandstiftung (§ 306) wird mit Zuchthaus nicht unter zehn Jahren oder mit lebenslänglichem Zuchthaus bestraft, wenn
1) der Brand den Tod eines Menschen dadurch verursacht hat, daß dieser zur Zeit der That in einer der in Brand gesetzten Räumlichkeiten sich befand,
2) die Brandstiftung in der Absicht begangen worden ist, um unter Begünstigung derselben Mord oder Raub zu begehen oder einen Aufruhr zu erregen, oder
3) der Brandstifter, um das Löschen des Feuers zu verhindern oder zu erschweren, Löschgeräthschaften entfernt oder unbrauchbar gemacht hat.

Vgl. § 325; E.G. § 4.

308. (Sw.) Wegen Brandstiftung wird mit Zuchthaus bis zu zehn Jahren bestraft, wer vorsätzlich Gebäude, Schiffe, Hütten, Bergwerke, Magazine, Waarenvorräthe, welche auf dazu bestimmten öffentlichen Plätzen lagern, Vorräthe von landwirthschaftlichen Erzeugnissen oder von Bau- oder Brennmaterialien, Früchte auf dem Felde, Waldungen oder Torfmoore in Brand setzt, wenn diese Gegenstände entweder fremdes Eigenthum sind, oder zwar dem Brandstifter eigenthümlich gehören, jedoch ihrer Beschaffenheit und Lage nach geeignet sind, das Feuer einer der im § 306 Nr. 1 bis 3 bezeichneten Räumlichkeiten oder einem der vorstehend bezeichneten fremden Gegenstände mitzutheilen.

Sind mildernde Umstände vorhanden, so tritt Gefängnißstrafe nicht unter sechs Monaten ein.

Vgl. §§ 265, 325. — War die Absicht auf eine in §§ 306, 307 vorgesehene Brandstiftung gerichtet, so tritt im 2. Falle des § 308 nach Maßgabe des § 73 (ideale Konkurrenz) die Strafe des Versuches jener Verbrechen ein. — „Hütte", selbständiges (unbewegl.) Ganzes, welches eine nicht völlig geringfügige Bodenfläche bedeckt u. zum Schutz gegen äußere Einwirkungen in einer d. jeweil. Zweck genügenden Dauerhaftigkeit u. Festigkeit ausreichend abgeschlossen ist. E. XVII, 179; R. X, 151; — „Magazine", Vorräthe einschl. d. Umschließung. E. XIII, 407; R. VIII, 161; — „Vorräthe" von Baumaterialien, nach d. objekt. Beschaffenheit d. Haufens. E. XIII, 218; — von landwirthschaftl. Erzeugnissen: nicht Düngerhaufen. R. II, 82; — „Waldung", mit Bäumen od. sonstigen Walderzeugnissen bewachsene, in sich zusammenhängende Grundfläche. E. IX, 381; — auch Bodenbedeckung (Laub u. s. w.) d. Waldes. E. II, 314; VI, 22; R. III, 59; cf. R. II, 341.

309. (L.) Wer durch Fahrlässigkeit einen Brand der in den §§ 306 und 308 bezeichneten Art herbeiführt, wird mit Gefängniß bis zu Einem Jahre oder mit Geldstrafe bis zu neunhundert Mark und, wenn durch den Brand der Tod eines Menschen verursacht worden ist, mit Gefängniß von Einem Monat bis zu drei Jahren bestraft.

Ueber Fahrlässigkeit. E. VI, 146; R. IV, 429. — „Tod" auch beim Retten. E. V, 202; R. III, 764.

310. Hat der Thäter den Brand, bevor derselbe entdeckt und ein weiterer als der durch die bloße Inbrandsetzung bewirkte Schade entstanden war, wieder gelöscht, so tritt Straflosigkeit ein.

Auf bloße Versuchshandlungen ist § 310 nicht beschränkt. Vgl. § 46 Nr. 2. — „Entdeckung" setzt Möglichkeit d. Strafverfolgung oder Verhinderung d. That od. ihre Folgen voraus. (Straflosigkeit nicht ausgeschlossen, weil Dritte, welche Thäter zum Löschen herbeiruft, d. Brand wahrnehmen. Diese Wahrnehmung ist keine Entdeckung. E. I, 375; R. I, 720); — „Schaden", nach d. Vollendung. eod.; — auch auf Fahrlässigkeit anwendbar; nicht erforderl., daß Thäter in Erkenntniß seiner Fahrlässigkeitsschuld gehandelt hat. E. XIX, 394.

311. Die gänzliche oder theilweise Zerstörung einer Sache durch Gebrauch von Pulver oder anderen explodirenden Stoffen ist der Inbrandsetzung der Sache gleich zu achten.

Vgl. § 325; E.G. § 4; vgl. Sprengstoff-Ges. unten Anhang. — — Gebrauch v. Pulver. E. XIX, 279. — Wasserdampf kein explodirender Stoff. E. XXII, 304; — bloße Beschädigung genügt nicht; erforderl., daß theilweise Unbrauchbarkeit d. Sache für ihren Zweck eingetreten ist. E. VIII, 33.

312. (Sw.) Wer mit gemeiner Gefahr für Menschenleben vorsätzlich eine Ueberschwemmung herbeiführt, wird mit Zuchthaus nicht unter drei Jahren und, wenn durch die Ueberschwemmung der Tod eines Menschen verursacht worden ist, mit Zuchthaus nicht unter zehn Jahren oder mit lebenslänglichem Zuchthaus bestraft.

Vgl. § 325; E.G. § 4. — „Gemeine Gefahr", Gefährdung in unbestimmter Ausdehnung (welche also der Thäter nicht in seiner Gewalt hat). E. V, 309; R. V, 557; — „Ueberschwemmung", wenn

d. austretende Wasser eine Gefahr für das überströmte Gebiet enthält. R. VII, 577.

313. (Sw.) Wer mit gemeiner Gefahr für das Eigenthum vorsätzlich eine Ueberschwemmung herbeiführt, wird mit Zuchthaus bestraft.

Vgl. § 325.

(L.) Ist jedoch die Absicht des Thäters nur auf Schutz seines Eigenthums gerichtet gewesen, so ist auf Gefängniß nicht unter Einem Jahre zu erkennen.

314. (L.) Wer eine Ueberschwemmung mit gemeiner Gefahr für Leben oder Eigenthum durch Fahrlässigkeit herbeiführt, wird mit Gefängniß bis zu Einem Jahre und, wenn durch die Ueberschwemmung der Tod eines Menschen verursacht worden ist, mit Gefängniß von Einem Monat bis zu drei Jahren bestraft.

Strafbarkeit auch bei Staurechten. E. V, 309; R. III, 471. — Ueb. gemeine Gefahr s. ob. § 312 Anm.

315. (Sw.) Wer vorsätzlich Eisenbahnanlagen, Beförderungsmittel oder sonstiges Zubehör derselben dergestalt beschädigt, oder auf der Fahrbahn durch falsche Zeichen oder Signale oder auf andere Weise solche Hindernisse bereitet, daß dadurch der Transport in Gefahr gesetzt wird, wird mit Zuchthaus bis zu zehn Jahren bestraft.

Ist durch die Handlung eine schwere Körperverletzung verursacht worden, so tritt Zuchthausstrafe nicht unter fünf Jahren und, wenn der Tod eines Menschen verursacht worden ist, Zuchthausstrafe nicht unter zehn Jahren oder lebenslängliche Zuchthausstrafe ein.

Vgl. § 325 u. E.G. § 4. — Schwere Körperverletzung vgl. § 324. — „auf d. Fahrbahn": Raum zwischen d. Geleisen u. außerhalb, soweit Lokomotive u. Wagen seitlich über dieselben hinausragen; nicht aber

d. gesammte nähere Bereich d. Geleise. E. XV, 82; R. VIII, 731; — Transport. E. III, 415; XI, 205; R. III, 71; VI, 663. Auf Pferdeeisenb. nicht zu beziehen. E. XII, 205; R. VII, 306; wohl aber auf Lokalschienenbahnen. E. XI, 33; R. VI, 500; und auf elektr. Eisenb. E. XII, 371; R. VII, 508; Dampfstraßenbahnen. E. XVI, 431; Privatbahn eines industriellen Unternehmens, die nicht bloß innerhalb d. Etablissements liegt. E. XIII, 380; R. VIII, 147; Rangirlokomotive im Bahnhofsdienst. E. XXII, 343; auch wenn Waggon und Maschine kombinirt. Anwendbark. des Bahnpolizei-Regl. nicht entscheidend; — „in Gefahr setzen". E. X, 173; R. VI, 99; 190; u. vgl. § 318 Anm.; — „vorsätzlich", Handeln mit d. Bewußtsein d. Gefährdung (Absicht d. Schadenstiftung nicht erforderl.). R. I, 565.

316. (L.) Wer fahrlässigerweise durch eine der vorbezeichneten Handlungen den Transport auf einer Eisenbahn in Gefahr setzt, wird mit Gefängniß bis zu Einem Jahre und, wenn durch die Handlung der Tod eines Menschen verursacht worden ist, mit Gefängniß von Einem Monat bis zu drei Jahren bestraft.

Gleiche Strafe trifft die zur Leitung der Eisenbahnfahrten und zur Aufsicht über die Bahn und den Beförderungsbetrieb angestellten Personen, wenn sie durch Vernachlässigung der ihnen obliegenden Pflichten einen Transport in Gefahr setzen.

Nicht bloße Möglichkeit d. Eintritts eines Schadens (R. VII, 128), sondern naheliegende Möglichkeit, begründete Besorgniß. R. X, 594. — Abs. 2. Ob Anstellung vorschriftsmäßig erfolgt ist, nicht zu prüfen, sondern nur, ob die anstellende Behörde zu Anstellungen d. Art im Allgem. u. örtlich zuständig war. E. IX, 189; — „zur Leitung d. Eisenbahnfahrten angestellt": Nicht nur höhere Angestellte, sondern Alle, welche vermöge ihrer (auch vorübergehenden. E. V, 234; R. IV, 870) Anstellung darauf zu sehen haben, daß keine Gefahr entsteht (Rangirmeister). E. XXI, 16; — „Eisenbahnfahrten", auch Rangirbewegungen. eod.; — „Aufsichtsbeamte", ebenfalls Alle, welche durch ihre Stellung darauf zu achten haben, daß beim Betrieb kein Schaden geschieht. R. V, 259; — „Pflichtvernachlässigung", schuldhaftes Verhalten erforderlich. E. XXII, 163; Nachweis d. Fahrlässigkeit nicht erforderlich. E. XII, 208; R. II, 511; der Pflichtenkreis d. Eisenbahnbeamten wird durch ihre Instruktion nicht erschöpft. Welche Pflicht in von d. Dienstanweisung nicht vorgesehenen Fällen dem Betreff. obliegt, ist e. thatsächl. Frage. Bei Widerstreit v. Pflichten ist d. Entscheidung objektiv nach Lage des Falles, subjektiv nach d. Einsicht d. handelnden Personen zu geben. Wer durch Erfüllung einer allgemeinen vorgeschriebenen Obliegenheit einen größeren Nachtheil verhüten kann u. dies einsieht, würde pflichtwidrig handeln, wenn er sich darauf beschränkte, d. Instruktion nachzuleben. E. XX, 190; — Pflichtverletzung zweier Personen: Beide strafbar, wenn d. Verhalten Beider für den Erfolg causal war. R. VII, 522; — wenn Tod eines Menschen verursacht ist, bedarf es zur Anwendung d. § 222 d. besonderen Feststellung einer Fahrlässigkeit. E. VIII, 66; — bei Idealkonkurrenz mit fahrläss. Körperverletzung (§ 230 2) Anwendung d. § 319 (s. d.) ausgeschlossen. E. V, 420; R. IV, 19.

***317.** (L.) Wer vorsätzlich und rechtswidrig den Betrieb einer zu öffentlichen Zwecken dienenden Telegraphenanlage dadurch verhindert oder gefährdet, daß er Theile oder Zubehörungen derselben beschädigt oder Veränderungen daran vornimmt, wird mit Gefängniß von einem Monat bis zu drei Jahren bestraft.

Vgl. Dambach, Telegraphen-Strafrecht. Berlin 1872. — Vorsatz muß Beschädigung oder Veränderung d. Anlage und die Verhinderung oder Gefährdung d. Betriebs umfassen; doch genügt, daß d. Thäter die schädigende Handlung vorsätzl. vorgenommen mit d. Bewußtsein, daß die Handlung die sich aus ihr ergebenden Folgen für den Betrieb haben könne. (dolus event.) E. XXII, 393.

***318.** (L.) Wer fahrlässigerweise durch eine der

* **§§ 317** u. **318** neu redigirt, **§ 318a** Zusatzparagraph. Rchs.Ges. v. 13. Mai 1891) Rchs.G.Bl. S. 107 (ausgegeb. Berlin, 22. Mai 1891).

vorbezeichneten Handlungen den Betrieb einer zu öffentlichen Zwecken dienenden Telegraphenanlage verhindert oder gefährdet, wird mit Gefängniß bis zu einem Jahre oder mit Geldstrafe bis zu neunhundert Mark bestraft.

Gleiche Strafe trifft die zur Beaufsichtigung und Bedienung der Telegraphenanlagen und ihrer Zubehörungen angestellten Personen, wenn sie durch Vernachlässigung der ihnen obliegenden Pflichten den Betrieb verhindern oder gefährden.

Vgl. §§ 316, 319 u. Telegraphen-Ordnung f. d. D. Reich v. 13./8. 80 (C.Bl. Nr. 35 S. 560). Fischer, Post- und Telegr.-Gesetzgeb. Berlin, 3. Aufl. 1886 S. 289.

***318a.** (L.) Die Vorschriften in den §§ 317 und 318 finden gleichmäßig Anwendung auf die Verhinderung oder Gefährdung des Betriebes der zu öffentlichen Zwecken dienenden Rohrpostanlagen.

Unter Telegraphenanlagen im Sinne der §§ 317 und 318 sind Fernsprechanlagen mitbegriffen.

***319.** Wird einer der in den §§ 316 und 318 erwähnten Angestellten wegen einer der in den §§ 315 bis 318 bezeichneten Handlungen verurtheilt, so kann derselbe zugleich für unfähig zu einer Beschäftigung im Eisenbahn- oder Telegraphendienste oder in bestimmten Zweigen dieser Dienste erklärt werden.

320. (L.) Die Vorsteher einer Eisenbahngesellschaft, sowie die Vorsteher einer zu öffentlichen Zwecken dienenden Telegraphenanstalt, welche nicht sofort nach Mittheilung des rechtskräftigen Erkenntnisses die Entfernung des Verurtheilten bewirken, werden mit Geldstrafe bis

* **§ 319** G. v. 26./2. 76 vgl. oben S. 5.

zu dreihundert Mark oder mit Gefängniß bis zu drei Monaten bestraft.

Gleiche Strafe trifft denjenigen, welcher für unfähig zum Eisenbahn- oder Telegraphendienste erklärt worden ist, wenn er sich nachher bei einer Eisenbahn oder Telegraphenanstalt wieder anstellen läßt, sowie diejenigen, welche ihn wieder angestellt haben, obgleich ihnen die erfolgte Unfähigkeitserklärung bekannt war.

G.B. §§ 27_2, 73 Nr. 1. Olsh. zu § 320; c. Löwe zu § 75 d. Ger.Verf.Ges.

***321.** (L.) Wer vorsätzlich Wasserleitungen, Schleusen, Wehre, Deiche, Dämme oder andere Wasserbauten, oder Brücken, Fähren, Wege oder Schutzwehre, oder dem Bergwerksbetriebe dienende Vorrichtungen zur Wasserhaltung, zur Wetterführung oder zum Ein- und Ausfahren der Arbeiter zerstört oder beschädigt, oder in schiffbaren Strömen, Flüssen oder Kanälen das Fahrwasser stört und durch eine dieser Handlungen Gefahr für das Leben oder die Gesundheit Anderer herbeiführt, wird mit Gefängniß nicht unter drei Monaten bestraft.

(L.) Ist durch eine dieser Handlungen eine schwere Körperverletzung verursacht worden, so tritt Zuchthausstrafe bis zu fünf Jahren und, (Sw.) wenn der Tod eines Menschen verursacht worden ist, Zuchthausstrafe nicht unter fünf Jahren ein.

G.B. §§ $73_{1, 2}$, 80. — Vgl. §§ 325, 326; schwere Körperverletzung § 224. Störung d. Fahrwassers, unbefugte Aenderung in der Beziehung, welche für die Benutzung desselben zur Schifffahrt v. Bedeutung ist. E. XVIII, 85; R. X, 498; — Versuch aus Abs. 1 s. § 303 Anm.

* **§ 321** G. v. 26./2. 76 vgl. oben S. 5.

322. (Sw.) Wer vorsätzlich ein zur Sicherung der Schifffahrt bestimmtes Feuerzeichen oder ein anderes zu diesem Zwecke aufgestelltes Zeichen zerstört, wegschafft oder unbrauchbar macht, oder ein solches Feuerzeichen auslöscht oder seiner Dienstpflicht zuwider nicht aufstellt, oder ein falsches Zeichen, welches geeignet ist, die Schifffahrt unsicher zu machen, aufstellt, insbesondere zur Nachtzeit auf der Strandhöhe Feuer anzündet, welches die Schifffahrt zu gefährden geeignet ist, wird mit Zuchthaus bis zu zehn Jahren bestraft.

Ist durch die Handlung die Strandung eines Schiffes verursacht worden, so tritt Zuchthausstrafe nicht unter fünf Jahren und, wenn der Tod eines Menschen verursacht worden ist, Zuchthausstrafe nicht unter zehn Jahren oder lebenslängliche Zuchthausstrafe ein.

Vgl. §§ 325, 326; E.G. § 4; Strandungs-O. v. 17./5. 74. — „Nachtzeit" vgl. § 293.

323. (Sw.) Wer vorsätzlich die Strandung oder das Sinken eines Schiffes bewirkt und dadurch Gefahr für das Leben eines Anderen herbeiführt, wird mit Zuchthaus nicht unter fünf Jahren und, wenn durch die Handlung der Tod eines Menschen verursacht worden ist, mit Zuchthaus nicht unter zehn Jahren oder mit lebenslänglichem Zuchthaus bestraft.

Vgl. §§ 325, 326; E.G. § 4. — „Sinken", Verschwinden unter d. Wasserfläche. E. II, 85.

324. (Sw.) Wer vorsätzlich Brunnen- oder Wasserbehälter, welche zum Gebrauche Anderer dienen, oder Gegenstände, welche zum öffentlichen Verkaufe oder Verbrauche bestimmt sind, vergiftet oder denselben Stoffe beimischt, von denen ihm bekannt ist, daß sie die menschliche Gesundheit zu zerstören geeignet sind, ingleichen wer solche vergiftete oder mit gefährlichen Stoffen vermischte Sachen wissentlich und mit Verschweigung dieser Eigenschaft verkauft, feilhält oder sonst in Verkehr bringt, wird mit Zuchthaus bis zu zehn Jahren und, wenn durch die Handlung der Tod eines Menschen verursacht worden ist, mit Zuchthaus nicht unter zehn Jahren oder mit lebenslänglichem Zuchthaus bestraft.

Vgl. §§ 325, 326, 367 7; E.G. § 4. — Vgl. Nahrungsmittel-G. §§ 12 ff.

325. Neben der nach den Vorschriften der §§ 306 bis 308, 311 bis 313, 315, 321 bis 324 erkannten Zuchthausstrafe kann auf Zulässigkeit von Polizei-Aufsicht erkannt werden.

326. (L.) Ist eine der in den §§ 321 bis 324 bezeichneten Handlungen aus Fahrlässigkeit begangen worden, so ist, wenn durch die Handlung ein Schaden verursacht worden ist, auf Gefängniß bis zu Einem Jahre und, wenn der Tod eines Menschen verursacht worden ist, auf Gefängniß von Einem Monat bis zu drei Jahren zu erkennen.

Zum Thatbestand des fahrlässig verursachten Sinkens e. Schiffes (§ 323) gehört, daß dadurch Gefahr für d. Leben eines Andern herbeigeführt worden ist. E. II, 85; — „Schaden" an der Sache (nicht bloße Verunreinigungen). R. VIII, 750.

327. (L. bez. A.) Wer die Absperrungs- oder Aufsichts-Maßregeln oder Einfuhrverbote, welche von der zuständigen Behörde zur Verhütung des Einführens oder Verbreitens einer ansteckenden Krankheit angeordnet worden sind, wissentlich verletzt, wird mit Gefängniß bis zu zwei Jahren bestraft.

G.B. § 75 18, z. B. Nichtbefolgung d. Anordnung, einen der Tollwuth verdächtigen Hund zu tödten (§§ 34 ff.; 65 4 d. Rchs.-Ges. v. 23./6. 80). R. IX, 92.

(L.) Ist in Folge dieser Verletzung ein Mensch von der ansteckenden Krankheit ergriffen worden, so tritt Gefängnißstrafe von drei Monaten bis zu drei Jahren ein.

328. (L. bez. A.) Wer die Absperrungs- oder Aufsichts-Maßregeln oder Einfuhrverbote, welche von der zuständigen Behörde zur Verhütung des Einführens oder Verbreitens von Viehseuchen angeordnet worden sind, wissentlich verletzt, wird mit Gefängniß bis zu Einem Jahre bestraft.

G.B. § 75 13. „Zuständ. Behörde" — Polizei-Beh., E. XII, 19. R. VII, 66. — Anordnung d. Thierarztes keine behördl. Anordnung. E. XII, 70; R. VII, 118; — Thäter muß wissen, daß das von ihm wissentlich verletzte Einfuhrverbot zum Zweck d. Verhütung von Viehseuchen ergangen ist. E. XXIII, 313; cf. XXII, 296; Irrthum darüber, gegen welche Seuchen d. Verbot erlassen ist, bedeutungslos.

(L.) Ist in Folge dieser Verletzung Vieh von der Seuche ergriffen worden, so tritt Gefängnißstrafe von Einem Monat bis zu zwei Jahren ein.

Vgl. § 327; R.G. v. 7./4. 69 (Rinderpest) u. Revid. Instruktion v. 9./6. 73 (R.G.Bl. S. 147); v. 25./2. 76 (Viehbeförderung auf Eisenb.); v. 21./5. 78 (Einfuhrverbote); v. 23./6. 80 (Viehseuchen) nebst Instrukt. v. 12./2. 81 (C.Bl. S. 36) u. 24./4. 82 (C.Bl. S. 215).

329. (L.) Wer die mit einer Behörde geschlossenen Lieferungsverträge über Bedürfnisse des Heeres oder der Marine zur Zeit eines Krieges, oder über Lebensmittel zur Abwendung oder Beseitigung eines Nothstandes vorsätzlich entweder nicht zur bestimmten Zeit oder nicht in der vorbedungenen Weise erfüllt, wird mit Gefängniß nicht unter sechs Monaten bestraft; auch kann auf Verlust der bürgerlichen Ehrenrechte erkannt werden.

Liegt der Nichterfüllung des Vertrages Fahrlässigkeit zum Grunde, so ist, wenn durch die Handlung ein Schaden verursacht worden ist, auf Gefängniß bis zu zwei Jahren zu erkennen.

Dieselben Strafen finden auch gegen die Unterlieferanten, Vermittler und Bevollmächtigten des Lieferanten Anwendung, welche mit Kenntniß des Zweckes der Lieferung die Nichterfüllung derselben vorsätzlich oder aus Fahrlässigkeit verursachen.

330. (L.) Wer bei der Leitung oder Ausführung eines Baues wider die allgemein anerkannten Regeln der Baukunst dergestalt handelt, daß hieraus für Andere Gefahr entsteht, wird mit Geldstrafe bis zu neunhundert Mark oder mit Gefängniß bis zu Einem Jahre bestraft.

Vgl. § 367 13—15; Gew.O. §§ 107, 148 10. — Umwandlung von Geld in Haft § 28 A. 2. — Bau, nicht bloß Hochbauten, auch Wasser-, Straßen-, Bergbau. (Ausführung aller Arbeiten, welche zur Herstellung d. Baues gehören, und zur Ausführung d. Baues vorgenommen werden, Gerüstbau [R. X, 242;], Ausschachtung d. Baugrube, Schaffung eines ebenen Terrains für d. Bau durch Beseitigung v. Felsen.) E. XXIII, 277; — nicht: lediglicher Abbruch. E. XXI, 142. — Auch Unterlassungen. R. V, 8. — Unmittelbar drohende Gefahr nicht erforderl., genügend, daß im Falle künftiger bestimmungsgemäßer Verwendung d. Bauwerks Gefahr vorhanden ist. R. IX, 203.

Achtundzwanzigster Abschnitt.

Verbrechen und Vergehen im Amte.

Beamter vgl. § 359. — Theilnahme (Anstiftg., Beihülfe) auch bei Nichtbeamten strafbar, E. VI, 414; R. IV, 599 (vorbehaltlich der Anwendg. von § 50 in den Fällen der §§ 340—342, 347—351, 354, 355). — Erkenntnißmittheilg. vgl. Pr. J.M.B. v. 25./9. 79 Nr. 10 ff.

331. (L.) Ein Beamter, welcher für eine in sein Amt einschlagende, an sich nicht pflichtwidrige Handlung Geschenke oder andere Vortheile annimmt, fordert oder sich versprechen läßt, wird mit Geldstrafe bis zu dreihundert Mark oder mit Gefängniß bis zu sechs Monaten bestraft.

Alcalay, Ueb. Bestechung, Tübingen, 1889, b. Fues. — G.B. § 75 14. — Umwandlg. v. Geld in Haft § 28 A. 2. Vgl. §§ 335, 358. Wer die Geschenke u. s. w. gibt, ist nicht als Theilnehmer strafbar, vielmehr straflos, vgl. §§ 333, 334 A. 2; anders V.Zollg. v. 1./7. 69 § 160; Salzsteuerg. v. 12./10. 67 § 17; Branntw. v. 8./7. 68; Braust. v. 31./5. 72 § 36 1; Tabak v. 16./7. 79 § 41 1. — Voraussetzg. d. Strafbark. ist Beziehg. auf konkr. Amtshandlgn. (auch vergangene). Anerkenng. persönl. Eigenschaften od. Bethätigg. der Dankbarkeit od. Pietät ist nicht strafbar, E. XI, 219; II, 129; R. I, 83; auch nicht gesellschaftl. Höflichkeit. E. XIX, 19; nicht: Handlungen, welche nicht zu d. amtl. Funktionen gehören, sondern nur unter Einsetzung des amtl. Einflusses vorgenommen sind. R. VII, 175; — sich versprechen lassen: auch Verhalten, aus welchem Bereitwilligkeit zur Annahme v. Geschenken geschlossen werden muß. R. VII, 285.

332. (L.) Ein Beamter, welcher für eine Handlung, die eine Verletzung einer Amts- oder Dienstpflicht enthält, Geschenke oder andere Vortheile annimmt, fordert oder sich versprechen läßt, wird wegen Bestechung mit Zuchthaus bis zu fünf Jahren bestraft.

Sind mildernde Umstände vorhanden, so tritt Gefängnißstrafe ein.

G.B. § 73 2. Vgl. § 335. § 332 bezeichnet die passive Bestechung. — Amtshandlungen und Unterlassungen einer durch Amtspflicht gebotenen Amtshandlung. E. XVI, 42; R. IX, 308; 517; — der Beamte muß als Geschenk gefordert haben, Geber muß mit d. Bewußtsein d. mangelnden Verpflichtung handeln. R. VII, 175; — Auf den Geschenkgeber u. s. w. findet § 333 Anwendg. — „Vortheile" auch sinnl. Genüsse (Beischlaf), E. IX, 166; R. V, 670.

333. (L.) Wer einem Beamten oder einem Mitgliede der bewaffneten Macht Geschenke oder andere Vortheile anbietet, verspricht oder gewährt, um ihn zu einer Handlung, die eine Verletzung einer Amts- oder Dienstpflicht enthält, zu bestimmen, wird wegen Bestechung mit Gefängniß bestraft; auch kann auf Verlust der bürgerlichen Ehrenrechte erkannt werden.

Sind mildernde Umstände vorhanden, so kann auf Geldstrafe bis zu eintausendfünfhundert Mark erkannt werden.

Vgl. § 335. R.G. betr. Besteuerg. d. Tabaks v. 16./7. 79 § 41.

§ 333 bezeichnet die aktive Bestechg. — Bestechg. d. Eisenbahnschaffn. f. Pflichtwidrigk. E. X, 326; R. VI, 217. — Auch d. Versprechen eines dem Gegenstande nach unbestimmten Geschenkes. E. XXIII, 141; der Thäter nach § 333 ist nicht auch: Theilnehmer nach 332. — Strafantragstellen wegen Amtsbeleidigung, keine dienstl. Obliegenheit. E. XX, 415. — Idealkonkurrenz (§§ 333 u. 49a), wenn d. Beamten Diensthandlungen zugemuthet werden, welche zugleich Verbrechen darstellen. E. XII, 54.

334. (Sw.) Ein Richter, Schiedsrichter, Geschworener oder Schöffe, welcher Geschenke oder andere Vortheile fordert, annimmt oder sich versprechen läßt, um eine Rechtssache, deren Leitung oder Entscheidung ihm obliegt, zu Gunsten oder zum Nachtheile eines Betheiligten zu leiten oder zu entscheiden, wird mit Zuchthaus bestraft.

Derjenige, welcher einem Richter, Schiedsrichter, Geschworenen oder Schöffen zu dem vorbezeichneten Zwecke Geschenke oder andere Vortheile anbietet, verspricht oder gewährt, wird mit Zuchthaus bestraft. Sind mildernde Umstände vorhanden, so tritt Gefängnißstrafe ein.

Vgl. § 335. — W. m. U. s. § 83 Anm.

335. In den Fällen der §§ 331 bis 334 ist im Urtheile das Empfangene oder der Werth desselben für dem Staate verfallen zu erklären.

Nur d. als Bestechungsmittel Empfangene ist für verfallen zu erklären; nicht aber blos Angebotenes, wenn auch aus anderer Ursache schon in der Verfügungsgewalt des zu Bestechenden Befindliches. E. XXII, 270; XV, 348; R. IX, 150.

336. (L.) Ein Beamter oder Schiedsrichter, welcher sich bei der Leitung oder Entscheidung einer Rechtssache vorsätzlich zu Gunsten oder zum Nachtheile einer Partei einer Beugung des Rechtes schuldig macht, wird mit Zuchthaus bis zu fünf Jahren bestraft.

G.V. § 73₂.

***337.** [ist ersetzt durch § 67 des Ges. üb. d. Beurkundung d. Personenstandes u. d. Eheschließung v. 6. Febr. 1875. (R.=G.=B. S. 23.)]

338. (L.) Ein Religionsdiener oder Personenstandsbeamter, welcher, wissend, daß eine Person verheirathet ist, eine neue Ehe derselben schließt, wird mit Zuchthaus bis zu fünf Jahren bestraft.

G.V. § 73₂. Vgl. § 171.

339. (L.) Ein Beamter, welcher durch Mißbrauch seiner Amtsgewalt oder durch Androhung eines bestimmten Mißbrauchs derselben Jemand zu einer Handlung, Duldung oder Unterlassung widerrechtlich nöthigt, wird mit Gefängniß bestraft.

Vgl. § 358.

Der Versuch ist strafbar.

In den Fällen der §§ 106, 107, 167 und 253 tritt die daselbst angedrohte Strafe ein, wenn die Handlung von einem Beamten, wenn auch ohne Gewalt oder Drohung, aber durch Mißbrauch seiner Amtsgewalt oder Androhung eines bestimmten Mißbrauchs derselben begangen ist.

Auf alle Beamte zu beziehen, welche durch Mißbrauch d. Amtsgewalt mittelbar oder unmittelbar in der Lage sind, einen bestimmten Erfolg herbeizuführen (allgem. Drohung, amtlich schaden zu wollen, genügt jedoch nicht). E. IX, 228; R. V, 745.

340. (L.) Ein Beamter, welcher in Ausübung oder in Veranlassung der Ausübung seines Amtes vorsätzlich eine Körperverletzung begeht oder begehen läßt, wird mit Gefängniß nicht unter drei Monaten bestraft. Sind mildernde Umstände vorhanden, so kann die Strafe bis auf Einen Tag Gefängniß ermäßigt oder auf Geldstrafe bis zu neunhundert Mark erkannt werden.

(Sw.) Ist die Körperverletzung eine schwere, so ist auf Zuchthaus nicht unter zwei Jahren zu erkennen. Sind mildernde Umstände vorhanden, so tritt Gefängnißstrafe nicht unter drei Monaten ein.

Vgl. §§ 358, 231. — Körperverletzung (223), schwere (§ 224), Dritte § 50. — Beamter muß bei Verübung d. Körperverletzung in amtlicher Eigenschaft aufgetreten sein. E. XVII, 165; R. X, 176; — Lehrer bei wissentl. Ueberschreitg. des Züchtigungsrechts aus § 340 strafbar. E. V, 129; R. III, 451; 557 (festzustellen, vorsätzl. Mißhandlung u. wissentl. Ueberschreitung d. Züchtigungsrechtes. R. IX, 686). Wenn Schulaufsichtsbehörde d. Lehrer d. Züchtigungsrecht entzogen hat, besteht ein solches nicht mehr. E. XVI, 34; R. IX, 245; üb. Züchtigungsrecht d. Lehrer vgl. auch § 223 Anm. Auch „Buße" (vgl. § 231) ist zulässig. E. XII, 223; R. VII, 321. — §§ 223, 223a u. 340 Gesetzeskonkurrenz. R. VI, 212.

341. (L. bez. Sw.) Ein Beamter, welcher vorsätzlich, ohne hierzu berechtigt zu sein, eine Verhaftung oder vorläufige Ergreifung und Festnahme oder Zwangsgestellung vornimmt oder vornehmen läßt, oder die Dauer einer Freiheitsentziehung verlängert, wird nach Vorschrift des § 239, jedoch mindestens mit Gefängniß von drei Monaten bestraft.

Vgl. § 358 u. St.P.O. §§ 112 ff., 127 ff.; C.P.O. §§ 775, 785; K.O. § 98. — Irrthum üb. Berechtigung zur Verhaftung schließt Bestrafung aus (d. h. Irrthum sowohl üb. d. thatsächl. Voraussetzungen, als auch über d. rechtl. Bestimmungen, auf Grund deren die Verhaftung erfolgen soll). E. VIII, 104; R. V, 102.

342. (L.) Ein Beamter, der in Ausübung oder in Veranlassung der Ausübung seines Amtes einen Hausfriedensbruch (§ 123) begeht, wird mit Gefängniß bis zu Einem Jahre oder mit Geldstrafe bis zu neunhundert Mark bestraft.

Vgl. § 50 und St.P.O. §§ 102 ff.

343. (L.) Ein Beamter, welcher in einer Untersuchung Zwangsmittel anwendet oder anwenden läßt, um Geständnisse oder Aussagen zu erpressen, wird mit Zuchthaus bis zu fünf Jahren bestraft.

G.B. § 73a.

344. (Sw.) Ein Beamter, welcher vorsätzlich zum Nachtheile einer Person, deren Unschuld ihm bekannt ist, die Eröffnung oder Fortsetzung einer Untersuchung beantragt oder beschließt, wird mit Zuchthaus bestraft.

345. (Sw.) Gleiche Strafe trifft den Beamten, welcher vorsätzlich eine Strafe vollstrecken läßt, von der er weiß, daß sie überhaupt nicht oder nicht der Art oder dem Maße nach vollstreckt werden darf.

(L.) Ist die Handlung aus Fahrlässigkeit begangen, so

tritt Gefängnißstrafe oder Festungshaft bis zu Einem Jahre oder Geldstrafe bis zu neunhundert Mark ein.

Abs. 2. Anwendbar, wenn z. B. an Stelle d. gefällten Urtheils ein anderes niedergeschrieben oder vollstreckt wird. E. XIX, 342; auf die Vollstreckung einer fahrlässig, irrthümlich abgegebenen Entscheidung nicht anwendbar. E. XVI, 221.

346. (L.) Ein Beamter, welcher vermöge seines Amtes bei Ausübung der Strafgewalt oder bei Vollstreckung der Strafe mitzuwirken hat, wird mit Zuchthaus bis zu fünf Jahren bestraft, wenn er in der Absicht, Jemand der gesetzlichen Strafe rechtswidrig zu entziehen, die Verfolgung einer strafbaren Handlung unterläßt, oder eine Handlung begeht, welche geeignet ist, eine Freisprechung oder eine dem Gesetze nicht entsprechende Bestrafung zu bewirken, oder die Vollstreckung der ausgesprochenen Strafe nicht betreibt, oder eine gelindere als die erkannte Strafe zur Vollstreckung bringt.

Sind mildernde Umstände vorhanden, so tritt Gefängnißstrafe nicht unter Einem Monat ein.

G.V. § 73₂. „Unterläßt" auch Nichtanzeige seitens eines Polizei-Beamten. E. XII, 161; R. VII, 175. — Die Handlung muß eine strafbare gewesen sein. R. VII, 175.

347. (L.) Ein Beamter, welcher einen Gefangenen, dessen Beaufsichtigung, Begleitung oder Bewachung ihm anvertraut ist, vorsätzlich entweichen läßt oder dessen Befreiung vorsätzlich bewirkt oder befördert, wird mit Zuchthaus bis zu fünf Jahren bestraft. Sind mildernde Umstände vorhanden, so tritt Gefängnißstrafe nicht unter Einem Monat ein.

(L.) Ist die Entweichung durch Fahrlässigkeit befördert oder erleichtert worden, so tritt Gefängnißstrafe bis zu sechs Monaten oder Geldstrafe bis zu sechshundert Mark ein.

A. 1. G. V. § 73₂. — Durch Festnahme seitens einer Privatperson wird Jemand nicht Gefangener, sondern erst mit der Uebernahme durch d. zuständigen Polizeibeamten. E. XIII, 254; R. VIII, 64; — „anvertraut“, wenn zur Zeit d. Entweichung die amtl. Pflicht zur Bewachung bestand. E. VIII, 313.

A. 2. G.V. § 75 ₁₄. — Vgl. § 121. — „Entweichg.“, auch fahrl. herbeigeführte Befreiung durch Dritte, E. V, 324; R. IV, 1. — Die concrete Art d. Entweichung braucht nicht vorhersehbar gewesen zu sein. E. XV, 345.

348. (L.) Ein Beamter, welcher, zur Aufnahme öffentlicher Urkunden befugt, innerhalb seiner Zuständigkeit vorsätzlich eine rechtlich erhebliche Thatsache falsch beurkundet oder in öffentliche Register oder Bücher falsch einträgt, wird mit Gefängniß nicht unter Einem Monat bestraft.

Dieselbe Strafe trifft einen Beamten, welcher eine ihm amtlich anvertraute oder zugängliche Urkunde vorsätzlich vernichtet, bei Seite schafft, beschädigt oder verfälscht.

A. 1. Vgl. §§ 349, 271, 272. „Aufnahme v. Urk.“, Feststellung d. Erklärung eines Anderen oder der Wahrnehmung d. Beamten zum Zwecke d. Beweises. E. I, 312; R. I, 458; „befugt“, umfaßt jede nach d. Rechtsordnung geregelte amtliche Zuständigkeit (nicht also blos Urkundspersonen im engeren Sinn, Richter, Notare). E. XXII, 151; Rechtmäßigkeit d. Amtsausübung nicht, erforderlich. E. XX, 120. — „Urk.“, auch Postscheine. E. IX, 240. Bescheinigung d. Gerichtsvollziehers üb. Uebergabe d. Briefumschlags zur Post zum Zweck d. Zustellung. E. XXIII, 321; — Eingangsvermerk keine rechtl. erhebl. Beurkundung, soweit derselbe nur f. d. inneren Dienst bestimmt, zur Controle pünktl. u. ordnungsmäß. Erledigung d. Geschäfte dient, und nicht dazu bestimmt ist, unter d. Autorität d. öffentl. Glaubens ein für u. geg. Dritte beweisendes Schriftstück darzustellen. E. XX, 175. — Vertret. d. Polizei, welcher amtl.

Führungsatteste ausstellt, zur Aufnahme öffentl. Urk. befugt. Beamter. E. XXII, 151. — Gebrauch machen von d. Urk. nicht erforderl. E. IX, 214; — subjektiv weder rechtswidr. Absicht, noch rechtswidr. Zweck, auch nicht, daß d. Wille gerade auf Herstellung einer falschen Beurkundung als solcher gerichtet war. Ausreichend, daß d. Beamte ohne jede Nebenabsicht die Handlung d. Beurkundung gewollt hat, mit d. Bewußtsein, daß er eine Beurkundung vornehme u. daß das Beurkundete thatsächlich unrichtig u. rechtl. erhebl. R. IX, 361; cf. E. III, 324; — Vorsatz ausgeschlossen durch d. Ueberzeugung, die wissentl. falsch beurkundete Thatsache sei rechtl. nicht erheblich (aber dol. event.). E. XII, 197; R. VII, 352.

A. 2. Vgl. §§ 349, 133 und wegen Dritter § 50. Urkundenbegriff weiter als in Abs. 1 u. in § 267; jede Urk., auch zum Beweis von Rechten nicht erhebliche; jedes zum Beweise einer Thatsache dienende Schriftstück. E. XXIII, 237; z. B. Kostenregister d. preuß. Ger.-Kasse; — „amtlich zugängl.": Möglichkeit innerhalb d. Amtsbefugnisse zu der Urk. zu gelangen. E. XVII, 103; R. IX, 731; — „Beiseite schaffen", eine Verfügung über d. Urk., welche gegen die durch d. amtliche Verwahrung gewährte Sicherheit d. Urk. gerichtet u. ihre Integrität oder Gebrauchsfähigkeit zu beeinträchtigen bestimmt ist. E. XXIII, 101; auch durch Verfächerung innerhalb d. zur ordnungsmäßigen Aufbewahrung bestimmten Lokals; unüberwindliches Hinderniß d. Benutzung nicht nothwendig, auch dauernde Entziehung nicht. E. XXII, 242; „subjektiv": daß d. amtliche Aufbewahrung u. die damit verbundene Gebrauchsbereitschaft durch (zeitweise) Unzugänglichmachung ausgeschlossen werde. E. XXIII, 101; — amtlich anvertraut u. zugänglich verschiedene rechtl. Gesichtspunkte (§ 264 Str.P.O.). E. XXIV, 89; — §§ 348 2 u. 133 Gesetzeskonkurrenz. E. II, 425; R. II, 474.

349. (Sw.) Wird eine der im § 348 bezeichneten Handlungen in der Absicht begangen, sich oder einem Anderen einen Vermögensvortheil zu verschaffen oder einem Anderen Schaden zuzufügen, so ist auf Zuchthaus bis zu zehn Jahren und zugleich auf Geldstrafe von einhundertfunfzig bis zu dreitausend Mark zu erkennen.

Vgl. §§ 348, 271, 272. — Nicht blos in Folge der Fälschung, sondern auch, wenn schon erhalten in Erwartung d. Fälschung. R. IX, 713.

350. (L.) Ein Beamter, welcher Gelder oder andere Sachen, die er in amtlicher Eigenschaft empfangen oder in Gewahrsam hat, unterschlägt, wird mit Gefängniß nicht unter drei Monaten bestraft; auch kann auf Verlust der bürgerlichen Ehrenrechte erkannt werden.

Der Versuch ist strafbar.

Vgl. §§ 246 u. 50. — Zuständigkeit d. Beamten nicht erforderl., aber Empfang in unmittelbarem Zusammenhang m. d. Amtsthätigkeit (nicht gelegentl. einer Amtsausübung). E. XXI, 52; cf. IV, 153; „Privatauftrag". E. II, 84; R. II, 22. — Jede Verwendung in eigenem Nutzen; Absicht d. Ersatzes ohne Einfluß. E. III, 10; V, 304; R. II, 359; — nicht: Forstbeamter durch Wegnahme v. Holz oder Stämmen aus d. ihm anvertrauten Wald (Diebstahl oder Forstdiebstahl). E. XIV, 305; R. VIII, 556.

351. (Sw.) Hat der Beamte in Beziehung auf die Unterschlagung die zur Eintragung oder Kontrole der Einnahmen oder Ausgaben bestimmten Rechnungen, Register oder Bücher unrichtig geführt, verfälscht oder unterdrückt, oder unrichtige Abschlüsse oder Auszüge aus diesen Rechnungen, Registern oder Büchern, oder unrichtige Beläge zu denselben vorgelegt, oder ist in Beziehung auf die Unterschlagung auf Fässern, Beuteln oder Packeten der Geldinhalt fälschlich bezeichnet, so ist auf Zuchthaus bis zu zehn Jahren zu erkennen.

Sind mildernde Umstände vorhanden, so tritt Gefängnißstrafe nicht unter sechs Monaten ein.

Im Verhältniß zu § 350 keine besondere Strafthat, sondern ein d. Strafbarkeit erhöhender Umstand. R. VII, 174; — w. m. U. s. § 83 Anm.

352. (L.) Ein Beamter, Advokat, Anwalt oder sonstiger Rechtsbeistand, welcher Gebühren oder andere Vergütungen für amtliche Verrichtungen zu seinem Vortheile zu erheben hat, wird, wenn er Gebühren oder Vergütungen erhebt, von denen er weiß, daß der Zahlende sie überhaupt nicht oder nur in geringerem Betrage verschuldet, mit Geldstrafe bis zu dreihundert Mark oder mit Gefängniß bis zu Einem Jahre bestraft.

Der Versuch ist strafbar.

Vgl. § 358. — Rechtsanwalt nicht gegenüber der zur Kostenerstattung verpflichteten Gegenpartei. (Ausn. der Anwalt einer obsiegenden, im Armenrecht streitenden Partei, weil er als solcher selbst d. Recht auf Kostenersatz gegen den Gegner hat. (§ 115 Civ.P.O.) R. X, 685; — Verhältniß zum Betrug. E. XVIII, 219; R. X, 664; — Versuch, durch Aufforderung zur Zahlung. R. VIII, 771.

353. (L.) Ein Beamter, welcher Steuern, Gebühren oder andere Abgaben für eine öffentliche Kasse zu erheben hat, wird, wenn er Abgaben, von denen er weiß, daß der Zahlende sie überhaupt nicht oder nur in geringerem Betrage verschuldet, erhebt, und das rechtswidrig Erhobene ganz oder zum Theil nicht zur Kasse bringt, mit Gefängniß nicht unter drei Monaten bestraft.

Gleiche Strafe trifft den Beamten, welcher bei amtlichen Ausgaben an Geld oder Naturalien dem Empfänger vorsätzlich und rechtswidrig Abzüge macht und die Ausgaben als vollständig geleistet in Rechnung stellt.

Vgl. § 358. — Steuern u. Gebühren, nur solche, welche überhaupt von einer öffentl. Kasse erhoben werden u. zu deren Erhebung sie berechtigt ist. E. XXIII, 265; — Abgaben, auch Gebühren für die Benutzung einer öffentl. rechtl. Anstalt oder Einrichtung, die nach obrigkeitl. Tarif zu entrichten sind, E. XXII, 307; wobei die Höhe der Leistung sich nach publicistischen Grundsätzen bemißt (also auch Frachtbeträge d. Eisenbahn, da bei ihrer Abmessung nicht rein gewerbl., sondern auch politische u. volkswirthschaftl. Rücksichten maßgebend waren. E. III, 87); — §§ 353; 263. Idealkonkurrenz. E. XXII, 308.

***353a.** (L.) Ein Beamter im Dienste des Auswärtigen Amtes des Deutschen Reichs, welcher die Amtsverschwiegenheit dadurch verletzt, daß er ihm amtlich anvertraute oder zugängliche Schriftstücke oder eine ihm von seinem Vorgesetzten ertheilte Anweisung oder deren Inhalt Anderen widerrechtlich mittheilt, wird, sofern nicht nach anderen Bestimmungen eine schwerere Strafe verwirkt ist, mit Gefängniß oder mit Geldstrafe bis zu fünftausend Mark bestraft.

Gleiche Strafe trifft einen mit einer auswärtigen Mission betrauten oder bei einer solchen beschäftigten Beamten, welcher den ihm durch seinen Vorgesetzten amtlich ertheilten Anweisungen vorsätzlich zuwiderhandelt, oder welcher in der Absicht, seinen Vorgesetzten in dessen amtlichen Handlungen irre zu leiten, demselben erdichtete oder entstellte Thatsachen berichtet.

354. (L.) Ein Postbeamter, welcher die der Post anvertrauten Briefe oder Packete in anderen, als den im Gesetze vorgesehenen Fällen eröffnet oder unterdrückt, oder einem Anderen wissentlich eine solche Handlung gestattet, oder ihm dabei wissentlich Hülfe leistet, wird mit Gefängniß nicht unter drei Monaten bestraft.

Vgl. § 358. — Der Post anvertraut, schon mit Einlegen in den Briefkasten, als eine zur Entgegennahme von Briefen bestimmte amtl. Einrichtung. E. XXII, 394; — Verschluß solange vorhanden, als nicht d. Inhalt frei zu Tage liegt. E. XX, 349. — Eröffnen

* **§ 353a** G. v. 26./2. 76 vgl. oben S. 6.

jede Thätigkeit, durch welche d. Verschluß beseitigt oder unwirksam gemacht wird. E. XX, 375. — Unterdrücken verlangt begriffl. kein heiml. Thun. E. XXII, 283; — „Briefe", auch Postkarten, -anweisungen. E. I, 114; R. I, 123. — Postg. v. 28./10. 71 § 5: „Das Briefgeheimniß ist unverletzlich. Die bei strafgerichtlichen Untersuchungen und in Konkurs- u. civilprozessualischen Fällen nothwendigen Ausnahmen sind durch ein Reichsgesetz festzustellen. Vgl. über Beschlagn. v. Briefen: St.P.O. §§ 99—101, 110.

355. (L.) Telegraphenbeamte oder andere mit der Beaufsichtigung und Bedienung einer zu öffentlichen Zwecken dienenden Telegraphenanstalt betraute Personen, welche die einer Telegraphenanstalt anvertrauten Depeschen verfälschen oder in anderen, als in den im Gesetze vorgesehenen Fällen eröffnen oder unterdrücken, oder von ihrem Inhalte Dritte rechtswidrig benachrichtigen, oder einem Anderen wissentlich eine solche Handlung gestatten oder ihm dabei wissentlich Hülfe leisten, werden mit Gefängniß nicht unter drei Monaten bestraft.

Vgl. § 358 und Telegr.-Ordn. v. 13./8. 80 § 2 (C.Bl. S. 560) und über Beschlagn. v. Telegrammen St.P.O. §§ 99—101.

356. (L.) Ein Advokat, Anwalt oder ein anderer Rechtsbeistand, welcher bei den ihm vermöge seiner amtlichen Eigenschaft anvertrauten Angelegenheiten in derselben Rechtssache beiden Parteien durch Rath oder Beistand pflichtwidrig dient, wird mit Gefängniß nicht unter drei Monaten bestraft.

(L.) Handelt derselbe im Einverständnisse mit der Gegenpartei zum Nachtheile seiner Partei, so tritt Zuchthausstrafe bis zu fünf Jahren ein.

„Dieselbe Rechtssache", nicht Rechtsstreit oder Proceß in dieser formellen Beschränkung, sondern d. ganze Angelegenheit zweier verschiedene Interessen verfolgenden Parteien in materieller Beziehung. E. XXIII, 64; — A. 2. G.B. § 732.

357. Ein Amtsvorgesetzter, welcher seine Untergebenen zu einer strafbaren Handlung im Amte vorsätzlich verleitet oder zu verleiten unternimmt, oder eine solche strafbare Handlung seiner Untergebenen wissentlich geschehen läßt, hat die auf diese strafbare Handlung angedrohte Strafe verwirkt.

Dieselbe Bestimmung findet auf einen Beamten Anwendung, welchem eine Aufsicht oder Kontrole über die Amtsgeschäfte eines anderen Beamten übertragen ist, sofern die von diesem letzteren Beamten begangene strafbare Handlung die zur Aufsicht oder Kontrole gehörenden Geschäfte betrifft.

Vgl. § 358.

358. Neben der nach Vorschrift der §§ 331, 339 bis 341, 352 bis 355 und 357 erkannten Gefängnißstrafe kann auf Verlust der Fähigkeit zur Bekleidung öffentlicher Aemter auf die Dauer von Einem bis zu fünf Jahren erkannt werden.

Eine Gefängnißstrafe von 3 Monaten (§ 32) ist hier nicht erforderlich. Verlust der bekleideten Aemter vgl. § 35 A. 2.

359. Unter Beamten im Sinne dieses Strafgesetzes sind zu verstehen alle im Dienste des Reichs oder in unmittelbarem oder mittelbarem Dienste eines Bundesstaats auf Lebenszeit, auf Zeit oder nur vorläufig angestellte Personen, ohne Unterschied, ob sie einen Diensteid geleistet haben oder nicht, ingleichen Notare, nicht aber Advokaten und Anwalte.

Wegen der dritten Theilnehmer vgl. § 50. — Ueber die Beamten-Qualität entscheidet die Anstellung, E. II, 82; R. II. 24;

Uebertragung d. Amtes von Seiten einer Staats- oder Gemeindebehörde muß festgestellt werden. R. VI, 159; für die Beamteneigenschaft einer dienstl. verwendeten Person ist in erster Linie der Wille der zur Berufung zuständigen Amtsstelle (regelm. formlose Anstellung durch d. zuständige Organ genügend, wenn nicht durch Reichs- od. Landesgesetz Ausnahme vorgeschrieben ist. E. XV, 244) maßgebend, dann ein Rückschluß aus d. übertragenen Funktionen. E. XVI, 378; R. IX, 585; — für die Verpflichtung eines öffentl. Beamten ist im Zweifel Vollziehung d. Eidesformel nicht genügend, sondern körperl. Eid. E. XII, 270; R. VII, 393; — ob festes Gehalt oder Gebühren gleichgültig. R. II, 108; — Unkenntniß d. Thäters von seiner Beamteneigenschaft schließt d. Qualifikation d. Beamtendeliktes aus. E. XXIII, 374; — Hausväter kommunaler Armenanstalten. E. XXIV, 83; — Privateisenbahn-Beamte, welche Bahnpolizei üben. E. X, 326; R. VI, 217. — Hofbedienstete als solche keine Beamte. E. XXI, 381. — Kommunalbeamte stehen im mittelbaren Dienst d. Staates. E. I, 153; R. I, 247. — Städt. Polizeiorgane sind in Preußen nur Beamte, wenn sie staatlich bestätigt sind, E. XXII, 39.

Neunundzwanzigster Abschnitt.

Uebertretungen.

1) Auf die Uebertretungen finden die Vorschriften des Ersten Theiles (vgl. die Ueberschrift desselben) ebenso wie auf Verbr. u. Verg. Anwendung, sofern nicht eine jener Vorschriften ausdrücklich nur für Verbr. und Verg. gegeben ist, vgl. z. B. §§ 43 u. 48, wonach Versuch und Beihülfe (auch Begünstigung § 257) bei Uebertretungen straflos sind. Dieses gilt auch für die neben d. St.G.B. geltenden (Polizei-) Gesetze, soweit letztere nicht abweichende Vorschriften enthalten. Vgl. Bayern Art. 4.

2) Zuständig für alle (auch die in besonderen Reichs- und Landesgesetzen enthaltenen) Uebertretungen sind die Schöffengerichte (G.V. § 27[1]). Besond. Vorschriften enthält für Uebertretungen die St.P.O. in: § 100 (keine Beschlagnahme von Briefen u. Telegr.); § 113 (in der Regel keine Verhaftung); § 211 (Verhandlung ohne Schöffen bei vorgeführten, geständigen Beschul-

bigten); §§ 231, 232 (Verhandlung gegen Ausgebliebene); §§ 447 ff., 453 (gerichtl. u. polizeil. Mandatsverf.: Strafbefehl). Vgl. Pr. G. v. 23./4. 83, betr. Erlaß polizeil. Strafverfügungen wegen Uebertr.

3) Auf Haftstrafe ist nach § 77 neben anderen Freiheitsstrafen besonders zu erkennen u. werden mehrere Haftstrafen addirt (keine Gesammtstrafe).

360. Mit Geldstrafe bis zu einhundertfunfzig Mark oder mit Haft wird bestraft:

1) wer ohne besondere Erlaubniß Risse von Festungen oder einzelnen Festungswerken aufnimmt oder veröffentlicht;

2) wer außerhalb seines Gewerbebetriebes heimlich oder wider das Verbot der Behörde Vorräthe von Waffen oder Schießbedarf aufsammelt;

*3) wer als beurlaubter Reservist oder Wehrmann der Land- oder Seewehr ohne Erlaubniß auswandert, ebenso wer als Ersatzreservist erster Klasse auswandert, ohne von seiner bevorstehenden Auswanderung der Militärbehörde Anzeige erstattet zu haben;

Vgl. § 140 u. Anmerkungen dazu, G. v. 9./11. 67; M.B. §§ 6, 65–80; M.G. §§ 60₂, 69₈; G. v. 1./6. 70 (Reichs- u. Staatsangehörigkeit) §§ 15—17; G. v. 12./2. 75 (Landsturm) § 4; G. v. 15./2. 75 (Kontrolordn.); Deutsche Wehrordnung v. 28./9. 75; G. v. 11./2. 88 (Aenderungen der Wehrpflicht) und wegen des Strafprozeßverfahrens: St.P.O. §§ 470—476 u. wegen der Atteste Pr. J.M.B. v. 6./9. 80. — „Reservisten" vgl. G. v. 9./11. 67 § 6; M.G. § 62 und W.O. I §§ 11, 16; G. v. 1./6. 70 § 15. — „Wehrmann" vgl. G. v. 9./11. 67 §§ 3, 5, 7; M.G. §§ 60—62; W.O. I §§ 12 u. 17; G. v. 1./6. 70 § 15₃; G. v. 11./2. 88 §§ 1 ff., 35. — Erlaubniß

§ **360** 3 u. 4 G. v. 26./2. 76 vgl. oben S. 5.

zur Auswanderung G. v. 9./11. 67 § 15 A. 3 u. Rchs.-Ges. v. 3./8. 93 betr. d. Friedenspräsenzstärke.

Verjährung vgl. zu § 140.

*4) wer ohne schriftlichen Auftrag einer Behörde Stempel, Siegel, Stiche, Platten oder andere Formen, welche zur Anfertigung von Metall- oder Papiergeld, oder von solchen Papieren, welche nach § 149 dem Papiergelde gleich geachtet werden, oder von Stempelpapier, Stempelmarken, Stempelblanketten, Stempelabdrücken, ** Post- oder Telegraphenwerthzeichen, öffentlichen Bescheinigungen oder Beglaubigungen dienen können, anfertigt oder an einen Anderen als die Behörde verabfolgt;

Vgl. §§ 151, 275, 276.

5) wer ohne schriftlichen Auftrag einer Behörde den Abdruck der in Nr. 4 genannten Stempel, Siegel, Stiche, Platten oder Formen, oder einen Druck von Formularen zu den daselbst bezeichneten öffentlichen Papieren, Beglaubigungen oder Bescheinigungen unternimmt, oder Abdrücke an einen Anderen als die Behörde verabfolgt;

6) wer Waaren-Empfehlungskarten, Ankündigungen oder andere Drucksachen oder Abbildungen, welche in der Form oder Verzierung dem Papiergelde oder den dem Papiergelde nach § 149 gleich geachteten Papieren ähnlich sind, anfertigt oder verbreitet, oder wer Stempel, Stiche, Platten oder andere Formen, welche zur Anfertigung von solchen Drucksachen oder Abbildungen dienen können, anfertigt;

* **§ 360** 3 u. 4 G. v. 26./2. 76 vgl. oben S. 5.

** Rchsges. v. 13. Mai 1891.

*7) wer unbefugt die Abbildung des Kaiserlichen Wappens oder von Wappen eines Bundesfürsten oder von Landeswappen gebraucht;

Pr. Kab.-Ordre v. 16./10. 31. Pr. G.S. S. 247. — Der kaiserl. Adler kann von allen deutsch. Fabrikanten, jedoch nicht in der Form eines Wappenschildes, zur Bezeichnung v. Waaren od. auf Etiketten gebraucht werden, vgl. Kaiserl. Erl. v. 16./3. u. Bek. des Reichskanzl. v. 11./4. 72 (R.G.Bl. S. 90 u. 93).

8) wer unbefugt eine Uniform, eine Amtskleidung, ein Amtszeichen, einen Orden oder ein Ehrenzeichen trägt, oder Titel, Würden oder Adelsprädikate annimmt, ingleichen wer sich eines ihm nicht zukommenden Namens einem zuständigen Beamten gegenüber bedient;

„Zuständ. Beamter nicht ein Briefträger. E. XVII, 224. R. X, 123. „Zukommender Name", nur die formell richtige äußere Namensführung, Vor u. Zunamen. Alles Andere fällt nicht darunter. E. XXII, 64.

9) wer gesetzlichen Bestimmungen zuwider ohne Genehmigung der Staatsbehörde Aussteuer-, Sterbe- oder Wittwenkassen, Versicherungsanstalten oder andere dergleichen Gesellschaften oder Anstalten errichtet, welche bestimmt sind, gegen Zahlung eines Einkaufsgeldes oder gegen Leistung von Geldbeiträgen beim Eintritte gewisser Bedingungen oder Fristen, Zahlungen an Kapital oder Rente zu leisten;

Gew.O. §§ 140, 141.

10) wer bei Unglücksfällen oder gemeiner Gefahr oder Noth von der Polizeibehörde oder deren Stellvertreter zur Hülfe aufgefordert, keine Folge leistet,

* **§ 360** 7 G. v. 26./2. 76 vgl. oben S. 5.

obgleich er der Aufforderung ohne erhebliche eigene Gefahr genügen konnte;

Vgl. Postg. § 21; Strandungs-O. v. 17./5. 74 § 9.

11) wer ungebührlicherweise ruhestörenden Lärm erregt oder wer groben Unfug verübt;

Grober Unfug (öff. Ordnung). E. I, 400; R. I, 677. Verübung groben Unfugs bezeichnet keine subsidiäre Strafvorschrift allgemeiner Art und ist auf ungebührliche Aeußerungen der Presse (sofern sie nicht unmittelbar die äußere Ordnung u. Ruhe verletzen) nicht anwendbar. E. XIX, 294. — Socialdemokrat. Kundgebung, insbesondere das demonstrative Tragen einer rothen Fahne, kann grober Unfug sein. E. XXIII, 208.

*12) wer als Pfandleiher oder Rückkaufshändler bei Ausübung seines Gewerbes den darüber erlassenen Anordnungen zuwiderhandelt, insbesondere den durch Landesgesetz oder Anordnung der zuständigen Behörde bestimmten Zinsfuß überschreitet;

Gew.-O. §§ 38, 35.

13) wer öffentlich oder in Aergerniß erregender Weise Thiere boshaft quält oder roh mißhandelt

14) wer unbefugt auf einem öffentlichen Wege, einer Straße, einem öffentlichen Platze oder in einem öffentlichen Versammlungsorte Glücksspiele hält.

„Glücksp. hält" nicht das Bankhalten auf Gegenseitigkeit. R. II, 261.

In den Fällen der Nummern 1, 2, 4, 5, 6 und 14 kann neben der Geldstrafe oder der Haft auf Einziehung der Risse von Festungen oder Festungswerken, der Vorräthe von Waffen oder Schießbedarf, der Stempel, Siegel, Stiche, Platten oder anderen Formen, der Abdrücke oder

*§ 360 12 G. v. 26./2. 76 (oben S. 5) u. G. v. 24./5. 80.

Abbildungen, oder der auf dem Spieltische oder in der Bank befindlichen Gelder erkannt werden, ohne Unterschied, ob sie dem Verurtheilten gehören oder nicht.

Vgl. §§ 40, 42.

361. Mit Haft wird bestraft:

1) wer, nachdem er unter Polizei-Aufsicht gestellt worden ist, den in Folge derselben ihm auferlegten Beschränkungen zuwiderhandelt;

Vgl. §§ 38, 39.

2) wer, nachdem er des Bundesgebietes oder des Gebietes eines Bundesstaats verwiesen ist, ohne Erlaubniß zurückkehrt;

Vgl. §§ 39 Nr. 2, 284 A. 2, 362 A. 3. — Nr. 2 bezieht sich, mit der im § 3 des R.G. über Freizügigkeit v. 1./11. 67 bestimmten Ausnahme nur auf Ausländer. Zuständig zur Ausweisung aus einem Bundesstaat ist auch die Orts-Polizeibehörde, E. XII, 154; R. VII, 242.

3) wer als Landstreicher umherzieht;

4) wer bettelt oder Kinder zum Betteln anleitet oder ausschickt, oder Personen, welche seiner Gewalt und Aufsicht untergeben sind und zu seiner Hausgenossenschaft gehören, vom Betteln abzuhalten unterläßt;

„Betteln", nicht jede Bitte um Unterstützung (nicht: Bitte um d. ortsübl. Geschenk), namentl. nicht, wo moralische od. sociale Verbindlichkeiten, oder andere Gründe für die Hergabe d. Unterstützung sich geltend machen. E. XX, 434.

5) wer sich dem Spiel, Trunk oder Müßiggang dergestalt hingibt, daß er in einen Zustand geräth, in welchem zu seinem Unterhalte oder zum Unterhalte derjenigen, zu deren Ernährung er verpflichtet ist, durch Vermittelung der Behörde fremde Hülfe in Anspruch genommen werden muß;

*6) eine Weibsperson, welche wegen gewerbsmäßiger Unzucht einer polizeilichen Aufsicht unterstellt ist, wenn sie den in dieser Hinsicht zur Sicherung der Gesundheit, der öffentlichen Ordnung und des öffentlichen Anstandes erlassenen polizeilichen Vorschriften zuwiderhandelt, oder welche, ohne einer solchen Aufsicht unterstellt zu sein, gewerbsmäßig Unzucht treibt;

7) wer, wenn er aus öffentlichen Armenmitteln eine Unterstützung empfängt, sich aus Arbeitsscheu weigert, die ihm von der Behörde angewiesene, seinen Kräften angemessene Arbeit zu verrichten;

8) wer nach Verlust seines bisherigen Unterkommens binnen der ihm von der zuständigen Behörde bestimmten Frist sich kein anderweitiges Unterkommen verschafft hat und auch nicht nachweisen kann, daß er solches der von ihm angewandten Bemühungen ungeachtet nicht vermocht habe;

*9) wer Kinder oder andere unter seiner Gewalt stehende Personen, welche seiner Aufsicht untergeben sind und zu seiner Hausgenossenschaft gehören, von der Begehung von Diebstählen, sowie von der Begehung strafbarer Verletzungen der Zoll- oder Steuergesetze, oder der Gesetze zum Schutze der Forsten, der Feldfrüchte, der Jagd oder der Fischerei abzuhalten unterläßt. Die Vorschriften dieser Gesetze über die Haftbarkeit für die den Thäter treffenden Geldstrafen oder anderen Geldleistungen werden hierdurch nicht berührt.

* **§ 361** 6 u. 9 G. v. 26./2. 76 vgl. oben S. 5 bez. 6.

In den Fällen der Nr. 9 kann statt der Haft auf Geldstrafe bis zu einhundertfunfzig Mark erkannt werden.

Zu 3–8 vgl. § 362; zu 1–8 J.M.V. v. 25./8. 79 (J.M.Bl. S. 251 ff.) betr. Mittheilungen v. 22./3. 80 (J.M.Bl. S. 57).

362. Die nach Vorschrift des § 361 Nr. 3 bis 8 Verurtheilten können zu Arbeiten, welche ihren Fähigkeiten und Verhältnissen angemessen sind, innerhalb und, sofern sie von anderen freien Arbeitern getrennt gehalten werden, auch außerhalb der Strafanstalt angehalten werden.

Bei der Verurtheilung zur Haft kann zugleich erkannt werden, daß die verurtheilte Person nach verbüßter Strafe der Landespolizeibehörde zu überweisen sei. Die Landespolizeibehörde erhält dadurch die Befugniß, die verurtheilte Person entweder bis zu zwei Jahren in ein Arbeitshaus unterzubringen oder zu gemeinnützigen Arbeiten zu verwenden. Im Falle des § 361 Nr. 4 ist dieses jedoch nur dann zulässig, wenn der Verurtheilte in den letzten drei Jahren wegen dieser Uebertretung mehrmals rechtskräftig verurtheilt worden ist, oder wenn derselbe unter Drohungen oder mit Waffen gebettelt hat.

Ist gegen einen Ausländer auf Ueberweisung an die Landespolizeibehörde erkannt, so kann an Stelle der Unterbringung in ein Arbeitshaus Verweisung aus dem Bundesgebiete eintreten.

Vgl. § 361 Nr. 2 u. §§ 16, 18. — Unter Landespolizeibehörde ist die höhere P.-Behörde im Gegensatz zur Lokal-P.-B. zu verstehen. Zuständig ist die L.-P.-B. desj. Bundesstaats, in welchem die Verurtheilung erfolgt ist. Bundesraths=Beschl. v. 16./6. 72. (Pr. B.M.Bl. S. 193.) Vgl. auch § 39 Nr. 2.

***363.** Wer, um Behörden oder Privatpersonen zum Zwecke seines besseren Fortkommens oder des besseren Fortkommens eines Anderen zu täuschen, Pässe, Militärabschiede, Wanderbücher oder sonstige Legitimationspapiere, Dienst= oder Arbeitsbücher oder sonstige auf Grund besonderer Vorschriften auszustellende Zeugnisse, sowie Führungs= oder Fähigkeitszeugnisse falsch anfertigt oder verfälscht, oder wissentlich von einer solchen falschen oder verfälschten Urkunde Gebrauch macht, wird mit Haft oder mit Geldstrafe bis zu einhundertfunfzig Mark bestraft.

Gleiche Strafe trifft denjenigen, welcher zu demselben Zwecke von solchen für einen Anderen ausgestellten echten Urkunden, als ob sie für ihn ausgestellt seien, Gebrauch macht, oder welcher solche für ihn ausgestellte Urkunden einem Anderen zu dem gedachten Zwecke überläßt.

§ 363 schält aus d. Urkundenfälschung (§ 267 ff.) (nicht aus dem Thatbestand d. Betrugs) einen speziellen Thatbestand heraus. E. XXIII, 45; „besseres Fortkommen": Erleichtern d. Herumziehens, Bettelns, d. Arbeitserlangung 2c.; nicht aber Erlangung eines Rechtes auf bestimmte pecuniäre Vortheile u. Leistungen. E. XXII, 226; doch können Vermögensvortheile erstrebt werden. E. XXIII, 45; nicht: wenn z. B. gesetzwidr. Erleichterung d. Jagdausübung oder Beseitigung drohender Strafe erstrebt wird. R. X, 233; — über Arbeitsbücher und Arbeitskarten vgl. Gew.O. §§ 107, 134, 150₂ u. s.

364. Mit Geldstrafe bis zu einhundertfunfzig Mark wird bestraft, wer wissentlich schon einmal verwendetes Stempelpapier nach gänzlicher oder theilweiser Ent=

* **363** G. v. 26./2. 76 vgl. oben S. 5.

fernung der darauf gesetzten Schriftzeichen, oder schon einmal verwendete Stempelmarken, Stempelblankette oder ausgeschnittene oder sonst abgetrennte Stempelabdrücke der im § 276 bezeichneten Art veräußert oder feilhält.

*Gleiche Strafe trifft denjenigen, welcher wissentlich schon einmal verwendete Post- oder Telegraphenwerthzeichen nach gänzlicher oder theilweiser Entfernung des Entwerthungszeichens veräußert oder feilhält.

A. 1. §§ 275, 276; § 23 des Bundes- (jetzt Reichs-)Ges. v. 10./6. 69 (Wechselstempel) ist durch § 364 aufgehoben. (Vgl. auch Gaupp, Wechs.-Stemp.-Ges. S. 37.) — St.P.O. §§ 231, 319 ff. (Verfahren c/a. Abwesende.)

A. 2 s. ob. § 276 Abs. 2.

365. Wer in einer Schankstube oder an einem öffentlichen Vergnügungsorte über die gebotene Polizeistunde hinaus verweilt, ungeachtet der Wirth, sein Vertreter oder ein Polizeibeamter ihn zum Fortgehen aufgefordert hat, wird mit Geldstrafe bis zu funfzehn Mark bestraft.

St.P.O. §§ 231, 319 ff. (Verfahren c/a. Abwesende.)

Der Wirth, welcher das Verweilen seiner Gäste über die gebotene Polizeistunde hinaus duldet, wird mit Geldstrafe bis zu sechszig Mark oder mit Haft bis zu vierzehn Tagen bestraft.

366. Mit Geldstrafe bis zu sechszig Mark oder mit Haft bis zu vierzehn Tagen wird bestraft:

1) wer den gegen die Störung der Feier der Sonn- und Festtage erlassenen Anordnungen zuwiderhandelt;

Handlungen, durch welche den die äußere Heilighaltung d. Sonn- u. Festtage bezweckenden Anordnungen zuwidergehandelt wird. E. XX, 82; über d. Vorschriften betr. d. Gewerbe-Sonntagsruhe s. Gew.O. §§ 105c ff.

* Rchsges. v. 13. Mai 1891.

2) wer in Städten oder Dörfern übermäßig schnell fährt oder reitet, oder auf öffentlichen Straßen oder Plätzen der Städte oder Dörfer mit gemeiner Gefahr Pferde einfährt oder zureitet;

3) wer auf öffentlichen Wegen, Straßen, Plätzen oder Wasserstraßen das Vorbeifahren Anderer muthwillig verhindert;

4) wer in Städten mit Schlitten ohne feste Deichsel oder ohne Geläute oder Schelle fährt;

5) wer Thiere in Städten oder Dörfern, auf öffentlichen Wegen, Straßen oder Plätzen, oder an anderen Orten, wo sie durch Ausreißen, Schlagen oder auf andere Weise Schaden anrichten können, mit Vernachlässigung der erforderlichen Sicherheitsmaßregeln stehen läßt oder führt;

6) wer Hunde auf Menschen hetzt;

7) wer Steine oder andere harte Körper oder Unrath auf Menschen, auf Pferde oder andere Zug- oder Lastthiere, gegen fremde Häuser, Gebäude oder Einschließungen, oder in Gärten oder eingeschlossene Räume wirft;

„Auf Menschen" (nicht treffen). E. III, 306; R. II, 773.

*8) wer nach einer öffentlichen Straße oder Wasserstraße, oder nach Orten hinaus, wo Menschen zu verkehren pflegen, Sachen, durch deren Umstürzen oder Herabfallen Jemand beschädigt werden kann, ohne gehörige Befestigung aufstellt oder aufhängt, oder Sachen auf eine Weise ausgießt oder auswirft,

* **§ 366** 3, 8 G. v. 26./2. 76 vgl. oben S. 5.

daß dadurch Jemand beschädigt oder verunreinigt werden kann;

*9) wer auf öffentlichen Wegen, Straßen, Plätzen oder Wasserstraßen Gegenstände, durch welche der freie Verkehr gehindert wird, aufstellt, hinlegt oder liegen läßt;

*10) wer die zur Erhaltung der Sicherheit, Bequemlichkeit, Reinlichkeit und Ruhe auf den öffentlichen Wegen, Straßen, Plätzen oder Wasserstraßen erlassenen Polizei-Verordnungen übertritt.

***366a.** Wer die zum Schutze der Dünen und der Fluß- und Meeresufer, sowie der auf denselben vorhandenen Anpflanzungen und Anlagen erlassenen Polizei-Verordnungen übertritt, wird mit Geldstrafe bis zu einhundertfunfzig Mark oder mit Haft bestraft.

367. Mit Geldstrafe bis zu einhundertfunfzig Mark oder mit Haft wird bestraft:

1) wer ohne Vorwissen der Behörde einen Leichnam beerdigt oder bei Seite schafft, oder wer unbefugt einen Theil einer Leiche aus dem Gewahrsam der dazu berechtigten Personen wegnimmt;

Vgl. § 168.

2) wer den polizeilichen Anordnungen über vorzeitige Beerdigungen entgegenhandelt;

Begriff polizeil. Anordnungen. Opp. XVIII, 147.

3) wer ohne polizeiliche Erlaubniß Gift oder Arzeneien, soweit der Handel mit denselben nicht freigegeben ist, zubereitet, feilhält, verkauft oder sonst an Andere überläßt;

* **§ 366** 9, 10 u. a G. v. 26./2. 76 vgl. oben S. 5 u. 6.

Vgl. Gew.O. §§ 6, 29, 34, 147 Nr. 1 u. V.O. 27./1. 1890 betr. den Verkehr mit Arzneimitteln — insbesondere § 1 — (R.G.Bl. S. 9) u. über den Begriff von „Arznei“ gegen die s. g. „Geheimmittel“. Opp. XVIII, 362; E. XVI, 359; R. IX, 625.

4) wer ohne die vorgeschriebene Erlaubniß Schießpulver oder andere explodirende Stoffe oder Feuerwerke zubereitet;

Vgl. Gew.O. §§ 16, 147 Nr. 2; Sprengstoff=G. §§ 1, 9.

*5) wer bei der Aufbewahrung oder bei der Beförderung von Giftwaaren, Schießpulver oder Feuerwerken, oder bei der Aufbewahrung, Beförderung, Verausgabung oder Verwendung von Sprengstoffen oder anderen explodirenden Stoffen, oder bei Ausübung der Befugniß zur Zubereitung oder Feilhaltung dieser Gegenstände, sowie der Arzeneien die deshalb ergangenen Verordnungen nicht befolgt;

Vgl. Sprengstoff=G. §§ 1, 9; Verkehrsordnung für d. Eisenbahnen v. 15./11. 1892 § 50; Postordnung § 10 ff.

**5a) wer bei Versendung oder Beförderung von leicht entzündlichen oder ätzenden Gegenständen durch die Post die deshalb ergangenen Verordnungen nicht befolgt;

Vgl. § 10 ff. d. Postordnung (Fischer, Die deutsche Post- u. Telegraphengesetzgeb., 3. Aufl., Berlin 1886, b. Guttentag).

6) wer Waaren, Materialien oder andere Vorräthe, welche sich leicht von selbst entzünden oder leicht Feuer fangen, an Orten oder in Behältnissen aufbewahrt, wo ihre Entzündung gefährlich werden kann, oder wer Stoffe, die nicht ohne Gefahr einer

* **§ 367** 5 G. v. 26./2. 76 vgl. oben S. 5.

** Ges. v. 13. Mai 1891.

Entzündung bei einander liegen können, ohne Absonderung aufbewahrt;

„Aufbewahren", bis zur Zeit der bestimmungsgemäßen Verwendung lagern. E. XXII, 436.

7) wer verfälschte oder verdorbene Getränke oder Eßwaaren, insbesondere trichinenhaltiges Fleisch feilhält oder verkauft;

Nr. 7 ist durch §§ 11, 14 G. v. 14./5. 79 nicht aufgehoben. E. VI, 34; 269; R. IV, 149; 451; vgl. auch §§ 222, 230. — Polizei-Verordnung', welche eine Untersuchung des Fleisches bei Strafe vorschreiben, bleiben bestehen. Auch ohne solche Vorschr. bildet das Unterlassen der Untersuch. in der Regel eine Fahrlässigk., vgl. E. VI, 41; R. IV, 165. Nur unter Umständen schließt unverschuldete Unkenntniß beim Verkauf trichinoser Fleischwaaren die Strafbarkeit aus. Opp. XV, 30.

*8) wer ohne polizeiliche Erlaubniß an bewohnten oder von Menschen besuchten Orten Selbstgeschosse, Schlageisen oder Fußangeln legt, oder an solchen Orten mit Feuergewehr oder anderem Schießwerkzeuge schießt, oder Feuerwerkskörper abbrennt;

9) wer einem gesetzlichen Verbot zuwider Stoß-, Hieb- oder Schußwaffen, welche in Stöcken oder Röhren oder in ähnlicher Weise verborgen sind, feilhält oder mit sich führt;

Vgl. für Preußen: Opp. XX, 111.

*10) wer bei einer Schlägerei, in welche er nicht ohne sein Verschulden hineingezogen worden ist, oder bei einem Angriff sich einer Waffe, insbesondere eines Messers oder eines anderen gefährlichen Werkzeuges bedient;

Vgl. § 227. — Der „Angriff" braucht nicht von Mehreren auszugehen. E. XIII, 3; R. VII, 555.

* § 367 8 u. 10 G. v. 26./2. 76 vgl. oben S. 5.

11) wer ohne polizeiliche Erlaubniß gefährliche wilde Thiere hält, oder wilde oder bösartige Thiere frei umherlaufen läßt, oder in Ansehung ihrer die erforderlichen Vorsichtsmaßregeln zur Verhütung von Beschädigungen unterläßt;

12) wer auf öffentlichen Straßen, Wegen oder Plätzen, auf Höfen, in Häusern und überhaupt an Orten, an welchen Menschen verkehren, Brunnen, Keller, Gruben, Oeffnungen oder Abhänge dergestalt unverdeckt oder unverwahrt läßt, daß daraus Gefahr für Andere entstehen kann;

Nicht unbedingt der Eigenthümer des Brunnens u. s. w. strafbar. E. XV, 58; R. VIII, 717.

13) wer trotz der polizeilichen Aufforderung es unterläßt, Gebäude, welche den Einsturz drohen, auszubessern oder niederzureißen;

14) wer Bauten oder Ausbesserungen von Gebäuden, Brunnen, Brücken, Schleusen oder anderen Bauwerken vornimmt, ohne die von der Polizei angeordneten oder sonst erforderlichen Sicherungsmaßregeln zu treffen;

Bauunternehmer und Baumeister strafbar.

15) wer als Bauherr, Baumeister oder Bauhandwerker einen Bau oder eine Ausbesserung, wozu die polizeiliche Genehmigung erforderlich ist, ohne diese Genehmigung oder mit eigenmächtiger Abweichung von dem durch die Behörde genehmigten Bauplane ausführt oder ausführen läßt.

Zu 13—15 vgl. § 330.

*16) wer den über das Abhalten von öffentlichen Versteigerungen und über das Verabfolgen geistiger Getränke vor und bei öffentlichen Versteigerungen erlassenen polizeilichen Anordnungen zuwiderhandelt.

Nr. 16 hinzugekommen durch Reichsges. v. 19./6. 1893 (ausgegeben Berlin 24./6. 1893).

In den Fällen der Nr. 7 bis 9 kann neben der Geldstrafe oder der Haft auf die Einziehung der verfälschten oder verdorbenen Getränke oder Eßwaaren, ingleichen der Selbstgeschosse, Schlageisen oder Fußangeln, sowie der verbotenen Waffen erkannt werden, ohne Unterschied, ob sie dem Verurtheilten gehören oder nicht.

Vgl. §§ 40, 42.

368. Mit Geldstrafe bis zu sechszig Mark oder mit Haft bis zu vierzehn Tagen wird bestraft:

1) wer den polizeilichen Anordnungen über die Schließung der Weinberge zuwiderhandelt;

2) wer das durch gesetzliche oder polizeiliche Anordnungen gebotene Raupen unterläßt;

Zu 1 u. 2. Begriff poliz. Anordnungen. Opp. XVIII, 147.

3) wer ohne polizeiliche Erlaubniß eine neue Feuerstätte errichtet oder eine bereits vorhandene an einen anderen Ort verlegt;

Mit d. Errichtung oder Verlegung beginnt die Verjährung. (Kein Dauerdelikt.) E. XXII, 436.

4) wer es unterläßt, dafür zu sorgen, daß die Feuerstätten in seinem Hause in baulichem und brandsicherem Zustande unterhalten, oder daß die Schornsteine zur rechten Zeit gereinigt werden;

5) wer Scheunen, Ställe, Böden oder andere Räume, welche zur Aufbewahrung feuerfangender Sachen dienen, mit unverwahrtem Feuer oder Licht betritt,

oder sich denselben mit unverwahrtem Feuer oder Licht nähert;

6) wer an gefährlichen Stellen in Wäldern oder Haiden, oder in gefährlicher Nähe von Gebäuden oder feuerfangenden Sachen Feuer anzündet;

7) wer in gefährlicher Nähe von Gebäuden oder feuerfangenden Sachen mit Feuergewehr schießt oder Feuerwerke abbrennt;

8) wer die polizeilich vorgeschriebenen Feuerlöschgeräthschaften überhaupt nicht oder nicht in brauchbarem Zustande hält oder andere feuerpolizeiliche Anordnungen nicht befolgt;

9) wer unbefugt über Gärten oder Weinberge, oder vor beendeter Ernte über Wiesen oder bestellte Aecker, oder über solche Aecker, Wiesen, Weiden oder Schonungen, welche mit einer Einfriedigung versehen sind, oder deren Betreten durch Warnungszeichen untersagt ist, oder auf einem durch Warnungszeichen geschlossenen Privatwege geht, fährt, reitet oder Vieh treibt;

Die besonderen Bestimmungen über Pfändungen, sowie über Weidefrevel in den Feld-Polizei-Ordnungen bleiben bestehen. Vgl. E.G. § 2 A. 2; Postg. §§ 17, 18.

10) wer ohne Genehmigung des Jagdberechtigten oder ohne sonstige Befugniß auf einem fremden Jagdgebiete außerhalb des öffentlichen, zum gemeinen Gebrauche bestimmten Weges, wenn auch nicht jagend, doch zur Jagd ausgerüstet, betroffen wird;

Förster — in Ausübung des Forstschutzes nicht strafbar. E. XVI, 197.

11) wer unbefugt Eier oder Junge von jagdbarem Federwild oder von Singvögeln ausnimmt.

Vgl. § 6 des Pr. Ges. über die Schonzeiten des Wildes v. 26./2. 70. Pr. G.S. S. 122.

*369. Mit Geldstrafe bis zu einhundert Mark oder mit Haft bis zu vier Wochen werden bestraft:

1) Schlosser, welche ohne obrigkeitliche Anweisung oder ohne Genehmigung des Inhabers einer Wohnung Schlüssel zu Zimmern oder Behältnissen in der letzteren anfertigen oder Schlösser an denselben öffnen, ohne Genehmigung des Hausbesitzers oder seines Stellvertreters einen Hausschlüssel anfertigen, oder ohne Erlaubniß der Polizeibehörde Nachschlüssel oder Dietriche verabfolgen;

2) Gewerbtreibende, bei denen zum Gebrauche in ihrem Gewerbe geeignete, mit dem gesetzlichen Aichungsstempel nicht versehene oder unrichtige Maße, Gewichte oder Waagen vorgefunden werden, oder welche sich einer anderen Verletzung der Vorschriften über die Maß- und Gewichtspolizei schuldig machen;

Vgl. Maß- und Gewichtsordnung für den Nordd. Bund (jetzt Reichsges.), s. unter Anhang vom 17./8. 68 (B.G.Bl. S. 473—478); Ges., betr. Abänderung d. Maß- u. Gewichtsordnung v. 26./4. 1893. R.G.Bl. S. 151; und Aichordnung v. 27./12. 84 (Beilage zu Nr. 5 des R.G.Bl. 1885); Bekanntmachung, betr. Abänderung u. Ergänzung der Aichordnung. V. 14./1. 93. R.G.Bl. S. 6; Bekanntmachung, betr. Aichung von chemischen Meßgeräthen v. 26./7. 93. R.G.Bl. S. 237.

3) Gewerbtreibende, welche in Feuer arbeiten, wenn sie die Vorschriften nicht befolgen, welche von der Polizeibehörde wegen Anlegung und Verwahrung

* **§ 369** G. v. 26./2. 76 s. oben S. 5.

ihrer Feuerstätten, sowie wegen der Art und der Zeit, sich des Feuers zu bedienen, erlassen sind.

Im Falle der Nr. 2 ist neben der Geldstrafe oder der Haft auf die Einziehung der vorschriftswidrigen Maße, Gewichte, Waagen oder sonstigen Meßwerkzeuge zu erkennen.

Vgl. §§ 40, 42.

***370.** Mit Geldstrafe bis zu einhundertfunfzig Mark oder mit Haft wird bestraft:

1) wer unbefugt ein fremdes Grundstück, einen öffentlichen oder Privatweg oder einen Grenzrain durch Abgraben oder Abpflügen verringert;

Richtet sich gegen die Verletzung d. Unversehrtheit d. Grenzrains; er braucht nicht beseitigt zu sein. cf. § 274 2. Zwischen §§ 274 2 u. 370 Nr. 1 keine Gesetzeskonkurrenz. E. XXII, 287.

2) wer unbefugt von öffentlichen oder Privatwegen Erde, Steine oder Rasen, oder aus Grundstücken, welche einem Anderen gehören, Erde, Lehm, Sand, Grand oder Mergel gräbt, Plaggen oder Bülten haut, Rasen, Steine, Mineralien, zu deren Gewinnung es einer Verleihung, einer Konzession oder einer Erlaubniß der Behörde nicht bedarf, oder ähnliche Gegenstände wegnimmt;

Ungestochener Torf; Wegnahme von gestochenem Torf ist Diebstahl. E. XXI, 30.

3) wer von einem zum Dienststande gehörenden Unteroffizier oder Gemeinen des Heeres oder der Marine ohne die schriftliche Erlaubniß des vorgesetzten Kommandeurs Montirungs- oder Armaturstücke kauft oder zum Pfande nimmt;

4) wer unberechtigt fischt oder krebst;

Vgl. § 296; „fischt" nicht bloß Fische, auch Muscheln u. s. w. E. XVII, 161; R. X, 173.

5) wer Nahrungs- oder Genußmittel von unbedeutendem Werthe oder in geringer Menge zum alsbaldigen Verbrauche entwendet.

Eine Entwendung, welche von Verwandten aufsteigender Linie gegen Verwandte absteigender Linie oder von einem Ehegatten gegen den anderen begangen worden ist, bleibt straflos;

Ausnahme v. § 242; nicht auch von § 246. E. XXIV, 38; — auch zum alsbaldigen Verbrauch dritter Personen. E. XIII, 371; R. VIII, 139. — Diebstahl, wenn d. Vorsatz auf successive Wegnahme größerer Mengen gerichtet war. E. XVII, 332; R. X, 333; — ob die Entwendung unter erschwerenden Umständen (vgl. § 243) erfolgte, ist gleichgültig. — „Feuerungsmaterial" (z. B. Torf) gehört nicht unter die Genußmittel. E. IX, 46; R. V, 514; — ebensowenig Viehfutter. R. II, 295, wohl aber Saatkartoffeln, so lange sie noch genießbar sind. E. I, 224; R. I, 385. Auch Blumen nicht. E. IV, 72; R. III, 220. Bei mehreren Thätern entscheidet der Gesammtwerth der Nahrungsmittel. E. VIII, 406; R. V, 352.

6) wer Getreide oder andere zur Fütterung des Viehes bestimmte oder geeignete Gegenstände wider Willen des Eigenthümers wegnimmt, um dessen Vieh damit zu füttern.

In den Fällen der Nr. 5 und 6 tritt die Verfolgung nur auf Antrag ein. Die Zurücknahme des Antrages ist zulässig.

* **§ 370** 4 u. Schlußsatz. G. v. 26./2. 76 vgl. oben S. 5.

Anhang.

1.
Einführungs-Gesetz
für
Elsaß-Lothringen. †)

Gegeben Bad Gastein, den 30. August 1871.
G.Bl. f. E.-L. Nr. 14 S. 255.

I. Das anliegende Strafgesetzbuch für das Deutsche Reich tritt in Elsaß-Lothringen mit dem 1. Oktober 1871 in Kraft.

Die Bestimmungen dieses Gesetzbuches, in welchen von Bundesstaaten oder deren Beziehungen die Rede ist, finden auch auf Elsaß-Lothringen und dessen entsprechende Beziehungen Anwendung.

II. Mit dem 1. Oktober 1871 treten alle Strafbestimmungen, insoweit sie Materien betreffen, welche Gegenstand des Strafgesetzbuchs für das Deutsche Reich sind, außer Kraft.

In Kraft bleiben die besonderen Vorschriften über die durch das Strafgesetzbuch nicht berührten Materien,

---

†) Vgl. Förtsch und Leoni, Das Einf.-G. f. E.-L. u. s. w. in der 2. Aufl. des Komment. z. St.G.B. von Rüdorff. Berlin 1877 (auch als Separat-Abdruck erschienen); Oppenhoff, Komm. (11. Aufl.) Dr. Scherer: Der Code pénal und das Reichsrecht.

namentlich über strafbare Verletzungen der Preßpolizei-, Post-, Steuer-, Zoll-, Fischerei-, Jagd-, Forst- und Feldpolizei-Gesetze, über Mißbrauch des Vereins- und Versammlungsrechts, über den Holz- (Forst-) Diebstahl und über Schulversäumnisse.

— (Das Preßges. v. 7./5. 74 gilt in Els.-Loth. nicht. Vgl. Reichsges. v. 29. März 1888. R.G.Bl. S. 127 u. unten Anm. zu § 31 d. R.Preßges.) —

Vgl. zu § 2 des Reichs-Einführungs-Gesetzes: Samml. der in E.-L. geltenden Gesetze (1880) Bd. 1, G. S. 1—13; Kayser in v. Holtz. Handb. IV, S. 637 ff. (Sonderstrafrecht in E.-L.) Der Art. 412 Code pén. (Abhalten v. Bieten bei Versteigerungen) ist noch in Geltung. Sic: E. X, 220; L.G. Colmar, Jur. Ztschr. für E.-L. Bd. 7 S. 87; Samml. der in E.-L. geltenden Ges. Bd. 1. G. S. 8. Auch Art. 457 Code pén. ist noch in Geltung: O.L.G. Colmar, Jur. Ztschr. für E.-L. Bd. 8 S. 491. Ebenso: Art. 418 (Verrath v. Fabrikgeheimnissen). E. XV, 140.

III. Wenn in Landesgesetzen auf strafrechtliche Vorschriften, welche durch das Strafgesetzbuch für das Deutsche Reich außer Kraft gesetzt sind, verwiesen wird, so treten die entsprechenden Vorschriften des letzteren an die Stelle der ersteren.

IV. Die in den §§ 81, 88, 90, 307, 311, 312, 315, 322, 323 und 324 des Strafgesetzbuchs für das Deutsche Reich mit lebenslänglichem Zuchthause bedrohten Verbrechen sind mit dem Tode zu bestrafen, wenn sie in einem Theile des Reichs, welcher in Kriegszustand erklärt ist, oder während eines gegen das Reich ausgebrochenen Krieges auf dem Kriegsschauplatze begangen werden.

V. Vom 1. Oktober 1871 ab darf nur auf die im

Strafgesetzbuche für das Deutsche Reich enthaltenen Strafarten erkannt werden.

Wenn in den Landesgesetzen Todesstrafe, travaux forcés, déportation oder réclusion angedroht sind, ist auf Zuchthaus, wenn détention angedroht ist, auf Festungshaft, wenn dégradation civique angedroht ist, auf Gefängniß mit oder ohne Aberkennung der bürgerlichen Ehrenrechte, wenn emprisonnement oder prison angedroht ist, auf Gefängniß, falls aber die angedrohte Strafe die Dauer von sechs Wochen nicht übersteigt, auf Haft zu erkennen.

Wenn in den Landesgesetzen anstatt der Gefängniß- oder Geldstrafe Forst- oder Gemeindearbeit angedroht oder nachgelassen ist, so behält es hierbei sein Bewenden.

Die Bestimmungen des St.G.B. über Umwandlung v. Geldstr. in Freiheitsstr. finden auf die amendes en matière civile keine Anwendung. Entsch. d. Rchs.Ob.Handels-Ger. XIII, 160.

VI. Die Verjährung der Civilklagen aus strafbaren Handlungen tritt in den nämlichen Zeiträumen ein, welche für die Verjährung der Strafverfolgung von solchen Handlungen in dem Strafgesetzbuche für das Deutsche Reich bestimmt sind.

VII.—X. sind aufgehoben. †)

---

†) Art. VII Nr. 1 ist aufgehoben und ersetzt durch § 7 E.G. z. Hand.-G.B. v. 19./6. 72 (G.Bl. S. 213).

Art. VII Nr. 2 u. 3 u. Art. VIII aufgehoben durch E.G. z. K.O. § 4 A. 2 in Verbindung mit § 2 des E.G., dessen Abs. 3 jetzt weggefallen ist (s. oben S. 2 und zu Abschn. 24 S. 124).

Art. IX ist durch d. G. v. 6./2. 75 (R.G.Bl. S. 23), namentlich

XI. Die in § 1 des Strafgesetzbuchs aufgestellte Eintheilung der strafbaren Handlungen in Verbrechen, Vergehen, Uebertretungen greift auch Platz für diejenigen strafbaren Handlungen, auf welche andere Strafgesetze als das gegenwärtige Strafgesetzbuch anzuwenden sind. Ist die Strafe in diesen Gesetzen als eine willkürliche bezeichnet, so ist die Handlung eine Uebertretung.

XII. (Abs. 1—3 sind aufgehoben durch G.V. §§ 27 ff., 73 ff., 80, 136 (die Zuständigkeit betreffend).

Ob ein Verweis mündlich oder schriftlich zu ertheilen, bleibt dem richterlichen Ermessen überlassen.

XIII. (Aufgehoben durch die St.P.O., besonders § 297.)

XIV. Hinsichtlich der Bestrafung der Schulversäumnisse bleibt es bei dem bestehenden Verfahren.

Ob dieser Artikel noch gilt, ist streitig. Vgl. Samml. der in E.-L. geltenden Ges., Bd. 3 S. 17 (Note 5 zur Vdn. v. 18./4. 71).

XV. Alle wegen eines und desselben Verbrechens oder Vergehens verurtheilten Personen sind zu den Kosten, zur Rückgabe und zum Schadenersatze, auf welche erkannt wird, solidarisch zu verurtheilen.

Ist auf Einziehung oder Geldstrafe, zugleich aber auf Rückgabe oder Schadenersatz erkannt worden, so haben die letzteren den Vorzug, wenn das Vermögen des Verurtheilten nicht ausreicht, alle diese Leistungen zu bestreiten.

---

§ 69 (vgl. weiter unten) beseitigt; s. Samml. der in E.-L. geltenden Gesetze I, G. S. 51.

Art. X ist aufgehoben durch §§ 17—20, 22—24 u. 69 des G. v. 6./2. 75 (vgl. den Text dieses Gesetzes unten im Anhang).

Bezüglich der Kosten ist dieser Artikel durch § 498 Abs. 2 der St.P.O. ersetzt. Im Uebrigen dürfte er noch gelten, da seine Bestimmung dem materiellen Recht angehört, also durch § 6 Abs. 1, E.G. z. St.P.O. nicht aufgehoben ist.

XVI. (Aufgehoben.) Vgl. E.-L. Gesetze v. 12./7. 73 (Kriegsgerichte) u. v. 24./1. 81 betr. Aufhebg. des Kriegsger. in Straßburg (G.Bl. f. E.L. 1873 S. 163; 1881 S. 1).

2.

Gesetz über das Postwesen des Deutschen Reichs. †)

Vom 28. Oktober 1871.*) (Vgl. unten Anhang Nr. 13.)
(R.G.Bl. Nr. 42 S. 347 ff.)
(Postordnung vom 11./6. 1892.)

(Besondere Vorrechte der Posten.)

18. Gegen die ordentlichen Posten, Extraposten, Kuriere und Estafetten ist keine Pfändung erlaubt; auch darf dieselbe gegen einen Postillon nicht geübt werden, welcher mit dem ledigen Gespann zurückkehrt. Bei Zuwiderhandlungen ist eine Geldstrafe von Einer Mark bis zu sechszig Mark verwirkt.

19. Jedes Fuhrwerk muß den ordentlichen Posten, sowie den Extraposten, Kurieren und Estafetten auf das übliche Signal ausweichen. Bei Zuwiderhandlungen

---

†) Ausg.: s. unten Anhang Nr. 13. Die strafr. Bestimmungen allein s. bei: Meves. Erlangen 1876.

*) Die Geldstrafen sind in obigem Text statt in der Thalerwährung in Reichswährung ausgedrückt.

ist eine Geldstrafe von Einer Mark bis zu dreißig Mark verwirkt.

23. Die Thorwachen, Thor-, Brücken- und Barrierebeamten sind verbunden, die Thore und Schlagbäume schleunigst zu öffnen, sobald der Postillon das übliche Signal giebt. Ebenso müssen auf dasselbe die Fährleute die Ueberfahrt unverzüglich bewirken. Bei Zuwiderhandlungen ist eine Geldstrafe von Einer Mark bis zu dreißig Mark verwirkt.

(Strafbestimmungen bei Post- und Porto-Defraudationen.)

27. Mit dem vierfachen Betrage des defraudirten Portos, jedoch niemals unter einer Geldstrafe von drei Mark, wird bestraft:

1) wer Briefe oder politische Zeitungen, den Bestimmungen der §§ 1 und 2 zuwider, auf andere Weise, als durch die Post, gegen Bezahlung befördert oder verschickt; erfolgt die Beförderung in versiegelten, zugenähten oder sonst verschlossenen Packeten, so trifft die Strafe den Beförderer nur dann, wenn er den verbotwidrigen Inhalt des Packets zu erkennen vermochte;

Die §§ 1 u. 2 begründen das Vorrecht der Post zur Beförderung von verschlossenen Briefen u. von Zeitungen polit. Inhalts (letztere außerh. des zweimeil. Umkreises, — worüber vgl. E. IV, 337; R. III, 438), welche mehr als einmal wöchentl. erscheinen, gegen Bezahlg., mit Ausnahme der Beförderg. durch expressen Boten oder Fuhren von Seiten Eines Absenders. (Postzwang.) Vgl. E. II, 272; III, 300; XXII, 22; R. II, 265, 759. Verschicken v. Briefen in Packeten, E. XVIII, 46; R. X, 459. — Expresser Bote, E. XX, 124. — Nicht rechtsirrth.

eine Reihe v. Portodefraudationen zu einem Einheitsdelikt zusammenzufassen, E. XXII, 28.

2) wer sich zu einer portopflichtigen Sendung einer, von der Entrichtung des Portos befreienden Bezeichnung bedient oder eine solche Sendung in eine andere verpackt, welche bei Anwendung einer vorgeschriebenen Bezeichnung portofrei befördert wird;
3) wer Postwerthzeichen nach ihrer Entwerthung zur Frankirung einer Sendung benutzt; inwiefern in diesem Falle wegen hinzugetretener Vertilgung des Entwerthungszeichens eine härtere Strafe verwirkt ist, wird nach den allgemeinen Strafgesetzen beurtheilt;
4) wer Briefe oder andere Sachen zur Umgehung der Portogefälle einem Postbeamten oder Postillon zur Mitnahme übergiebt.

In den unter Nr. 2 und 3 bestimmten Fällen ist die Strafe mit der Einlieferung der Sendung zur Post verwirkt.

28. Im ersten Rückfalle wird die Strafe (§ 27) verdoppelt und bei ferneren Rückfällen auf das Vierfache erhöht.

Im Rückfalle befindet sich derjenige, welcher, nachdem er wegen einer der im § 27 bezeichneten Defraudationen vom Gerichte oder im Verwaltungswege (§§ 34, 35) bestraft worden, abermals eine dieser Defraudationen begeht.

Die §§ 34 u. 35 geben den Oberpostdirektionen die Befugniß, die Strafe durch Verfügung bezw. Bescheid festzusetzen.

Die Straferhöhung wegen Rückfalls tritt auch ein, wenn die frühere Strafe nur theilweise verbüßt, oder ganz oder theilweise erlassen ist, bleibt jedoch ausgeschlossen, wenn seit der Verbüßung oder dem Erlasse der letzten Strafe bis zur Begehung der neuen Defraudation drei Jahre verflossen sind.

29. Wer wissentlich, um der Postkasse das Personengeld zu entziehen, uneingeschrieben mit der Post reist, wird mit dem vierfachen Betrage des defraudirten Personengeldes, jedoch niemals unter einer Geldstrafe von drei Mark, bestraft.

30. Außer der Strafe muß in den Fällen des § 27 das Porto, welches für die Beförderung der Gegenstände der Post zu entrichten gewesen wäre, und in dem Falle des § 29 das defraudirte Personengeld gezahlt werden. In dem Falle des § 27 unter Nr. 1 haften der Absender und der Beförderer für das Porto solidarisch.

31. Die Dauer der Haft, welche an die Stelle einer nicht beizutreibenden Geldstrafe tritt, ist vom Richter festzusetzen und darf sechs Wochen nicht übersteigen.

32. Die Postbehörden und Postbeamten, welche eine Defraudation entdecken, sind befugt, die dabei vorgefundenen Briefe oder anderen Sachen, welche Gegenstand der Uebertretung sind, in Beschlag zu nehmen und so lange ganz oder theilweise zurückzuhalten, bis entweder die defraudirten Postgefälle, die Geldstrafe und die Kosten gezahlt oder durch Kaution sichergestellt sind.

33. Die in den §§ 27 bis 29 bestimmten Geldstrafen fließen zur Postarmen- oder Unterstützungskasse.

Wegen der Erkenntnißmittheilg. vgl. Pr. J.M.V. v. 25./8. 79 Nr. 21 (J.M.Bl. S. 28).

3.

Impfgesetz.

Vom 8. April 1874 (R.G.Bl. Nr. 11 S. 31 ff.).

1. Der Impfung mit Schutzpocken soll unterzogen werden:

1) jedes Kind vor dem Ablaufe des auf sein Geburtsjahr folgenden Kalenderjahres, sofern es nicht nach ärztlichem Zeugniß (§ 10) die natürlichen Blattern überstanden hat;

2) jeder Zögling einer öffentlichen Lehranstalt oder einer Privatschule, mit Ausnahme der Sonntags- und Abendschulen, innerhalb des Jahres, in welchem der Zögling das zwölfte Lebensjahr zurücklegt, sofern er nicht nach ärztlichem Zeugniß in den letzten fünf Jahren die natürlichen Blattern überstanden hat oder mit Erfolg geimpft worden ist.

5. Jeder Impfling muß frühestens am sechsten, spätestens am achten Tage nach der Impfung dem impfenden Arzte vorgestellt werden.

7. Für jeden Impfbezirk wird vor Beginn der Impfzeit eine Liste der nach § 1, Ziffer 1 der Impfung unterliegenden Kinder von der zuständigen Behörde aufgestellt. Ueber die auf Grund des § 1, Ziffer 2 zur Impfung gelangenden Kinder haben die Vorsteher der betreffenden Lehranstalten eine Liste anzufertigen.

Die Impfärzte vermerken in den Listen, ob die Impfung mit oder ohne Erfolg vollzogen, oder ob und weshalb sie ganz oder vorläufig unterblieben ist.

Nach dem Schlusse des Kalenderjahres sind die Listen der Behörde einzureichen.

Die Einrichtung der Listen wird durch den Bundesrath festgestellt.

8. Außer den Impfärzten sind ausschließlich Aerzte befugt, Impfungen vorzunehmen.

Sie haben über die ausgeführten Impfungen in der im § 7 vorgeschriebenen Form Listen zu führen und dieselben am Jahresschluß der zuständigen Behörde vorzulegen.

10. Ueber jede Impfung wird nach Feststellung ihrer Wirkung (§ 5) von dem Arzte ein Impfschein ausgestellt. In dem Impfschein wird, unter Angabe des Vor- und Zunamens des Impflings, sowie des Jahres und Tages seiner Geburt, bescheinigt, entweder,

daß durch die Impfung der gesetzlichen Pflicht genügt ist,

oder,

daß die Impfung im nächsten Jahre wiederholt werden muß.

In den ärztlichen Zeugnissen, durch welche die gänzliche oder vorläufige Befreiung von der Impfung (§§ 1, 2) nachgewiesen werden soll, wird, unter der für den Impfschein vorgeschriebenen Bezeichnung der Person, bescheinigt, aus welchem Grunde und auf wie lange die Impfung unterbleiben darf.

12. Eltern, Pflegeeltern und Vormünder sind gehalten, auf amtliches Erfordern mittelst der vorgeschriebenen Bescheinigungen (§ 10) den Nachweis zu führen, daß die Impfung ihrer Kinder und Pflege-

befohlenen erfolgt oder aus einem gesetzlichen Grunde unterblieben ist.

13. Die Vorsteher derjenigen Schulanstalten, deren Zöglinge dem Impfzwange unterliegen (§ 1, Ziffer 2), haben bei der Aufnahme von Schülern durch Einfordern der vorgeschriebenen Bescheinigungen festzustellen, ob die gesetzliche Impfung erfolgt ist.

Sie haben dafür zu sorgen, daß Zöglinge, welche während des Besuches der Anstalt nach § 1, Ziffer 2 impfpflichtig werden, dieser Verpflichtung genügen.

Ist eine Impfung ohne gesetzlichen Grund unterblieben, so haben sie auf deren Nachholung zu dringen.

Sie sind verpflichtet, vier Wochen vor Schluß des Schuljahres der zuständigen Behörde ein Verzeichniß derjenigen Schüler vorzulegen, für welche der Nachweis der Impfung nicht erbracht ist.

14. Eltern, Pflegeeltern und Vormünder, welche den nach § 12 ihnen obliegenden Nachweis zu führen unterlassen, werden mit einer Geldstrafe bis zu zwanzig Mark bestraft.

Eltern, Pflegeeltern und Vormünder, deren Kinder und Pflegebefohlene ohne gesetzlichen Grund und trotz erfolgter amtlicher Aufforderung der Impfung oder der ihr folgenden Gestellung (§ 5) entzogen geblieben sind, werden mit Geldstrafe bis zu fünfzig Mark oder mit Haft bis zu drei Tagen bestraft.

§ 14 findet wegen Unterlassung des nach älteren Landesgesetzen erforderlichen Nachweises der Impfung nicht Anwendung. Opp. XIX, 471.

15. Aerzte und Schulvorsteher, welche den durch § 8

Absatz 2, § 7 und durch § 13 ihnen auferlegten Verpflichtungen nicht nachkommen, werden mit Geldstrafe bis zu einhundert Mark bestraft.

16. Wer unbefugter Weise (§ 8) Impfungen vornimmt, wird mit Geldstrafe bis zu einhundertfünfzig Mark oder mit Haft bis zu vierzehn Tagen bestraft.

17. Wer bei der Ausführung einer Impfung fahrlässig handelt, wird mit Geldstrafe bis zu fünfhundert Mark oder mit Gefängnißstrafe bis zu drei Monaten bestraft, sofern nicht nach dem Strafgesetzbuch eine härtere Strafe eintritt.

4.

Reichs-Militärgesetz (Auszug).

Vom 2. Mai 1874. (R.G.Bl. Nr. 15 S. 45.)

---

33. Wer die nach Maßgabe des § 31 vorgeschriebenen Meldungen zur Berichtigung von Stammrollen unterläßt, sowie Militärpflichtige, welche in den von den Ersatzbehörden abzuhaltenden Terminen nicht pünktlich erscheinen, sind, sofern sie nicht dadurch zugleich eine härtere Strafe verwirkt haben, mit Geldstrafe bis zu dreißig Mark, oder Haft bis zu drei Tagen zu bestrafen.

— — — — — — — — — — — — — — — — — —

Ist die Versäumniß durch Umstände herbeigeführt, deren Beseitigung nicht in dem Willen des betreffenden Anmeldungs- oder Gestellungspflichtigen lag (Absatz 1, 2), so treten die vorerwähnten Folgen nicht ein.

5.

Gesetz über die Presse.†)

Vom 7. Mai 1874. (R.G.Bl. Nr. 16, S. 65.)

I. Einleitende Bestimmungen.

1. Die Freiheit der Presse unterliegt nur denjenigen Beschränkungen, welche durch das gegenwärtige Gesetz vorgeschrieben oder zugelassen sind.

Vgl. jedoch Anm. 2 zu § 17.

2. Das gegenwärtige Gesetz findet Anwendung auf alle Erzeugnisse der Buchdruckerpresse, sowie auf alle anderen, durch mechanische oder chemische Mittel bewirkten, zur Verbreitung bestimmten Vervielfältigungen von Schriften und bildlichen Darstellungen mit oder ohne Schrift, und von Musikalien mit Text oder Erläuterungen.

Was im Folgenden von „Druckschriften" verordnet ist, gilt für alle vorstehend bezeichneten Erzeugnisse.

Wahlzettel, eine Druckschrift, R. IV, 247 (üb. Stimmzettel § 6 Abs. 2).

---

†) Ausg.: Dr. Marquardsen (Referent im Reichst.), Berlin 74 (Guttentag); Dr. v. Schwarze, 2. Aufl., Erlangen 85 (Palm u. Enke); Thilo, Berlin 74 (Heymann). Ferner: Dr. Berner (Geh. Just.-R.), Lehrb. des Deutschen Preßrechtes, Lpz. 76; Dr. Kayser in v. Holtzend. Handb. IV, 545 ff.; Dr. v. Liszt, Berlin 1880 (Guttentag); Koller, Nördlingen (Beck.) 1888; Meves, Bemerkg. z. Preßges., Goltd. Arch. XXXIX S. 15 ff.; Oetker, Haftung d. Redakteurs, u. Goltd. XXVI, 249; Stenglein, Rchs.-Ges. üb. d. Presse in seiner Sammlung d. strafrechtl. Nebengesetze. S. 493 ff.

3. Als Verbreitung einer Druckschrift im Sinne dieses Gesetzes gilt auch das Anschlagen, Ausstellen oder Auslegen derselben an Orten, wo sie der Kenntnißnahme durch das Publikum zugänglich ist.

4. Eine Entziehung der Befugniß zum selbständigen Betriebe irgend eines Preßgewerbes oder sonst zur Herausgabe und zum Vertriebe von Druckschriften kann weder im administrativen, noch im richterlichen Wege stattfinden.

Im Uebrigen sind für den Betrieb der Preßgewerbe die Bestimmungen der Gewerbeordnung maßgebend.

5. Die nichtgewerbsmäßige öffentliche Verbreitung von Druckschriften kann durch die Ortspolizeibehörde denjenigen Personen verboten werden, welchen nach §§ 57 Nr. 1, 2, 4, 57a, 57b Nr. 1 u. 2 der Gewerbeordnung ein Legitimationsschein versagt werden darf.

Ursprüngl. Fassung: „nach § 57 der Gew.-Ord." abgeändert durch Rchs.-Ges. v. 1./7. 83.

Zuwiderhandlungen gegen ein solches Verbot werden nach § 148 der Gewerbeordnung bestraft.

Eine Ausnahme v. § 5 enthält § 48 Abs. 4 u. 5 d. Gew.O.; — § 148 Gew.O. Geldstrafe bis zu 150 Mark event. Haft bis zu 4 Wochen.

II. Ordnung der Presse.

6. Auf jeder im Geltungsbereich dieses Gesetzes erscheinenden Druckschrift muß der Name und Wohnort des Druckers und, wenn sie für den Buchhandel, oder sonst zur Verbreitung bestimmt ist, der Name und Wohnort des Verlegers, oder — beim Selbstvertriebe der Druckschrift — des Verfassers oder Herausgebers

genannt sein. An Stelle des Namens des Druckers oder Verlegers genügt die Angabe der in das Handelsregister eingetragenen Firma.

Ausgenommen von dieser Vorschrift sind die nur zu den Zwecken des Gewerbes und Verkehrs, des häuslichen und geselligen Lebens dienenden Druckschriften, als: Formulare, Preiszettel, Visitenkarten und dergleichen, sowie Stimmzettel für öffentliche Wahlen, sofern sie nichts weiter als Zweck, Zeit und Ort der Wahl und die Bezeichnung der zu wählenden Personen enthalten.

Auch wenn keine gewerbsmäßige Verbreitung. E. XX, 63; — Abs. 2: den regelmäßigen Zwecken d. Gewerbes u. Verkehrs; — Verstöße gegen § 6 begründen nicht die Anwendung des § 41 St.G.B. (Unbrauchbarmachung), R. IV, 235.

7. Zeitungen und Zeitschriften, welche in monatlichen oder kürzeren, wenn auch unregelmäßigen Fristen erscheinen (periodische Druckschriften im Sinne dieses Gesetzes), müssen außerdem auf jeder Nummer, jedem Stücke oder Hefte den Namen und Wohnort des verantwortlichen Redakteurs enthalten.

Die Benennung mehrerer Personen als verantwortliche Redakteure ist nur dann zulässig, wenn aus Form und Inhalt der Benennung mit Bestimmtheit zu ersehen ist, für welchen Theil der Druckschrift jede der benannten Personen die Redaktion besorgt.

8. Verantwortliche Redakteure periodischer Druckschriften dürfen nur Personen sein, welche verfügungsfähig, im Besitze der bürgerlichen Ehrenrechte sind und im Deutschen Reiche ihren Wohnsitz oder gewöhnlichen Aufenthalt haben.

9. Von jeder Nummer (Heft, Stück) einer periodischen Druckschrift muß der Verleger, sobald die Austheilung oder Versendung beginnt, ein Exemplar gegen eine ihm sofort zu ertheilende Bescheinigung an die Polizeibehörde des Ausgabeorts unentgeltlich abliefern.

Diese Vorschrift findet keine Anwendung auf Druckschriften, welche ausschließlich Zwecken der Wissenschaft, der Kunst, des Gewerbes oder der Industrie dienen.

10. Der verantwortliche Redakteur einer periodischen Druckschrift, welche Anzeigen aufnimmt, ist verpflichtet, die ihm von öffentlichen Behörden mitgetheilten amtlichen Bekanntmachungen auf deren Verlangen gegen Zahlung der üblichen Einrückungsgebühren in eine der beiden nächsten Nummern des Blattes aufzunehmen.

11. Der verantwortliche Redakteur einer periodischen Druckschrift ist verpflichtet, eine Berichtigung der in letzterer mitgetheilten Thatsachen auf Verlangen einer betheiligten öffentlichen Behörde oder Privatperson ohne Einschaltungen oder Weglassungen aufzunehmen, sofern die Berichtigung von dem Einsender unterzeichnet ist, keinen strafbaren Inhalt hat und sich auf thatsächliche Angaben beschränkt.

Die Bestrafung des Redakteurs aus § 19 Nr. 3 hebt die Verpflichtung zur Berichtigung nicht auf. Opp. XVIII, 558.

Der Abdruck muß in der nach Empfang der Einsendung nächstfolgenden, für den Druck nicht bereits abgeschlossenen Nummer und zwar in demselben Theile der Druckschrift und mit derselben Schrift, wie der Abdruck des zu berichtigenden Artikels geschehen.

Die Aufnahme erfolgt kostenfrei, soweit nicht die

Entgegnung den Raum der zu berichtigenden Mittheilung überschreitet; für die über dieses Maß hinausgehenden Zeilen sind die üblichen Einrückungsgebühren zu entrichten.

12. Auf die von den deutschen Reichs-, Staats- und Gemeindebehörden, von dem Reichstage oder von der Landesvertretung eines deutschen Bundesstaats ausgehenden Druckschriften finden, soweit sich ihr Inhalt auf amtliche Mittheilungen beschränkt, die Vorschriften der §§ 6 bis 11 keine Anwendung.

13. Die auf mechanischem oder chemischem Wege vervielfältigten periodischen Mittheilungen (lithographirte, autographirte, metallographirte, durchschriebene Korrespondenzen) unterliegen, sofern sie ausschließlich an Redaktionen verbreitet werden, den in diesem Gesetze für periodische Druckschriften getroffenen Bestimmungen nicht.

14. Ist gegen eine Nummer (Stück, Heft) einer im Auslande erscheinenden periodischen Druckschrift binnen Jahresfrist zwei Mal eine Verurtheilung auf Grund der §§ 41 und 42 des Strafgesetzbuchs erfolgt, so kann der Reichskanzler innerhalb zwei Monaten nach Eintritt der Rechtskraft des letzten Erkenntnisses das Verbot der ferneren Verbreitung dieser Druckschrift bis auf zwei Jahre durch öffentliche Bekanntmachung aussprechen.

Die in den einzelnen Bundesstaaten auf Grund der Landesgesetzgebung bisher erlassenen Verbote ausländischer periodischer Druckschriften treten außer Wirksamkeit.

15. In Zeiten der Kriegsgefahr oder des Krieges können Veröffentlichungen über Truppenbewegungen oder

Vertheidigungsmittel durch den Reichskanzler mittelst öffentlicher Bekanntmachung verboten werden.

16. Oeffentliche Aufforderungen mittelst der Presse zur Aufbringung der wegen einer strafbaren Handlung erkannten Geldstrafen und Kosten, sowie öffentliche Bescheinigungen mittelst der Presse über den Empfang der zu solchen Zwecken gezahlten Beiträge sind verboten.

Das zufolge solcher Aufforderungen Empfangene oder der Werth desselben ist der Armenkasse des Orts der Sammlung für verfallen zu erklären.

17. Die Anklageschrift oder andere amtliche Schriftstücke eines Strafprozesses dürfen durch die Presse nicht eher veröffentlicht werden, als bis dieselben in öffentlicher Verhandlung kund gegeben worden sind oder das Verfahren sein Ende erreicht hat.

1) Schriftstücke sind nur dann veröffentlicht, wenn sie ihrem Wortlaut oder Inhalt nach kundgemacht sind, nicht aber, wenn ihr Inhalt nur zur Grundlage einer selbständigen Mittheilung gemacht ist; — Strafproceß: auch schon polizeiliche oder staatsanwaltschaftl. Ermittelungsverhandlungen, welche in den Formen des Gesetzes geschehen u. daraus Gegenstand d. Beschuldigung u. proceßbetheiligte Personen erkennen lassen. E. XXII, 278 ff.; — fahrlässiges Verschulden trifft § 17 nicht. E. IX, 269; R. V, 764. —

2) Rchs.-Ges. v. 5./4. 1888 betr. die unter Ausschluß der Oeffentlichkeit stattfindenden Gerichts-Verhandlungen.

Art. II. (L. bez. A.) Wer die nach § 175 Abs. 2 d. Ger.Verf.Ges. ihm auferlegte Pflicht d. Geheimhaltung durch unbefugte Mittheilung verletzt, wird mit Geldstrafe bis zu 1000 Mark od. m. Haft od. mit Gef. bis zu 6 Mon. bestraft.

(§ 175 Abs. 2 d. Ger.Verf.Ges. bestimmt, daß bei Ausschluß d. Oeffentlichkeit wegen Gefährdung d. Staatssicherheit d. Gericht den Anwesenden d. Geheimhaltung v. Thatsachen, welche durch d. Verhandlung, durch d. Anklageschrift od. durch andere amtliche Schriftstücke des Processes zu ihrer Kenntniß gelangen, zur Pflicht machen kann.)

Art. III. Soweit bei einer Gerichtsverhandlung d. Oeffentlichkeit wegen Gefährdung der Staatssicherheit ausgeschlossen war, dürfen Berichte üb. d. Verhandlung durch die Presse nicht veröffentlicht werden. Das Gleiche gilt auch nach d. Beendigung d. Verfahrens in Betreff der Veröffentlichung d. Anklageschrift od. and. amtl. Schriftstücke d. Processes.

Zuwiderhandlungen unterliegen der im Artikel II bestimmten Strafe.

18. (L. bez. A.) Mit Geldstrafe bis zu eintausend Mark oder mit Haft oder mit Gefängniß bis zu sechs Monaten werden bestraft:

1) Zuwiderhandlungen gegen die in den §§ 14, 15, 16 und 17 enthaltenen Verbote;
2) Zuwiderhandlungen gegen die Bestimmungen der §§ 6, 7 und 8, welche durch falsche Angaben mit Kenntniß der Unrichtigkeit begangen werden.

Dieselbe Strafe trifft den Verleger einer periodischen Druckschrift auch dann, wenn er wissentlich geschehen läßt, daß auf derselben eine Person fälschlich als Redakteur benannt wird.

Nur vorsätzl. Zuwiderhandeln. E. XXIII, 118.

19. (A.) Mit Geldstrafe bis zu einhundert und fünfzig Mark oder mit Haft werden bestraft:

1) Zuwiderhandlungen gegen die §§ 6, 7 und 8, welche nicht durch § 18 Ziffer 2 getroffen sind;
2) Zuwiderhandlungen gegen den § 9;
3) Zuwiderhandlungen gegen die §§ 10 und 11.

In den Fällen der Ziffer 3 tritt die Verfolgung nur auf Antrag ein, und hat das Strafurtheil zugleich die

17*

Aufnahme des eingesandten Artikels in die nächstfolgende Nummer anzuordnen. Ist die unberechtigte Verweigerung im guten Glauben geschehen, so ist unter Freisprechung von Strafe und Kosten lediglich die nachträgliche Aufnahme anzuordnen.

Vgl. wegen des Antrags St.G.B. § 61 ff.

„Im guten Glauben": nur thatsächlicher Irrthum. E. XXIV, 278.

III. Verantwortlichkeit für die durch die Presse begangenen strafbaren Handlungen. †)

Für Preßdelikte gelten die allgemeinen Vorschriften über die Gerichtszuständigkeit. Eine Ausnahme bestimmt § 6 des E.G. z. G.B., wodurch die landesgesetzl. Vorschriften über die Zuständigk. der Schwurgerichte aufrecht erhalten werden, was der Fall ist in: Bayern (G. v. 23./2. 79 Art. 41); Württemberg (G. v. 24./1. 79 Art. 12); Baden (G. v. 11./3. 70).

20. Die Verantwortlichkeit für Handlungen, deren Strafbarkeit durch den Inhalt einer Druckschrift begründet wird, bestimmt sich nach den bestehenden allgemeinen Strafgesetzen.

Ist die Druckschrift eine periodische, so ist der verantwortliche Redakteur als Thäter zu bestrafen, wenn nicht durch besondere Umstände die Annahme seiner Thäterschaft ausgeschlossen wird.

Abs. 2 enthält eine Beweisvermuthung. E. XXII, 224; Redakt. haftet aus Abs. 2 als bewußter, mit Kenntniß u. Verständniß d. Inhalts handelnd. Verursacher d. Veröffentlichung; die Frage, mit welchem Vorsatz gehandelt ist, bedarf besonderer Entscheidg. Materiell besteht also kein Unterschied zwischen d. Thätern aus Abs. 1 u. 2. Schuldausschließungsgründe stehen d. Thäter aus Abs. 2 zur

†) Dr. Loening: Die strafrechtl. Haftung des verantwortl. Redakteurs; Oetker, desgl.

Seite [also gegeben. Falles § 59; aber auch § 193 Str.G.B.]; „besondere Umstände": nicht qualitativ besondere, sondern die thatsächlichen Momente d. Einzelfalles, durch welche Annahme vorsätzl. Veröffentl., also Vorsatz ausgeschlossen ist. E. XXII, 65 ff. — Ueb. dolus eventual. vgl. daselbst S. 84. — Die generelle Ermächtigung des Redakteurs an einen Anderen zur Wahrnehmung d. Redaktionsgeschäfte begründet nicht nothwendig die Verantwortlichkeit für alle denkbaren dolosen Delikte; nur soweit haftet er, als er sich, wenn auch nur im Allgemeinen, d. Erfolg als möglich gedacht hat. E. XXII, 225; — Redakt. als Mitthäter. E. IX, 186; R. V, 688. — Wenn mehrere Redakteure benannt sind, ohne vollständige, den ganzen Inhalt d. Blattes umfassende Theilung d. Verantwortlichkeit, so ist das unzulässig, s. §§ 7, Abs. 2 u. 18, Nr. 2. Es haftet aber aus § 20₂ dann keiner. E. XXIII, 13; — mehrere Strafthaten in einem Preßerzeugniß müssen nicht nothwendig idealkonkurriren. R. VIII, 305; cf. 377; — Beleidigungen einer Zeitung treffen nicht immer den Redakteur. R. VII, 718. — Ausnahme v. Abs. 2 s. § 249d letzt. Abs. d. Handelsgesetzbuchs. — Für Nachdruck in einer period. Druckschrift haftet Verleger. Verantwortl. Redakteur kann Theilnehmer sein; er haftet aber nicht als Redakteur; als solcher nur für den strafb. Inhalt d. Druckschrift. E. XX, 430.

21. Begründet der Inhalt einer Druckschrift den Thatbestand einer strafbaren Handlung, so sind

der verantwortliche Redakteur,

der Verleger,

der Drucker,

derjenige, welcher die Druckschrift gewerbsmäßig vertrieben oder sonst öffentlich verbreitet hat (Verbreiter),

soweit sie nicht nach § 20 als Thäter oder Theilnehmer zu bestrafen sind, wegen Fahrlässigkeit mit Geldstrafe bis zu eintausend Mark oder mit Haft oder mit Festungshaft oder Gefängniß bis zu einem Jahre zu belegen, wenn sie nicht die Anwendung der pflichtgemäßen Sorgfalt oder Umstände nachweisen, welche diese Anwendung unmöglich gemacht haben.

Die Bestrafung bleibt jedoch für jede der benannten Personen ausgeschlossen, wenn sie als den Verfasser oder den Einsender, mit dessen Einwilligung die Veröffentlichung geschehen ist, oder, wenn es sich um eine nicht periodische Druckschrift handelt, als den Herausgeber derselben, oder als einen der in obiger Reihenfolge vor ihr Benannten eine Person bis zur Verkündigung des ersten Urtheils nachweist, welche in dem Bereich der richterlichen Gewalt eines deutschen Bundesstaats sich befindet, oder falls sie verstorben ist, sich zur Zeit der Veröffentlichung befunden hat; hinsichtlich des Verbreiters ausländischer Druckschriften außerdem, wenn ihm dieselben im Wege des Buchhandels zugekommen sind.

21 bildet ein delictum sui generis z. B. nicht: Bestrafung wegen Beleidgg. R. VIII, 107; — Fahrlässigkeit, nach d. Verhältnissen des Einzelfalles. Durch die Bestellung eines Redakteurs wird d. Haftbarkeit d. Verlegers aus § 21 nicht ohne Weiteres aufgehoben. E. XXIII, 270.

Abs. 2. Die Worte: „oder als einen der in obiger Reihenfolge vor ihr Benannten" beziehen sich auch auf periodische Druckschriften. E. XXIII, 314; — bis zur Verkündung des ersten Urtheils = bis zur ersten Verkündung eines Urtheils. E. XXII, 88; — Nachmann straflos, wenn d. Vormann sich im Bereich d. deutschen Gerichte befindet, auch wenn die Verfolgung gegen ihn aus irgend einem Grunde (z. B. Verjährung) ausgeschlossen ist. E. XXII, 431; — „im Wege d. Buchhandels" bezieht sich nur auf den Buchhändler, nicht aber auf den Verbreiter, der sie vom Buchhändler erhalten hat. E. XXIII, 111.

IV. Verjährung.

22. Die Strafverfolgung derjenigen Verbrechen und Vergehen, welche durch die Verbreitung von Druckschriften strafbaren Inhalts begangen werden, sowie derjenigen sonstigen Vergehen, welche in diesem Gesetze mit Strafe bedroht sind, verjährt in sechs Monaten.

Vgl. St.G.B. §§ 66–68.

V. Beschlagnahme.

23. Eine Beschlagnahme von Druckschriften ohne richterliche Anordnung findet nur statt:

1) wenn eine Druckschrift den Vorschriften der §§ 6 und 7 nicht entspricht, oder den Vorschriften des § 14 zuwider verbreitet wird,

2) wenn durch eine Druckschrift einem auf Grund des § 15 dieses Gesetzes erlassenen Verbot zuwider gehandelt wird,

3) wenn der Inhalt einer Druckschrift den Thatbestand einer der in den §§ 85, 95, 111, 130 oder 184 des deutschen Strafgesetzbuchs mit Strafe bedrohten Handlungen begründet, in den Fällen der §§ 111 und 130 jedoch nur dann, wenn dringende Gefahr besteht, daß bei Verzögerung der Beschlagnahme die Aufforderung oder Anreizung ein Verbrechen oder Vergehen unmittelbar zur Folge haben werde.

24. Ueber die Bestätigung oder Aufhebung der vorläufigen Beschlagnahme hat das zuständige Gericht zu entscheiden.

Diese Entscheidung muß von der Staatsanwaltschaft binnen vierundzwanzig Stunden nach Anordnung der Beschlagnahme beantragt und von dem Gericht binnen vierundzwanzig Stunden nach Empfang des Antrags erlassen werden.

Hat die Polizeibehörde die Beschlagnahme ohne Anordnung der Staatsanwaltschaft verfügt, so muß sie die Absendung der Verhandlungen an die letztere ohne Verzug und spätestens binnen zwölf Stunden bewirken. Die Staatsanwaltschaft hat entweder die Wiederaufhebung der Beschlagnahme mittelst einer sofort vollstreckbaren Verfügung anzuordnen, oder die gerichtliche Bestätigung binnen zwölf Stunden nach Empfang der Verhandlungen zu beantragen.

Wenn nicht bis zum Ablaufe des fünften Tages nach Anordnung der Beschlagnahme der bestätigende Gerichtsbeschluß der Behörde, welche die Beschlagnahme angeordnet hat, zugegangen ist, erlischt die letztere und muß die Freigabe der einzelnen Stücke erfolgen.

25. Gegen den Beschluß des Gerichts, welcher die vorläufige Beschlagnahme aufhebt, findet ein Rechtsmittel nicht statt.

26. Die vom Gericht bestätigte, vorläufige Beschlagnahme ist wieder aufzuheben, wenn nicht binnen zwei Wochen nach der Bestätigung die Strafverfolgung in der Hauptsache eingeleitet worden ist.

27. Die Beschlagnahme von Druckschriften trifft die Exemplare nur da, wo dergleichen zum Zwecke der Verbreitung sich befinden. Sie kann sich auf die zur Vervielfältigung dienenden Platten und Formen erstrecken;

bei Druckschriften im engeren Sinne hat auf Antrag des Betheiligten statt Beschlagnahme des Satzes das Ablegen des letzteren zu geschehen.

Bei der Beschlagnahme sind die dieselbe veranlassenden Stellen der Schrift unter Anführung der verletzten Gesetze zu bezeichnen. Trennbare Theile der Druckschrift (Beilage einer Zeitung ꝛc.), welche nichts Strafbares enthalten, sind von der Beschlagnahme auszuschließen.

28. Während der Dauer der Beschlagnahme ist die Verbreitung der von derselben betroffenen Druckschrift oder der Wiederabdruck der die Beschlagnahme veranlassenden Stellen unstatthaft.

(L. bez. A.) Wer mit Kenntniß der verfügten Beschlagnahme dieser Bestimmung entgegenhandelt, wird mit Geldstrafe bis fünfhundert Mark oder mit Gefängniß bis zu sechs Monaten bestraft.

29. (Uebergangsbestimmungen, welche ihre Bedeutung verloren haben.)

VI. Schlußbestimmungen.

30. Die für Zeiten der Kriegsgefahr, des Krieges, des erklärten Kriegs-(Belagerungs-)Zustandes oder innerer Unruhen (Aufruhrs) in Bezug auf die Presse bestehenden besonderen gesetzlichen Bestimmungen bleiben auch diesem Gesetze gegenüber bis auf Weiteres in Kraft.

Das Recht der Landesgesetzgebung, Vorschriften über das öffentliche Anschlagen, Anheften, Ausstellen, sowie die öffentliche, unentgeltliche Vertheilung von Bekanntmachungen, Plakaten und Aufrufen zu erlassen, wird durch dieses Gesetz nicht berührt.

Dasselbe gilt von den Vorschriften der Landesgesetze über Abgabe von Freiexemplaren an Bibliotheken und öffentliche Sammlungen.

Vorbehaltlich der auf den Landesgesetzen beruhenden allgemeinen Gewerbesteuer findet eine besondere Besteuerung der Presse und der einzelnen Preßerzeugnisse (Zeitungs- und Kalenderstempel, Abgaben von Inseraten zc.) nicht statt.

Abs. 2. Für Preußen kommt § 9 d. preuß. Preßges. in Betracht.

31. Dieses Gesetz tritt am 1. Juli 1874 in Kraft. Seine Einführung in Elsaß-Lothringen bleibt einem besonderen Gesetze vorbehalten.

Das Preßgesetz ist in Els.-Lothr. nicht eingeführt. Vielmehr bestimmt d. Rchs.Ges. v. 29./3. 88 üb. d. Auslegung d. Art. II d. Ges. v. 30./8. 71 betr. Einführung d. Strf.Ges.Buchs in Els.-Loth.: Zu d. besond. Vorschriften, welche durch Art. II Abs. 2 in Kraft erhalten sind, gehören Art. 8 d. Ges. betr. Bestrafung u. Verfolgung v. Vergehen, welche durch d. Presse od. auf and. Wegen öffentl. begangen sind, v. 25./3. 22 (bulletin des lois, série 7 Nr. 12390) u. Art. 6 Nr. 2 u. 3 d. Dekrets betr. die Bestrafung der durch d. Presse verübt. Verbrechen u. Vergehen, v. 11./8. 48 (bull. des lois, série 10 Nr. 625).

6.

Gesetz über die Beurkundung des Personenstandes und die Eheschließung.*)

Vom 6. Februar 1875. (R.G.Bl. No. 4 S. 23 ff.)

(Beurkundung der Geburten.) **17.** Jede Geburt eines Kindes ist innerhalb einer Woche dem

*) Ausführlicher Kommentar Hinschius. 3. Aufl. 1890. (Guttentag.)

Standesbeamten des Bezirks, in welchem die Niederkunft stattgefunden hat, anzuzeigen.

18. Zur Anzeige sind verpflichtet:

1. der eheliche Vater;
2. die bei der Niederkunft zugegen gewesene Hebamme;
3. der dabei zugegen gewesene Arzt;
4. jede andere dabei zugegen gewesene Person;
5. die Mutter, sobald sie dazu im Stande ist.

Jedoch tritt die Verpflichtung der in der vorstehenden Reihenfolge später genannten Personen nur dann ein, wenn ein früher genannter Verpflichteter nicht vorhanden oder derselbe an der Erstattung der Anzeige verhindert ist.

19. Die Anzeige ist mündlich von dem Verpflichteten selbst oder durch eine andere aus eigener Wissenschaft unterrichtete Person zu machen.

20. Bei Geburten, welche sich in öffentlichen Entbindungs-, Hebammen-, Kranken-, Gefangen- und ähnlichen Anstalten, sowie in Kasernen ereignen, trifft die Verpflichtung zur Anzeige ausschließlich den Vorsteher der Anstalt oder den von der zuständigen Behörde ermächtigten Beamten. Es genügt eine schriftliche Anzeige in amtlicher Form.

21. Der Standesbeamte ist verpflichtet, sich von der Richtigkeit der Anzeige (§§ 17 bis 20), wenn er dieselbe zu bezweifeln Anlaß hat, in geeigneter Weise Ueberzeugung zu verschaffen.

22. Die Eintragung des Geburtsfalles soll enthalten:

1. Vor- und Familiennamen, Stand oder Gewerbe und Wohnort des Anzeigenden;

2. Ort, Tag und Stunde der Geburt;
3. Geschlecht des Kindes;
4. Vornamen des Kindes;
5. Vor- und Familiennamen, Religion, Stand oder Gewerbe und Wohnort der Eltern.

Bei Zwillings- oder Mehrgeburten ist die Eintragung für jedes Kind besonders und so genau zu bewirken, daß die Zeitfolge der verschiedenen Geburten ersichtlich ist.

Standen die Vornamen des Kindes zur Zeit der Anzeige noch nicht fest, so sind dieselben nachträglich und längstens binnen zwei Monaten nach der Geburt anzuzeigen. Ihre Eintragung erfolgt am Rande der ersten Eintragung.

23. Wenn ein Kind todtgeboren oder in der Geburt verstorben ist, so muß die Anzeige spätestens am nächstfolgenden Tage geschehen. Die Eintragung ist alsdann mit dem im § 22 unter Nr. 1 bis 3 und 5 angegebenen Inhalte nur im Sterberegister zu machen.

24. Wer ein neugeborenes Kind findet, ist verpflichtet, hiervon spätestens am nächstfolgenden Tage Anzeige bei der Ortspolizeibehörde zu machen. Die Letztere hat die erforderlichen Ermittelungen vorzunehmen und dem Standesbeamten des Bezirks von deren Ergebniß behufs Eintragung in das Geburtsregister Anzeige zu machen.

Die Eintragung soll enthalten die Zeit, den Ort und die Umstände des Auffindens, die Beschaffenheit und die Kennzeichen der bei dem Kinde vorgefundenen Kleider und sonstigen Gegenstände, die körperlichen Merkmale des Kindes, sein vermuthliches Alter, sein Geschlecht, die Behörde,

Anstalt oder Person, bei welcher das Kind untergebracht worden, und die Namen, welche ihm beigelegt werden.

(Beurkundung der Sterbefälle.) **56.** Jeder Sterbefall ist spätestens am nächstfolgenden Wochentage dem Standesbeamten des Bezirks, in welchem der Tod erfolgt ist, anzuzeigen.

57. Zu der Anzeige verpflichtet ist das Familienhaupt und, wenn ein solches nicht vorhanden oder an der Anzeige behindert ist, derjenige, in dessen Wohnung oder Behausung der Sterbefall sich ereignet hat.

58. Die §§ 19 bis 21 kommen auch in Beziehung auf die Anzeige der Sterbefälle zur Anwendung.

Findet eine amtliche Ermittelung über den Todesfall statt, so erfolgt die Eintragung auf Grund der schriftlichen Mittheilung der zuständigen Behörde.

(Beurkundung des Personenstandes der auf See befindlichen Personen.) **61.** Geburten und Sterbefälle, welche sich auf Seeschiffen während der Reise ereignen, sind nach den Vorschriften dieses Gesetzes spätestens am nächstfolgenden Tage nach der Geburt oder dem Todesfall von dem Schiffer, unter Zuziehung von zwei Schiffsoffizieren oder anderen glaubhaften Personen, in dem Tagebuche zu beurkunden. Bei Sterbefällen ist zugleich die muthmaßliche Ursache des Todes zu vermerken.

62. Der Schiffer hat zwei von ihm beglaubigte Abschriften der Urkunden demjenigen Seemannsamte, bei dem es zuerst geschehen kann, zu übergeben. Eine dieser Abschriften ist bei dem Seemannsamte aufzubewahren, die andere ist demjenigen Standesbeamten, in dessen Bezirk die Eltern des Kindes, beziehungsweise der Verstorbene ihren Wohnsitz haben oder zuletzt gehabt haben, behufs der Eintragung in das Register zuzufertigen.

63. Ist der Schiffer verstorben oder verhindert, so hat der Steuermann die in den §§ 61 und 62 dem Schiffer auferlegten Verpflichtungen zu erfüllen.

64. Sobald das Schiff in den inländischen Hafen eingelaufen ist, in welchem es seine Fahrt beendet, ist das Tagebuch der für den Standesbeamten des Hafenorts zuständigen Aufsichtsbehörde vorzulegen.

Diese hat beglaubigte Abschrift der in das Tagebuch eingetragenen Standesurkunde dem Standesbeamten, in dessen Register der Fall gehört (§ 62), behufs Kontrolirung der Eintragungen zuzustellen.

(Schlußbestimmungen.) **67.** (L.) Ein Geistlicher oder anderer Religionsdiener, welcher zu den religiösen Feierlichkeiten einer Eheschließung schreitet, bevor ihm nachgewiesen worden ist, daß die Ehe vor dem Standesbeamten geschlossen sei, wird mit Geldstrafe bis zu dreihundert Mark oder mit Gefängniß bis zu drei Monaten bestraft.

Durch § 67 ist der § 337 des St.G.B. v. 15./5. 71 (vgl. Art. V des Ges. v. 26./2. 76 oben S. 6) aufgehoben. — G.B. 74_4.

68. (A.) Wer den in den §§ 17 bis 20, 22 bis 24, 56 bis 58 vorgeschriebenen Anzeigepflichten nicht nachkommt, wird mit Geldstrafe bis zu einhundertfünfzig Mark oder mit Haft bestraft. Die Strafverfolgung tritt nicht ein, wenn die Anzeige, obwohl nicht von den zunächst Verpflichteten, doch rechtzeitig gemacht worden ist.

Die bezeichnete Strafe trifft auch den Schiffer oder

Steuermann, welcher den Vorschriften der §§ 61 bis 64 zuwiderhandelt.

Die Standesbeamten sind außerdem befugt, die zu Anzeigen oder zu sonstigen Handlungen auf Grund dieses Gesetzes Verpflichteten hierzu durch Geldstrafen anzuhalten, welche für jeden einzelnen Fall den Betrag von fünfzehn Mark nicht übersteigen dürfen.

69. (L.) Ein Standesbeamter, welcher unter Außerachtlassung der in diesem Gesetze gegebenen Vorschriften eine Eheschließung vollzieht, wird mit Geldstrafe bis zu sechshundert Mark bestraft.

G.V. § 74₄. — Fehlender Konsens des Vormundschaftsgerichts ist aufschiebendes Hinderniß, E. V, 340; R. IV, 57. — Außerachtlassg. d. Vorschrift, welche d. Ehe v. Militärpersonen v. Erlaubn. abhängig machen, E. XV, 47; R. VIII, 705.

7.

Gesetz, betreffend den Spielkartenstempel (Auszug).

Vom 3. Juli 1878. (R.G.Bl. S. 133.)

1. Spielkarten unterliegen einer nach Vorschrift dieses Gesetzes zu erhebenden, zur Reichskasse fließenden Stempelabgabe, welche beträgt:

0,30 Mark für jedes Kartenspiel von 36 oder weniger Blättern,

0,50 Mark für jedes andere Spiel.

10. Spielkarten, welche der Vorschrift dieses Gesetzes zuwider mit dem erforderlichen Stempel nicht versehen sind, unterliegen der Einziehung, gleichviel wem sie gehören und ob gegen eine bestimmte Person Anklage erhoben wird.

Wer der Vorschrift dieses Gesetzes zuwider Karten, welche mit dem erforderlichen Stempel nicht versehen sind, feilhält, veräußert, vertheilt, erwirbt, damit spielt oder solche wissentlich in Gewahrsam hat, verfällt für jedes Spiel in eine Strafe von dreißig Mark.

Vorsatz und Fahrlässigkeit vgl. E. IV, 11; R. III, 86. — Wissentl. Gewahrsam, E. III, 21.

Wirthe und andere Personen, welche Gäste halten, haben dieselbe Strafe verwirkt, wenn in ihren Wohnungen oder Lokalen mit ungestempelten Karten gespielt und nicht nachgewiesen wird, daß dies ohne ihr Wissen geschehen sei.

(Die §§ 11 ff. enthalten Strafbestimmungen gegen Einbringer, Händler und Fabrikanten.)

8.

Gesetz, betr. den Verkehr mit Nahrungsmitteln, Genußmitteln u. Gebrauchsgegenständen.*)

Vom 14. Mai 1879. (R.G.Bl. S. 145.)

„Feilhalten" d. h. Bereithalten z. Verkauf (Anpreisen u. s. w. nicht erforderlich), R. IV, 137.

1. Der Verkehr mit Nahrungs- und Genußmitteln, sowie mit Spielwaaren, Tapeten, Farben, Eß-, Trink-

*) Besonders zu beachten sind Motive u. Kommissionsber. (Drucks. des Reichstags 1879 Nr. 7 u. 59), vgl. sämmtl. Materialien, Verordnungen u. s. w. in Hirth: Annalen 1882 S. 781 ff. — Ausg.: Meyer u. Finkelnburg, 2. Aufl. Berlin 1885; v. Schwarze, Stuttgart 1879; Zinn, Nördlingen 1879; Baer, Erlangen 1881.

und Kochgeschirr und mit Petroleum unterliegt der Beaufsichtigung nach Maßgabe dieses Gesetzes.

2. Die Beamten der Polizei sind befugt, in die Räumlichkeiten, in welchen Gegenstände der in § 1 bezeichneten Art feilgehalten werden, während der üblichen Geschäftsstunden oder während die Räumlichkeiten dem Verkehr geöffnet sind, einzutreten.

Sie sind befugt, von den Gegenständen der in § 1 bezeichneten Art, welche in den angegebenen Räumlichkeiten sich befinden, oder welche an öffentlichen Orten, auf Märkten, Plätzen, Straßen oder im Umherziehen verkauft oder feilgehalten werden, nach ihrer Wahl Proben zum Zwecke der Untersuchung gegen Empfangsbescheinigung zu entnehmen. Auf Verlangen ist dem Besitzer ein Theil der Probe amtlich verschlossen oder versiegelt zurückzulassen. Für die entnommene Probe ist Entschädigung in Höhe des üblichen Kaufpreises zu leisten.

3. Die Beamten der Polizei sind befugt, bei Personen, welche auf Grund der §§ 10, 12, 13 dieses Gesetzes zu einer Freiheitsstrafe verurtheilt sind, in den Räumlichkeiten, in welchen Gegenstände der in § 1 bezeichneten Art feilgehalten werden, oder welche zur Aufbewahrung oder Herstellung solcher zum Verkaufe bestimmter Gegenstände dienen, während der in § 2 angegebenen Zeit Revisionen vorzunehmen.

Diese Befugniß beginnt mit der Rechtskraft des Urtheils und erlischt mit dem Ablauf von drei Jahren von dem Tage an gerechnet, an welchem die Freiheitsstrafe verbüßt, verjährt oder erlassen ist.

4. Die Zuständigkeit der Behörden und Beamten zu den in §§ 2 und 3 bezeichneten Maßnahmen richtet sich nach den einschlägigen landesrechtlichen Bestimmungen.

Landesrechtliche Bestimmungen, welche der Polizei weitergehende Befugnisse als die in §§ 2 und 3 bezeichneten geben, bleiben unberührt.

5. Für das Reich können durch Kaiserliche Verordnung mit Zustimmung des Bundesraths zum Schutze der Gesundheit Vorschriften erlassen werden, welche verbieten:

1. bestimmte Arten der Herstellung, Aufbewahrung und Verpackung von Nahrungs- und Genußmitteln, die zum Verkaufe bestimmt sind;
2. das gewerbsmäßige Verkaufen und Feilhalten von Nahrungs- und Genußmitteln von einer bestimmten Beschaffenheit oder unter einer der wirklichen Beschaffenheit nicht entsprechenden Bezeichnung;
3. das Verkaufen und Feilhalten von Thieren, welche an bestimmten Krankheiten leiden, zum Zwecke des Schlachtens, sowie das Verkaufen und Feilhalten des Fleisches von Thieren, welche mit bestimmten Krankheiten behaftet waren;
4. die Verwendung bestimmter Stoffe und Farben zur Herstellung von Bekleidungsgegenständen, Spielwaaren, Tapeten, Eß-, Trink- und Kochgeschirr, sowie das gewerbsmäßige Verkaufen und Feilhalten von Gegenständen, welche diesem Verbote zuwider hergestellt sind;

Vgl. G. v. 5./7. 87, betr. Verwendung gesundheitsschädl. Farben bei Herstellung von Nahrungsmitteln u. s. w. (R.G.Bl. S. 277).

5. das gewerbsmäßige Verkaufen und Feilhalten von Petroleum von einer bestimmten Beschaffenheit.

V.O. v. 24./2. 82 über d. gewerbsmäßige Verkaufen und Feilhalten v. Petroleum. (R.G.Bl. S. 40.)

6. Für das Reich kann durch Kaiserliche Verordnung mit Zustimmung des Bundesraths das gewerbsmäßige Herstellen, Verkaufen und Feilhalten von Gegenständen, welche zur Fälschung von Nahrungs- oder Genußmitteln bestimmt sind, verboten oder beschränkt werden.

7. Die auf Grund der §§ 5, 6 erlassenen Kaiserlichen Verordnungen sind dem Reichstag, sofern er versammelt ist, sofort, anderenfalls bei dessen nächstem Zusammentreten vorzulegen. Dieselben sind außer Kraft zu setzen, soweit der Reichstag dies verlangt.

8. Wer den auf Grund der §§ 5, 6 erlassenen Verordnungen zuwiderhandelt, wird mit Geldstrafe bis zu einhundertfünfzig Mark oder mit Haft bestraft.

Landesrechtliche Vorschriften dürfen eine höhere Strafe nicht androhen.

9. Wer den Vorschriften der §§ 2 bis 4 zuwider den Eintritt in die Räumlichkeiten, die Entnahme einer Probe oder die Revision verweigert, wird mit Geldstrafe von fünfzig bis zu einhundertfünfzig Mark oder mit Haft bestraft.

10. (L. bez. A.) Mit Gefängniß bis zu sechs Monaten und mit Geldstrafe bis zu eintausendfünfhundert Mark oder mit einer dieser Strafen wird bestraft:

1. wer zum Zwecke der Täuschung im Handel und Verkehr Nahrungs- oder Genußmittel nachmacht oder verfälscht;

2. wer wissentlich Nahrungs- oder Genußmittel, welche verdorben oder nachgemacht oder verfälscht sind, unter Verschweigung dieses Umstandes verkauft oder unter einer zur Täuschung geeigneten Bezeichnung feilhält.

G.B. § 75 14.

Nr. 1. Nachmacht od. verfälscht, E. IV, 434; R. III, 486; E. XXIV, 240. — Verschlechterg. od. Gefährlichk. f. d. Gesundh. nicht erforderl., R. IV, 194. Zusätze zum Bier außer Malz u. Hopfen in Bayern, E. XI, 295; XIII, 97; R. VI, 819; VII, 705; vgl. auch E. XXIV, 36; „Neigen“-Bier, E. XII, 400; R. VII, 546. Herkömmliche Regeln der Herstellung im soliden Geschäftsgebrauch, E. XIV, 428; R. VIII, 660. „Gallisiren v. Wein“ strafb., E. XV, 192; R. IX, 71.

Nr. 2. „Nahrungsmittel“, auch unzubereitetes Getreide (Weizen), R. III, 456, „Verfälschung“, auch Färbung, z. B. von Fischen oder Würsten, E. V, 178; R. III, 761, „Verdorben“, auch ungeborene Kälber, E. V, 287; VI, 51; R. IV, 8; 175; V, 552. — Falsche Etiketten, E. XIV, 428; R. VIII, 660.

Nr. 1 u. 2 können real. konkurriren.

11. (A.) Ist die im § 10 Nr. 2 bezeichnete Handlung aus Fahrlässigkeit begangen worden, so tritt Geldstrafe bis zu einhundertfünfzig Mark oder Haft ein.

Vgl. St.G.B. § 367 7, welcher nicht aufgehoben ist, E. VI, 34; R. IV, 149.

12. (L.) Mit Gefängniß, neben welchem auf Verlust der bürgerlichen Ehrenrechte erkannt werden kann, wird bestraft:

1. wer vorsätzlich Gegenstände, welche bestimmt sind, Anderen als Nahrungs- oder Genußmittel zu dienen, derart herstellt, daß der Genuß derselben die menschliche Gesundheit zu beschädigen geeignet ist, ingleichen wer wissentlich Gegenstände, deren Genuß die menschliche Gesundheit zu beschädigen geeignet ist, als

Nahrungs- oder Genußmittel verkauft, feilhält oder sonst in Verkehr bringt;

2. wer vorsätzlich Bekleidungsgegenstände, Spielwaaren, Tapeten, Eß-, Trink- oder Kochgeschirr oder Petroleum derart herstellt, daß der bestimmungsgemäße oder vorauszusehende Gebrauch dieser Gegenstände die menschliche Gesundheit zu beschädigen geeignet ist, ingleichen wer wissentlich solche Gegenstände verkauft, feilhält oder sonst in Verkehr bringt.

Der Versuch ist strafbar.

(L.) Ist durch die Handlung eine schwere Körperverletzung oder der Tod eines Menschen verursacht worden, so tritt Zuchthausstrafe bis zu fünf Jahren ein.

A. 2. G.B. § 73₂.

„In Verkehr bringen", auch Verschenken, Verbrauch in eigener Wirthsch., E. III, 119; VII, 151; R. II, 633, IV, 768. Bewußtsein des Gebrauchs als Nahrungsmittel, R. III, 134. Unreifes, nur gekocht genießbares Obst, E. IV, 275; R. III, 373. „Feilhalten" nicht als Versuch eines Verkaufs aufzufassen, E. XV, 56.

13. (Sw.) War in den Fällen des § 12 der Genuß oder Gebrauch des Gegenstandes die menschliche Gesundheit zu zerstören geeignet und war diese Eigenschaft dem Thäter bekannt, so tritt Zuchthausstrafe bis zu zehn Jahren, und wenn durch die Handlung der Tod eines Menschen verursacht worden ist, Zuchthausstrafe nicht unter zehn Jahren oder lebenslängliche Zuchthausstrafe ein.

Neben der Strafe kann auf Zulässigkeit von Polizeiaufsicht erkannt werden.

Zu § 14 vgl. St.G.B. § 367₇: Mangel v. Polizeivorschriften über d. Untersuchung v. Schweinefleisch schließt die Strafbarkeit aus § 14 u. aus §§ 222, 230 St.G.B. nicht aus, E. VI, 41, R. IV, 165.

14. (L. bez. A.) Ist eine der in den §§ 12, 13 bezeichneten Handlungen aus Fahrlässigkeit begangen worden, so ist auf Geldstrafe bis zu eintausend Mark oder Gefängnißstrafe bis zu sechs Monaten und, (L.) wenn durch die Handlung ein Schaden an der Gesundheit eines Menschen verursacht worden ist, auf Gefängnißstrafe bis zu einem Jahre, wenn aber der Tod eines Menschen verursacht worden ist, auf Gefängnißstrafe von einem Monat bis zu drei Jahren zu erkennen.

G.B. § 75 u. Schaden an der Gesundheit, E. XX, 254.

15. In den Fällen der §§ 12 bis 14 ist neben der Strafe auf Einziehung der Gegenstände zu erkennen, welche den bezeichneten Vorschriften zuwider hergestellt, verkauft, feilgehalten oder sonst in Verkehr gebracht sind, ohne Unterschied, ob sie dem Verurtheilten gehören oder nicht; in den Fällen der §§ 8, 10, 11 kann auf die Einziehung erkannt werden.

Ist in den Fällen der §§ 12 bis 14 die Verfolgung oder die Verurtheilung einer bestimmten Person nicht ausführbar, so kann auf die Einziehung selbständig erkannt werden.

§ 15 regelt die „Einziehung" erschöpfend u. findet § 42 St.G.B. für dieses Gesetz nicht Anwendung, E. VI, 296; VII, 428; R. IV, 473; 886.

16. In dem Urtheil oder dem Strafbefehl kann angeordnet werden, daß die Verurtheilung auf Kosten des Schuldigen öffentlich bekannt zu machen sei.

Auf Antrag des freigesprochenen Angeschuldigten hat das Gericht die öffentliche Bekanntmachung der Freisprechung anzuordnen; die Staatskasse trägt die Kosten, insofern dieselben nicht dem Anzeigenden auferlegt worden sind.

In der Anordnung ist die Art der Bekanntmachung zu bestimmen.

* Sofern in Folge polizeilicher Untersuchung von Gegenständen der im § 1 bezeichneten Art eine rechtskräftige strafrechtliche Verurtheilung eintritt, fallen dem Verurtheilten die durch die polizeiliche Untersuchung erwachsenen Kosten zur Last. Dieselben sind zugleich mit den Kosten des gerichtlichen Verfahrens festzusetzen und einzuziehen.

17. Besteht für den Ort der That eine öffentliche Anstalt zur technischen Untersuchung von Nahrungs- und Genußmitteln, so fallen die auf Grund dieses Gesetzes auferlegten Geldstrafen, soweit dieselben dem Staate zustehen, der Kasse zu, welche die Kosten der Unterhaltung der Anstalt trägt.

9.

Gesetz, betreffend die Bezeichnung des Raumgehaltes der Schankgefäße.

Vom 20. Juli 1881. (R.G.Bl. S. 249.)

1. Schankgefäße (Gläser, Krüge, Flaschen 2c.), welche zur Verabreichung von Wein, Obstwein, Most oder Bier in Gast- und Schankwirthschaften dienen, müssen mit einem bei der Aufstellung des Gefäßes auf

*) Absatz 4 des § 16 ist ein Zusatz durch R.G. v. 29./6. 87. (R.G.Bl. S. 276.)

einer horizontalen Ebene den Sollinhalt begrenzenden Strich (Füllstrich) und in der Nähe des Strichs mit der Bezeichnung des Sollinhalts nach Litermaaß versehen sein. Der Bezeichnung des Sollinhalts bedarf es nicht, wenn derselbe ein Liter oder ein halbes Liter beträgt.

Der Strich und die Bezeichnung müssen durch Schnitt, Schliff, Brand oder Aetzung äußerlich und in leicht erkennbarer Weise angebracht sein.

Zugelassen sind nur Schankgefäße, deren Sollinhalt einem Liter oder einer Maaßgröße entspricht, welche vom Liter aufwärts durch Stufen von 1/2 Liter, vom Liter abwärts durch Stufen von Zehntheilen des Liters gebildet wird. Außerdem sind zugelassen Gefäße, deren Sollinhalt 1/4 Liter beträgt.

2. Der Abstand des Füllstrichs von dem oberen Rande der Schankgefäße muß

a) bei Gefäßen mit verengtem Halse, auf dem letzteren angebracht, zwischen 2 und 6 Centimeter,

b) bei anderen Gefäßen zwischen 1 und 3 Centimeter

betragen.

Der Maximalbetrag dieses Abstands kann durch die zuständige höhere Verwaltungsbehörde hinsichtlich solcher Schankgefäße, in welchen eine ihrer Natur nach stark schäumende Flüssigkeit verabreicht wird, über die vorstehend bezeichneten Grenzen hinaus festgestellt werden.

3. Der durch den Füllstrich begrenzte Raumgehalt eines Schankgefäßes darf

a) bei Gefäßen mit verengtem Halse höchstens 1/50,

b) bei anderen Gefäßen höchstens 1/30

geringer sein als der Sollinhalt.

4. Gast- und Schankwirthe haben gehörig gestempelte Flüssigkeitsmaaße von einem zur Prüfung ihrer Schankgefäße geeigneten Einzel- oder Gesammtinhalt bereit zu halten.

5. Gast- und Schankwirthe, welche den vorstehenden Vorschriften zuwiderhandeln, werden mit Geldstrafe bis zu einhundert Mark oder mit Haft bis zu vier Wochen bestraft. Gleichzeitig ist auf Einziehung der vorschriftswidrig befundenen Schankgefäße zu erkennen, auch kann die Vernichtung derselben ausgesprochen werden.

6. Die vorstehenden Bestimmungen finden auf festverschlossene (versiegelte, verkapselte, festverkorkte u. s. w.) Flaschen und Krüge, sowie auf Schankgefäße von $1/20$ Liter oder weniger nicht Anwendung.

7. Dieses Gesetz tritt am 1. Januar 1884 in Kraft.

10.

Gesetz gegen den verbrecherischen und gemeingefährlichen Gebrauch von Sprengstoffen.*)

Vom 9. Juni 1884. (R.G.Bl. S. 61.)
(Ausgegeben zu Berlin den 11. Juni 1884.)

Was „Sprengstoff" ist, bleibt der Beurtheilg. im Einzelfall überlassen. Die nach § 1 A. 3 vom Bundesrath bezeichneten Schießmittel (s. unten) sind von d. Anwend. der §§ 8, 9, nicht der §§ 5—7 ausgenommen.

*) Drucks. d. Reichst. Nr. 84, 107. St.B. S. 579 ff., 628 ff.

1. Die Herstellung, der Vertrieb und der Besitz von Sprengstoffen sowie die Einführung derselben aus dem Auslande ist unbeschadet der bestehenden sonstigen Beschränkungen nur mit polizeilicher Genehmigung zulässig.

Wer sich mit der Herstellung oder dem Vertriebe von Sprengstoffen befaßt, hat ein Register zu führen, aus welchem die Mengen der hergestellten, aus dem Auslande eingeführten oder sonst zum Zweck des Vertriebes angeschafften Sprengstoffe, sowie die Bezugsquellen und der Verbleib derselben ersichtlich sein müssen. Dieses Register ist der zuständigen Behörde auf Erfordern jederzeit vorzulegen.

Auf Sprengstoffe, welche vorzugsweise als Schießmittel gebraucht werden, finden vorbehaltlich abweichender landesrechtlicher Vorschriften die Bestimmungen des ersten und des zweiten Absatzes keine Anwendung. Die Bezeichnung dieser Stoffe erfolgt durch Beschluß des Bundesraths.

Insoweit Sprengstoffe zum eigenen Gebrauch durch Reichs- oder Landesbehörden von der zuständigen Verwaltung hergestellt, besessen, eingeführt oder vertrieben werden, bleiben die Vorschriften des ersten und zweiten Absatzes ebenfalls ausgeschlossen.

A. 3. — Als Sprengstoffe im Sinne des § 1 A. 3 sind nach der Bek. des Reichsk. v. 13./3. 85 (C.Bl. S. 65) bezeichnet:

1. alle zum Schießen aus Jagd- oder Scheibengewehren oder zu Sprengungen in Bergwerken, Steinbrüchen u. s. w. dienenden, aus Salpeter, Schwefel und Kohle hergestellten Pulversorten;

2. die zur Entzündung von Gewehrladungen dienenden Sprengstoffe, soweit sie in Zündhütchen für Gewehre oder Zündspiegeln für dergleichen verarbeitet sind;
3. die Vereinigung der unter 1 und 2 genannten Stoffe in fertige Gewehr-, Pistolen- oder Revolverpatronen, einschließlich der unter Verwendung von Knallquecksilber ohne Pulver hergestellten Patronen für Teschingewehre, Pistolen oder Revolver;

und nach d. Bek. d. Reichsk. v. 16./4. 1891 (C.Bl. S. 79):

4. fertige Gewehr-, Pistolen- u. Revolverpatronen, welche rauchschwaches, aus nitrirter Pflanzenfaser ohne Zusatz anderer explosiver Stoffe hergestelltes Pulver enthalten;
5. zum Schießen aus Jagd- oder Scheibengewehren dienende rauchschwache Pulver, die aus gelatinirter Schießwolle oder sonstiger nitrirter Pflanzenfaser ohne Zusatz explosiver Stoffe hergestellt sind u. gekörnt (in Körnern von nicht über 5 Millimeter Dicke) oder in Plättchen von nicht über 4 Millimeter Seitenlänge u. 0,1 Millimeter Dicke in den Handel gebracht werden.

2. Die Zentralbehörden der Bundesstaaten erlassen die zur Ausführung der Vorschriften in dem § 1 Absatz 1 und 2, sowie in dem § 15 erforderlichen näheren Anordnungen und bestimmen die Behörden, welche über die Gesuche um Gestattung der Herstellung, des Vertriebes, des Besitzes und der Einführung von Sprengstoffen Entscheidung zu treffen haben.

Vgl. Preuß. Min.V.O. vom 11./9. 84.

3. Gegen die versagende Verfügung ist nur die Beschwerde an die Aufsichtsbehörde innerhalb 14 Tagen zulässig. Dieselbe hat keine aufschiebende Wirkung.

4. Die Ertheilung der nach § 1 Absatz 1 erforderlichen Erlaubniß erfolgt in widerruflicher Weise. Wegen der Beschwerde gegen die Zurücknahme gilt die Vorschrift des § 3 des gegenwärtigen Gesetzes.

5. (Sw.) Wer vorsätzlich durch Anwendung von Sprengstoffen Gefahr für das Eigenthum, die Gesundheit oder das Leben eines Anderen herbeiführt, wird mit Zuchthaus bestraft.

Ist durch die Handlung eine schwere Körperverletzung verursacht worden, so tritt Zuchthausstrafe nicht unter fünf Jahren, und wenn der Tod eines Menschen verursacht worden ist, Zuchthausstrafe nicht unter zehn Jahren oder lebenslängliche Zuchthausstrafe ein.

Schwere Körperverletzung St.G.B. § 224.

Ist durch die Handlung der Tod eines Menschen herbeigeführt worden und hat der Thäter einen solchen Erfolg voraussehen können, so ist auf Todesstrafe zu erkennen.

Vgl. §§ 11, 12. — A. 3. „Hat voraussehen können“ bezeichnet dem Wortlaute nach (verwandt dem „annehmen muß“ in § 259 St.G.B.) eine dem dolus des Abs. 1 hinzutretende besondere Art grober Fahrlässigkeit (luxuria, Geilheit), worüber die Motive (Drucks. Nr. 84) bemerken: „Es wird dabei nicht erfordert, daß gerade der im gegebenen Falle eingetretene Tod eines bestimmten Menschen von dem Thäter vorausgesehen werden konnte; es genügt vielmehr, daß dem Letzteren überhaupt die Möglichkeit des Todes irgend eines Menschen als Folge seiner That vorschweben mußte. Der Entwurf will im Abs. 3 auch solche Fälle treffen, in welchen, wie in dem bekannten Falle des p.p. Thomas zu Bremerhaven, die in der Voraussicht der Tödtung von Menschen vorbereitete Explosion früher erfolgt ist, als sie der Thäter beabsichtigte.“ Materiell wird es in der Regel auf einen s. g. dolus eventualis hinauskommen.

6. (Sw.) Haben Mehrere die Ausführung einer oder mehrerer nach § 5 zu ahndender strafbarer Handlungen verabredet oder sich zur fortgesetzten Begehung derartiger, wenn auch im einzelnen noch nicht bestimmter Hand-

lungen verbunden, so werden dieselben, auch ohne daß der Entschluß der Verübung des Verbrechens durch Handlungen, welche einen Anfang der Ausführung enthalten, bethätigt worden ist, mit Zuchthaus nicht unter fünf Jahren bestraft.

Vgl. St.G.B. §§ 43, 82, 83.

7. (Sw.) Wer Sprengstoffe herstellt, anschafft, bestellt, oder in seinem Besitze hat, in der Absicht, durch Anwendung derselben Gefahr für das Eigenthum, die Gesundheit oder das Leben eines Anderen entweder selbst herbeizuführen oder andere Personen zur Begehung dieses Verbrechens in den Stand zu setzen, wird mit Zuchthaus bis zu zehn Jahren bestraft.

Dergleichen Strafe verfällt, wer Sprengstoffe, wissend, daß dieselben zur Begehung eines in dem § 5 vorgesehenen Verbrechens bestimmt sind, an andere Personen überläßt.

8. (L.) Wer Sprengstoffe herstellt, anschafft, bestellt, wissentlich in seinem Besitze hat oder an andere Personen überläßt unter Umständen, welche nicht erweisen, daß dies zu einem erlaubten Zweck geschieht, wird mit Zuchthausstrafe bis zu fünf Jahren oder mit Gefängniß nicht unter einem Jahre bestraft. Diese Bestimmung findet auf die gemäß § 1 Absatz 3 vom Bundesrath bezeichneten Stoffe nicht Anwendung.

G.V. § 73 2. — „Wissentlich“ vgl. St.B. S. 630 ff.; Drucks. Nr. 107.

9. (L.) Wer der Vorschrift in dem ersten Absatz des § 1 zuwider es unternimmt, ohne polizeiliche Ermächtigung Sprengstoffe herzustellen, vom Auslande einzuführen, feilzuhalten, zu verkaufen oder sonst an Andere

zu überlassen, oder wer im Besitze derartiger Stoffe betroffen wird, ohne polizeiliche Erlaubniß hierzu nachweisen zu können, ist mit Gefängniß von drei Monaten bis zu zwei Jahren zu bestrafen.

Gleicher Strafe verfällt, wer die Vorschriften des § 1 Absatz 2, die von den Zentralbehörden in Gemäßheit des § 2 getroffenen Anordnungen oder die bereits bestehenden oder noch zu erlassenden sonstigen polizeilichen Bestimmungen über den Verkehr mit Sprengstoffen, auf welche § 1 Absatz 1 Anwendung findet, übertritt.

Vgl. St.G.B. § 367s. — „Wer — unternimmt" vgl. St.G.B. Th. I, Abschn. 2 (Versuch). Vzollg. v. 1./7. 69 § 184. „Besitz" (d. h. Gewahrsam) nur wissentlich (wie § 8). E. XII, 244; 256; R. VII, 358; 379. — Besitz durch Diebstahl erlangt: Idealkonkurrenz v. § 242 St.G.B.'s u. § 9 hier. E. XIII, 145. — „Verkehr mit Sprengst." — Auch Transport, R. IX, 681; cf. XXIV, 163.

10. (Sw.) Wer öffentlich vor einer Menschenmenge oder wer durch Verbreitung oder öffentlichen Anschlag oder öffentliche Ausstellung von Schriften oder anderen Darstellungen, oder wer in Schriften oder anderen Darstellungen zur Begehung einer der in den §§ 5 und 6 bezeichneten strafbaren Handlungen oder zur Theilnahme an denselben auffordert, wird mit Zuchthaus bestraft.

Gleiche Strafe trifft denjenigen, welcher auf die vorbezeichnete Weise zur Begehung der im Absatz 1 gedachten strafbaren Handlungen insbesondere dadurch anreizt oder verleitet, daß er dieselben anpreist oder als etwas Rühmliches darstellt.

Vgl. St.G.B. §§ 49a, 85, 110, 111.

11. In den Fällen der §§ 5, 6, 7, 8 und 10 kann auf Zulässigkeit von Polizeiaufsicht erkannt werden. In den Fällen der §§ 5, 6, 7, 8 und in dem Falle einer Anwendung der Strafvorschriften des § 9 ist auf Einziehung der zur Zubereitung der Sprengstoffe gebrauchten oder bestimmten Gegenstände, sowie der im Besitze des Verurtheilten vorgefundenen Vorräthe von Sprengstoffen zu erkennen, ohne Unterschied, ob dieselben dem Verurtheilten gehören oder nicht.

Vgl. St.G.B. § 38 (Polizeiaufsicht neben Freiheitsstr.), §§ 40, 42 (Einziehung).

12. Die Bestimmungen im § 4 Absatz 2 Nr. 1 des Strafgesetzbuchs für das Deutsche Reich finden auch auf die in den §§ 5, 6, 7, 8 und 10 dieses Gesetzes vorgesehenen Verbrechen Anwendung.

13. Der in dem § 139 des Strafgesetzbuchs für das Deutsche Reich angedrohten Strafe verfällt, wer von dem Vorhaben eines im § 5 vorgesehenen Verbrechens oder von einer im § 6 vorgesehenen Verabredung oder von dem Thatbestande eines im § 7 des gegenwärtigen Gesetzes unter Strafe gestellten Verbrechens in glaubhafter Weise Kenntniß erhält und es unterläßt, der durch das Verbrechen bedrohten Person oder der Behörde rechtzeitig Anzeige zu machen.

14. Die §§ 1, 2, 3, 4, 9 dieses Gesetzes treten drei Monate nach dessen Verkündigung, die übrigen Bestimmungen desselben mit dem Tage der Verkündigung in Kraft.

15. Auf Personen, welche bei dem Inkrafttreten der §§ 1, 2, 3, 4, 9 dieses Gesetzes sich bereits im Besitze von Sprengstoffen befinden oder sich bis zu diesem

Tage gewerbsmäßig mit der Herstellung oder mit dem Vertriebe von Sprengstoffen beschäftigt haben, finden die Vorschriften des § 9 Absatz 1 erst zwei Wochen nach dem Inkrafttreten der gedachten Paragraphen, und wenn seitens dieser Personen innerhalb dieser Frist ein Gesuch um Ertheilung der nach § 1 Absatz 1 erforderlichen polizeilichen Genehmigung bei der zuständigen Behörde eingereicht worden ist, erst eine Woche nach Behändigung des ablehnenden Bescheides letzter Instanz (§ 3) Anwendung.

11.

Gesetz, betreffend die unter Ausschluß der Oeffentlichkeit stattfindenden Gerichtsverhandlungen.

Vom 5. April 1888. (R.G.Bl. S. 133.)
(Ausgegeben Berlin d. 10./4. 1888.)

Art. II u. III s. Anm. 2 zu § 17 d. Rchs.=Preßgesetzes.
Art. IV s. § 184 Abs. 2 St.G.B.

12.

Die Strafbestimmungen der deutschen Arbeiterschutzgesetzgebung.

A. Gesetz, betr. die Krankenversicherung der Arbeiter.*)

Vom 15. Juni 1883 u. v. 10. April 1892. (R.G.Bl. S. 417.)

---

81. (A.) Wer der ihm nach § 49 oder nach den auf Grund des § 2 Absatz 2 erlassenen Bestimmungen obliegenden Verpflichtung zur An- oder Abmeldung oder der ihm nach § 49a obliegenden Anzeigepflicht nicht nachkommt, wird mit Geldstrafe bis zu zwanzig Mark bestraft.

Der Arbeitgeber hat jede versicherungspflichtige Person bei d. Ortskrankenkasse, der Gemeindebehörde oder der besonders bestimmten Meldestelle innerhalb drei Tagen nach Beginn der Beschäftigung anzumelden u. innerhalb drei Tagen nach Beendigung des Arbeitsverhältnisses abzumelden (§ 49).

§ 2 enthält d. Vorschrift, daß die Versicherungspflicht durch Gemeindestatut auf andere Personen ausgedehnt werden kann.

§ 49a regelt die Anzeigepflicht d. Hilfskassen, deren Mitgliedschaft von dem Beitritt zur Gemeindeversicherung oder zu einer Ortskrankenkasse befreit, von dem Austritt ihrer Mitglieder. — Anzeigepflichtig Rechnungsführer innerhalb 1. Monats.

82. (A.) Arbeitgeber, welche den von ihnen beschäftigten, dem Krankenversicherungszwange unterliegenden Personen bei der Lohnzahlung vorsätzlich höhere als die nach §§ 53, 65 zulässigen Beträge in Anrechnung bringen,

---

*) Ausführlicher Kommentar: v. Woedtke. 4. Aufl. 1893. (Guttentag.) Text-Ausgabe: v. Woedtke. 4. Aufl. 1893. (Guttentag.)

oder der Bestimmung des § 53, Absatz 3, oder dem Verbote des § 80 entgegenhandeln, werden, sofern nicht nach anderen gesetzlichen Bestimmungen eine härtere Strafe eintritt, mit Geldstrafe bis zu dreihundert Mark oder mit Haft bestraft.

Der Arbeitgeber kann 2/3 der statutenmäßigen Beiträge zur Krankenkasse dem Arbeiter bei der Lohnzahlung abziehen (§ 53 u. 65). Ausschluß d. Ges. durch Vertrag unzulässig; Verträge nichtig (§ 80).

Scheinbare Lohnreduktion zur Verdeckung d. Vereinbarung, daß d. Arbeiter die Beiträge allein zu tragen hat, strafbar; u. zwar schon der Vertrag allein, ohne thatsächl. Abzug, E. XVIII, 317; R. X, 730.

82a. Die Arbeitgeber sind befugt, die Erfüllung der ihnen durch dieses Gesetz auferlegten Verpflichtungen solchen Personen zu übertragen, welche sie zur Leitung ihres Betriebes oder eines Theiles desselben oder zur Beaufsichtigung bestellt haben.

Sind die in diesem Gesetze gegebenen Vorschriften von solchen Personen übertreten worden, so trifft die Strafe die letzteren. Der Arbeitgeber ist neben denselben strafbar, wenn die Zuwiderhandlung mit seinem Vorwissen begangen ist, oder wenn er bei der nach den Verhältnissen möglichen eigenen Beaufsichtigung des Betriebes, oder bei der Auswahl oder der Beaufsichtigung der Betriebsleiter oder Aufsichtspersonen es an der erforderlichen Sorgfalt hat fehlen lassen.

(Abs. 3 spricht v. d. civilrechtl. Haftung.)

82b. (L.) Arbeitgeber, welche den von ihnen beschäftigten Personen auf Grund des § 53 Lohnbeträge in Abzug bringen, diese Beträge aber in der Absicht, sich oder einem Dritten einen rechtswidrigen Vermögensvortheil zu verschaffen, oder die berechtigte Gemeinde-Krankenversicherung oder Krankenkasse zu schädigen, den letzteren vorenthalten, werden mit Gefängniß bestraft, neben welchem auf Geldstrafe bis zu dreitausend Mark, sowie auf Verlust der bürgerlichen Ehrenrechte erkannt werden kann. Sind mildernde Umstände vorhanden, so kann ausschließlich auf Geldstrafe erkannt werden.

82c. Die auf Grund der §§ 81, 82, 82a verhängten Geldstrafen fließen derjenigen Orts-, Betriebs- (Fabrik-), Bau- oder Innungs-Krankenkasse zu, welcher die betheiligte versicherungspflichtige Person angehört, in Ermangelung einer solchen Kasse, der Gemeinde-Krankenversicherung.

B. Unfallversicherungsgesetz.*)

Vom 6. Juli 1884. (R.G.Bl. S. 69.)

Abschnitt IX.

Strafbestimmungen.

(§§ 103—106 Ordnungsstrafe.)

26. (Abs. 2.) Mitglieder der Vorstände†), sowie Vertrauensmänner†), welche absichtlich zum Nachtheil der Genossenschaft handeln, unterliegen der Strafbestimmung des § 266 des Strafgesetzbuchs.

107. (L. bez. A.) Die Mitglieder der Vorstände der Genossenschaften, deren Beauftragte (§§ 82 u. 83) und die nach § 83 ernannten Sachverständigen werden,

*) Textausgabe der ganzen Gesetze: v. Woedtke. 4. Aufl. 1890. (Guttentag.)

†) Der Berufsgenossenschaft.

wenn sie unbefugt Betriebsgeheimnisse offenbaren, welche kraft ihres Amtes oder Auftrages zu ihrer Kenntniß gelangt sind, mit Geldstrafe bis zu eintausendfünfhundert Mark oder mit Gefängniß bis zu drei Monaten bestraft.

Die Verfolgung tritt nur auf Antrag des Betriebsunternehmers ein.

Genossenschaften = Berufsgenossenschaften. — Beauftragte der Genossensch. zur Ueberwachung der Betriebe bezügl. Einhaltung der Vorschriften zur Verhütung v. Unfällen und zur Revision, soweit es das Interesse der Genossenschaft erfordert.

Sachverständige auf Antrag d. Betriebsunternehmer an Stelle der Beauftragten ernannt.

108. (L.) Die Mitglieder der Vorstände der Genossenschaften, die Beauftragten derselben (§§ 82 u. 83) und die nach § 83 ernannten Sachverständigen werden mit Gefängniß, neben welchem auf Verlust der bürgerlichen Ehrenrechte erkannt werden kann, bestraft, wenn sie absichtlich zum Nachtheile der Betriebsunternehmer Betriebsgeheimnisse, welche kraft ihres Amtes oder Auftrages zu ihrer Kenntniß gelangt sind, offenbaren, oder geheim gehaltene Betriebseinrichtungen oder Betriebsweisen, welche kraft ihres Amtes oder Auftrages zu ihrer Kenntniß gelangt sind, solange als diese Betriebsgeheimnisse sind, nachahmen.

Thun sie dies, um sich oder einem Anderen einen Vermögensvortheil zu verschaffen, so kann neben der Gefängnißstrafe auf Geldstrafe bis zu dreitausend Mark erkannt werden.

Die §§ 107 u. 108 finden auf fiskal. Betriebe keine Anwendg., wenn dieselben einer Berufsgenossenschaft nicht zugewiesen sind. (§§ 2 u. 3 d. Reichsges. v.28./5. 1885 üb. Ausdehnung d. Unfall- u. Krankenversicherung.)

Die Strafbestimmungen finden Anwendung auf die Organe aller Berufsgenossenschaften, mit Ausnahme der Seeberufsgenossenschaft und der landwirthschaftlichen Berufsgenossenschaften.

C. Reichsgesetz vom 5. Mai 1886, betr. die Unfall- und Krankenversicherung der in land- und forstwirthschaftlichen Betrieben beschäftigten Personen.

(R.G.Bl. 1886. S. 132.)

31. (Abs. 2.) Mitglieder der Vorstände*), sowie die Vertrauensmänner*), welche absichtlich zum Nachtheil der Genossenschaft handeln, unterliegen der Strafbestimmung des § 266 des Strafgesetzbuchs.

127. (L. bez. A.) Die Mitglieder der Vorstände der Genossenschaften und die Mitglieder der Genossenschaftsausschüsse zur Entscheidung über Beschwerden (§ 22 Ziffer 3), imgleichen die in Gemäßheit der §§ 90 u. 91 ernannten Beauftragten und Sachverständigen werden, wenn sie unbefugt Betriebsgeheimnisse offenbaren, welche kraft ihres Amtes oder Auftrages zu ihrer Kenntniß gelangt sind, mit Geldstrafe bis zu eintausendfünfhundert Mark oder mit Gefängniß bis zu drei Monaten bestraft.

Die Verfolgung tritt nur auf Antrag des Betriebsunternehmers ein.

128. (L.) Die im § 127 bezeichneten Personen werden mit Gefängniß, neben welchem auf Verlust der

---

*) Der landwirthschaftl. Berufsgenossenschaften.

bürgerlichen Ehrenrechte erkannt werden kann, bestraft, wenn sie absichtlich zum Nachtheile der Betriebsunternehmer Betriebsgeheimnisse, welche kraft ihres Amtes oder Auftrages zu ihrer Kenntniß gelangt sind, offenbaren, oder geheim gehaltene Betriebseinrichtungen oder Betriebsweisen, welche kraft ihres Amtes oder Auftrages zu ihrer Kenntniß gelangt sind, solange als diese Betriebsgeheimnisse sind, nachahmen.

Thun sie dies, um sich oder einem Anderen einen Vermögensvortheil zu verschaffen, so kann neben der Gefängnißstrafe auf Geldstrafe bis zu dreitausend Mark erkannt werden.

Die Landesgesetzgebung kann abweichend die Organe d. landwirthschaftl. Berufsgenossenschaften bestimmen u. den Kreis der Personen, auf welche die Strafbestimmungen Anwendung finden, erweitern. (§§ 110 u. 111.)

D. Reichsgesetz vom 13. Juli 1887, betr. die Unfallversicherung der Seeleute 2c.*)

(R.G.Bl. v. 1887. S. 329.)

32. (Abs. 2.) Mitglieder der Vorstände†), sowie Vertrauensmänner†), welche absichtlich zum Nachtheil der Genossenschaft handeln, unterliegen der Strafbestimmung des § 266 des Strafgesetzbuchs.

---

*) Text-Ausgabe s. Knitschky, Seegesetzgebung. 2. Aufl. 1894 (Guttentag).

†) Der Seeberufsgenossenschaft.

E. Reichsgesetz, betr. die Invaliditäts- und Altersversicherung.*)

Vom 22. Juni 1889. (R.G.Bl. S. 97.)

Strafbestimmungen.

(§§ 142—146 Ordnungsstrafen.)

59. (Abs. 2.) Die Mitglieder des Vorstandes†), des Ausschusses†), des Aufsichtsraths†), sowie die Vertrauensmänner†), welche absichtlich zum Nachtheil der Versicherungsanstalt handeln, unterliegen der Strafbestimmung des § 266 des Strafgesetzbuchs.

147. (A.) Den Arbeitgebern und ihren Angestellten ist untersagt, durch Uebereinkunft oder mittelst Arbeitsordnungen die Anwendung der Bestimmungen dieses Gesetzes zum Nachtheil der Versicherten ganz oder theilweise auszuschließen oder dieselben in der Uebernahme oder Ausübung eines in Gemäßheit dieses Gesetzes ihnen übertragenen Ehrenamts zu beschränken. Vertragsbestimmungen, welche diesem Verbote zuwiderlaufen, haben keine rechtliche Wirkung.

Arbeitgeber oder deren Angestellte, welche derartige Verträge geschlossen haben, werden, sofern nicht nach anderen gesetzlichen Vorschriften eine härtere Strafe eintritt, mit Geldstrafe bis zu dreihundert Mark oder mit Haft bestraft.

---

*) Textausgabe des ganzen Gesetzes: v. Woedtke. 4. Aufl. 1891. (Guttentag.)

†) Der Versicherungsanstalt.

148. (A.) Die gleiche Strafe (§ 147) trifft

1. Arbeitgeber, welche den von ihnen beschäftigten, dem Versicherungszwange unterliegenden Personen wissentlich mehr als die Hälfte des für die beiden letzten Lohnzahlungsperioden verwendeten beziehungsweise in denselben fällig gewordenen Betrages an Marken bei der Lohnzahlung in Anrechnung bringen (§§ 109 Absatz 3, 112 Absatz 2);
2. Angestellte, welche einen solchen größeren Abzug wissentlich bewirken;
3. diejenigen Personen, welche dem Berechtigten eine Quittungskarte widerrechtlich vorenthalten.

Berechtigter ist der Versicherte.

Die unter Ziffer 1 u. 2 vorgesehenen Strafbestimmungen finden auf den Fall des § 119 keine Anwendung.

§ 119 gestattet bei vorübergehendem Ausscheiden aus d. Versicherungspflicht freiwillige Fortsetzung d. Versicherungsverhältnisses durch d. Arbeitgeber oder den Versicherten bis zur Dauer von 4 Monaten.

149. (L.) Arbeitgeber, welche wissentlich andere als die vorgeschriebenen Marken verwenden, sowie Angestellte und Versicherte, welche wissentlich eine solche unrichtige Verwendung bewirken, werden, sofern nicht nach anderen gesetzlichen Vorschriften eine härtere Strafe eintritt, mit Geldstrafe von zwanzig bis zu eintausend Mark oder mit Gefängniß bestraft. Sind mildernde Umstände vorhanden, so kann die Strafe bis auf drei Mark oder einen Tag Haft ermäßigt werden.

150. Die Strafbestimmungen der §§ 142, 143, 147 bis 149 finden auch auf die gesetzlichen Vertreter handlungsunfähiger Arbeitgeber, desgleichen auf die Mitglieder des Vorstandes einer Aktiengesellschaft, Innung oder eingetragenen Genossenschaft, sowie auf die Liquidatoren einer Handelsgesellschaft, Innung oder eingetragenen Genossenschaft Anwendung.

151. (L.) Wer in Quittungskarten Eintragungen oder Vermerke macht, welche nach § 108 unzulässig sind, wird mit Geldstrafe bis zu zweitausend Mark oder mit Gefängniß bis zu sechs Monaten bestraft. Sind mildernde Umstände vorhanden, so kann statt der Gefängnißstrafe auf Haft erkannt werden.

§ 108 verbietet d. Eintragung eines Urtheils üb. Führung od. Leistung d. Arbeiters, und alle im Gesetz nicht ausdrücklich zugelassenen Eintragungen oder Vermerke in oder auf der Karte.

152. (L. bez. A.) Die Mitglieder der Vorstände und sonstiger Organe der Versicherungsanstalten sowie die das Aufsichtsrecht über dieselben ausübenden Beamten werden, wenn sie unbefugt Betriebsgeheimnisse offenbaren, welche kraft ihres Amts zu ihrer Kenntniß gelangt sind, mit Geldstrafe bis zu eintausendfünfhundert Mark oder mit Gefängniß bis zu drei Monaten bestraft.

Die Verfolgung tritt nur auf Antrag des Betriebsunternehmers ein.

Vgl. § 107 des Unfallversich.-Ges.

153. (L.) Die im § 152 bezeichneten Personen werden mit Gefängniß, neben welchem auf Verlust der bürgerlichen Ehrenrechte erkannt werden kann, bestraft, wenn sie absichtlich zum Nachtheile der Betriebsunternehmer Betriebsgeheimnisse, welche kraft ihres Amts zu ihrer Kenntniß gelangt waren, offenbaren, oder wenn sie geheim gehaltene Betriebseinrichtungen oder Betriebsweisen, welche kraft ihres Amts zu ihrer Kenntniß gelangt sind, solange als diese Betriebsgeheimnisse sind, nachahmen.

Thun sie dies, um sich oder einem Anderen einen Vermögensvortheil zu verschaffen, so kann neben der Gefängnißstrafe auf Geldstrafe bis zu dreitausend Mark erkannt werden.

Vgl. § 108 des Unfallversich.-Ges.

154. (L.) Mit Gefängniß nicht unter drei Monaten, neben welchem auf Verlust der bürgerlichen Ehrenrechte erkannt werden kann, wird bestraft, wer unechte Marken in der Absicht anfertigt, sie als echt zu verwenden, oder echte Marken in der Absicht verfälscht, sie zu einem höheren Werthe zu verwenden, oder wissentlich von falschen oder verfälschten Marken Gebrauch macht.

Dieselbe Strafe trifft denjenigen, welcher wissentlich schon einmal verwendete Marken in Quittungskarten abermals verwendet oder solche Marken nach gänzlicher oder theilweiser Entfernung der darauf gesetzten Entwerthungszeichen veräußert oder feilhält. Sind mildernde Umstände vorhanden, so kann auf Geldstrafe bis zu dreihundert Mark oder Haft erkannt werden.

Zugleich ist auf Einziehung der Marken zu erkennen, ohne Unterschied, ob sie dem Verurtheilten gehören oder nicht. Auf diese Einziehung ist auch dann zu erkennen, wenn die Verfolgung oder Verurtheilung einer bestimmten Person nicht stattfindet.

Vgl. §§ 41 u. 42 des St.G.B.'s.

155. (A.) Mit Geldstrafe bis zu einhundertundfünfzig Mark oder mit Haft wird bestraft, wer ohne schriftlichen Auftrag einer Versicherungsanstalt oder einer Behörde

1. Stempel, Siegel, Stiche, Platten oder andere Formen, welche zur Anfertigung von Marken dienen können, anfertigt, oder an einen Anderen als die Versicherungsanstalt, beziehungsweise die Behörde verabfolgt,

2. den Abdruck der in Ziffer 1 genannten Stempel, Siegel, Stiche, Platten oder Formen unternimmt oder Abdrücke an einen Anderen als die Versicherungsanstalt, beziehungsweise die Behörde verabfolgt.

Neben der Geldstrafe oder Haft kann auf Einziehung der Stempel, Siegel, Stiche, Platten oder Formen erkannt werden, ohne Unterschied, ob sie dem Verurtheilten gehören oder nicht.

Vgl. § 369 Nr. 1. u. letzt. Abs. des St.G.B.'s.

F. Reichsgewerbeordnung.†)

In der Fassung vom 1. Juni 1891. (R.G.Bl. S. 261.)

Die im Folgenden aufgeführten strafb. Handlungen verjähren in 3 Monaten, mit Ausnahme der in §§ 146 u. 153 bedrohten. (3 Jahre.)

Gew.=Ord. § 145, St.G.B. § 67₂.

†) Das Ges. v. 1./6. 91 ist im Allgem. am 1./4. 92 in Kraft getreten. Ausnahmen: 1) §§ 120 u. 150₄ sind am 1./10. 91 in Kraft getreten. — 2) Die §§ 41a, 55a, 105a, 105b Abs. 2, 105c, 105e, 105f, 105h, 105i sind für d. Handelsgewerbe mit d. 1. Juli 1892 in Kraft getreten, abgesehen hiervon werden die §§ 105a—f; h, i, u. 154, Abs. 3 erst durch kaiserl. Verordg. mit Zustimmg. d. Bundesraths in Vollzug gesetzt. — 3) Die Geltung d. §§ 135—139b (Beschäftig. v. Arbeiterinnen u. jugendl. Arbeitern) für Werkstätten mit elementaren Triebwerken w. d. kais. Verordnung bestimmt.

*146. (L. bez. A.) Mit Geldstrafe bis zu zweitausend Mark und im Unvermögensfalle mit Gefängniß bis zu sechs Monaten werden bestraft:

1. Gewerbetreibende, welche dem § 115 zuwiderhandeln;
2. Gewerbetreibende, welche den §§ 135, 136, 137 oder den auf Grund der §§ 139 und 139a getroffenen Verfügungen zuwiderhandeln;
3. Gewerbetreibende, welche den §§ 111 Absatz 3 und 113 Absatz 3 zuwiderhandeln;
4. wer § 56 Ziffer 6 zuwiderhandelt.

Die Geldstrafen fließen der im § 116 bezeichneten Kasse zu.

Der § 75 des Gerichtsverfassungsgesetzes findet Anwendung.

Nr. 1 § 115 gebietet Lohnberechnung in Reichswähr. u. Baarzahlg.; verbietet Waarenkreditiren seitens der Gewerbetreib. an Arbeiter. Gestattet ist, d. Arbeit. Lebensmittel f. d. Betrag d. Anschaffungskosten, Wohnung u. Landnutzung gegen ortsübl. Mieth- u. Pachtpreise, Feuerung, Beleuchtung, regelm. Beköstigung, Arzeneien u. ärztl. Hilfe, Werkzeuge u. Stoffe zu den ihnen übertragenen Arbeiten für den Betrag der durchschnittl. Selbstkosten unter Anrechnung bei der Lohnzahlung zu verabfolgen. Zu einem höheren Preise ist Verabfolgung von Werkzeugen u. Stoffen für Akkordarbeiten zuläſſig, wenn derselbe d. ortsübl. nicht übersteigt u. im Voraus vereinbart ist.

Das Gebot d. Baarzahlung gestattet Abzüge, R. V, 779. Aushändigung v. Marken an Arbeiter f. Lebensmittel b. dritten Personen, in Anrechnung auf d. Lohn unstatthaft, E. VII, 37; R. IV, 706.

---

*) Die Bestimmungen, welche durch d. Ges. v. 1./6. 91 verändert od. neu eingeführt sind, sind mit * bezeichnet.

Textausgabe des ganzen Gesetzes: Berger. 12. Aufl. 1893. (Guttentag.)

Gebot d. Baarzahlg. findet auch auf Gelegenheitsarbeiter Anwendg., E. XIII, 182; R. VII, 746. Ausdrückl. Vereinbarung, daß ein Theil d. Lohnes zum Ankauf von Waaren beim Arbeitgeber verwendet w. muß, als verschleierte Lohngewährung in Waaren, strafb., das. — Anschaffungskosten, auch Transportkosten (nicht aber Kosten d. Verabfolgung), E. XVIII, 224; R. X, 673. — Kantinenwirthe in Fabriken können Beauftragte d. Gewerbetreib. u. das Kreditiren ihnen deshalb untersagt sein, R. X, 422. — „Waaren kreditiren", E. XV, 284. — Lebensmittel, E. XV, 437; R. IX, 289. — Für Lebensmittel muß der Gewerbetreibende selbst d. Lieferant sein. Einwilligung des Arbeit. in Verletzung des § 115 hebt Strafbarkeit d. Arbeitgebers nicht auf, R. VI, 484. — Unt. Arbeitern werden auch d. Personen verstanden, welche für bestimmte Gewerbetreibende außerhalb d. Arbeitsstätten mit Anfertigung gewerbl. Erzeugnisse beschäftigt sind, auch wenn sie die Stoffe selbst beschaffen (§ 119b d. Gew.-Ord.). Schutz d. Hausindustrie vgl. auch E. XVII, 129; XIII, 285; XII, 428. — Verletzung d. § 115 auch fahrlässig, E. XXII, 43. Ueber Trucksystem im Allgem., E. XVII, 285; R. X, 272. — Ueber „gewerbl. Arbeiter", R. VIII, 9.

Nr. 2 *§ 135. Kinderarbeit unter 13 (seith. unter 12) Jahren in Fabriken verboten. Kinder üb. 13 Jahren dürfen nur in Fabriken beschäftigt werden, wenn sie nicht mehr zum Besuch d. Volksschule verpflichtet sind. — Kinder unter 14 Jahren dürfen nicht üb. 6 Stdn. tägl. beschäftigt werden; junge Leute von 14—16 Jahren nicht üb. 10 Stdn.

*§ 136. Arbeitszeit jugendl. Arbeiter nicht vor 5½ Uhr Morgens u. nicht über 8½ Uhr Abends. Bei Arbeitsdauer von 6 Stdn. mindestens ½ Stde. Pause; sonst Mittags 1 Stde. u. Vor- wie Nachmittags je ½ Stde. Pause.

Während d. Pausen darf d. jugendl. Arbeitern eine Beschäftigung in dem Fabrikbetriebe nicht u. d. Aufenthalt in den Arbeitsräumen nur dann gestattet werden, wenn in denselben d. Theile d. Betriebs, in d. jugendl. Arbeiter beschäftigt sind, für die Zeit der Pausen völlig eingestellt werden od. wenn d. Aufenthalt im Freien nicht thunlich u. and. geeignete Aufenthaltsräume ohne unverhältnißmäß. Schwierigkeit nicht beschafft werden können.

An Sonn- u. Festtagen, sowie während d. von d. ordentl. Seelsorger f. d. Katechumenen-, Konfirmanden-, Beicht- u. Kommunionsunterricht bestimmt. Stdn. dürfen jugendl. Arbeiter nicht beschäftigt werden.

*§ 137. Arbeiterinnen dürfen in Fabriken nicht zur Nachtzeit v. 8½ Uhr Abends bis 5½ Uhr Morgens u. am Sonnabend, sowie an Vorabenden d. Festtage nicht nach 5½ Uhr Nachm. beschäftigt werden.

Die Beschäftig. von Arbeiterinnen üb. 16 Jahre darf d. Dauer v. 11 Stdn. tägl., an den Vorabenden d. Sonn- u. Festtage v. 10 Stdn. nicht übersteigen. Zwischen d. Arbeitsstunden muß d. Arbeiterinnen eine mindestens 1stünd. Mittagspause gewährt werden.

Arbeiterinnen üb. 16 Jahre, welche ein Hauswesen zu besorgen haben, sind auf ihren Antrag ½ Stde. vor d. Mittagspause zu entlassen, sofern diese nicht mindestens 1½ Stde. beträgt.

Wöchnerinnen dürfen während 4 Wochen nach ihrer Niederkunft nicht, u. während d. folgenden 2 Wochen nur beschäftigt werden, wenn d. Zeugniß eines approbirten Arztes dies für zulässig erklärt.

*§ 139 u. 139a regelt die Befugnisse der höheren Verwaltungsbehörde, d. Reichskanzlers u. d. Bundesrathes, für d. Fall einer Unterbrechung d. Betriebs durch Unglücksfälle und in anderen Fällen Ausnahmen der vorstehenden Bestimmungen in erweiternder und einschränkender Hinsicht zu gestatten.

Die Anordnungen der höheren Verwaltungsbehörde u. des Reichskanzlers sind schriftl. zu erlassen. Die Anordnungen des Bundesrathes sind durch d. R.G.Bl. zu erlassen u. dem Reichstag zur Kenntnißnahme vorzulegen. — Cf. Bekanntmachung an betr. Arbeiterinnen und jugendliche Arbeiter v. 21./1. 1888 (R.G.Bl. S. 219); Gummiwaarenfabriken v. 29./4. 1892 (R.G.Bl. S. 602); Walz- u. Hammerwerke; v. 11./3. 1892 (R.G.Bl. S. 324) Drahtziehereien m. Wasserbetrieb; v. 11./3. 1892 (R.G.Bl. S. 317) Glashütten; v. 17./3. 1892 (R.G.Bl. S. 327) Cichorienfabriken; v. 17./3. 1892 (R.G.Bl. S. 328) Steinkohlenbergwerke; v. 24./3. 1892 (R.G.Bl. S. 331) Steinkohlenbergwerke, Zink- u. Bleierzbergwerke, u. Kokernien im Reg.-Bez. Oppeln; v. 24./3. 1892 (R.G.Bl. S. 324) Rohzuckerfabriken u. Zuckerraffinerien; v. 29./4. 1892 (R.G.Bl.

S. 604) Hechelräume; v. 27./4. 1893 (R.G.Bl. S. 148) Ziegeleien; v. 8./12. 1893 (R.G.Bl. S. 264) Pausen f. jugendl. Arb. in Spinnereien.

„Fabrik": Umfang d. Gewerbes, aber auch andere Umstände, Arbeitsvertheilung, Benutzung der Naturkräfte maßgebend, E. VIII, 124; XIV, 423; R. V, 547; VI, 448. — Buchdruckerei kann Fabrik sein, E. VIII, 124; R. V, 119. — Zahl d. Arbeiter genügt nicht zur Feststellung d. Begriffs Fabrik, R. VII, 656. — Damenconfektionsgeschäft als Fabrik, E. XIV, 423; R. VIII, 625; über Fabrik siehe auch Unfallversicherungs-Gesetz v. 6./7. 84 § 1. — „Beschäftigung jugendl. Arbeiter": Fabrikherr hat selbst zu sorgen, daß d. Gesetz Folge gegeben wird. Nicht dadurch entschuldigt, daß er die Annahme der Arbeiter d. Werkmeister übertragen hat. Auch Anordnungen genügen nicht. Fabrikherr muß Befolgung überwachen. — Doch kann er entschuldigt sein, wenn ihn an der Nichtbefolgung keine Fahrlässigkeit trifft, E. IV, 308; R. VI, 236; IX, 486. — Ziegeleibesitzer, nicht nur der Ziegelmeister, der die Arbeiter annimmt, verantwortl., R. VIII, 165; vgl. E. IX, 102; R. V, 547. — Theilung d. Geschäfte unter mehrere Theilhaber, E. VI, 111; R. IV, 253. — Als Arbeitszeit jugendl. Arbeiter auch die Zeit, welche sie außerhalb d. eigentl. Fabrik in einem zum Etablissement gehörigen Ort, für diese arbeiten, E. X, 433; IX, 264; R. VI, 448. — Arbeiter, auch solche, die ohne Lohn zur Ausbildung arbeiten, wenn ihre Arbeiten für d. Fabrik mit verwendet werden, R. VII, 635. — Die Vor- u. Nachmittagspause muß innerhalb d. Arbeitszeit liegen, E. XXI, 139. — Jugendl. Arbeiter d. Hausindustrie fallen nicht unter d. Gesetz, R. X, 494. — Ueb. die Haftung d. Gewerbetreib. u. seiner Stellvertreter vgl. im Allgem. unten § 151.

Nr. 3 § 111 Abs. 3. Die Eintragungen in d. Arbeitsbuch (eines minderjähr. Arbeiters § 107) dürfen nicht mit einem Merkmal versehen sein, welches d. Inhaber günstig od. nachtheilig kennzeichnet. § 113 Abs. 3. Dasselbe gilt v. Zeugnissen (welche ein abgehender Arbeiter verlangen kann, § 113 Abs. 1).

Nr. 4 § 56 Nr. 6. Ausschluß explosiver Stoffe od. Gewerbebetrieb im Umherziehen.

Die Geldstrafen fließen derj. Hilfskasse zu, welcher d. Arbeiter angehört, in Ermangelung solcher, einer anderen zum Besten d. Arbeiter an d. Orte bestehenden, v. d. Gemeindebehörde zu bestimmenden Kasse event. d. Ortsarmenkasse. Die Kasse ist im Urtheil nicht zu bezeichnen, E. XVI, 142; R. IX, 373.

***146a. (A.) Mit Geldstrafe bis zu sechshundert Mark, im Unvermögensfall mit Haft wird bestraft, wer den §§ 105b bis 105g oder den auf Grund derselben erlassenen Anordnungen zuwider Arbeitern an Sonn- und Festtagen Beschäftigung giebt oder den §§ 41a und 55a, oder den auf Grund des § 105b Absatz 2 erlassenen statutarischen Bestimmungen zuwiderhandelt.**

*§§ 105b bis 105g; 41a, 55a regeln die Sonntagsruhe der gewerbl. Arbeiter, Gehilfen u. Lehrlinge in Bergwerken, Hütten, Fabriken, Salinen, Werkstätten, auf Gruben, Zimmerplätzen, Werften u. Ziegeleien, u. die Ruhe d. Fabrik- u. Gewerbebetriebe an Sonn- u. Feiertagen, sowie die zugelassenen Ausnahmen (cf. R.G.Bl. S. 262—265 u. 261).

*§ 105b. Sonntagsruhe f. jed. Sonn- u. Festtag 24 Stdn., f. zwei aufeinanderfolg. 36 Stdn., f. Weihn., Ostern u. Pfingsten 48 Stdn.; von 12 Uhr Nachts zu rechnen; bei zwei Sonntagen jedenfalls bis 6 Uhr Abends d. zweiten Tags; bei regelm. Tag- u. Nachschicht frühestens von 6 Uhr Abends d. letzten Werktags, spät. 6 Uhr Morgens d. Festtags, wenn d. Betrieb 24 Stdn. ruht.

Gehilfen, Lehrl. u. Arbeiter d. Handelsgewerbes Sonntags höchstens 5 Stdn. Arbeitszeit; am 1. Weihnachts-, Oster- u. Pfingsttag frei. Gemeindestatut kann völlige Sonntagsruhe einführen, u. für einzelne Sonntage, namentlich vor Weihnachten, d. Arbeitszeit bis auf 10 Stdn. erhöhen.

§ 105c. Ausnahmen: 1. Notfälle od. Arbeiten im öffentlichen Interesse; 2. Inventur; 3. Bewachung d. Betriebs, Reinigungsarbeiten, Instandhalten d. Betriebs; 4. Arbeiten zur Verhütung v. Verderben v. Stoffen; 5. Beaufsichtigung d. Betriebs.

Bei d. Arbeiten zu 3. u. 4., wenn d. Arbeitszeit 3 Stdn. übersteigt, od. d. Besuch d. Gottesdienstes hindert, hat jed. Arbeiter an jed. 3. Sonntag 36 Stdn. od. an jed. 2. Sonntag v. 6 Uhr Morgens bis 6 Uhr Abends Ruhe.

Ausnahmen: 1. für Betriebe, welche Unterbrechung nicht gestatten, od. 2. deren Ausübung zur Befriedigung v. Bedürfnissen d. Bevölkerung nöthig, od. 3. zur Abwendung eines unverhältniß-mäß., unvorhergesehenen Schadens ad 1. v. Bundesrath, ad 2. d. höh., ad 3. d. unt. Verwaltungsbehörde zu gestatten (§ 105 d—f).

§ 105g. Durch kaiserl. Verordnung kann die Sonntagsruhe f. Arbeiter auf and. Gewerbe ausgedehnt werden.

§ 41a. Soweit Gehilfen u. Arbeiter im Handelsgewerbe an Sonntagen Ruhe haben, hat der Betrieb überhaupt zu ruhen.

Hausiren am Sonntag, sowie Waarenbestellungen aufsuchen am Sonntag verboten. (Ausnahmen kann unt. Verwaltungsbeh. gestatten.) § 55a.

147. (A.) Mit Geldstrafe bis zu dreihundert Mark und im Unvermögensfalle mit Haft wird bestraft:

1. wer den selbständigen Betrieb eines stehenden Gewerbes, zu dessen Beginn eine besondere polizeiliche Genehmigung (Konzession, Approbation, Bestallung) erforderlich ist, ohne die vorschriftsmäßige Genehmigung unternimmt oder fortsetzt, oder von den in der Genehmigung festgesetzten Bedingungen abweicht;
2. wer eine gewerbliche Anlage, zu der mit Rücksicht auf die Lage oder Beschaffenheit der Betriebsstätte oder des Lokals eine besondere Genehmigung erforderlich ist (§§ 16 und 24), ohne diese Genehmigung errichtet, oder die wesentlichen Bedingungen, unter welchen die Genehmigung ertheilt worden, nicht innehält, oder ohne neue Genehmigung eine wesentliche Veränderung der Betriebsstätte oder eine Verlegung des Lokals oder eine wesentliche Veränderung in dem Betriebe der Anlage vornimmt;
3. wer, ohne hierzu approbirt zu sein, sich als Arzt (Wundarzt, Augenarzt, Geburtshelfer, Zahnarzt,

Thierarzt) bezeichnet oder sich einen ähnlichen Titel beilegt, durch den der Glauben erweckt wird, der Inhaber desselben sei eine geprüfte Medizinalperson;

*4. wer den auf Grund des § 120d endgültig erlassenen Verfügungen oder den auf Grund des § 120e erlassenen Vorschriften zuwiderhandelt;

*5. wer eine Fabrik betreibt, für welche eine Arbeitsordnung (§ 134a) nicht besteht, oder wer der endgültigen Anordnung der Behörde wegen Ersetzung oder Abänderung der Arbeitsordnung (§ 134 f.) nicht nachkommt.

Enthält die Handlung zugleich eine Zuwiderhandlung gegen die Steuergesetze, so soll nicht außerdem noch auf eine Steuerstrafe erkannt werden, es ist aber darauf bei Zumessung der Strafe Rücksicht zu nehmen.

In dem Falle zu 2 kann die Polizeibehörde die Wegschaffung der Anlage oder die Herstellung des den Bedingungen entsprechenden Zustandes derselben anordnen.

*In dem Falle zu 4 kann die Polizeibehörde bis zur Herstellung des der Verfügung oder der Vorschrift entsprechenden Zustandes die Einstellung des Betriebes, soweit derselbe durch die Verfügung oder die Vorschrift getroffen wird, anordnen, falls dessen Fortsetzung erhebliche Nachtheile oder Gefahren herbeizuführen geeignet sein würde.

A. 1. Konzessionspflichtige Gewerbe § 30 ff. Derjenige, dem d. Konz.-Inhaber d. Gewerbebetrieb für eigene Rechnung überlassen hat, ist nicht Stellvertreter, sondern selbständiger Gewerbetreibender, vgl. Anm. zu § 151. — Auch nach Verjährg. d. Gew. Polizeivergehen kann wegen d. konkurr. Steuervergehens bestraft werden, E. VI, 372; R. IV, 602. -- „Schankwirthschaft", wenn Getränke „zum sofort. Verzehren in einem mit d. Verkaufsstätte in irgend welcher Verbindung stehend. Raum" verkauft werden; auch in Kantinen, gewerbl. Etablissements, bei welchen die Verzehrung an d. Arbeitsstelle stattfindet, R. X, 422.

A. 2. Konzessionspflichtige Anlage, §§ 16 ff.

A. 4 *§ 120d. Polizeibehörde kann die Ausführung derj. Maßnahmen für die einzelne Anlage anordnen, welche zur Durchführung der im Interesse der Gesundheit d. Arbeiter u. d. Sitte u. d. Anstands erlassenen Bestimmungen (§ 120 a—c) erforderlich sind.

*§ 120e. Bundesrath od. Landescentralbehörde od. Polizeiverordnungen können solche Anordnungen für bestimmte Arten v. Anlagen treffen. S. Bekanntmachung v. 8./7. 1893 (R.G.Bl. S. 209) Anlage zur Anfertigung v. Zündhölzern unter Verwendung v. weißem Phosphor; v. 8./7. 1893 (R.G.Bl. 213) Bleifarben- u. Bleizuckerfabriken; v. 8./7. 1893 (R.G.Bl. S. 218) Cigarrenfabriken.

Bundesrath kann für Gewerbe, in denen durch übermäßige Dauer d. Arbeitszeit Gesundheit d. Arbeiter gefährdet wird, Maximalarbeitszeit festsetzen.

A. 5 *§ 134a. Arbeitsordnung für jede Fabrik mit mindestens 20 Arbeitern nothwendig. — Geltung derselben od. d. Abänderung frühestens 2 Wochen nach der Erlassung.

Ueber Inhalt u. Form d. Erlassung d. Arbeitsordnung vgl. § 134 b—e.

*§ 314 f. Unt. Verwaltungsbehörde kann Abänderung d. nicht vorschriftsmäßig erlassenen od. d. Gesetze zuwiderlaufenden Arbeitsordnung od. Ersetzung derselben durch andere verlangen.

148. (A.) Mit Geldstrafe bis zu einhundertundfünfzig Mark und im Unvermögensfalle mit Haft bis zu vier Wochen wird bestraft:

1. wer außer den im § 147 vorgesehenen Fällen ein stehendes Gewerbe beginnt, ohne dasselbe vorschriftsmäßig anzuzeigen;
2) wer die im § 14 erforderte An- oder Abmeldung einer übernommenen Feuerversicherungsagentur unterläßt;

3. wer die im § 14 erforderte Anzeige über das Betriebslokal unterläßt;
4. wer der nach § 35 gegen ihn ergangenen Untersagung eines Gewerbebetriebes zuwiderhandelt, oder die im § 35 vorgeschriebene Anzeige unterläßt;
5. wer dem § 33b oder außer den im § 149 Z. 1 vorgesehenen Fällen den §§ 42a bis 44a zuwiderhandelt, oder seine Legitimationskarte (§ 44a) oder seinen Wandergewerbeschein (§ 55) einem Anderen zur Benutzung überläßt;
6. wer zum Zweck der Erlangung einer Legitimationskarte, eines Wandergewerbescheins oder der im § 62 vorgesehenen Erlaubniß in Bezug auf seine Person, oder die Personen, die er mit sich zu führen beabsichtigt, wissentlich unrichtige Angaben macht;
7. wer ein Gewerbe im Umherziehen ohne den gesetzlich erforderlichen Wandergewerbeschein, imgleichen wer eines der im § 59 Z. 1 bis 3 bezeichneten Gewerbe der nach § 59a ergangenen Untersagung zuwider betreibt;

7a. wer dem § 56 Absatz 1, Absatz 2 Ziffer 1 bis 5, 7 bis 9, Absatz 3, § 56a oder § 56b zuwiderhandelt;

7b. wer den Vorschriften der §§ 56c, 60a, 60b Absatz 2, oder 60c Absatz 2 und 3 zuwiderhandelt;

7c. wer einer ihm in Gemäßheit des § 60 Absatz 1, § 60b Absatz 1 oder des § 60d Absatz 3 in dem Wandergewerbescheine auferlegten Beschränkung zuwiderhandelt;

7d. wer bei dem Gewerbebetriebe im Umherziehen

Kinder unter vierzehn Jahren zu gewerblichen Zwecken mit sich führt;

7e. ein Ausländer, welcher bei dem Gewerbebetriebe im Umherziehen den in Gemäßheit des § 56d vom Bundesrath getroffenen Bestimmungen zuwiderhandelt;

8. wer bei dem Betriebe seines Gewerbes die von der Obrigkeit vorgeschriebenen oder genehmigten Taxen überschreitet;

9. wer die gesetzlichen Pflichten gegen die ihm anvertrauten Lehrlinge verletzt;

10. wer wissentlich der Bestimmung im § 131 Absatz 2 zuwider einen Lehrling beschäftigt, oder wer einer auf Grund des § 100e Nr. 2 getroffenen Bestimmung zuwiderhandelt;

*11. wer der Bestimmung des § 134c Absatz 2 zuwider gegen Arbeiter Strafen verhängt, welche in der Arbeitsordnung nicht vorgesehen sind oder den gesetzlich zulässigen Betrag übersteigen, oder wer Strafgelder oder die im § 134b Nr. 5 bezeichneten Beträge in einer in der Arbeitsordnung nicht vorgesehenen Weise verwendet;

*12. wer es unterläßt, der durch §§ 134e Absatz 1 und 134g für ihn begründeten Verpflichtung nachzukommen;

*13. wer dem § 115a oder den auf Grund des § 119a erlassenen statutarischen Bestimmungen zuwiderhandelt.

In allen diesen Fällen bleibt die Strafe ausgeschlossen, wenn die strafbare Handlung zugleich eine Zuwiderhandlung gegen die Steuergesetze enthält.

Nr. 1. Alle stehenden Gewerbe sind polizeil. anzumelden. (§ 14 Abs. 1.)

Nr. 3. Buch- u. Steindrucker, Buchhändler u. s. w., Schriften- u. Zeitungsverkäufer haben das Lokal u. jeden Wechsel desselben anzumelden (§ 14 Abs. 2).

Nr. 4. Anzeigepflicht für Tanz-, Turn- u. Schwimmunterricht, Trödelhandel, Handel mit Sprengstoffen, Agenten für Immobiliarverträge, Vermittler von Darlehen, Heirathen, Gesindevermiether, Auktionator, gewerbemäßige Besorgung fremder Rechtsangelegenheiten (Winkeladvokaten), gewerbsmäß. Betrieb d. Viehanstellung (Viehpacht), Viehhandel u. Handel m. ländl. Grundstücken. (§ 35.)

Nr. 5. Musikaufführung u. Schaustellung auf Straßen u. Plätzen genehmigungspflichtig (§ 33b).

Nr. 5—7e betr. d. Gewerbebetrieb im Umherziehen, sowie das Aufsuchen von Waarenbestellung u. Aufkauf von Waaren seitens der Personen, welche stehendes Gewerbe betreiben.

Nr. 8. Taxe für Lohnbediente, Droschken, Dienstleute, Bezirks-Schornsteinfeger, Apotheker (nicht Aerzte) §§ 76 ff.

Nr. 9. Lehrherr hat d. Lehrling im Gewerbe zu unterweisen und dessen Ausbildung selbst od. durch geeignete Vertreter zu leiten, zur Arbeit u. guten Sitten anzuhalten. (§ 126 ff.)

Nr. 10. Wenn d. Lehrverhältniß gelöst ist, weil Lehrl. in ein anderes Gewerbe übergehen will, darf er während 9 Mon. nicht in demselben Gewerbe von einem and. Meister beschäftigt werden, sofern der frühere Lehrherr nicht zustimmt (§ 131 Abs. 2).

Für d. Bezirk einer Innung kann d. höh. Verwltgsbeh. anordnen, daß Arbeitgeber, welche, obwohl sie dazu fähig sind, einer Innung nicht angehören, Lehrlinge nicht beschäftigen dürfen, od. daß die Vorschriften d. Innung üb. das Lehrlingswesen für solche Lehrmeister bindend sind (§ 100e Nr. 2 u. 3).

Nr. 11*. Andere als die in d. Arbeitsordnung festgesetzten Strafen dürfen nicht verhängt werden (§ 134c Abs. 2). Höchstbetrag d. Strafe ½, in Ausnahmefällen (Thätlichkeit, Verstöße geg. die guten Sitten, od. d. Sicherheit d. Betriebs, od. d. Bestimmungen

d. Gewerbeordg.) ein ganzer Tagesverdienst. Ehrgefühlverletzende Strafen unzulässig (§ 134b Abs. 2).

*§ 134b Nr. 5. Verwirkung v. Lohnbeträgen bei rechtswidr. Lösung d. Arbeitsverhältnisses.

Nr. 12*. Arbeitsordg. binnen 3 Tagen nebst den dazu schriftl. od. protokollarisch seitens d. Arbeiter geäußerten Bedenken, u. dem Nachweis, daß d. Arbeitern od. d. Arbeiterausschuß Gelegenheit zur Aeußerung gegeb. ist, d. unt. Verwaltungsbehörde einzureichen. Aeltere Arbeitsordnungen sind d. Gesetz entsprechend abzuändern u. binnen 4 Wochen nach d. Inkrafttreten d. Gesetzes einzureichen (§§ 134e Abs. 1; 134g).

Nr. 13. Lohnzahlungen dürfen in Wirthschaften od. Verkaufsstellen nur mit Genehmigung d. unt. Verwltgsbehörde geschehen. Sie dürfen nicht geg. das Ges. v. 21./6. 69 (üb. Beschlagnahme v. Arbeits- u. Dienstlohn) an Dritte erfolgen (§ 115a).

*§ 119a. Statutar. Bestimmungen d. Gemeinde- od. größerer Communal-Verbände üb. Lohnzahlungen (auch für minderjährige Arbeiter) u. Mittheilungen d. Gewerbetreibenden üb. die Verdienste minderjähriger Arbeiter an Eltern od. Vormünder.

149. (A.) Mit Geldstrafe bis zu dreißig Mark und im Unvermögensfalle mit Haft bis zu acht Tagen wird bestraft:

1. wer den im § 42b vorgesehenen Erlaubnißschein oder den im § 43 vorgesehenen Legitimationsschein während der Ausübung des Gewerbebetriebes nicht bei sich führt, oder den Bestimmungen des § 44a Absatz 2 zuwiderhandelt;
2. wer bei dem Gewerbebetriebe im Umherziehen dem letzten Absatz des § 56 oder dem § 60c Absatz 1 zuwiderhandelt;
3. wer ein Gewerbe im Umherziehen, für welches ihm ein auf einen bestimmten Bezirk lautender Wander-

gewerbeschein ertheilt ist, unbefugt in einem anderen Bezirke betreibt;

4. wer ein Gewerbe im Umherziehen mit anderen Waarengattungen oder unter Darbietung anderer Leistungen betreibt, als sein Wandergewerbeschein angiebt;

5. wer bei dem Gewerbebetriebe im Umherziehen unbefugt Personen mit sich führt, oder einen Gewerbetreibenden, zu welchem er nicht in dem Verhältnisse eines Ehegatten, Kindes oder Enkels steht, unbefugt begleitet;

6. wer den polizeilichen Anordnungen wegen des Marktverkehrs zuwiderhandelt;

*7. wer es unterläßt, den durch §§ 105c Absatz 2, 134e Absatz 2, 138, 138a Absatz 5, 139b für ihn begründeten Verpflichtungen nachzukommen;

8. wer, ohne einer Innung als Mitglied anzugehören, sich als Innungsmeister bezeichnet.

Die Unterlassung einer durch das Gesetz oder durch Statuten vorgeschriebenen Anzeige über Innungsverhältnisse an die Behörden, sowie Unrichtigkeiten in einer solchen Anzeige werden gegen die Mitglieder des Vorstandes der Innung oder des Innungsverbandes mit der gleichen Strafe geahndet.

In allen diesen Fällen bleibt die Strafe ausgeschlossen, wenn die strafbare Handlung zugleich eine Zuwiderhandlung gegen die Steuergesetze enthält.

Nr. 1—6 betr. Marktverkehr u. Gewerbebetrieb im Umherziehen; im Anschluß an § 148 Nr. 5—7e.

Nr. 7.* § 105c Abs. 2. Ueb. die an Sonntagen beschäftigten

Arbeiter ist Liste zu führen, welche für jeden Sonntag die Zahl der Arbeiter, die Dauer d. Beschäftigung u. die Art d. Arbeiten enthält.

*§ 134e. Arbeitsordnung ist in lesbarem Zustand in der Fabrik auszuhängen u. jedem Arbeiter ein Exemplar auszuhändigen (vgl. § 148 Nr. 12). — *§ 138. Arbeitgeber hat vor d. Beginn d. Beschäftigung v. jugendl. Arbeitern od. Arbeiterinnen d. Ortsbehörde eine Anzeige zu erstatten, welche die Zeit u. d. Art der Beschäftigg. enthält. Ebenso sind dauernde Veränderungen anzuzeigen. Arbeitgeber hat in d. Fabrikräumen ein Verzeichniß d. jugendl. Arbeiter mit Angabe d. Arbeitszeit u. einen Auszug aus d. Gew.-Ordg. über die Beschäftigung jugendl. Arbeiter u. der Arbeiterinnen aushängen zu lassen (für Arbeiterinnen neu).

*§ 138a Abs. 5. Die unt. Verwaltungsbehörde kann für Arbeiterinnen üb. 16 Jahre, welche kein Hauswesen zu besorgen u. keine Fortbildungsschule zu besuchen haben, die Ausdehnung d. Arbeit am Vorabende v. Sonn- u. Festtagen bis 8½ Uhr Abends schriftl. gestatten bei Notharbeit, Reinigung u. Instandhaltung d. Betriebsanlagen, zur Verhütg. d. Verderbens v. Rohstoffen u. s. w. — § 139b. Arbeitgeber müssen d. staatl. Gewerbebeamten (Gewerbe-Inspektoren u. Räthen) d. Revision gestatten u. die verlangten statistischen Mittheilungen üb. d. Verhältn. d. Arbeiter machen.

150. (A.) Mit Geldstrafe bis zu zwanzig Mark und im Unvermögensfalle mit Haft bis zu drei Tagen für jeden Fall der Verletzung des Gesetzes wird bestraft:

1. wer den Bestimmungen der §§ 106 bis 112 zuwider einen Arbeiter in Beschäftigung nimmt oder behält;

*2. wer außer dem im § 146 Ziffer 3 vorgesehenen Falle den Bestimmungen dieses Gesetzes in Ansehung der Arbeitsbücher zuwiderhandelt;

§ 106. Während Dauer d. Verlustes d. bürgerl. Ehrenrechte darf Arbeitgeber sich nicht mit d. Anleitung von Arbeitern unter 18 Jahren befassen. — § 107. Minderj. Arbeiter müssen Arbeitsbuch haben, welches Arbeitgeber b. Annahme d. Arbeit. einforbert, bei Lösung d. Verhältn. d. Arbeit. od. seinen gesetzl. Vertret. zurückgibt. — Keine Anwendung auf schulpflicht. Arbeiter (soweit solche unter 14 Jahren einstw. noch beschäftigt werden dürfen, *§ 135 Abs. 1). Arbeitsbuch stellt Polizeibeh. aus; letzteres enthält genaue Personalangaben bezügl. d. Arbeiters. Arbeitgeber trägt Zeit d. Eintritts u. Austritts, Art d. Arbeit ein. Urtheil üb. Fähigkeit u. Führung unzulässig (vgl. §§ 111 Abs. 3; 146, Nr. 3 oben über and. verbot. Einträge). Unberechtigte Weigerung d. Herausgabe d. Arbeitsbuches seitens d. Arbeitgebers strafbar.

3. wer vorsätzlich ein auf seinen Namen ausgestelltes Arbeitsbuch unbrauchbar macht oder vernichtet;

*4. wer den Bestimmungen des § 120 Absatz 1 oder einer auf Grund des § 120 Absatz 3 erlassenen statutarischen Bestimmung zuwiderhandelt;

* Arbeitgeber hat Arbeitern unter 18 Jahren, welche eine behördl. anerkannte Fortbildungsschule besuchen, die erforderl. Zeit zu gewähren. — Durch statut. Bestimmung einer Gemeinde od. e. größ. Communalverbandes kann für solche Arbeiter Verpflichtung zum Besuch d. Fortbildungsschule begründet u. die zur Sicherung d. Schulbesuchs erforderl. Anordnungen getroffen werden (§ 120 Abs. 1 u. 3).

*5. wer es unterläßt, der durch § 134c Absatz 3 für ihn begründeten Verpflichtungen nachzukommen.

* Die nach d. Arbeitsordnung verhängten Geldstrafen sind in ein Verzeichniß einzutragen, welches d. Namen d. Bestraften, Tag d. Bestrafung, Grund u. Höhe d. Strafe enthält u. d. Revisionsbeamten zur Einsicht offen steht (§ 134c Abs. 3).

*Landesgesetzliche Vorschriften gegen die Verletzung der Schulpflicht, nach welchen eine höhere Strafe eintritt, werden durch die Bestimmung unter Ziffer 4 nicht berührt.

***151.** Sind bei der Ausübung des Gewerbes polizeiliche Vorschriften von Personen übertreten worden, welche der Gewerbetreibende zur Leitung des Betriebes oder eines Theiles desselben oder zur Beaufsichtigung bestellt hatte, so trifft die Strafe diese letzteren. Der Gewerbetreibende ist neben denselben strafbar, wenn die Uebertretung mit seinem Vorwissen begangen ist oder wenn er bei der nach den Verhältnissen möglichen eigenen Beaufsichtigung des Betriebes, oder bei der Auswahl oder der Beaufsichtigung der Betriebsleiter oder Aufsichtspersonen es an der erforderlichen Sorgfalt hat fehlen lassen.

Ist an eine solche Uebertretung der Verlust der Konzession, Approbation oder Bestallung geknüpft, so findet derselbe auch als Folge der von dem Stellvertreter begangenen Uebertretung statt, wenn diese mit Vorwissen des verfügungsfähigen Vertretenen begangen worden. Ist dies nicht der Fall, so ist der Vertretene bei Verlust der Konzession, Approbation u. s. w. verpflichtet, den Stellvertreter zu entlassen.

152. Alle Verbote und Strafbestimmungen gegen Gewerbetreibende, gewerbliche Gehülfen, Gesellen oder Fabrikarbeiter wegen Verabredungen und Vereinigungen zum Behufe der Erlangung günstiger Lohn- und Arbeitsbedingungen, insbesondere mittelst Einstellung der Arbeit oder Entlassung der Arbeiter, werden aufgehoben.

Jedem Theilnehmer steht der Rücktritt von solchen Vereinigungen und Verabredungen frei, und es findet aus letzteren weder Klage noch Einrede statt.

„Koalitionsfreiheit der gewerbl. Arbeiter", nur auf d. Gebiet d. gewerbl. Lebens; trifft nicht zu, wo durch Vereine politischen Charakters gewerbl. Zwecke verfolgt werden. Polit. Gegenstände sind solche, welche Verfassung, Verwaltung u. Gesetzgebung des

Staates, die staatsbürgerl. Rechte d. Unterthanen u. die internationalen Beziehungen begreifen. — Verhältniß zum preuß. Vereinsgesetz! — E. XVII, 383; R. IX, 590.

153. (A.) Wer Andere durch Anwendung körperlichen Zwanges, durch Drohungen, durch Ehrverletzung oder durch Verrufserklärung bestimmt oder zu bestimmen versucht, an solchen Verabredungen (§ 152) Theil zu nehmen, oder ihnen Folge zu leisten, oder Andere durch gleiche Mittel hindert oder zu hindern versucht, von solchen Verabredungen zurückzutreten, wird mit Gefängniß bis zu drei Monaten bestraft, sofern nach dem allgemeinen Strafgesetz nicht eine härtere Strafe eintritt.

§ 153 d. Gew.-Ord. u. § 240 d. St.G.B. nicht Gesetzeskonkurrenz, sondern § 73 St.G.B. anwendbar, R. X, 619.

Vgl. Hilse, Thatbest. d. § 153 d. Gew.-Ord. i. Goltd. Arch. XXXVIII, 277 ff.

13.

Gesetz gegen den Verrath militärischer Geheimnisse.

Vom 3. Juli 1893. (R.G.Bl. S. 205; ausgegeb. 14./7. 93.)

---

1. (R.G.) Wer vorsätzlich Schriften, Zeichnungen oder andere Gegenstände, deren Geheimhaltung im Interesse der Landesvertheidigung erforderlich ist, in den Besitz oder zur Kenntniß eines Anderen gelangen läßt, wird, wenn er weiß, daß dadurch die Sicherheit des Deutschen Reichs gefährdet wird, mit Zuchthaus nicht unter zwei Jahren bestraft, neben welchem auf Geldstrafe bis zu fünfzehntausend Mark erkannt werden kann.

Sind mildernde Umstände vorhanden, so tritt Festungshaft nicht unter sechs Monaten ein, neben welcher auf Geldstrafe bis zu zehntausend Mark erkannt werden kann.

2. (L.) Wer außer dem Falle des § 1 vorsätzlich und rechtswidrig Gegenstände der daselbst bezeichneten Art in den Besitz oder zur Kenntniß eines Anderen gelangen läßt, wird mit Gefängniß oder mit Festungshaft bis zu fünf Jahren bestraft.

Neben der Freiheitsstrafe kann auf Geldstrafe bis zu fünftausend Mark erkannt werden.

Der Versuch ist strafbar.

3. (R.G.) Wer vorsätzlich den Besitz oder die Kenntniß von Gegenständen der im § 1 bezeichneten Art in der Absicht sich verschafft, davon zu einer die Sicherheit des Deutschen Reichs gefährdenden Mittheilung an Andere Gebrauch zu machen, wird mit Zuchthaus bis zu zehn Jahren bestraft, neben welchem auf Geldstrafe bis zu zehntausend Mark erkannt werden kann.

4. (L.) Wer ohne die vorbezeichnete Absicht vorsätzlich und rechtswidrig den Besitz oder die Kenntniß von Gegenständen der im § 1 bezeichneten Art sich verschafft, wird mit Gefängniß bis zu drei Jahren oder mit Festungshaft von gleicher Dauer bestraft.

Neben der Freiheitsstrafe kann auf Geldstrafe bis zu fünftausend Mark erkannt werden.

Sind mildernde Umstände vorhanden, so kann ausschließlich auf die Geldstrafe erkannt werden.

Der Versuch ist strafbar.

5. (L.) Haben Mehrere ein Verbrechen der in den

§§ 1, 3 bezeichneten Art verabredet, ohne daß es zur Ausführung oder zu einem strafbaren Versuch desselben gekommen ist, so tritt Gefängniß nicht unter drei Monaten ein.

Neben der Freiheitsstrafe kann auf Geldstrafe bis zu fünftausend Mark erkannt werden.

Straflos bleibt der an einer Verabredung der vorbezeichneten Art Betheiligte, wenn er von derselben zu einer Zeit, wo die Behörde nicht schon anderweit davon unterrichtet ist, in einer Weise Anzeige macht, daß die Verhütung des Verbrechens möglich ist.

6. In den Fällen der §§ 1, 3, 5 kann neben Gefängniß auf Verlust der bekleideten öffentlichen Aemter und der aus öffentlichen Wahlen hervorgegangenen Rechte, neben jeder Freiheitsstrafe auf Zulässigkeit von Polizeiaufsicht erkannt werden.

7. (L.) Wer aus Fahrlässigkeit Gegenstände der im § 1 bezeichneten Art, die ihm amtlich anvertraut oder kraft seines Amtes oder eines von amtlicher Seite ertheilten Auftrages zugänglich sind, in einer die Sicherheit des Deutschen Reichs gefährdenden Weise in den Besitz oder zur Kenntniß eines Anderen gelangen läßt, wird mit Gefängniß oder Festungshaft bis zu drei Jahren oder mit Geldstrafe bis zu dreitausend Mark bestraft.

Neben der Freiheitsstrafe kann auf Geldstrafe bis zu dreitausend Mark erkannt werden.

8. (A.) Wer den von der Militärbehörde erlassenen, an Ort und Stelle erkennbar gemachten Anordnungen zuwider Befestigungsanlagen, Anstalten des Heeres oder der Marine, Kriegsschiffe, Kriegsfahrzeuge oder mili-

tärische Versuchs- oder Uebungsplätze betritt, wird mit Geldstrafe bis zu einhundertfünfzig Mark oder mit Haft bestraft.

9. (L.) Wer von dem Vorhaben eines der in den §§ 1 und 3 vorgesehenen Verbrechen zu einer Zeit, in welcher die Verhütung des Verbrechens möglich ist, glaubhafte Kenntniß erhält und es unterläßt, hiervon der Behörde zur rechten Zeit Anzeige zu machen, ist, wenn das Verbrechen oder ein strafbarer Versuch desselben begangen worden ist, mit Gefängniß zu bestrafen.

10. Die Bestimmungen im § 4 Absatz 2 Nr. 2 des Strafgesetzbuchs für das Deutsche Reich finden auch auf die in den §§ 1, 3, 5 dieses Gesetzes vorgesehenen Verbrechen und Vergehen Anwendung.

11. Die §§ 89, 90 des Strafgesetzbuchs erhalten folgende Fassung.

Der Text der §§ ist auf S. 59, 60 zum Abdruck gekommen.

12. Für die Untersuchung und Entscheidung in erster und letzter Instanz in den Fällen der in den §§ 1, 3 vorgesehenen Verbrechen ist das Reichsgericht zuständig. Die Militärgerichtsbarkeit wird hierdurch nicht berührt.

14.

Uebersicht der hauptsächlichsten Reichs- (Bundes-)Gesetze, welche neben dem St.G.B. geltende Strafbestimmungen enthalten oder sich auf das Strafrecht beziehen.

1. Gesetz betreffend die Erhebung einer Abgabe von Salz vom 11./10. 67 §§ 11—18 B.G.Bl. S. 41,

— Dieses im ganzen Reiche mit Ausn. der vom Gesammtzoll-verein noch ausgeschloss. Gebiete geltende Gesetz ist nicht förml. Reichsges., sondern Ges. des im Reiche aufgegangenen Zollvereins. Auf Grund der Uebereink. v. 8./5. 67 (B.G.Bl. S. 49) erlassen, wurde es — außer im Norbd. Bunde — mit geringen Abänd. publizirt: in Bayern (G. v. 16./11. 67 — G.Bl. S. 217), Württemb. (G. v. 25./11. 67 — Reg.Bl. S. 114), Baden (E.G. v. 25./10. 67 — Reg.-Bl. S. 460) und Südhessen (G. v. 9./11. 67 — Reg.Bl. S. 493), in Elf.-Lothr. durch G. v. 17./7. 71 (G.Bl. S. 37).

2. G. betr. die Reichs-(Bundes-)Flagge v. 25./10. 67 §§ 13—15 B.G.Bl. S. 35 u. G. v. 13./12. 88 (R.G.Bl. S. 300).

— Zum Reichsges. erhoben und — außer im Nordd. Bunde — in Südhessen, Baden, Württemb. seit 1./1. 71, in Bayern seit 13./5. 71 eingef. R.G.Bl. 1870 S. 647, 656; 1871 S. 63, 87.

Ausgabe: Guttentag'sche Sammlung deutscher Reichsgesetze Nr. 19. Knitschky, Seegesetzgebung. 2. Aufl. 1894.

3. G. betr. die Erhebung einer Abgabe von der Branntweinbereitung in den Hohenzollernschen Landen vom 4./5. 68. B.G.Bl. S. 151; dazu: Ergänzungsgesetz vom 15./11. 74 (R.G.Bl. S. 133).

4. G. betr. Besteuer. des Branntweins in verschied. z. Nordd. Bunde gehör. Staaten v. 8./7. 68. B.G.Bl. S. 384 (vgl. G. v. 24./6. 87 unten Nr. 61).

5. G. betr. subsidiarische Haftung des Brennerei-Unternehmers für Zuwiderhandlungen gegen die Branntwein-Steuer-Gesetze durch Verwalter, Gewerbsgehülfen u. Hausgenossen vom 8./7. 68. B.G.Bl. S. 404.

6. Maaß- und Gewichtsordnung für den Nordd. Bund vom 17./8. 68 (B.G.Bl. S. 473) und Nachtrags-G. v. 10. 3. 70 (B.G.Bl. S. 46), v. 7./12. 73 (R.G.Bl. S. 377), v. 11./7. 84 (R.G.Bl. S. 115), v. 26./4. 1893,

betr. Abänderung der Maaß- und Gewichtsordnung (R.G.Bl. S. 151).

Dazu Aichordnung v. 27./12. 84 (Beil. zu Nr. 5 des R.G.Bl. 1885). Bek. des Reichsk. v. 27./7. 85 (Abweichgen. R.G.Bl. S. 263), Bek. v. 4./5. 88 (Beilage z. Nr. 24 des R.G.Bl.). Bekanntmachungen v. 14./1. 93, betr. Abänderung u. Ergänzung d. Aichordnung (R.G.Bl. S. 6) u. v. 26./7. 93, betr. Aichung d. chemischen Meßgeräthe (R.G.Bl. S. 237).

Die Maaß- u. Gewichtsordng. ist z. Reichsgeſ. erhoben u. gilt seit 1./1. 72 — außer im Norbd. Bunde — in Südhessen, Baden, Württemb. (B.G.Bl. 1870 S. 647, 656) u. von demselben Zeitpunkt ab mit einigen Abändergen. auch in Bayern zufolge R.G. v. 26./11. 71 (R.G.Bl. S. 397). In Elsaß-Lothr. seit 1./7. 75 zufolge G. v. 19./12. 74 (R.G.Bl. 75 S. 1).

7. G. betr. Maßregeln gegen die Rinderpest vom 7./4. 69 (B.G.Bl. S. 105, ausgedehnt auf das Reich vgl. R.G.Bl. 1871 S. 17, 63, 87) s. oben zu § 328. Rev. Instruktion v. 9./6. 73 (R.G.Bl. S. 147).

8. G. betr. die Einführung von Telegraphen-Freimarken vom 16./5. 69. (B.G.Bl. S. 377.)

Zum Reichsges. erhoben und — außer im Nordd. Bunde — in Geltung: in Südhessen seit 1./1. 71, in Baden seit 1./1. 72 (R.G.Bl. 1870 S. 649, 1871 S. 63): in Elſ.-Lothr. zuf. G. v. 8./2. 75 (R.G.Bl. S. 19). In Württemb. u. Bayern ist es nicht eingef. Dort gelten aber ähnl. Bestimmungen; vgl. für Bayern das Einf.-Ges. z. St.G.B. v. 26./12. 71 Art. 13. (G.Bl. Sp. 92.)

9. G. betr. die Wechselstempelsteuer im Nordd. Bunde v. 10./6. 69 (B.G.Bl. S. 193) u. G. v. 4./6. 79 (R.G.Bl. S. 151). — Dazu: Bekanntm. über d. Verwendung der Marken vom 16./7., 22./11. 81 (R.G.Bl.

S. 243 u. 271) u. betr. Wechselblanketts vom 10./7. 82 (R.G.Bl. S. 122).

Zum Reichsges. erhoben und — außer im Nordd. Bund — in Südhessen, Baden, Württemb., sowie den Hohenzollernschen Landen seit 1./1. 71 in Kraft. In Bayern seit 13./5. 71 (B.G.Bl. 1870 S. 647, 656; 1871 S. 63, 88). — In Elf.-Lothr. seit 15./8. 71 (G.Bl. S. 175 u. 183). —

Ausg.: Gaupp. 5. Aufl. 1891. Guttentag; Meves: Erlangen 1876 (mit den Bekanntm. des Reichskanzlers).

10. Gewerbeordnung für d. Nordd. Bund vom 21./6. 69 (B.G.Bl. S. 245). Dazu: G. betr. Abänderg. der Gew.O. u. Bekanntm. betr. die Redaktion d. Gew.O. v. 11./7. 83 — enthaltend alle gesetzl. Aendergen. von 1872—1883 — (R.G.Bl. S. 159 u. 177) — G. v. 8./12. 84 (R.G.Bl. S. 255). — G. v. 23./4. 86 (R.G.Bl. S. 125). G. v. 6./7. 87 (R.G.Bl. S. 281). Beschlüsse des Bundesraths v. 4./1. 85, 24./4. 85, 1./4. 86, 5./1. 87, 2./1. 89 (R.G.Bl. 1885 S. 2 u. 92, 1886 S. 68 und 1887 S. 4, 1889 S. 1). — G. v. 1./6. 91 (R.G.Bl. S. 261, Arbeiterschutzgesetz) s. ob. S. 299 ff. — G. betr. Ergänzung d. Bestimmungen üb. d. Wucher v. 19./6. 93 (R.G.Bl. S. 197). Abänderung d. §. 35 Gew.O.

Zum Reichsges. erhoben und — außer im Nordd. Bunde — in Kraft: in Südhessen seit 1./1. 71, in Württemb. und Baden seit 1./1. 72, in Bayern seit 1./1. 73. In Elf.-Lothr. seit 1./1. 89 durch G. v. 27./2. 88 (R.G.Bl. S. 57).

Ausg.: Guttentag'sche Sammlung deutscher Reichsgesetze Nr. 6, Berger: 12. Aufl. Berlin 1893 (empfehlenswerth).

11. Vereinszollgesetz vom 1./7. 69 B.G.Bl. S. 317).

Dieses G. ist (wie die sub Nr. 1, 4, 13) Zollvereinsges. u. ist — außer im Nordd. Bunde — mit einzelnen Abänd. in Kraft: in Bayern (K. Dekl. v. 26./9. 69 — G.Bl. S. 1381), in Württemb.

(V.O. v. 10./7. 69. — Reg.Bl. S. 225), Baden (Min.Bek. v. 13./7. 69 — G.Bl. S. 263), Südhessen (Min.-Bek. v. 16./8. 69 — Reg.Bl. S. 717), Elf.-Lothr. G. v. 17./7. 71 u. Bek. des Reichskanzlers v. 2./8. 71 — G.Bl. S. 37 und 243), also mit Ausnahme der ausgeschlossenen Gebietstheile im ganzen Reiche.

Ausg. der gesammten Zoll-ꝛc.gesetze: Neumann.

12. G. betr. das Urheberrecht an Schriftwerken, Abbild., musikalischen Kompositionen u. dramatischen Werken v. 11./6. 70 (Nachdrucksg.) §§ 18 ff. (B.G.Bl. S. 339).

Zum Reichsges. erhoben und — außer im Nordd. Bunde — in Geltung: in Südhessen, Baden und Württemberg seit 1./1. 71, in Bayern (mit einer Modifikation) seit 1./1. 72 B.G.Bl. 1870 S. 648, 651, 656, 657; 1871 S. 63, 90.

Ausg.: Dambach Berlin 1870, Klostermann Berlin 1871, Wächter 1875.

13. Reichs-G. betr. die Inhaberpapiere mit Prämien vom 8./6. 71 u. Bek. d. Reichskanzlers vom 19./6., 1./7. u. 10./7. 71 (R.G.Bl. S. 210, 255, 304, 314).

Das G. ist für d. ganze Reich gegeben und in Elf.-Lothr. durch Kaiserl. V.O. v. 27./1. 72 eingeführt. G.Bl. f. E.-L. S. 111. — Ueber das Verbot des „weiter Begebens“, E. VIII, 294; R. V, 294.

Ausg.: Guttentag'sche Sammlung deutscher Reichsgesetze Nr. 6, Koch, Münz- und Bankwesen. 2. Aufl. 1890.

14. G. über das Postwesen des Deutschen Reiches v. 28./10. 71 (R.G.Bl. S. 347); — dazu: G. v. 20./12. 75 (R.G.Bl. S. 318) u. Postordnung v. 11./6. 92.

Das G. gilt im ganzen Reich, mit den im Gesetze selbst für Württemb. und Bayern bestimmten Modifik. seit 1./1. 72. — In Elf.-Lothr. seit demf. Tage laut G. v. 4./11. 71 (G.Bl. S. 348).

Ausg.: Guttentag'sche Sammlung deutscher Reichsgesetze Nr. 7, Dr. Fischer (Post- u. Telegraphengesetzgebung). 3. Aufl. 1886. Dr. Dambach. 5. Aufl. Berlin 1892.

15. G. betr. die Beschränkung des Grundeigenthums in der Umgebung von Festungen vom 21./12. 71 § 32 (R.G.Bl. S. 459); G.Bl. für Elf.-Lothr. 1872 S. 133.

16. G. wegen Erhebung der Brausteuer v. 31./5. 72. (R.G.Bl. S. 153) u. Zusatz-G. v. 23./12. 76 (R.G.Bl. S. 237).

Das G. gilt für das Zollvereinsgebiet des Deutschen Reiches mit Ausschl. von Bayern, Württemberg, Baden, Elf.-Lothringen u. zweier kleiner Gebietstheile von Weimar und Koburg-Gotha.

Ausg.: Guttentag'sche Sammlung deutscher Reichsgesetze Nr. 25. Bertho. 1885.

17. Militär-Strafgesetzbuch f. d. Deutsche Reich nebst Einführungsgesetz vom 20./6. 72 (R.G.Bl. S. 173).

Das Gesetzbuch gilt im ganzen Reich einschließlich Elsaß-Lothringen (G.Bl. f. E.-L. S. 473 ff.).

Ausg.: Guttentag'sche Sammlung deutscher Reichsgesetze Nr. 3, Solms. 3. Aufl. 1893; Keller (mit Mot.) 2. Aufl., Dr. Rubo (Taschenformat), beide Berlin; Hecker. Berlin 1877.

18. Seemannsordnung für das Deutsche Reich vom 27./12. 72 (R.G.Bl. S. 409).

Ausg.: Guttentag'sche Sammlung deutscher Reichsgesetze Nr. 19; Knitschky, Seegesetzgebung. 2. Aufl. 1894; Meves (in Bezold Th. 3) Erlangen. — Vgl. Perels, Allgem. öffentl. Seerecht im Deutschen Reich. Berlin 1884.

19. G. betr. Verpflichtung deutsch. Kauffahrt.-Schiffe zur Mitnahme hülfsb. Seeleute v. 27./12. 72 (R.G.Bl. S. 432).

Ausg.: wie bei 18.

20. G. betr. die Registrirung und Bezeichnung der Kauffahrtei-Schiffe v. 28./6. 73 (R.G.Bl. S. 184), und Vorschriften des Reichskanzlers v. 13./11. 73 (R.G.Bl. S. 367).

Ausg.: wie bei 18.

21. Münzgesetz vom 9./7. 73 (R.G.Bl. S. 233) Art. 13. In Elsaß-Lothringen eingeführt durch G. v. 15./11. 74 (R.G.Bl. S. 131).

Vgl. die Bekanntm. des Reichskanzlers v. 22./1. 74 (R.G.Bl. S. 12), v. 29./6. 74 (R.G.Bl. S. 111) betr. Verbot österr., ungar. u. niederl. Gulden bez. der niederl. Halbgulden, sowie der österr. u. ungar. Viertelgulden; dsgl. v. 16./10. 74 betr. d. Verbot finnischer Silbermünzen (R.G.Bl. S. 126); dgl. v. 19./12. 74, betr. einzelne österr. u. dän. Münzen (R.G.Bl. S. 152), desgl. v. 26./2. 75, betr. die poln. 1/3 und 1/6 Talarastücke (R.G.Bl. S. 134). Bek. des Reichskanzlers v. 16./4., 30./4., 7./7. 1888, betr. Scheidemünzen der Franken- u. österr. Währung in den Grenzgebieten (R.G.Bl. S. 149, 171, 218).

Ausg.: Guttentag'sche Sammlung deutscher Reichsgesetze Nr. 26: Koch. 2. Aufl. 1890.

22. Impfgesetz vom 8./4. 74 (R.G.Bl. S. 31) s. oben S. 249.

23. Reichsmilitärgesetz v. 2./5. 74 §§ 33, 69 (R.G.Bl. S. 45); dazu: Ergänzgs.-G. v. 6./5. 80 (R.G.Bl. S. 103), 11./2. 88 (R.G.Bl. S. 11) und Wehrordnung vom 28./9. 75 (C.Bl. S. 535 ff.) und Ergänzung v. 31./8. 80 (C.Bl. S. 578), 11./2. 88 (C.Bl. S. 37); s. oben S. 252. G. v. 3./8. 93, betr. d. Friedenspräsenzstärke (R.G.Bl. S. 233) u. 26./5. 93, betr. d. Ersatzvertheilung (R.G.Bl. S. 185).

24. G. über die Presse vom 7./5. 74 (R.G.Bl. S. 65). Einführung in Elsaß-Lothringen vorbehalten; s. oben S. 253.

25. Strandungsordnung v. 17./5. 74 (R.G.Bl. S. 73) § 43.

Ausg.: Guttentag'sche Sammlung deutscher Reichsgesetze Nr. 19: Knitschky, Seegesetzgebung. 2. Aufl. 1894.

26. G. über Markenschutz vom 30./11. 74 (R.G.Bl. S. 143).

Ausg.: Guttentag'sche Sammlung deutscher Reichsgesetze Nr. 22: Berger-Stephan, Patentgesetz. 3. Aufl. 1893.

27. Bahnpolizeireglement für die Eisenbahnen Deutschlands vom 4./1. 75.

28. G. über die Beurkundung des Personenstandes und die Eheschließung v. 6./2. 75 §§ 67—69 (R.G.Bl. S. 23 ff.); vgl. oben S. 266.

Ausg.: Hinschius (mit Kommentar) 3. Aufl. Berlin 1890.

29. G. betr. die Ausübung der militärischen Kontrole ꝛc. vom 15./2. 75 § 6 (R.G.Bl. S. 65).

30. Bankgesetz vom 14./3. 75 §§ 55—59 (R.G.Bl. S. 177).

Ausg.: Guttentag'sche Sammlung deutscher Reichsgesetze Nr. 26: Koch. 2. Aufl. 1890.

31. G. betr. das Urheberrecht an Werken der bildenden Künste vom 9./1. 76 § 16 (R.G.Bl. S. 4).

32. G. betr. den Schutz der Photographien gegen unbefugte Nachbildung v. 10./1. 76 § 9 (R.G.Bl. S. 8).

33. G. betr. das Urheberrecht an Mustern und Modellen vom 11./1. 76 § 14 (R.G.Bl. S. 11).

Ausg.: Guttentag'sche Sammlung deutscher Reichsgesetze Nr. 22: Berger-Stephan, Patentgesetz. 2. Aufl. 1893. Dambach (Verf. der Entwürfe), Berlin 1876.

34. G. betr. die Beseitigung von Ansteckungsstoffen bei Viehbeförderung auf Eisenbahnen v. 25./2. 76 (R.G.Bl. S. 163).

35. G. über die eingeschriebenen Hülfskassen v. 7./4. 76 § 34 (R.G.Bl. S. 125) u. Abänderungs-G. v. 1./6. 84 (R.G.Bl. S. 54).

Ausg.: Guttentag'sche Sammlung deutscher Reichsgesetze Nr. 20: v. Woedtke, Krankenversicherungsgesetz. 4. Aufl. 1893.

36. G. betr. die Schonzeit für den Fang von Robben vom 4./12. 76 (R.G.Bl. S. 233).

37. Reichs-Konkursordnung v. 10./2. 77 §§ 209—214 (R.G.Bl. S. 388); s. oben S. 177 ff.

Ausg.: Guttentag'sche Sammlung deutscher Reichsgesetze Nr. 13: Sydow. 5. Aufl. 1892.

38. G. betr. Zuwiderhandlungen gegen die zur Abwehr der Rinderpest erlassenen Vieh-Einfuhrverbote vom 21./5. 78 (R.G.Bl. S. 95).

Ausg.: Guttentag'sche Sammlung deutscher Reichsgesetze Nr. 9b: Werner, Sammlung strafrechtlicher Reichsgesetze. 1890.

39. G. betr. den Spielkartenstempel vom 3./7. 78 (R.G.Bl. S. 133); s. oben S. 271 ff.

40. G. betr. den Verkehr mit Nahrungsmitteln u. s. w. vom 14./5. 79 (R.G.Bl. S. 145), Ergänzungs-G. v. 27./6. 87; s. oben S. 272 ff.

Ausg.: wie bei 39.

41. G. betr. die Besteuerung des Tabaks v. 16./7. 79 § 32 ff. (R.G.Bl. S. 245).

42. G. betr. Steuerfreiheit des Branntweins zu gewerblichen Zwecken vom 19./7. 79 §§ 3, 4 (R.G.Bl. S. 259).

43. G. betr. die Statistik des Waarenverkehrs rc. vom 20./7. 79 (R.G.Bl. S. 261).

44. G. betr. Abwehr und Unterdrückung von Viehseuchen vom 23./6. 80 (R.G.Bl. S. 153); dazu Instruktion des Bundesraths vom 12./2. 81 (C.Bl. S. 36) und Abänderung zu § 20 vom 24./4. 82 (C.Bl. S. 215).

45. G. betr. die Schiffsmeldungen bei den Konsulaten vom 25./3. 80 nebst K.O. vom 28./7. 80 (R.G.Bl. S. 181, 183).

Ausg.: Guttentag'sche Sammlung deutscher Reichsgesetze Nr. 19: Knitschky, Seegesetzgebung. 2. Aufl. 1894.

46. G. betr. die Küstenfrachtfahrt vom 22./5. 81 (R.G.Bl. S. 97) und Kaiserl. V.O. vom 29./12. 81 und

Bekanntmachung des Reichskanzlers vom selben Tage (R.G.Bl. S. 275 und 276).

Ausg.: wie bei 45.

47. G. betr. die Erhebg. von Reichsstempelabgaben vom 1./7. 81; dazu: Abändergs.-G. v. 29./5. 85 nebst neuer Redaktion des ganzen Gesetzes (R.G.Bl. S. 171, 179 ff.).

Ausg.: Guttentag'sche Sammlung deutscher Reichsgesetze Nr. 18: Gaupp. 5. Aufl. 1892.

48. G. betr. Bezeichnung des Raumgehalts der Schankgefäße v. 20./7. 81 (R.G.Bl. S. 249); s. oben S. 279.

49. G. betr. die Krankenversicherung der Arbeiter vom 15./6. 83 (R.G.Bl. S. 73) mit d. Novelle v. 10./4. 92 §§ 81 ff.; s. ob. S. 289 ff.

Ausg.: v. Woedtke. 3. Aufl. 1885 (Guttentag).

50. G. betr. die Abwehr 2c. der Reblauskrankheit vom 3./7. 83 und dazu: V.O. vom 3./7. 83 (R.G.Bl. S. 149 u. 153).

51. G. betr. Anfertigung von Zündhölzern vom 13./5. 84 (R.G.Bl. S. 49).

52. G. gegen den verbrecherischen 2c. Gebrauch von Sprengstoffen vom 9./6. 84 (R.G.Bl. S. 61); s. oben S. 281 ff.

53. Unfallversicherungs-G. vom 6./7. 84 (R.G.Bl. S. 69) §§ 103 ff.; s. oben S. 291.

Ausg.: v. Woedtke. 4. Aufl. 1890 (Guttentag).

54. G. über den Feingehalt von Gold- und Silberwaaren v. 16./7. 84 (R.G.Bl. S. 120).

55. G. betr. die Kommanditgesellschaften auf Aktien und die Aktiengesellschaften v. 18./7. 84 (R.G.Bl. S. 123).

Ausg.: Keyßner u. Simon. 3. Aufl. 1890 (Guttentag).

56. G. betr. den Schutz des z. Anfertigg. v. Reichskassenscheinen verwendeten Papiers 2c. v. 26./5. 85 (R.G.Bl. S. 165).

57. G. betr. Rechtsverhältnisse der deutschen Schutzgebiete v. 17./4. 86 u. Abänd.-G. v. 15./3. 88 (R.G.Bl. 1886 S. 75, 1888 S. 71, 75).

58. G. betr. die Besteuerung des Branntweins v. 24./6. 87 §§ 17—38 u. V.O. f. Baden, Württemberg, Hohenzollern, Bayern (R.G.Bl. S. 253 bez. 485—491).

59. G. betr. den Verkehr mit blei- u. zinkhaltigen Gegenständen v. 25./6. 87 (R.G.Bl. S. 273) und vom 22./3. 88 (R.G.Bl. S. 114).

60. G. betr. Verwendg. gesundheitsschädl. Farben bei Herstellg. v. Nahrungsmitteln u. s. w. v. 5./7. 87 (R.G.Bl. S. 277).

61. G. d. Besteuerg. des Zuckers betr. v. 9./7. 87 (R.G.Bl. S. 306). An dess. Stelle tritt mit dem 1./8. 92 das G. d. Besteuerung des Zuckers betr. v. 31./5. 91 (R.G.Bl. S. 295). Strafbestimmungen im 4. Abschn.

62. G. betr. den Verkehr mit Ersatzmitteln f. Butter v. 12./7. 87 und Bekanntm. v. 26./7. bez. 12./11. 87 (R.G.Bl. S. 375 bez. 383, 521).

Ausg.: Guttentag'sche Sammlung deutscher Reichsgesetze Nr. 9 b: Werner, Sammlung strafrechtlicher Reichsgesetze. 1890.

63. G. z. Schutz unterseeischer Telegr.-Kabel vom 21./11. 87 (R.G.Bl. 1888 S. 169 u. S. 272).

64. G. betr. den Schutz v. Vögeln v. 22./3. 88 (R.G.Bl. S. 111).

65. G. betr. d. unter Ausschluß d. Oeffentlichkeit stattfindenden Gerichtsverhandlungen v. 5./4. 88 (R.G.Bl. S. 133) Art. II, III (cf. oben Anm. 2 zu § 17 d. Preßges.) u. IV (§ 184 Abs. 2 d. Straf.Ges.B.) s. ob. S. 116.

66. G. betr. die Erwerbs- u. Wirthschaftsgenossenschaften v. 1./5. 89 (R.G.Bl. S. 55) §§ 140—145.

Ausg.: Guttentag'sche Sammlung deutscher Reichsgesetze Nr. 29: Parisius. 5. Aufl. 1892.

67. G. betr. die Invaliditäts- u. Altersversicherung v. 22./6. 89 (R.G.Bl. S. 97) §§ 142—155; s. ob. S. 295 ff.

Ausg.: Guttentag'sche Sammlung deutscher Reichsgesetze Nr. 30: v. Woedtke. 4. Aufl. 1890.

68. G. betr. d. Prüfung d. Läufe u. Verschlüsse d. Heerfeuerwaffen v. 19./5. 91 (R.G.Bl. S. 109) § 9.

Ausg.: Koch. 1892. Guttentag.

69. Patentges. v. 7./4. 91 (R.G.Bl. S. 79), Abänderung d. Patentges. v. 24./5. 77.

Ausg.: Guttentag'sche Sammlung deutscher Reichsgesetze Nr. 22: Berger-Stephan. 3. Aufl. 1893.

70. G. betr. d. Schutz v. Gebrauchsmustern v. 1./6. 91 (R.G.Bl. S. 290) § 10.

Ausg.: Guttentag'sche Sammlung deutscher Reichsgesetze Nr. 22: Berger-Stephan, Patentgesetz. 3. Aufl. 1893.

71. G. üb. d. Telegraphenwesen d. Deutschen Reichs v. 6./4. 92 (R.G.Bl. S. 467).

72. G. betr. d. Gesellschaften m. beschränkter Haftung v. 20./4. 92 (R.G.Bl. S. 477).

Ausg.: Guttentag'sche Sammlung deutscher Reichsgesetze Nr. 32: Parisius. 1892.

73. G. betr. Verkehr mit Wein u. weinähnl. Getränken (R.G.Bl. S. 597).

74. G. betr. Ergänzung d. Bestimmungen üb. d. Wucher v. 24./6. 93 (R.G.Bl. S. 197), s. ob. §§ 302a ff.

75. G. betr. Verrath militär. Geheimnisse v. 3./6. 93 (R.G.Bl. S. 205).

Sachregister.

Die Zahlen ohne Zusatz bezeichnen die §§ des St.G.B., die kleingedruckten die Nummern derselben. (E.G. = Einführungsgesetz. P. = Preßgesetz nebst §§, S. = Seite.)

A.

T.

U.

Z.

Pierer'sche Hofbuchdruckerei. Stephan Geibel & Co. in Altenburg.

17. **Gebührenordnung für Rechtsanwälte.** Von R. Sydow. Vierte Auflage. 60 Pf.

18. **Reichsgesetz über die Reichsstempelabgaben** in der Fassung des Gesetzes vom 27. April 1894 (Börsensteuergesetz). Von B. Gaupp. Sechste Auflage von P. Loeck. 3 Mark.

19. **Die Seegesetzgebung des Deutschen Reiches.** Von Dr. jur. W. E. Knitschky. Zweite Auflage. 3 Mark 80 Pf..

20. **Krankenversicherungsgesetz vom 15. Juni 1883** und vom 10. April 1892. Von E. v. Woedtke. Fünfte Auflage. 2 Mark.

21. **Die Konsulargesetzgebung des Deutschen Reiches.** Von Dr. Ph. Zorn. 4 Mark.

22a. **Patentgesetz. Gesetze über den Schutz von Gebrauchsmustern, über Muster- und Modellschutz.** Von T. Ph. Berger. Dritte Auflage von Dr. R. Stephan. 1 M. 25 Pf.

22b. **Gesetz zum Schutz der Waarenbezeichnungen.** Von Dr. R. Stephan. Dritte Auflage der Erläuterungen des Gesetzes über Markenschutz von T. Ph. Berger. 90 Pf.

23. **Unfallversicherungsgesetz** und **Ausdehnungsgesetz.** Von E. von Woedtke. Vierte Auflage. 2 Mark.

24. **Reichsgesetz, betreffend die Kommanditgesellschaften auf Aktien und die Aktiengesellschaften.** Von H. Keyßner und Dr. H. V. Simon. Dritte Auflage. 1 Mark.

25. **Gesetz wegen Erhebung der Brausteuer** vom 31. Mai 1872. Von E. Bertho. 1 Mark 60 Pf.

26. **Die Reichsgesetzgebung über Münz- und Bankwesen, Papiergeld, Prämienpapiere und Reichsanleihen.** Von Dr. R. Koch. Zweite Auflage. 2 Mark 40 Pf.

27. **Die Gesetzgebung, betr. d. Gesundheitswesen im D. Reich.** Von Dr. jur. C. Goesch und Dr. med. J. Karsten. 1 Mark 60 Pf.

28. **Gesetz, betreffend die Unfallversicherung der bei Bauten beschäftigten Personen.** Von Leo Mugdan. 1 Mark 25 Pf.

29. **Gesetz, betreffend die Erwerbs- und Wirthschaftsgenossenschaften.** Von L. Parisius. 5. Auflage. 1 Mark 25 Pf.

30. **Gesetz, betreffend die Invaliditäts- und Altersversicherung der Arbeiter.** Von E. von Woedtke. 4. Auflage. 2 Mark.

31. **Reichsgesetz, betr. die Gewerbegerichte.** Vom 29. Juli 1890. Von L. Mugdan. Dritte Auflage. 1 Mark 50 Pf.

32. **Reichsgesetz, betreffend die Gesellschaften mit beschränkter Haftung.** Von L. Parisius. 2. Auflage. 1 Mark.

33. **Das Vereins- und Versammlungsrecht in Deutschland.** Von Dr. E. Ball. 2 M. 25 Pf.

34. **Gesetz, betr. die Abzahlungsgeschäfte.** Von Geh. Regierungsrath Hoffmann. 95 Pf.

FSC
www.fsc.org
MIX
Papier | Fördert
gute Waldnutzung
FSC® C083411

Kolibri 360 GmbH
Ferdinand-Jühlke-Straße 7
99095 Erfurt, Deutschland
produktsicherheit@kolibri360.de